LA CUISINE RAISONNÉE

Nouvelle édition abrégée

DEMI-VEAU

CONGRÉGATION DE NOTRE-DAME

LA CUISINE RAISONNÉE

Nouvelle édition abrégée

FIDES

Nouvelle édition sous la direction de : Guylaine Girard et Hélène Rudel-Tessier
Direction artistique : Gianni Caccia
Direction de production : Carole Ouimet
Saisie : Gilles Venne
Typographie et mise en pages : Josée Lalancette
Révision et correction : Michel Rudel-Tessier et Sylvie Gourde

Archiviste de la Congrégation de Notre-Dame : Sœur Florence Bertrand, C.N.D.

Catalogage avant publication de Bibliothèque et Archives nationales du Québec et Bibliothèque et Archives Canada

Vedette principale au titre :

La cuisine raisonnée
Nouv. éd. abrégée

Doit être acc. d'un livret Mes recettes. Ma réserve de recettes personnelles.
Comprend un index.

ISBN 978-2-7621-2773-7

1. Cuisine. I. Congrégation de Notre-Dame.

TX715.C655 2008 641.5 C2008-941789-5

Dépôt légal : 4e trimestre 2008
Bibliothèque et Archives nationales du Québec

Les Éditions Fides reconnaissent l'aide financière du Gouvernement du Canada par l'entremise du Programme d'aide au développement de l'industrie de l'édition (PADIÉ) pour leurs activités d'édition. Les Éditions Fides remercient de leur soutien financier le Conseil des Arts du Canada et la Société de développement des entreprises culturelles du Québec (SODEC). Les Éditions Fides bénéficient du Programme de crédit d'impôt pour l'édition de livres du Gouvernement du Québec, géré par la SODEC.

IMPRIMÉ AU CANADA EN OCTOBRE 2008

ÉDITION
1919

Axiomes de La cuisine raisonnée

1. Éliminer tout ce qui nourrit peu et coûte beaucoup.
2. Introduire dans le régime tout ce qui nourrit bien et coûte peu.
3. Choisir des aliments très sains.
4. Choisir aussi des aliments dont la préparation fait acquérir de la dextérité et l'habitude des soins et de la précision.
5. Cuisiner pour autrui, ou par hygiène, sans gourmandise, c'est le but de la cuisine raisonnée.
6. Étudier les tableaux intuitifs de la valeur nutritive de chacun des aliments pour les choisir, les varier avec discernement.
7. Ne laisser perdre ni temps, ni déchets, ni aliments, ni combustible.
8. Avoir chaque chose prête, avant de commencer la cuisine : laver les légumes avant de les éplucher pour garder ses mains propres.
9. Combiner, dès la veille, les repas du lendemain : cette précaution évitera une grande perte de temps en facilitant les approvisionnements nécessaires, permettra de se rendre compte des restes utilisables, ce qui est fort avantageux pour l'économie du ménage.
10. Donner à chaque mets le plus bel aspect possible.
11. L'horloge est de rigueur dans une cuisine : sans ponctualité et exactitude, on cuisine mal et l'on perd ou l'on gâte les mets.
12. Ne laisser rien bouillir sans nécessité, pas même l'eau, car la vapeur salit les murs et les ustensiles.
13. Pour apprendre à cuisiner vite et avec grâce, il faut s'exercer à préparer quelques mets en un temps donné et sans les toucher inutilement avec ses mains.
14. La propreté étant la principale condition de la cuisine, être toujours propre sur sa personne et autour de soi.

GURNEY-OXFORD

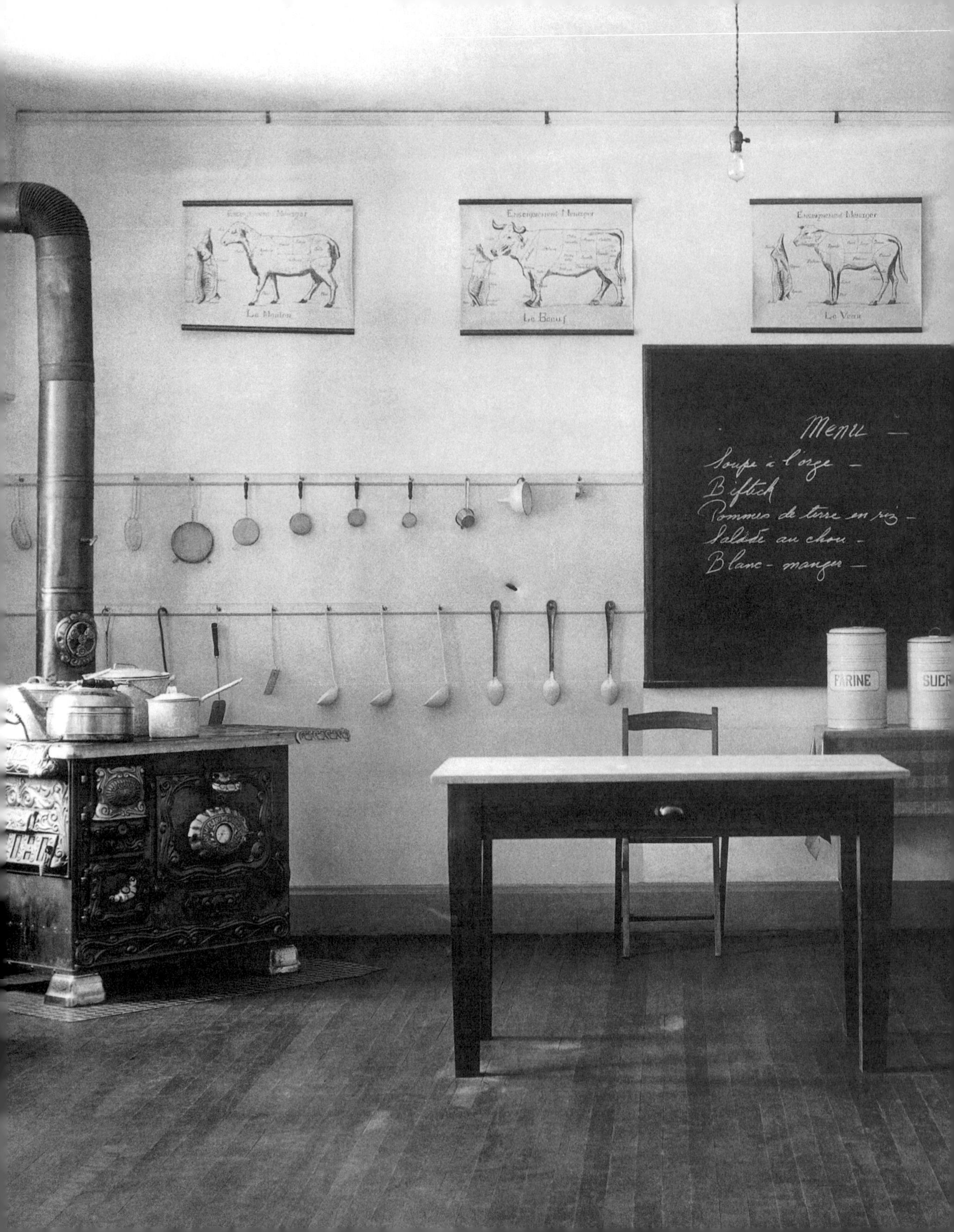

Enseignement Ménager
Le Mouton
Enseignement Ménager
Le Bœuf
Enseignement Ménager
Le Veau
Menu —
Soupe à l'orge —
Biftick
Pommes de terre en riz —
Salade au chou —
Blanc-manger —
FARINE
SUCR

Mot de l'auteur

Un bijou de famille, remodelé et présenté dans un écrin-souvenir : telle est l'image qui vient à l'esprit en feuilletant la présente édition de *La cuisine raisonnée.*

Il y aura bientôt un siècle, en 1905, la Congrégation de Notre-Dame ouvrait, à Saint-Pascal-de-Kamouraska, un pensionnat pour jeunes filles avec mission d'y offrir, « outre le cours ordinaire de leurs autres couvents, l'*enseignement ménager* ». Destiné à préparer les élèves à leur futur rôle de maîtresses de maison, le programme d'études comporte une panoplie de matières, dont « *l'art culinaire pratiqué en rapport avec la santé et l'économie* ». Pour les besoins de leurs cours, les sœurs, dès les débuts, préparent des exposés théoriques sur les grands principes et méthodes qui régissent l'art de bien s'alimenter et compilent des recettes puisées dans le patrimoine culinaire du terroir. *La cuisine raisonnée*, publié pour la première fois en 1919, sous la forme d'un manuel scolaire, est le fruit de ce travail pédagogique. Augmenté et remanié plusieurs fois par les soins de la Congrégation et utilisé, au fil des ans, par des milliers d'élèves dans les écoles et dans les cours aux adultes, ce manuel s'est rapidement imposé, dans les foyers québécois, comme le livre de cuisine de base par excellence et il l'est demeuré, même si, depuis plusieurs années, il était introuvable en librairie.

Pour satisfaire à la demande insistante du public, la Congrégation de Notre-Dame a autorisé la maison Fides à préparer une nouvelle édition abrégée de *La cuisine raisonnée*, qui, comme vous serez à même de le constater, se démarque nettement de tous les autres ouvrages du genre par la présentation comme par le contenu. Puisse-t-elle recevoir un accueil enthousiaste, autant chez les jeunes à la recherche de leurs racines culturelles que chez les moins jeunes à qui elle rappellera maints souvenirs émus ou amusés, à la manière d'un album retrouvé au grenier de la maison familiale.

Sœurs de la Congrégation de Notre-Dame
Montréal, 22 septembre 2003

Avant-propos de l'éditeur

Que sont devenues les recettes d'autrefois ? Sont-elles à tout jamais enfouies dans des tiroirs secrets de notre mémoire collective, occultées par le courant bien-pensant, la pensée unique du « virage santé » et le chic de la nouvelle cuisine vieillissante ? Et pourtant, qu'il était bon le jambon à l'ananas de grand-maman et son pouding chômeur…

Véritable monument de la cuisine québécoise, *La cuisine raisonnée* recèle sans contredit la quintessence d'un patrimoine culinaire et culturel riche d'une longue tradition. C'est en 1919 que la première édition voyait le jour sous la gouverne des Sœurs de la Congrégation de Notre-Dame. À une époque où le savoir culinaire se transmettait essentiellement de mères en filles avec les lacunes et les zones d'ombre qu'une telle pratique pouvait comporter, les Sœurs de la Congrégation de Notre-Dame ont fait figure de pionnières en ouvrant une école d'arts ménagers destinée à former les futures maîtresses de maison.

D'abord conçu comme un manuel de base pour les élèves de cette école, *La cuisine raisonnée* est vite devenu un guide indispensable. De réédition en réimpression, de génération en génération, *La cuisine raisonnée* s'est imposé comme l'ouvrage de référence par excellence dans les cuisines québécoises.

Le livre que vous tenez dans vos mains est un classique, sans doute même le plus classique des classiques des livres de recettes québécois. Il a connu un grand nombre de rééditions, mais jamais jusqu'à présent n'avait-il été remanié si profondément. À la lumière de ce que nous connaissons aujourd'hui et des avancées spectaculaires qu'a connues la cuisine au cours des dernières décennies, on devine bien que la refonte d'un ouvrage presque centenaire est en soi un défi de taille. Trouvant inadmissible de laisser se perdre un si précieux héritage, nous avons effectué un remaniement en profondeur tout en respectant l'esprit de l'ouvrage d'origine et en conservant ce qui lui a valu un si vif intérêt. En accord avec les religieuses de la Congrégation de Notre-Dame, nous avons choisi d'abréger cette édition de *La cuisine raisonnée*, entre autres en supprimant certaines sections théoriques qui tenaient à son rôle initial de manuel scolaire, et de l'adapter au goût du jour. Mais pas trop! Cet ouvrage, en effet, est aussi — et peut-être avant tout — un témoignage, le reflet d'une autre époque mais dont nous avons gardé la nostalgie.

La présente édition retient les recettes qui figurent parmi les meilleures, les plus savoureuses. À cet effet, nous avons conservé toutes les recettes traditionnelles de la cuisine « canadienne » mais aussi celles de la cuisine dite familiale, qui composaient l'ordinaire des familles québécoises de nos mères, de nos grand-mères et de tout un peuple depuis des générations. Du pouding au pain au rôti de porc en passant par la tire Sainte-Catherine, les cretons et les beignes, cette nouvelle édition offre donc tout l'éventail des incontournables de la cuisine traditionnelle québécoise.

Bien sûr, nostalgie oblige, cette édition revisitée conserve plusieurs aspects anecdotiques, voire folkloriques, sans lesquels la saveur unique de ce livre serait perdue. Elle est agrémentée de nombreuses photos d'archives célébrant les plaisirs de la table, de la cuisine et des réunions familiales, et aussi d'encarts reprenant certains passages des éditions précédentes qui feront sourire et rappelleront toute une époque, celle où l'on apprenait entre autres aux maîtresses de maison comment recevoir monsieur le curé. Pour donner une idée de l'esprit qui a présidé à la naissance de *La cuisine raisonnée*, nous avons reproduit, en début d'ouvrage, la préface de l'édition de 1926 et l'avant-propos de 1948. Ces textes témoignent aussi, à l'instar des encarts, de la saveur particulière d'une époque révolue.

Les recettes que vous lirez présentent parfois certains « archaïsmes » culinaires. Ainsi, les corps gras utilisés sont très souvent le saindoux, le lard, le suif et même la graisse de rôti. Il va sans dire que l'on pourra à loisir modifier et adapter ces recettes, et choisir plutôt le beurre ou l'huile. Et à propos d'huile, celle d'olive est pour ainsi dire absente de ces pages. Autres temps, autres mœurs ! Une fois de plus : adaptez librement! Il en est de même pour la panne et le lard, auxquels on pourra substituer du bacon. Autre chose : les temps de cuisson conseillés sont souvent assez longs, comme il était d'usage autrefois. Il sera sage (en particulier pour les viandes, les légumes et surtout les poissons) d'utiliser sa propre expérience et de rectifier s'il y a lieu.

Dans l'élaboration de cette nouvelle édition, nous avons adopté certaines conventions. Les mesures, par exemple, sont données à la fois dans le système métrique et dans le système « impérial » (anciennes mesures anglaises), sauf dans le cas des cuillères à soupe et à thé, dont nous ne donnons pas d'équivalent métrique, selon l'usage courant. Ces mesures, « anglaises » et métriques, ont été fidèlement reproduites à partir de l'édition dite traditionnelle ainsi qu'à partir de la plus récente édition, celle de 1985, dont les recettes avaient été adaptées en mesures métriques.

Cette toute nouvelle édition conserve en partie l'approche « raisonnée » de l'ouvrage initial; c'est notamment le cas des recettes « formule-type », qui sont en fait des recettes de base accompagnées de variantes que l'apprenti cuisinier peut adapter et moduler selon son imagination. De même, cette édition met en valeur diverses techniques culinaires éprouvées, comme la mise en conserve, les trucs de congélation ou la confection des marinades. Enfin, une section spéciale est consacrée aux « Recettes de nos Canadiens d'autrefois » qui, rédigées à peu près comme elles nous furent transmises, conservent leur authentique saveur du terroir.

Préface

ÉDITION 1926

M. G. Hayword, en 1909, écrit en tête de son Manuel de Cuisine : « Il m'a paru indispensable de mettre entre les mains de mes élèves un manuel imprimé, qui leur permît de suivre l'enseignement donné sans avoir à prendre des notes forcément incomplètes, et dont la rédaction souvent négligée et différée, occasionne non seulement une perte de temps, mais expose à oublier ce qui a été enseigné au cours. »

Malheureusement les auteurs existants sont ou trop détaillés ou trop abrégés ; ils ne contiennent que des recettes veuves de principes, recettes composées d'ingrédients coûteux ou qu'on n'a pas à la main en ce pays, recettes calculées avec poids et mesures peu en usage dans notre province, ou encore recettes antihygiéniques.

L'ouvrage offert au public est un livre de cuisine seulement et non pas d'économie domestique en général. Il est destiné aux maîtresses de maison et aux jeunes filles, futures maîtresses de maison. Il donne règles et principes ou raison d'être de tout ce qu'il enseigne, ennoblit d'autant l'art de la personne qui cuisine, et relève sa mentalité.

Il n'enseigne rien d'irréalisable, mais uniquement ce qui a déjà été essayé et pratiqué à l'École.

Tout en enseignant une cuisine saine, hygiénique, il choisit les ingrédients les moins coûteux et en moindre quantité possible pour confectionner les mets suffisamment fortifiants.

Tous les auteurs de cuisine, étrangers ou canadiens, prescrivent souvent, dans certaines recettes, des liqueurs alcooliques : vins, cognac… Par principe, nous bannissons de nos recettes ces matières dangereuses pour la cuisinière et son entourage, très difficiles à trouver grâce à la prohibition de plus en plus générale, prêchant indûment la nécessité de l'alcool dans les familles, et à peu près inutiles dans les mets qui les contiennent et que seuls peuvent humer les gourmets les plus raffinés.

Les ingrédients que préconise notre livre sont à la portée de tous, tant à la campagne qu'à la ville.

Les poids et mesures et les termes employés sont familiers à tout le public canadien.

C'est pourquoi nous croyons que notre livre aura son utilité non seulement pour nos élèves et la classe féminine étudiante en général, mais pour toutes les maîtresses de maison.

Si Dieu nous prête vie, nous avons l'intention de publier un autre volume renfermant les cours de cuisine que nous donnons dans nos classes supérieures.

Nous dédions le présent ouvrage aux deux amies de Jésus : Marthe et Marie, souhaitant que les jeunes filles et les femmes qui s'en serviront soient à la fois actives comme Marthe et pieuses comme Marie.

ALPHONSE BEAUDET, Chanoine, Principal

École normale classico-ménagère, Saint-Pascal.

En la fête de l'Annonciation, 1926

Avant-propos

ÉDITION 1948

On parle beaucoup de nos jours des droits de la femme, du rôle qu'elle est appelée à jouer, même sur la scène politique, pour le relèvement de la société. Les uns rient, les autres crient, le plus grand nombre gémit, devant le nouvel état de choses. La femme avertie comprend pourtant qu'elle n'a pas à évoluer sur un autre théâtre, ni à assumer d'autres charges, pour satisfaire aux exigences modernes sans s'attirer les anathèmes des traditionalistes. Elle se rend vite compte que nulle part elle ne trouvera à utiliser plus avantageusement les ressources de son cœur, de son esprit et de sa volonté, à satisfaire plus largement son besoin de se donner aux siens, d'être utile à la société, de servir son pays, qu'en son propre foyer.

Et dans son foyer, le problème qui sollicitera tout d'abord son attention, c'est la cuisine : la cuisine où se vivent les Heures de l'Office familial. La mère de famille a conscience de tenir entre ses mains la vie et la santé des siens, elle a l'honneur de participer chaque jour aux mystérieuses fonctions de la recréation de l'humanité. La cuisine lui apparaît ce qu'elle est vraiment : une science et un art, un important facteur dans l'économie sociale, une fonction qui a sa répercussion même sur les faits moraux.

L'étudiante d'hier aura de véritables jouissances intellectuelles en appliquant ses connaissances d'anatomie, de physique et de chimie à la préparation des repas de sa famille, c'est-à-dire en suivant les transformations que subissent les tissus et les composés chimiques dont sont formés les aliments au cours de leur préparation et après leur absorption par l'organisme. La cuisine est dépendante aussi de la science de l'hygiène. C'est une satisfaction pour la maîtresse de maison de pouvoir, grâce à ses connaissances, prémunir les siens contre de multiples dangers : substances toxiques qui s'introduisent dans les récipients étamés ou métalliques, impuretés de l'eau, microbes que recèlent les légumes crus, mouches infectieuses, préparations dangereuses hors de saison, mélanges nuisibles d'aliments, fraudes alimentaires, périls engendrés par la malpropreté et le désordre, par la consommation de certains aliments par certains malades, etc.

La cuisine est encore un art et la femme peut y exercer ses goûts esthétiques. Elle a le plaisir non seulement de combiner harmonieusement des saveurs, mais encore de charmer les yeux de ses convives par l'agencement des couleurs, l'habile disposition des mets et du couvert.

À cette heure où chacun cherche une heureuse solution aux problèmes pécuniaires les plus inquiétants, l'alimentation est le premier souci d'une famille, d'une région, voire même d'un pays. Voit-on les économies réalisées, si chaque ménagère savait faire un choix judicieux des aliments, d'après ses ressources et les besoins respectifs des siens, si ensuite elle possédait l'art de tout utiliser sans gaspillage ? Qui sait si l'action intelligente, concertée des ménagères d'un pays ne ferait pas même disparaître certaines difficultés de l'alimentation familiale, dues à tel article d'un traité international de commerce, rédigé par la mauvaise foi ou l'imprévoyance ?

D'ailleurs les savants qui s'occupent de l'alimentation de l'homme sont tous frappés de l'influence que la cuisine peut avoir sur les diverses parties de l'organisme social. Les faits d'alimentation comptent plus qu'on ne le pense dans l'évolution des sociétés humaines et dans la tournure que prennent les événements de l'histoire. Comment donc la femme se laisserait-elle entraîner loin de son véritable centre d'action ? Comment consentirait-elle à dépenser au-dehors, et souvent en pure perte, son initiative et son dévouement, quand, à sa portée, il y a tant de beauté, de puissance pour le bien, quand, sans rien perdre de son charme, elle pourrait faire de l'action sociale à jet continu et prendre une valeur économique incontestable ?

Une nouvelle forme de responsabilité s'impose aux femmes d'aujourd'hui. Elles n'ont plus le droit d'être ignorantes. Comme leurs aïeules, elles ont à cœur la prospérité de leur maison et de leur pays, la santé de leur famille et l'amélioration de la société. C'est par des moyens tout différents néanmoins qu'elles doivent prouver qu'elles n'ont rien perdu des vertus ancestrales, que leur cœur de chrétiennes est aussi grand, aussi charitable, et qu'il a le même courage, la même dignité, la même ardente fidélité au devoir.

C'est en la comprenant mieux qu'elles rempliront la tâche assignée par Dieu, dès le commencement, à la femme et dont Marie, la Vierge admirable, a magnifié, en les sanctifiant, les plus humbles détails.

Sœurs de la Congrégation de Notre-Dame

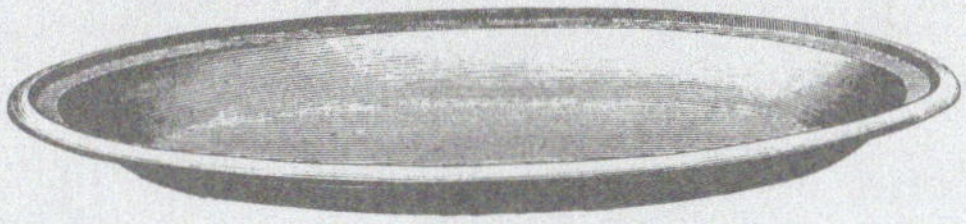

Lexique

Nous donnons ci-dessous une liste des principales manipulations et techniques culinaires. Tout en se familiarisant avec ce vocabulaire, l'apprenti-cuisinier apprendra à maîtriser ces différentes techniques pour bien réussir ses préparations culinaires.

Abaisser: Faire une abaisse, c'est-à-dire aplatir une pâte à l'aide d'un rouleau à pâtisserie.

Barder: Recouvrir viandes ou volailles d'une couche de tranches de lard très fines (bardes) avant de les rôtir.

Blanchir: Plonger quelques instants les légumes dans de l'eau bouillante.

Braiser: Saisir l'aliment dans un corps gras sur feu vif; ajouter du liquide et laisser mijoter doucement à feu doux sans évaporation.

Ciseler: Couper (par exemple du persil) à l'aide de ciseaux. Pratiquer des incisions multiples sur la peau d'un fruit, la chair d'un poisson, afin d'empêcher la chair de se fendre durant la cuisson.

Clarifier: Dégraisser (par exemple un bouillon, du beurre). Voir méthode de clarification, page 22.

Couper ou plier: Décrire de nombreux mouvements du haut vers le bas pour « couper » un mélange, et faire tourner la cuillère ou la spatule pour bien mélanger. La cuillère doit, à chaque fois, racler le fond du plat. En coupant et en pliant, on empêche l'air incorporé au mélange de s'échapper.

Décanter: Transvaser délicatement un liquide qui a produit un dépôt pour n'en conserver que la partie limpide, en évitant bien d'agiter le dépôt ou la lie.

Dégorger: Mettre la viande dans de l'eau froide pour en faire sortir le sang et empêcher ainsi qu'elle ne noircisse à la cuisson.

Dégraisser: Débarrasser une pièce de viande de son gras, en tout ou en partie. (Voir méthode, page 22)

Dorer: Recouvrir une préparation d'une légère couche de jaune ou de blanc d'œuf, éventuellement d'un peu de beurre ou de sucre, afin de lui faire prendre une teinte dorée au four.

Dresser: Disposer un mets dans un plat de service de manière à lui donner une apparence agréable.

Echauder: Voir Blanchir.

Émincer : Couper viandes ou légumes en tranches très fines.

Enfariner : Enrober de farine.

Éteindre : Verser du liquide dans un roux « à point » pour l'empêcher de se colorer davantage.

Étuvée (cuire à l') : Faire cuire des aliments à petits mouillements, en vase clos.

Fariner : Saupoudrer de la farine.

Filtrer : Passer un liquide à travers un filtre pour le clarifier (par exemple : à l'aide de coton à fromage ou de papier absorbant).

Foncer : Garnir un moule avec une pâte à foncer (pâte brisée) ou le fond d'une terrine avec des bardes de lard.

Fraiser : Rouler doucement de la pâte sous la paume de la main afin de la rendre lisse et homogène.

Glacer : À l'aide d'un pinceau, badigeonner une viande froide de jus de viande réduit (glace). Étendre une couche de glaçage sur un gâteau à l'aide d'une spatule.

Gratiner : Recouvrir un mets de fromage ou de chapelure et le faire dorer à four très chaud.

Larder : Pratiquer des incisions dans une pièce de viande et y introduire de petits lardons.

Lier : Épaissir une sauce en y incorporant : roux, fécule, farine, beurre, jaune d'œuf ou crème.

Mariner : Laisser reposer des aliments dans des assaisonnements pour leur donner de la saveur et les attendrir.

Masquer : Recouvrir un mets d'une sauce consistante après l'avoir dressé sur un plat de service.

Mijoter ou mitonner : Laisser cuire lentement à petit feu.

Monder : Débarrasser (par exemple les amandes) de leur enveloppe, de leur pellicule.

Monter en neige : Battre des blancs d'œufs jusqu'à consistance ferme et jusqu'à ce que se forment de petits pics à la surface lorsque l'on retire le malaxeur ou le fouet.

Mouiller : Arroser avec de petites quantités de liquide durant la cuisson.

Parer : Débarrasser la viande de sa graisse, de ses nerfs, de sa peau.

Passer : Tamiser ; filtrer ; réduire en purée.

Pocher : Faire cuire des œufs en les cassant dans de l'eau bouillante. Plonger viandes ou poissons dans de l'eau ou du bouillon en ébullition.

Saisir : Placer un aliment dans un corps gras très chaud à feu très vif.

Sauter : Cuire à feu vif, dans de la matière grasse, en faisant sauter de temps en temps pour empêcher les aliments de coller.

Les entrées

Les soupes et les potages

BOUILLON DE VIANDE ET CONSOMMÉ

Le bouillon s'obtient par le passage des substances solubles de la viande, ou des légumes, dans l'eau de cuisson. Afin de favoriser ce passage, il faut éviter la coagulation des protides de la viande. Pour cela, on place la viande dans l'eau froide, on amène lentement à ébullition, puis on laisse mijoter longuement, jusqu'à complète extraction des sucs. C'est la cuisson par expansion.

Recette de base

1 kg (2 lbs) de viande et 1 kg (2 lbs) d'os
4 litres d'eau froide (16 tasses)
2 oignons et autres légumes (carotte, céleri, feuilles de céleri)

Assaisonnements au choix (persil, thym, feuilles de laurier, clous de girofle, etc.). Le bouillon est ordinairement préparé en assez grande quantité.

Choix de la viande

La viande des parties moins tendres d'une carcasse coûte moins cher, mais est plus riche en matières extractives et plus propre à fournir un bouillon savoureux. La cuisson longue, à feu doux, lui convient tout particulièrement.

Morceaux à employer : flanc, jarret, cou, queue ; os et parures de viande ; abattis et os de volaille.

Préparation

- Essuyer la viande avec un linge humide très propre. Laver l'os à l'eau froide ; une brosse aide à mieux nettoyer, sinon, gratter la surface avec un couteau.
- Placer la viande et les os dans une grande marmite.
- Ajouter l'eau froide et le sel. Couvrir la marmite.
- Chauffer lentement jusqu'au point d'ébullition.
- Préparer les légumes et les ajouter ainsi que les assaisonnements.
- Laisser mijoter de trois à quatre heures, la marmite toujours couverte pour conserver la saveur et éviter une trop grande évaporation.
- Couler le bouillon dans une passoire couverte ou non d'une mousseline de coton.

Dégraissage

Le dégraissage est toujours nécessaire ; il rend le bouillon plus digestible.

Le gras, plus léger que l'eau, monte à la surface dès que le bouillon cesse de mijoter. Il forme des yeux sur le bouillon tiède et une couche d'un blanc jaunâtre sur le bouillon complètement refroidi.

Cette couche solide de graisse s'enlève facilement à l'aide d'une cuillère ou d'une spatule. S'il faut dégraisser un bouillon partiellement refroidi, le gras liquide, reconnaissable à son aspect caractéristique, est enlevé à l'aide d'une écumoire ou d'un papier kraft, absorbant et propre.

Conservation

Lorsqu'il est refroidi, le bouillon est placé au réfrigérateur. Il se conserve une semaine tout au plus. On peut également le congeler.

Utilisation

Le bouillon sert de base à la plupart des potages et à un certain nombre de sauces. Clarifié, il est utilisé pour les consommés et les viandes en gelée.

Clarification

- Ajouter au bouillon froid dégraissé, après les avoir écrasées, deux ou trois coquilles d'œufs fraîchement cassés ou un blanc d'œuf légèrement battu avec un peu d'eau froide.

► Chauffer jusqu'à ébullition, agitant légèrement avec une spatule.

► Laisser mijoter, et non bouillir, pendant 8 à 10 minutes. Le blanc d'œuf absorbe toutes les particules qui nuiraient à la limpidité.

► Retirer du feu et laisser reposer 10 minutes.

► Couler dans une mousseline. Le bouillon est prêt à utiliser.

Le consommé est un bouillon réduit, par cuisson prolongée, à la moitié de son volume.

POTAGES À BASE DE BOUILLON DE VIANDE

Ces potages sont des aliments composés d'un bouillon de viande auquel on ajoute, au choix, des céréales, des pâtes ou des légumes. Ces garnitures, assez fades en elles-mêmes, reçoivent leur saveur du bouillon.

Mode général de préparation

Quantité de liquide

Le potage requiert en moyenne 125 ml (½ t) de liquide par portion. Ce liquide, c'est d'abord le bouillon. Selon sa concentration, il s'emploie seul ou coupé d'une

Garnitures	*Quantité pour 1 litre de liquide (4 t)*	*Temps approximatif de cuisson*
CÉRÉALES		
Riz	50 ml (¼ t)	20 min
Orge	50 ml (¼ t)	2 h
Gruau d'avoine	50 ml (¼ t)	15 min
PÂTES		
Coquilles, étoiles, lettres	50 ml (¼ t)	20 min
Vermicelle	75 ml (⅓ t)	20 min
LÉGUMES ÉMINCÉS	250 ml (1 t)	15 min

ASSAISONNEMENTS AU CHOIX

Fines herbes : persil, cerfeuil, sarriette. Oignon, poireau, ciboulette, échalotes. Sel, poivre, sel et poivre de céleri.

certaine quantité d'eau, de préférence de l'eau de cuisson de légumes ou encore de jus de tomate, à cause des vitamines et des sels minéraux qu'ils contiennent.

Préparation

- ► Commencer à préparer le potage assez tôt pour donner à la garniture le temps de cuire.
- ► Chauffer jusqu'au point d'ébullition le bouillon déjà préparé.
- ► Ajouter la garniture, en pluie si elle se compose de céréales, de pâtes, et les condiments.
- ► Cuire le temps requis.
- ► Goûter, assaisonner au besoin et ajouter le persil avant la fin de la cuisson.
- ► Servir très chaud dans des assiettes creuses réchauffées.

POTAGES À BASE DE BOUILLON DE LÉGUMES

Recette de base

250 ml (1 t) de légumes émincés
oignon, fines herbes, sel, poivre
1 litre (4 t) de liquide
beurre

Préparation

► À tout bouillon de légumes, coulé ou non, on peut ajouter les garnitures proposées pour les bouillons de viande.

► Couper l'oignon, râper ou émincer les légumes.

► Fondre le gras dans la marmite et y faire dorer l'oignon et les légumes. Pour obtenir un bouillon sans trace de matière grasse, omettre cette opération.

► Ajouter le liquide froid : eau naturelle, eau de cuisson de légumes, jus de tomate, seuls ou en mélange.

► Ne pas craindre d'ajouter un bouquet composé de fines herbes, de feuilles de laitue, de céleri ou d'autres feuilles vertes. Assaisonner. Si le bouillon ne doit pas être coulé, le bouquet sera lié ou mis dans un sac.

► Amener lentement au point d'ébullition et laisser mijoter au moins une heure à couvert.

► Vérifier l'assaisonnement.

► Couler le bouillon dans une passoire fine recouverte d'une mousseline de coton si on veut le servir sans les légumes. Autrement, il suffit d'enlever le bouquet.

Bouillon de bœuf

1 kg (2 lbs) de jarret de bœuf
1 kg (2 lbs) d'os
1 poireau, 1 oignon grillé
1 oignon piqué de clous de girofle
2 branches et feuilles de céleri
1 bouquet garni, sel, poivre
parures de légumes

Préparer la viande et les os.

Les déposer dans une grande marmite, ajouter 2 litres (8 t) d'eau froide.

Mettre sur le feu et amener progressivement à ébullition, sans couvrir.

Écumer, saler, poivrer, ajouter les légumes. Couvrir.

Laisser mijoter trois heures et plus.

⊙ Pour un bouillon brun, procéder de la même manière, sauf au début : faire brunir la viande et les os au four avec du gras avant de les déposer dans la marmite.

Bouillon de poulet

1 poulet et ses abattis
1 oignon, 1 poireau
2 branches de céleri (avec ses feuilles)
1 carotte
bouquet garni, sel, poivre

Placer tous les ingrédients dans une marmite.

Recouvrir d'eau froide.

Laisser mijoter environ 1 heure à couvert.

Retirer la viande de poulet, remettre la carcasse dans la marmite, couvrir.

Continuer la cuisson environ 1 à 1 ½ heure.

⊙ Le poulet pourra être servi en fricassée, en petite marmite ou en salade ; s'assurer alors que la viande est tendre et assez cuite.

Potage au poulet

500 ml (2 t) de bouillon de poulet
250 ml (1 t) de bouillon de bœuf
50 ml (1/4 t) de petits pois
125 ml (1/2 t) de poulet cuit
sel, poivre, persil haché

Clarifier le bouillon (page 22).

Ajouter les pois et les assaisonnements.

Chauffer le bouillon au point d'ébullition.

10 à 15 minutes avant de servir, ajouter le poulet coupé en cubes et le persil haché.

Consommé à la royale

GARNITURE

75 ml (1/3 t) de bouillon tiède
1 jaune d'œuf
1 œuf
assaisonnements

Battre l'œuf et le jaune d'œuf, y incorporer le bouillon, saler et poivrer. Verser ce mélange dans la partie supérieure d'un bain-marie, s'assurer qu'il ait 1 cm d'épaisseur, sinon ajouter du bouillon.

Cuire au bain-marie à chaleur modérée : la préparation ne doit pas bouillir ni brunir à la surface.

Retirer quand le tout est ferme au toucher ; laisser refroidir complètement.

Tailler en cubes ou donner d'autres formes au choix.

CONSOMMÉ

1 litre (4 t) de consommé

Chauffer le consommé et l'assaisonner. Verser dans la casserole ; y déposer les garnitures au moment de servir.

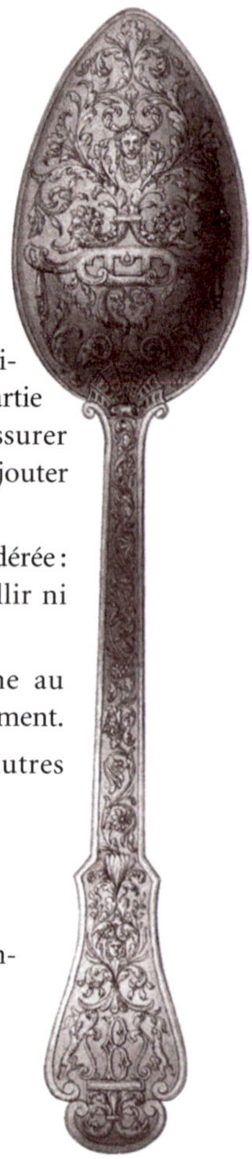

Soupe à l'oignon à la française

2 c. à soupe de beurre
4 gros oignons tranchés
1 1/4 litre (5 t) de bouillon
4 tranches de pain
75 ml (1/3 t) de gruyère râpé

Fondre le beurre. Faire sauter les oignons sur feu moyen jusqu'à ce qu'ils soient caramélisés.

Ajouter le bouillon. Vérifier l'assaisonnement.

Laisser mijoter 30 à 45 minutes.

Faire sécher les rondelles de pain au four.

Verser la soupe dans de petits caquelons individuels ou dans une soupière allant au four.

Déposer les rondelles de pain sur la soupe.

Saupoudrer de fromage râpé.

Gratiner sous le gril ou au four à 200 °C (400 °F).

Bouillon aux tomates

300 ml (1 1/4 t) de tomates
1/2 c. à thé de sucre
sel, poivre, feuille de laurier
1 branche de céleri
500 ml (2 t) de bouillon ou d'eau
1 oignon haché fin
1 c. à soupe de fécule de maïs

Cuire tous les ingrédients, sauf la fécule, jusqu'à ce que l'oignon soit tendre.

Passer au tamis et laisser mijoter 8 à 10 minutes.

Délayer la fécule dans une même quantité d'eau froide et l'ajouter à la préparation.

Cuire quelques minutes en brassant.

Servir avec des croûtons passés au beurre.

Soupe au chou

500 ml (2 t) de chou
1 1/4 litre (5 t) de bouillon
sel, poivre, fines herbes

Couper le chou en fines lanières. Le blanchir 2 minutes.

L'égoutter. Chauffer le bouillon, ajouter le chou.

Laisser mijoter 20 à 25 minutes. Vérifier l'assaisonnement. Servir très chaud.

Potage printanier

1 à 2 c. à soupe de beurre
125 ml (1/2 t) de navet en dés
125 ml (1/2 t) de céleri haché fin
125 ml (1/2 t) de tomates
50 ml (1/4 t) de radis émincés
50 ml (1/4 t) de poireau émincé
1 1/2 litre (6 t) de bouillon
50 ml (1/4 t) de vermicelle ou de riz
assaisonnements

Chauffer le beurre.

Dorer les légumes en agitant constamment.

Verser le bouillon chaud.

Assaisonner et laisser mijoter.

Ajouter du vermicelle ou du riz si le potage n'est pas assez consistant.

Laisser mijoter 10 minutes pour cuire le vermicelle ou 30 minutes pour le riz.

Soupe au riz aux tomates

750 ml (3 t) de tomates
1 c. à thé de sucre
750 ml (3 t) de bouillon
75 ml (1/3 t) de riz
assaisonnements

Chauffer les tomates avec le sucre; réduire à 500 ml (2 t).

Ajouter le bouillon, le chauffer au point d'ébullition.

Ajouter le riz en pluie. Assaisonner.

Cuire environ 30 minutes.

Soupe à l'orge

Eau bouillante
75 ml (1/3 t) d'orge
1 1/4 litre (5 t) de bouillon
sel, poivre, fines herbes

Blanchir l'orge à l'eau bouillante.

Chauffer le bouillon, ajouter l'orge en pluie.

Cuire 30 à 40 minutes. — Plus si nécessaire.

⊙ Le bouillon du pot-au-feu peut servir pour cette soupe.

⊙ On peut aussi ajouter des morceaux de viandes ou de légumes déjà cuits pour changer cette soupe en un repas très nourrissant.

Soupe au pain

1 oignon
3 c. à soupe de gras
1 1/4 litre (5 t) d'eau bouillante
1 c. à soupe de riz
250 ml (1 t) de pain séché
sel, poivre, fines herbes

Faire revenir l'oignon dans le gras.

Ajouter eau bouillante, riz, pain et assaisonnements.

Laisser mijoter doucement pendant 45 minutes.

Servir très chaud.

Soupe aux pois

250 ml (1 t) de pois secs
125 g (1/4 lb) de lard salé
1 oignon en cubes
bouquet garni
sel, poivre
persil

Tremper les pois à l'eau froide environ 12 heures ou les préparer tel qu'indiqué (page 55).

Mettre le lard salé dans une casserole et couvrir d'eau froide. Amener au point d'ébullition, égoutter.

Mettre dans une marmite les pois, 1 ½ litre (6 t) d'eau froide, le lard en tranches ou en cubes, l'oignon, le bouquet garni. Laisser mijoter environ 2 heures.

Ne saler la soupe que quand les pois sont presque cuits, le sel risque de les durcir et de les empêcher de cuire.

Pour obtenir une purée de pois, passer au tamis.

Au moment de servir, ajouter le persil.

⊙ On peut utiliser des pois à cuisson rapide, maintenant sur le marché; ceux-ci ne demandent pas de trempage et donnent une très belle et très bonne soupe aux pois.

Potage parmentier

2 c. à soupe de beurre
500 ml (2 t) de pommes de terre
250 ml (1 t) de poireau ou d'oignon
sel, poivre
750 ml (3 t) d'eau froide
500 ml (2 t) de lait
50 ml (1/4 t) de crème 15 %

Chauffer le beurre et y faire revenir pommes de terre et poireaux en tranches.

Ajouter l'eau froide, le sel et le poivre.

Laisser mijoter jusqu'à parfaite cuisson des légumes.

Passer au tamis. Ajouter le lait.

Amener au point d'ébullition. Vérifier l'assaisonnement.

Lier avec la crème au moment de servir.

Crèmes de légumes

RECETTE DE BASE

500 ml (2 t) de légumes au choix
750 ml (3 t) d'eau bouillante ou d'eau de cuisson des légumes
50 ml (1/4 t) de beurre
50 ml (1/4 t) de farine
1 oignon
500 ml (2 t) de lait
sel, poivre

Cuire les légumes à l'eau bouillante salée.

Retirer les légumes du bouillon.

Garder le bouillon. Réduire les légumes en purée.

Fondre le beurre, ajouter l'oignon et la farine.

Cuire quelques minutes, ajouter le lait, cuire en brassant.

Ajouter l'eau de la cuisson et les légumes, le sel, le poivre. Passer le tout au tamis fin ou au mélangeur.

Pour un potage plus riche, ajouter une liaison aux jaunes d'œufs ou à la crème.

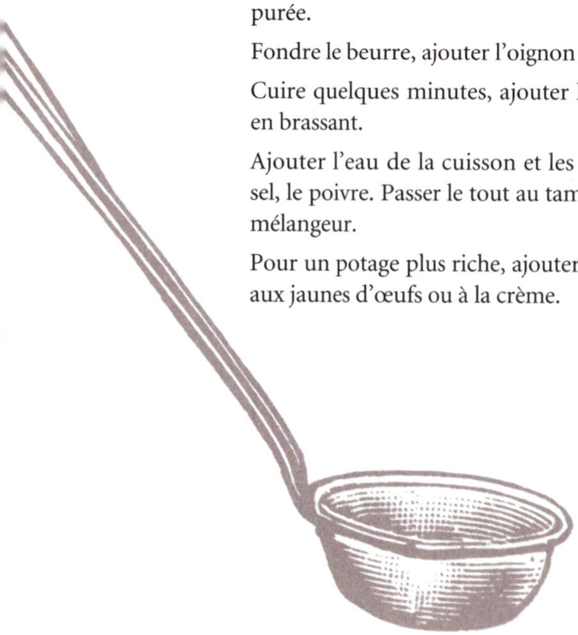

Crème de tomates

250 ml (1 t) de tomates
125 ml (1/2 t) d'eau
1 c. à soupe d'oignon
1/2 c. à thé de sucre
2 c. à soupe de farine ; sel, poivre
2 c. à soupe de beurre
500 ml (2 t) de lait

Cuire 15 minutes, dans l'eau, tomates, oignon, sucre.

Chauffer le lait au bain-marie.

Préparer un roux (voir technique, page 183) avec le beurre et la farine et l'éteindre avec le lait.

Remuer continuellement.

Après 15 à 20 minutes de cuisson, ajouter les tomates passées au tamis, le beurre et l'assaisonnement.

Potage au riz et au poireau

250 ml (1 t) de poireau
2 c. à soupe de beurre
750 ml (3 t) d'eau froide
500 ml (2 t) de lait
75 ml (1/3 t) de riz
sel, poivre

Hacher le poireau.

Faire revenir le poireau dans le beurre et ajouter l'eau froide. Cuire environ 20 minutes.

Ajouter le riz, le sel, le poivre.

Cuire environ 30 minutes, ajouter le lait.

Amener au point d'ébullition. Retirer aussitôt du feu. Servir très chaud.

Crème à l'oignon et aux pommes de terre

375 ml (1 1/2 t) d'eau
375 ml (1 1/2 t) de pommes de terre
250 ml (1 t) d'oignon haché
2 c. à soupe de beurre ou de margarine
2 c. à soupe de farine
500 ml (2 t) de lait
1 c. à thé de sel, poivre
persil

Cuire les pommes de terre et les oignons à l'eau bouillante salée. Les passer au tamis.

Préparer un roux (page 183) avec le beurre et la farine.

L'éteindre avec le lait et la purée de légumes. Assaisonner.

Laisser mijoter 15 minutes, en remuant continuellement.

Au moment de servir, saupoudrer de persil.

Potage à la farine d'avoine

1 petit oignon ou 1/4 de poireau
1 1/2 c. à thé de gras
250 ml (1 t) de tomates
500 ml (2 t) d'eau bouillante
2 c. à soupe de farine d'avoine
1/2 c. à thé de sucre
1 carotte râpée
sel, poivre

Hacher l'oignon menu.

Fondre le gras, y faire revenir l'oignon.

Ajouter eau, sel, farine d'avoine en brassant.

Chauffer les tomates et le sucre.

Incorporer ces derniers et la carotte aux autres ingrédients.

Cuire environ 45 minutes.

Servir très chaud.

Soupe aux huîtres n° 1

500 ml (2 t) de lait
500 ml (2 t) de crème
1 c. à soupe d'oignon haché
1 branche de céleri
1 feuille de laurier
750 ml (3 t) d'huîtres
3 c. à soupe de beurre
sel, poivre

Chauffer le lait et la crème au bain-marie avec l'oignon, le laurier et le céleri. Cuire 15 à 20 minutes et passer au tamis.

Chauffer les huîtres dans leur jus 5 minutes environ.

Ajouter le beurre, les assaisonnements et le lait chaud.

Servir immédiatement.

◎ Si l'on préfère la soupe aux huîtres plus épaisse, on peut la préparer à base de roux (page 183) (2 c. à soupe de beurre et 2 c. à soupe de farine) et éteindre avec le lait chaud.

Soupe aux huîtres n° 2

500 ml (2 t) de lait
500 ml (2 t) d'eau bouillante
125 ml (1/2 t) de biscuits soda ou 2 à 3 c. à soupe de fécule de maïs
1 c. à soupe de beurre
250 ml (1 t) d'huîtres
assaisonnements

Chauffer le lait et y incorporer eau bouillante, beurre, biscuits soda écrasés ou fécule délayée dans une même quantité d'eau froide, sel, poivre.

Chauffer les huîtres dans leur jus environ 5 minutes.

Cuire la première préparation 10 à 15 minutes et ajouter les huîtres chauffées.

Servir.

Soupe au poisson « Chowder »

500 g (1 lb) de poisson blanc
250 ml (1 t) de pommes de terre en dés
1 oignon haché
1 c. à thé de sel, poivre
1 c. à soupe de beurre
2 c. à thé de farine
500 ml (2 t) de lait

Couper le poisson en morceaux (morue, aiglefin, flétan).

Le mettre dans une marmite et verser assez d'eau pour le couvrir.

Ajouter les légumes et l'assaisonnement.

Cuire 20 à 30 minutes.

Préparer un roux (page 183) avec le beurre et la farine.

Éteindre le roux avec le lait et cuire 10 à 15 minutes.

Incorporer cette sauce à la première préparation.

« Clam chowder »

2 c. à soupe de beurre
2 c. à soupe de farine
1 1/2 c. à thé de jus d'oignon
500 ml (2 t) de lait
250 ml (1 t) de palourdes
sel, poivre

Fondre le beurre, incorporer la farine et le jus d'oignon. Cuire quelques instants.

Verser peu à peu le lait chaud en brassant.

Cuire 15 à 20 minutes.

Cuire les palourdes, sauf si elles sont en conserve.

Les ajouter à la première préparation.

Assaisonner et servir.

Soupe aux moules

1 kg (2 lbs) de moules
125 ml (1/2 t) de vin blanc
1 oignon
thym, laurier, sel, poivre

Nettoyer les moules, les laver sous l'eau courante. Mettre dans une grande casserole avec le vin et l'oignon émincé, le thym, la feuille de laurier, le sel et le poivre.

Cuire à feu vif pendant 5 minutes en secouant de temps en temps la casserole. Filtrer le jus et le réserver avec les moules.

FUMET

Parures de poisson (arêtes et têtes)
300 ml (1 1/4 t) d'eau
125 ml (1/2 t) de vin blanc
2 carottes, 2 oignons
assaisonnements
1 gousse d'ail émincée
1 noix de beurre
1 pincée de safran
2 jaunes d'œufs
5 c. à soupe de crème fraîche

D'autre part, préparer un fumet de poisson avec les parures, l'eau, le vin blanc, les carottes et un oignon. Assaisonner avec du thym, du laurier, du sel et du poivre.

Réduire de moitié en laissant mijoter doucement. Filtrer le jus.

Hacher finement l'ail et l'autre oignon. Mettre en casserole. Faire revenir dans le beurre.

Mouiller avec le liquide (jus des moules et fumet).

Ajouter le safran.

Battre les jaunes d'œufs dans un bol avec une cuillerée de bouillon. Verser dans la casserole.

Tourner sans arrêt, ajouter les moules.

Mettre la crème dans la soupière, verser la soupe par-dessus. Servir aussitôt.

Propreté de la cuisine et de la cuisinière

ÉDITION 1919

La cuisine doit donner l'impression d'une pièce où tout se fait avec ordre et avec soin. Cette propreté rigoureuse est indispensable, non seulement comme ordre, mais encore du point de vue de l'hygiène alimentaire. On ne peut vraiment manger avec appétit des aliments préparés dans un local en désordre, avec des ustensiles mal tenus; l'absence de soins peut compromettre la saveur des mets et même la santé de toute la famille.

La cuisinière chargée de faire régner la propreté autour d'elle a une mise et une tenue soignées en tout temps. Ses vêtements toujours en ordre sont exempts de poussière, de taches, de cheveux surtout; ses ongles sont courts, parfaitement nets, et elle se lave les mains très souvent au cours des opérations culinaires. Elle revêt un tablier spécial et n'en use pas pour s'essuyer les mains ou les ustensiles; elle porte à la ceinture un linge dont elle se sert pour ces divers emplois.

CHOIX ET ENTRETIEN DES APPAREILS CULINAIRES

Le choix des appareils n'est pas indifférent à la bonne cuisine. Il y a tant de facteurs dont il faut tenir compte dans le choix des ustensiles, tant de causes capables de faire manquer les meilleures préparations. Exemples: le genre de métal dont ces ustensiles sont faits, leur degré de conductibilité, leur force de résistance suivant l'emploi du combustible ou du fourneau, etc.

Pour faire une cuisine soignée et rapide, il faut des ustensiles suffisamment grands et en nombre pas trop restreint: certaines circonstances peuvent nécessiter des repas plus importants.

Les appareils culinaires requièrent une attention spéciale: toujours bien lavés, écurés au besoin, propres et brillants au-dehors comme au-dedans. Ici encore, il y a plus qu'une raison d'ordre et de propreté; la santé, la vie même est en cause: des ustensiles en mauvais état peuvent entraîner de graves accidents, tels que le danger d'empoisonnement, etc.

SOIN DES ALIMENTS

Les aliments destinés à entretenir la vie doivent être sains et de bonne qualité. Les connaissances d'une ménagère-cuisinière ne seraient pas complètes si elle ignorait

les soins à donner aux aliments avant et après la cuisson, de même que la manière de prévenir le gaspillage souvent occasionné par la mauvaise tenue de l'office et du garde-manger.

Comme l'air et la chaleur sont les causes ordinaires d'altération, il faut soustraire les aliments à ces influences; ainsi, il est bien d'avoir des garde-manger dans une partie fraîche et sèche de la maison et d'y conserver les provisions dans des vases hermétiquement fermés.

Toutes les matières albuminoïdes, dès qu'elles sont exposées à l'air, passent à un état de putréfaction : le lait surit; les légumes se gâtent; le beurre, la graisse et les huiles rancissent; les conserves fermentent; la farine moisit; le pain et les gâteaux sèchent. La ménagère intelligente s'appliquera à soustraire ces diverses substances à l'influence de l'air. Mais, même avec ces précautions, la nourriture sera souvent perdue si elle n'est pas examinée chaque jour.

Le riz, le tapioca, le raisin, la farine et les grains de toutes sortes seront donc conservés dans des boîtes ou des jarres à large embouchure pour permettre un examen fréquent du contenu et un nettoyage facile.

Les fruits se gardent découverts dans un endroit frais et sombre; il faut les examiner souvent pour enlever ceux qui menacent de se gâter.

On peut conserver les citrons dans un vase d'eau froide surmonté d'une pesée qui les garde sous l'eau, frais et juteux pendant longtemps; il serait bon de changer l'eau deux fois la semaine.

La viande et le poisson doivent être débarrassés du papier qui les enveloppe, examinés au retour du marché, essuyés d'un linge humide et déposés dans un endroit sombre près de la glace et non dessus.

Si les coquilles des œufs sont employées à clarifier le café, elles doivent être lavées avec soin avant de casser les œufs.

Les légumes cuits suriront rapidement surtout s'ils sont préparés au lait ou au beurre. On doit les cuire en petite quantité pour éviter cet inconvénient.

Il faut aussi tenir toute substance à odeur forte, oignon, ail, etc., loin du beurre, du lait, de la crème, qui absorbent facilement les arômes.

Tous les plats ou autres ustensiles dans lesquels est gardé le lait seront d'abord lavés à l'eau froide, ensuite passés dans une eau chaude savonneuse et rincés à l'eau bouillante claire.

L'étain ne doit pas recevoir les substances humides.

LES ACCOMPAGNEMENTS DE POTAGES

Croûtons

Enlever la croûte de 3 ou 4 tranches de pain rassis. (On peut laisser la croûte pour les repas sans cérémonies.)

Beurrer légèrement les deux côtés.

Couper en dés.

Déposer sur une plaque à pâtisserie ou une assiette à tarte et dorer au four chaud, à 200 °C (400 °F); ou bien dans un panier en grande friture.

Les croûtons ne s'ajoutent au potage qu'au moment du service.

Il est préférable de les présenter à part.

Les croûtons à utiliser pour la décoration des plats de viande se préparent comme les précédents, mais ils sont taillés plus gros, en carrés, losanges ou triangles.

Croûtons au fromage

3 ou 4 tranches de pain rassis
beurre
fromage râpé

Faire comme précédemment, puis rouler dans du fromage et dorer au four.

Biscuits salés

250 ml (1 t) de farine
1 c. à thé de sel
1/4 c. à thé de poudre à pâte
50 ml (1/4 t) de beurre froid
2 à 3 c. à soupe de lait

Tamiser la farine avec le sel et la poudre à pâte. Émietter le beurre froid. Mêler avec la farine en coupant. Ajouter assez de lait pour obtenir une pâte ferme. La pétrir pour la rendre lisse. Abaisser en une pâte très mince. Couper au coupe-pâte de petits biscuits carrés ou rectangulaires. Cuire à 180 °C (350 °F) quelques minutes.

Pailles au fromage

250 ml (1 t) de farine
1/4 c. à thé de poudre à pâte
1/4 c. à thé de sel
75 ml (1/3 t) de beurre froid
175 à 250 ml (1 t) de fromage râpé
1 à 2 c. à soupe de lait

Tamiser farine, poudre à pâte et sel.

Émietter beurre froid et fromage râpé.

Ajouter du lait au besoin.

Abaisser et tailler la pâte en bandes de 8 à 10 cm de longueur et 1 cm de largeur; on peut aussi couper une partie de la pâte en forme d'anneaux et le reste en fines lanières.

Déposer sur une plaque beurrée. Dorer au four à 180 °C (350 °F).

Les terrines

Cretons

Prendre de la panne de porc, enlever la membrane qui la couvre, la couper en petits morceaux, la fondre à feu doux en ayant soin de remuer afin qu'elle n'attache pas au fond. Une fois fondue, arrêter de brasser. La cuisson est à point quand la graisse ne fume pas. La passer à travers un tamis fin. Laisser refroidir les résidus, les hacher et les assaisonner.

Prendre 3 kg (6 lbs) de porc maigre, le passer au hache-viande, le cuire avec 1 oignon ; ajouter environ 500 ml (2 t) d'eau bouillante ; brasser constamment au début. Vers le milieu de la cuisson, ajouter les résidus de la panne et assaisonner au goût. (On calcule généralement ⅔ de porc pour ⅓ de résidus de panne.)

Laisser mijoter 3 à 4 heures.

Déposer dans les moules et garder au froid.

Tête fromagée

Mettre à dégorger ½ ou 1 tête de porc à l'eau froide durant 5 à 6 heures. Laver ensuite dans plusieurs eaux, enlever l'œil, le museau et les poils.

Laver 1 patte de porc, ôter les ergots et griller.

Placer les deux viandes dans un chaudron, couvrir d'eau froide ; ajouter du sel, du poivre, 3 ou 4 oignons coupés en morceaux et cuire jusqu'à ce que la viande se détache des os. Retirer du feu et refroidir.

Couler le bouillon.

Couper la viande en petits morceaux ou la passer au hache-viande après l'avoir désossée.

La remettre dans le bouillon, ajouter les assaisonnements : persil, cerfeuil et épices au goût. Laisser mijoter quelques minutes.

Verser dans des moules rincés à l'eau froide, laisser prendre au froid.

Terrine
(formule-type)

Mode de préparation

Recouvrir de bardes de lard le fond et les parois d'une terrine.

Garnir, par rangs successifs, de farce et de morceaux de viande : viande de boucherie, volaille, gibier, jambon, foie, etc. ; piquer chaque rangée d'un lardon ; assaisonner au goût.

Remplir en ne laissant aucun vide. Couvrir le tout d'une grande tranche de lard ; déposer une feuille de laurier et une branche de thym par-dessus.

Si on utilise du veau, mettre des lardons de jambon et de lard gras dans la proportion d'un quart de la quantité de veau.

⊙ Quand on remplace les bardes de lard du fond et du dessus par une pâte brisée, le plat porte le nom de pâté en croûte.

Pour fermer hermétiquement la terrine

Mettre le couvercle et placer tout autour une bande de pâte épaisse (farine délayée à l'eau).

Cuisson

La cuisson s'effectue à four modéré (160 °C ou 325 °F). La terrine est déposée dans une lèchefrite contenant de l'eau renouvelée au besoin. Le temps de la cuisson se calcule selon la viande employée. La limpidité de la graisse à la surface indique que le plat est à point.

Terrine de bœuf à la paysanne

Garnir le fond et les parois d'une terrine (allant au four) de bardes de lard.

Déposer par rangs des tranches minces de bœuf et de lard salé ; assaisonner de sel, de poivre et d'oignon, de ciboulette et de persil hachés.

Terminer par des bardes de lard. Verser sur le tout 250 ml (1 t) de bouillon.

Fermer la terrine hermétiquement (voir recette précédente).

Cuire à feu très doux 5 à 6 heures.

Dégraisser et servir bien chaud.

Terrine de lièvre

1 gros lièvre
125 g (1/4 lb) de maigre et gras de porc

FARCE
sel, poivre, thym, laurier
125 g (1/4 lb) de lard salé

En dépouillant le lièvre, réserver le foie et le sang.

Couper les morceaux, enlever les nerfs, piquer de lardons.

Hacher finement les débris du lièvre, le maigre de porc, les faire revenir dans un peu de gras.

Assaisonner. Laisser mijoter avec le foie écrasé et le sang.

Refroidir.

Si la farce n'est pas assez consistante, lier avec 1 ou 2 jaunes d'œufs.

Foncer de bardes de lard une terrine allant au four.

Mettre, par rangs, de la farce et des morceaux de lièvre en ayant soin de combler les vides.

Recouvrir d'une barde de lard. Fermer la terrine le plus hermétiquement possible.

Cuire 3 heures à 180 °C (350 °F).

⊙ Une terrine de lapin, de lapereau ou de gibier s'apprête de la même manière.

Si la terrine doit être servie froide, ajouter sur le dessus de la préparation à demi refroidie une gelée concentrée obtenue des os et des restes de la viande auxquels on ajoute des légumes : carottes, poireau, oignon, etc. Parfumer de cognac (50 ml (¼ t) environ).

Au contraire, pour servir chaud, dégraisser complètement et remplir la terrine d'un coulis (jus ou purée liquide de gibier) aromatique, préparé également avec les os et restes de la viande.

Terrine de volaille

Procéder comme pour la Terrine de lièvre.

Ajouter à la farce, si l'on veut, du veau ou du jambon coupé en petits dés.

Pour une terrine de dinde, cuire 3 à 3 ½ heures ; une terrine de poulet, 2 à 2 ½ heures.

Servir chaud ou froid.

Terrine de caneton aux olives

1 caneton
125 g (1/4 lb) de jambon maigre
125 g (1/4 lb) de lard
sel
50 ml (1/4 t) de cognac

Désosser complètement le caneton, hacher grossièrement la chair (mettre de côté les cuisses et le foie).

Mettre dans un plat avec le jambon et le lard coupés en dés. Assaisonner.

Arroser de cognac et laisser macérer environ 1 heure.

FARCE

125 g (1/4 lb) de veau
125 g (1/4 lb) de porc gras
2 œufs
1 c. à soupe de beurre
bardes de lard

Hacher finement la chair des cuisses, le veau et le porc ; bien mélanger — assaisonner.

Ajouter les œufs légèrement battus.

Faire sauter vivement le foie dans le beurre, couper en dés.

Ajouter la farce à la viande marinée au cognac.

Barder de lard.

DÉCORATION

Olives farcies
gelée de viande (page 120)

Tapisser une terrine de minces bardes de lard et y tasser la moitié de la préparation de viande.

Couvrir d'un rang d'olives (si elles ne sont pas farcies, les dénoyauter) puis d'un rang de viande.

Fermer hermétiquement et cuire au four à 190 °C (375 °F), 1 ½ heure environ ou jusqu'à ce que la graisse remonte limpide à la surface.

Dégraisser.

Napper de gelée de viande fondue et garnir d'olives.

Servir froid, en tranches, sur un lit de laitue.

Terrine de foie de veau

750 g (1 1/2 lb) de foie de veau
250 g (1/2 lb) de veau
250 g (1/2 lb) de porc
125 g (1/4 lb) de panne
sel, poivre, thym, persil
oignon, feuille de laurier
250 g (1/2 lb) de lard

Assécher la viande, couper en tranches minces (1 cm d'épaisseur environ), ne pas négliger d'ôter la membrane et de couper les fibres.

Commencer la cuisson dans un peu de gras.

Hacher le foie et la viande de veau et de porc.

Hacher également la panne et bien mélanger le tout.

Ajouter les assaisonnements bien écrasés.

Mélanger.

Foncer un moule de bardes de lard, couvrir avec un rang de la préparation de viande, puis un rang de lardons et alterner jusqu'à ce que le moule soit plein. Finir par des bardes de lard.

Cuire à chaleur modérée, 160 °C (325 °F), environ 1 ½ heure.

Servir froid. (Pour démouler, chauffer un peu le tour du moule.)

Les œufs et les crêpes

Œufs à la coque

Mettre les œufs dans une casserole à l'eau froide — cela les empêche de se fendiller.

Mettre juste assez d'eau pour recouvrir les œufs.

Amener à ébullition. On calcule le temps à partir du moment où l'eau commence à bouillir.

Œufs mous

Cuire 2 minutes. Retirer du feu. Le blanc a la consistance du lait et le jaune reste liquide.

Œufs mollets

Cuire 3 minutes. Retirer du feu. Le blanc est entièrement pris, le jaune est liquide.

Œufs durs

Cuire 10 minutes. Le blanc et le jaune sont pris.

Le temps de cuisson terminé, verser de l'eau froide sur les œufs pour arrêter la cuisson et empêcher la formation d'un cerne noir entre le blanc et le jaune.

Conseil à suivre: Chaque fois qu'on utilise des œufs dans une préparation culinaire, il est important de casser les œufs un à un dans une soucoupe ou un petit plat avant de les ajouter à la recette. On vérifie ainsi la fraîcheur de l'œuf et on ne risque pas de gaspiller la préparation en cours.

Œufs à la béchamel

50 ml (1/4 t) de beurre
50 ml (1/4 t) de farine
500 ml (2 t) de lait chaud
3 à 4 œufs
sel, poivre

Préparer une sauce béchamel avec le beurre, la farine et le lait (voir procédé, pages 183-184).

Ajouter les œufs durs, coupés en rondelles.

Assaisonner. Servir très chaud.

Œufs aux épinards

300 g (10 oz) d'épinards
1 c. à soupe de beurre
sel, poivre
4 œufs

Cuire les épinards (page 54), les égoutter et refroidir.

Beurrer un plat à gratin; y disposer les épinards, assaisonner et arroser du reste de beurre fondu.

Casser les œufs sur les épinards, comme sur un nid.

Cuire au four à 180 °C (350 °F) jusqu'à ce que le blanc soit entièrement pris et servir aussitôt.

Œufs à la châtelaine

250 g (8 oz) de tomates
2 c. à soupe de beurre
750 ml (3 t) de purée de pommes de terre
1 c. à thé d'oignon haché fin
50 ml (1/4 t) de fromage râpé
4 ou 5 œufs
250 ml (1 t) de béchamel nº 2 (pages 183-184)

Blanchir, peler et trancher les tomates, ou utiliser des tomates en conserve.

Fondre le beurre dans une poêle, ajouter les tomates, couvrir et laisser mijoter jusqu'à ce que le tout épaississe; passer au tamis.

Incorporer la purée de pommes de terre à la purée de tomates, assaisonner, ajouter l'oignon et la moitié du fromage râpé.

Déposer le tout dans un plat en pyrex beurré.

Avec le dos de la cuillère, faire des cavités, et casser un œuf dans chacune.

Couvrir de sauce blanche, saupoudrer le reste du fromage et gratiner au four à 180 °C (350 °F) jusqu'à ce que les blancs des œufs soient complètement coagulés.

Œufs à la créole

625 ml (2 1/2 t) de tomates
2 c. à soupe d'oignon haché fin
50 ml (1/4 t) de poivron vert haché
125 ml (1/2 t) de céleri haché
1 feuille de laurier
sel et poivre
175 ml (3/4 t) de mie de pain
250 ml (1 t) de fromage râpé
4 ou 5 œufs

Mélanger les tomates, l'oignon, le céleri, le poivron et la feuille de laurier; cuire lentement jusqu'à ce que le céleri soit tendre; enlever la feuille de laurier; assaisonner.

Ajouter le pain.

Verser la moitié de cette préparation dans les moules individuels, saupoudrer de fromage râpé; répéter.

Avec le dos de la cuillère, faire des cavités, casser un œuf dans chacune, saler et poivrer.

Cuire à 180 °C (350 °F), jusqu'à ce que l'œuf soit mollet ou plus cuit selon le goût.

Œufs pochés

Les œufs pochés se cuisent à l'eau bouillante. Les œufs doivent être très frais.

Casser les œufs le plus près possible de l'eau en ouvrant la coquille avec précaution pour ne pas briser le jaune; faire tomber l'œuf d'un seul coup dans l'eau. Dès que l'eau recommence à bouillir, retirer la casserole du feu, couvrir et laisser pocher 2 ou 3 minutes.

Retirer les œufs avec une écumoire et déposer un peu de beurre sur le dessus. Ne pas oublier d'assaisonner.

Les œufs pochés se servent très bien sur du pain beurré rôti.

Œufs farcis à l'avocat et aux crevettes

3 œufs durs
1 petit avocat pelé, dénoyauté et coupé fin
1 petit oignon haché fin
2 c. à soupe de poivron vert émincé
125 ml (1/2 t) de crevettes
1/4 c. à thé de jus de citron
1/4 c. à thé de vin blanc
sel, poivre, persil haché

Couper les œufs en deux dans le sens de la longueur.

Enlever le jaune, le passer au tamis ou au presse-purée, avec la chair d'avocat.

Incorporer l'oignon haché très fin, le poivron coupé très fin et les crevettes décortiquées et coupées en morceaux. Bien mêler.

Ajouter le jus de citron, le vin blanc et les assaisonnements. Mélanger.

Remplir les blancs d'œufs de cette préparation.

Disposer sur un nid de laitue, décorer de persil frais haché.
Servir froid.

Omelette type

6 œufs
1 c. à soupe de lait ou d'eau
une pincée de sel, poivre
1 c. à soupe de beurre

Casser les œufs dans un grand bol.

Battre suffisamment les œufs avec le lait ou l'eau pour mélanger les jaunes aux blancs, mais pas assez pour rendre la préparation mousseuse, ce qui durcirait l'omelette.

Saler et poivrer au goût.

Fondre le beurre dans une poêle moyennement chaude; quand la mousse est disparue, verser les œufs; dès qu'ils commencent à se coaguler, soulever les bords avec une spatule ou une fourchette et remuer constamment la poêle en l'inclinant pour éviter que les œufs n'attachent au fond.

Quand l'omelette est à point, c'est-à-dire dorée en dessous, légère et crémeuse, en glisser une moitié sur un plat, replier adroitement l'autre partie par-dessus.

Variantes

On peut modifier la formule de l'omelette type en ajoutant l'un des ingrédients suivants à la recette: bacon, jambon, fines herbes, champignons, ciboulette, pointes d'asperges, tomates, fromage, fruits de mer, etc.

On ajoute la garniture à la fin de la cuisson, sur la première moitié de l'omelette, avant de la replier.

Omelette au four

4 œufs
375 ml (1 1/2 t) de lait
sel et poivre
1 c. à soupe de beurre

Battre les œufs; incorporer le lait, le sel et le poivre.

Fondre le beurre dans un plat allant au four, y verser le mélange d'œufs et de lait.

Cuire à feu très doux 110 °C (225 °F).

Retirer et servir quand l'omelette est encore baveuse.

Omelette soufflée

4 œufs
1/2 c. à thé de sel
3 c. à soupe de lait ou d'eau
1 c. à soupe de farine
2 c. à soupe de beurre ou margarine

Séparer les jaunes des blancs. Battre les jaunes avec le sel jusqu'à ce qu'ils soient mousseux.

Ajouter le liquide froid et la farine.

Fouetter les blancs en neige, les incorporer délicatement dans les jaunes.

Chauffer le gras dans un plat allant au four, y verser le mélange.

Cuire 20 minutes à four modéré, à 180 °C (350 °F). Éviter d'ouvrir le four durant la cuisson : le courant d'air ferait retomber le soufflé.

Soufflé nº 1

175 ml (3/4 t) de sauce blanche nº 3 ou 4
3 œufs : blancs et jaunes séparés
assaisonnements au goût
250 ml (1 t) de légumes : en purée, hachés ou râpés ou 250 ml (1 t) de fromage, viande, poisson, fruits, etc.

Apprêter la sauce (pages 183-184).

Battre les jaunes d'œufs jusqu'à ce qu'ils deviennent jaune pâle; les réchauffer un peu avec de la sauce et les y incorporer.

Mélanger les aliments de base, légumes, fromage, etc., dans la sauce. Assaisonner et laisser tiédir.

Fouetter les blancs en neige ferme (consistance du pic qui courbe).

Les introduire très délicatement, en pliant, dans le mélange.

Verser dans un plat à gratin beurré.

Cuire au bain-marie au four, à chaleur modérée, 180 °C (350 °F), jusqu'à ce que la préparation soit ferme au centre, dorée à la surface (60 minutes environ), ou jusqu'à ce qu'un couteau inséré au centre en ressorte sec.

Soufflé nº 2

50 ml (1/4 t) de lait bouillant
250 ml (1 t) de mie de pain pressée
3 œufs moyens
250 à 375 ml (1 à 1 1/2 t) d'aliments de base : légumes râpés ou en purée ou moitié légumes cuits, moitié légumes crus

Verser le lait bouillant sur le pain. Battre les jaunes d'œufs; les ajouter à la préparation de légumes.

Laisser tiédir.

Fouetter les blancs d'œufs en neige ferme.

Les plier dans la préparation sans battre. Saler, poivrer.

Cuire comme le soufflé nº 1.

Soufflé nº 3

250 à 375 ml (1 à 1 1/2 t) de céréales cuites de consistance moyenne : riz, gruau, crème de blé, farine de maïs
3 œufs moyens
250 ml (1 t) de légumes
1 c. à soupe de beurre

Cuire les céréales à l'eau bouillante salée ou utiliser un reste de céréales cuites.

Battre les jaunes d'œufs ; les ajouter aux céréales chaudes avec les légumes.

Assaisonner. Laisser tiédir.

Fouetter les blancs d'œufs en neige ferme; les plier dans la préparation sans battre.

Cuire au bain-marie, au four à 180 °C (350 °F).

◉ Dans les soufflés, les légumes peuvent être remplacés par un autre aliment de base : on a alors des soufflés au poisson, aux fruits de mer, à la viande et au fromage.

Soufflé au brocoli

250 ml (1 t) de brocoli coupé en petits morceaux
175 ml (3/4 t) de sauce béchamel n° 4
75 ml (1/3 t) de cheddar râpé
sel, poivre
3 œufs (blancs et jaunes séparés)

Cuire le brocoli pour que les tiges soient très tendres.

Préparer la sauce béchamel (pages 183-184).

Lorsque celle-ci est prête, y ajouter le fromage, laisser fondre et bien mêler.

Ajouter le brocoli. Assaisonner.

Battre les jaunes d'œufs jusqu'à ce qu'ils soient pâles.

Ajouter, par cuillerée au début, la sauce.

Fouetter les blancs en neige ferme. Les introduire en pliant dans le mélange.

Verser dans un plat à gratin beurré.

Cuire au bain-marie au centre du four à 180 °C (350 °F) jusqu'à ce que la préparation soit ferme et dorée à la surface (environ 60 minutes).

Servir immédiatement.

Soufflé aux carottes
(ou aux panais, aux salsifis)

175 ml (3/4 t) de purée de carotte
125 ml (1/2 t) de mie de pain
1/2 c. à thé de sel
1 ou 2 œufs
175 ml (3/4 t) de lait

Mélanger, à la purée de carotte, mie de pain et sel.

Battre les jaunes d'œufs légèrement.

Ajouter le lait et le mélange de purée aux jaunes d'œufs battus.

Fouetter les blancs d'œufs en neige ferme.

Plier les blancs dans la préparation.

Beurrer des moules à soufflé et verser le mélange.

Déposer les moules dans une lèchefrite contenant de l'eau bouillante.

Cuire à four modéré 30 minutes pour de petits moules à 160 °C (325 °F).

Soufflé sucré à la citrouille
Procéder comme ci-dessus en substituant la citrouille aux carottes et ajouter 50 ml (¼ t) de sucre à la préparation.

Timbales aux œufs

4 œufs
250 ml (1 t) de lait
sel, poivre
jus d'oignon
1 c. à thé de persil haché

Battre les œufs.

Incorporer le lait, le sel, le poivre, le jus d'oignon et le persil.

Verser la préparation dans de petits moules individuels bien beurrés.

Cuire à la vapeur au four à 120 °C (250 °F) jusqu'à ce que le centre soit ferme.

Démouler et entourer d'asperges ou de petits pois.

LES CRÊPES

Crêpes

250 ml (1 t) de farine tout usage
1 c. à thé de poudre à pâte
1/4 c. à thé de sel
250 ml (1 t) de lait
6 œufs

Tamiser ensemble la farine, la poudre à pâte et le sel.

Verser le lait peu à peu.

Délayer la farine sans battre de manière à ne pas développer le gluten.

Écraser les grumeaux sous la cuillère.

Ajouter les œufs, un à la fois, et bien battre.

Cuire chaque crêpe dans une poêle chaude avec un peu de beurre ou de graisse ; dorer des deux côtés.

Servir avec du sucre d'érable, de la cassonade, du sirop d'érable, du sirop de maïs ou de la mélasse.

Crêpes au lait sur

500 ml (2 t) de farine tout usage
1/2 c. à thé de sel
500 ml (2 t) de lait sur
1 c. à thé de bicarbonate de soude
1 c. à soupe de sucre
1 ou 2 œufs

Tamiser la farine avec le sel.

Mettre le bicarbonate de soude et le sucre dans le lait sur; mêler aux œufs.

Écraser les grumeaux sous la cuillère.

Ajouter le liquide à la farine en travaillant bien le mélange pour obtenir une pâte très lisse. Ne pas trop battre.

Cuire comme les crêpes précédentes.

Servir avec du beurre, du sucre ou du sirop.

⊙ Avec du lait doux, remplacer le bicarbonate par 2 c. à thé de poudre à pâte.

Crêpes canadiennes

250 ml (1 t) de farine tout usage
1/2 c. à thé de sel
250 ml (1 t) de lait
2 œufs battus
2 c. à soupe de beurre fondu

Tamiser la farine avec le sel.

Verser le lait mélangé aux œufs. Délayer la farine sans battre. Écraser les grumeaux sous la cuillère pour obtenir une pâte lisse.

Ajouter le beurre fondu.

Chauffer une poêle épaisse, y fondre très peu de gras.

Retirer la poêle du feu pour verser quelques cuillerées de la préparation, l'étendre à la grandeur de la poêle.

Cuire rapidement sur un feu vif et dorer des deux côtés. Une pâte à point permet de retourner facilement la crêpe avec une spatule et même de la faire sauter.

Servir immédiatement avec du sirop d'érable ou étendre du sucre d'érable sur la crêpe et la rouler.

Crêpes suzette

Faire les crêpes comme les « crêpes canadiennes ». Avoir soin de les faire bien fines; les empiler et garder au chaud. Compter 3 crêpes par personne.

Sauce : Défaire en crème 75 ml (⅓ t) de beurre, y ajouter graduellement 75 ml (⅓ t) de sucre fin et arroser de quelques gouttes de jus d'orange et de citron.

Au moment de servir, chauffer la poêle, y mettre une partie de la sauce préparée, puis 2 ou 3 crêpes; retourner et plier avec dextérité; arroser avec la liqueur désirée (Grand Marnier, Cointreau, etc.) chauffée, puis flamber.

Servir immédiatement sur des assiettes chaudes.

Crêpes au lard

125 g (1/4 lb) de lard
3 à 4 œufs
sel
175 ml (3/4 t) de farine tout usage
500 ml (2 t) de lait
1/4 c. à thé de bicarbonate de soude

Couper le lard en cubes de 2 cm; enlever la couenne, ébouillanter le lard, le placer dans une poêle avec assez d'eau pour le couvrir; laisser cuire 5 à 8 minutes; jeter l'eau, rôtir les grillades promptement; lorsqu'elles sont bien dorées, elles sont à point.

Battre les œufs avec une pincée de sel jusqu'à ce qu'ils soient légers.

Délayer peu à peu la farine avec le lait dans lequel on a dissous le bicarbonate de soude; incorporer graduellement ce mélange dans les œufs battus.

Mettre les grillades dans un plat allant au four.

Verser la préparation. Cuire 15 à 20 minutes dans un four chaud à 200 °C (400 °F).

Galettes de sarrasin

375 ml (1 1/2 t) de farine de sarrasin
500 ml (2 t) de lait ou d'eau
1 pincée de sel
1/2 c. à thé de bicarbonate de soude

Bien délayer la pâte (procéder comme pour les crêpes) avec la farine, le lait ou l'eau, le sel et le bicarbonate de soude.

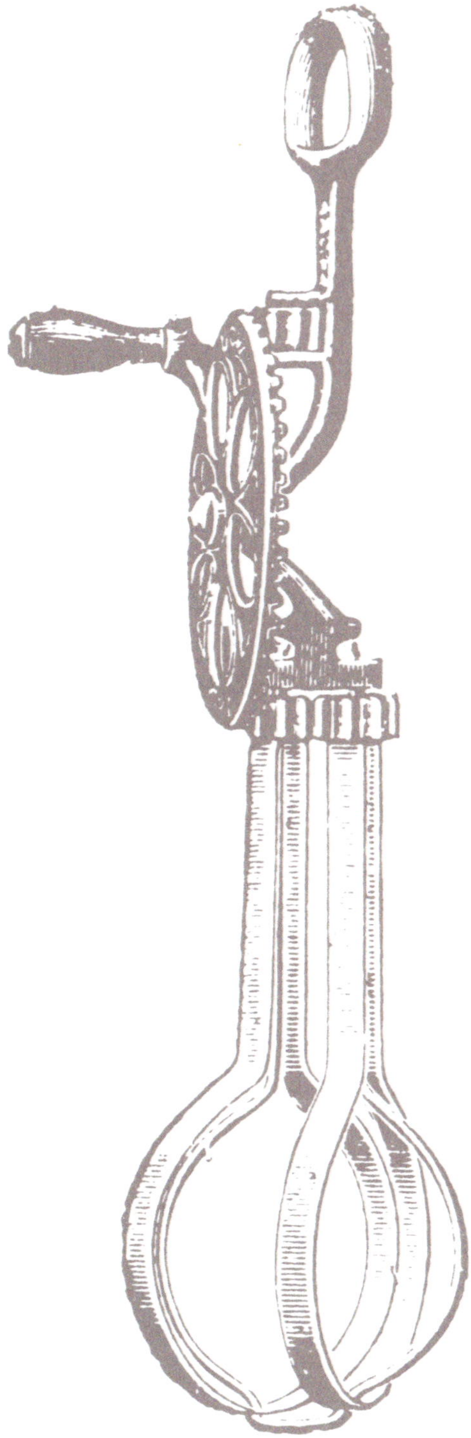

Laisser reposer quelques minutes.

Cuire sur une plaque épaisse graissée.

Servir les galettes chaudes avec du beurre.

⊙ Le lait peut être remplacé par du lait sur ou du lait de beurre.

⊙ Galettes de sarrasin à la canadienne : Enrichir d'un œuf la recette précédente. Cuire très mince comme une crêpe. Rouler avec du sucre d'érable.

Crêpes aux céréales

125 ml (1/2 t) de farine
1 c. à thé de poudre à pâte
1/2 c. à thé de sel
250 ml (1 t) de céréales cuites : gruau, riz, crème de blé, etc.
2 œufs séparés
125 ml (1/2 t) de lait
beurre ou gras

Tamiser la farine, la poudre et le sel.

Ajouter une partie de la farine dans les céréales.

Incorporer les jaunes d'œufs battus.

Ajouter en alternant le reste de farine et le lait.

Fouetter les blancs, les plier légèrement dans le mélange.

Chauffer une poêle, y déposer un peu de gras.

Cuire comme pour les crêpes ordinaires, dorer des deux côtés.

Servir très chaud avec du beurre ou du sirop.

Gaufres

500 ml (2 t) de farine tout usage
4 c. à thé de poudre à pâte
1/2 c. à thé de sel
2 œufs
2 c. à soupe de sucre
500 ml (2 t) de lait
6 c. à soupe de beurre ou gras fondu et tiède

Tamiser la farine. Ajouter la poudre à pâte et le sel.

Battre séparément les blancs et les jaunes d'œufs.

Ajouter aux jaunes le sucre et le lait.

Additionner au mélange précédent les blancs en neige, puis le beurre fondu tiédi.

Incorporer ce liquide aux ingrédients secs pour en faire une pâte à crêpes.

Cuire au gaufrier à haute température.

À défaut de gaufrier, cuire dans une poêle comme des crêpes.

Gaufres aux pommes

Ajouter à la pâte, avant la cuisson, 175 ml (¾ t) de pommes râpées et un peu de cannelle au goût.

Gaufres au citron ou à l'orange

Mêler au sucre de la recette 1 c. à soupe de zeste de citron ou d'orange.

Les légumes

ARTICHAUTS

Préparation

Casser la tige en maintenant de la main gauche l'artichaut posé sur la table, la tige dépassant le bord. Casser en tordant le bout pour l'arracher, ce qui enlève en même temps les fibres dures du fond. Retirer avec soin quelques feuilles du bas qui ont tendance à être filandreuses.

Déposer l'artichaut sur le côté et trancher avec un couteau bien aiguisé la partie supérieure, c'est-à-dire environ le tiers de l'artichaut. Puis, couper avec des ciseaux la pointe des autres feuilles. Prendre soin de frotter avec un citron les parties coupées, afin de les empêcher de noircir.

Avec une petite cuillère, enlever le foin au centre. Mettre du jus de citron. Refermer les feuilles et faire cuire.

Méthode de cuisson type

Mettre dans l'eau bouillante salée. Faire bouillir à feu vif de 30 à 40 minutes ou jusqu'à ce que les feuilles se détachent avec facilité.

L'artichaut se sert généralement nature, accompagné de beurre fondu, de sauce hollandaise, d'une sauce blanche enrichie d'un jaune d'œuf ou tout simplement de vinaigrette. On trempe l'extrémité charnue de chaque feuille dans la sauce. C'est la seule partie comestible avec le fond.

On peut servir l'artichaut farci de légumes et de viande. On l'utilise alors comme plat de résistance.

FONDS D'ARTICHAUTS

Préparation

Il faut enlever les feuilles de l'artichaut avant la cuisson. Commencer par ôter la tige (comme indiqué ci-dessus); puis serrer l'artichaut dans la main gauche, le fond tourné vers le bas; serrer la feuille à sa base, renverser tout en la tordant pour la casser en tirant vers la droite. Ainsi, tout ce qui est bon dans la feuille adhère au fond.

Préparation des légumes et cuisson au naturel*

LÉGUMES	PRÉPARATION	TRAITEMENT SPÉCIAL	MILIEU DE CUISSON	CASSEROLE	TEMPS DE CUISSON
Tubercules					
Pommes de terre	Laisser entières Ratisser les fraîches Peler les autres	Pour cuisson homogène, morceaux de même grosseur	Eau bouillante salée (juste assez pour couvrir) ou vapeur	Couverte	20 à 40 min.
Racines					
Carottes Salsifis	Ratisser ou peler Ratisser ou peler		Peu d'eau bouillante salée ou vapeur	Couverte ou non	20 à 30 min.
Panais Patates douces	Ratisser ou peler Ratisser ou peler		Peu d'eau bouillante salée ou vapeur	Couverte ou non	30 à 40 min.
Navets	Peler généreusement		Beaucoup d'eau	Découverte	20 à 35 min.
Betteraves	Laisser entières avec tige, pelure, racine	Éplucher après la cuisson	Eau sans sel à égalité des betteraves	Couverte	Jeunes : 20-30 min. Vieilles : davantage
Bulbes					
Oignons Échalotes Ail Poireaux	Éplucher	Une tranche de pain dans l'eau de cuisson absorbe l'odeur en partie	Beaucoup d'eau bouillante salée	Découverte	20-40 min. selon la grosseur
Tiges					
Asperges	Peler et manipuler avec soin	Tremper à l'eau froide salée	Beaucoup d'eau bouillante salée	Découverte	15-25 min.
Céleri	Ôter les parties extérieures de la racine. Brosser à l'eau courante		Beaucoup d'eau bouillante salée	Découverte	15-25 min.
Feuilles					
Chou	Éplucher et couper en quartiers	Tremper à l'eau froide salée	Beaucoup d'eau bouillante salée	Découverte au début	Râpé : 10-15 min. En quartiers : 15-20 min.
Chou de Bruxelles	Éplucher	Tremper à l'eau froide salée	Beaucoup d'eau bouillante salée	Découverte au début	10-15 min.
Chou rouge	Éplucher et couper en quartiers	Tremper à l'eau froide salée	Beaucoup d'eau bouillante salée et quelques gouttes de vinaigre	Couverte	15-20 min.
Laitue	Enlever les parties fanées et non comestibles	Tremper à l'eau froide salée	Eau bouillante salée	Découverte	5 min.
Endives Cresson	Enlever les parties fanées	Tremper à l'eau froide salée	Eau bouillante salée	Couverte	8-12 min.
Épinards Feuilles de betteraves	Enlever les parties fanées	Tremper à l'eau froide salée	Eau du lavage seulement	Couverte Couverte	5-7 min. 5-7 min.

Préparation des légumes et cuisson au naturel

LÉGUMES	PRÉPARATION	TRAITEMENT SPÉCIAL	MILIEU DE CUISSON	CASSEROLE	TEMPS DE CUISSON
Fleurs					
Brocoli	Enlever les parties fanées et les parties fibreuses de la tige	Tremper à l'eau froide salée	Beaucoup d'eau bouillante salée	Découverte au début	12 à 18 min.
Artichaut Chou-fleur	Couper les tiges et défaire les fleurs	Tremper à l'eau froide salée	Beaucoup d'eau bouillante salée	Couverte Couverte	15-20 min. 10-15 min.
Gousses					
Haricots	Laver. Couper le pédoncule		Eau bouillante salée	Couverte	30-40 min.
Fruits					
Tomates	Laver et couper ou blanchir et peler		Leur propre jus assaisonné	Couverte	5-10 min.
Concombres et courges	Peler généreusement				
Aubergines	Ne pas peler, couper en tranches et saler chaque tranche	Empiler. Mettre sous presse pour extraire le jus			
Poivrons	Laver	Ébouillanter. Décoller la tige. Enlever les graines			
Graines					
Fèves Pois Lentilles	Trier et laver	Bouillir 2 min. sous couvercle dans 1 1/2 litre d'eau froide et 2 c. à thé de sel. Retirer du feu et laisser reposer 1 heure ou tremper au moins 12 heures à l'eau froide	Commencer la cuisson à l'eau froide et cuire jusqu'à ce que l'enveloppe s'enlève quand on souffle dessus. Refroidir avant d'apprêter		Suivre les indications de la recette choisie
Pois verts	Écosser, trier, laver		Peu d'eau bouillante salée	Couverte	15-30 min.
Maïs en épis	Éplucher et laver	Laisser les épis entiers ou les couper en tronçons	Eau bouillante salée	Couverte	10-15 min.
Champignons	Laver vivement et égoutter				

* Ce tableau suggère les conditions de cuisson requises pour assurer aux légumes saveur, texture et couleur agréables.

Enlever ainsi toutes les feuilles extérieures jusqu'à ce qu'il se soit formé une courbe entre la partie inférieure (le fond) et la partie supérieure. C'est alors que l'on coupe entre ces deux parties. S'il reste des parties vertes sur le fond de l'artichaut, les couper avec un couteau. Nettoyer ensuite le fond pour en supprimer ce qui est filandreux et piquant (le foin).

L'artichaut noircit au contact de l'air, il faut donc le mettre, aussitôt épluché, dans de l'eau citronnée (1 citron pour 500 ml (2 t) d'eau). On frotte chaque cœur avec un morceau de citron et on le fait tremper dans cette eau.

Méthode de cuisson type

Les fonds d'artichauts prennent de 15 à 20 minutes pour cuire dans l'eau bouillante, à feu moyen, à couvert.

On sert les fonds d'artichauts comme légumes ou comme entrées chaudes ou froides.

On les farcit avec du foie gras, du foie de volaille ou on les nappe de sauce hollandaise ou de vinaigrette.

On peut aussi tout simplement les servir avec du beurre fondu assaisonné avec des queues d'échalotes ou de la ciboulette.

ASPERGES

Préparation et cuisson des asperges fraîches

Casser la tige des asperges, puis gratter ou peler entre la pointe et la base selon que la tige est plus ou moins coriace.

Tremper à l'eau froide environ ½ heure; bien rincer.

Attacher en bottes de 8 à 10 tiges et déposer horizontalement dans une casserole remplie d'eau bouillante salée.

Cuire ainsi à l'eau bouillante une quinzaine de minutes. (On peut aussi cuire à la vapeur.)

◉ Pour cuire également les tiges (coriaces) et les pointes (tendres) des asperges, déposer les bottes debout dans une quantité d'eau bouillante salée baignant les tiges et cuire 10 minutes; ensuite, coucher les bottes et continuer la cuisson jusqu'à ce que le tout soit bien cuit.

Lorsqu'elles sont cuites, retirer les asperges très délicatement, les égoutter, puis couper les ficelles.

◉ Les asperges fraîches peuvent être servies seules comme entrée, accompagnées de beurre fondu, ou tiédies accompagnées d'une vinaigrette. — Elles peuvent accompagner viandes, poissons ou volailles.

Asperges à la crème

2 c. à soupe de farine
125 ml (1/2 t) de crème 15 %
125 ml (1/2 t) de lait chaud
12 à 15 asperges
assaisonnements

Délayer la farine et la crème.

Verser dans le lait chaud et laisser mijoter 10 à 15 minutes. Assaisonner.

Chauffer les asperges ou cuire comme ci-dessus.

Dresser sur un plat et masquer avec la sauce.

Servir très chaud.

Asperges au gratin

2 c. à soupe de beurre
3 c. à soupe de farine
250 ml (1 t) de lait
12 à 15 asperges
sel, poivre, chapelure

Préparer le roux comme pour la sauce béchamel (page 185), c'est-à-dire fondre le beurre, ajouter la farine, brasser 1 minute.

Ajouter le lait. Cuire en brassant jusqu'à ce que le mélange épaississe.

Cuire les asperges comme ci-dessus.

Les dresser sur un plat, masquer avec la sauce.

Assaisonner. Saupoudrer de chapelure.

Gratiner au four 10 à 15 minutes.

Asperges à la sauce au fromage

125 ml (1/2 t) de sauce béchamel n° 2
12 à 15 asperges
4 à 5 croûtons
2 œufs durs
125 ml (1/2 t) de fromage râpé
cresson ou persil

Préparer la sauce (voir pages 183-184).

Cuire les asperges comme ci-dessus.

Dresser sur un plat.

Beurrer les croûtons, dorer au four.

Placer les croûtons autour des asperges.

Déposer sur chaque croûton la moitié d'un œuf.

Mêler le fromage râpé à la sauce.

Verser la sauce sur les œufs.

Décorer de persil ou de cresson.

AUBERGINES

Comment faire dégorger les aubergines

Avant toute autre opération, dans la plupart des cas, il faut d'abord extraire l'eau des aubergines — trancher sans peler, soit sur la longueur, soit sur la largeur, selon la recette; saler les tranches et les poser les unes sur les autres sur du papier absorbant, avec un poids sur le dessus de la pile. Après une heure ou deux, les tranches doivent être rincées à l'eau claire et parfaitement séchées avec un linge ou du papier absorbant.

Aubergines au four

2 ou 3 petites aubergines
sel, poivre
50 ml (1/4 t) de chapelure
1 c. à soupe de beurre

Peler et couper en rondelles de 1 cm d'épaisseur et faire dégorger les aubergines (voir ci-dessus).

Mettre dans un plat à gratin beurré.

Assaisonner et saupoudrer de chapelure.

Parsemer le dessus de quelques noisettes de beurre.

Cuire au four à 180 °C (350 °F) jusqu'à ce que les aubergines soient tendres, 25 minutes environ.

Tenue à table

ÉDITION 1943

Disons tout premièrement qu'on ne doit jamais entamer la conversation avant d'avoir dit le Bénédicité; c'est le maître de la maison ou l'hôte d'honneur qui bénit la table. Le savoir-vivre prescrit les règles suivantes :

On doit se tenir droit sur sa chaise ou avec une légère inclinaison du buste et de la tête en avant, ni trop loin ni trop près de la table, l'avant-bras posé sur le bord de la table, jamais les coudes.

Ne pas s'appuyer en mangeant sur le dossier de sa chaise, ni se pencher sur son assiette; éviter de tourner le dos au voisin de droite pour parler à celui de gauche. Éviter tout mouvement brusque, surtout de s'allonger les jambes.

La serviette se met sur les genoux; ne pas l'ouvrir au-dessus de la table; l'étendre dans sa longueur sans la déployer entièrement. On mange de la main gauche lorsqu'on se sert de la droite pour couper. Le savoir-vivre prescrit encore de manger par menues bouchées, en prenant le temps de bien mastiquer; de s'essuyer la bouche afin de ne pas salir le verre; de ne pas porter son couteau à la bouche; de

ne pas prendre les os avec les doigts ni d'essuyer la sauce qui reste au fond de l'assiette ; encore moins de se toucher le nez, les dents, les cheveux. Cacher son dégoût, s'il arrive qu'on trouve quelque chose dans le mets servi. Avoir soin de lever son assiette quand le domestique en présente une autre.

Témoigner du goût ou de la répugnance pour tel ou tel plat, choisir les morceaux, flairer les viandes, palper les fruits pour s'assurer de leur fraîcheur, manger avec avidité, faire du bruit en mâchant ou en buvant, comme faire claquer sa bouche ou sa langue, mordre dans son pain au lieu de le rompre, cracher les écorces, les noyaux dans son assiette, parler ou boire la bouche pleine, négliger de s'essuyer les doigts, continuer de manger quand tout le monde a fini, ou avoir toujours fini le premier sont autant d'habitudes qui dénotent un défaut complet de savoir-vivre.

Les convives ne doivent pas se croire obligés de manger de tous les plats du menu. Il serait peu délicat de refuser quand la maîtresse de maison insiste pour vous faire accepter d'un plat ou encore de passer à un autre le morceau d'honneur qui nous a été offert. On ne choisit pas les meilleures parts et on n'indique pas non plus celles qui nous reviennent, mais on prend le morceau qui est devant soi, à moins que la portion soit trop grosse, dans ce cas, le morceau le plus rapproché ; et c'est toujours avec réserve qu'on accepte les primeurs.

En refusant un mets, une jeune fille s'excuse poliment ; elle ne dira jamais : je n'aime pas ceci ou je ne digère pas cela ; tout simplement, elle dira : « Je vous remercie. »

Il serait impoli, même chez ses amis, d'aller dans les buffets chercher ce qui manque ; il ne faut jamais se servir soi-même.

Aubergines en escalopes

2 ou 3 petites aubergines
250 ml (1 t) de sauce au fromage
sel, poivre
fromage râpé

Couper les aubergines en tranches ou en dés.

Cuire à la vapeur ou à l'eau salée.

Préparer la sauce au fromage (page 185).

Assaisonner.

Alterner des rangs d'aubergines et de sauce.

Saupoudrer de fromage râpé.

Dorer au four, 200 °C (400 °F), 15 à 20 minutes.

Aubergine sautée

1 grosse aubergine
farine
sel, poivre
beurre ou margarine

Couper l'aubergine en tranches de 1 cm d'épaisseur.

Faire dégorger (voir ci-dessus).

Peler les tranches; saupoudrer de farine.

Assaisonner.

Sauter dans la poêle 10 à 15 minutes, jusqu'à ce que les tranches soient croustillantes et légèrement brunies.

Aubergine farcie

1 aubergine

FARCE
500 ml (2 t) de pain sec
250 ml (1 t) de lait
1 petit oignon haché
2 c. à soupe de beurre fondu
1 c. à soupe de persil haché
sel, poivre

Cuire l'aubergine à la vapeur ou 10 minutes à l'eau bouillante.

Retirer, refroidir légèrement et couper en deux sur le sens de la longueur.

Vider chaque moitié en ne laissant que très peu de pulpe dans la peau.

Couper la pulpe en cubes.

C'est la base de la farce; y ajouter les autres ingrédients en mêlant bien.

Remplir les écorces de cette farce.

Mettre dans un plat allant au four.

Dorer à 180 °C (350 °F) environ 30 minutes.

BETTERAVES

Les petites betteraves sont meilleures que les grosses. Avant de cuire, laver généreusement dans l'eau froide.

Enlever les feuilles, mais laisser la racine. Ne pas peler.

Mettre dans une casserole, ajouter de l'eau bouillante à égalité des betteraves. Couvrir et cuire à petit feu, 30 minutes pour les petites, plus pour les grosses, jusqu'à ce qu'elles soient tendres.

Peler après la cuisson.

Servir chaudes avec quelques noisettes de beurre.

Tranchées et froides, elles peuvent être servies en salade, avec des oranges, des oignons, etc.

Betteraves à la campagnarde (Harvard)

750 ml (3 t) de betteraves en dés
2 c. à soupe de sucre
1 c. à soupe de farine
75 ml (1/3 t) de vinaigre
50 ml (1/4 t) d'eau chaude ou plus
1 c. à soupe de beurre

Cuire, peler les betteraves, les couper en dés (voir cuisson ci-dessus).

Mélanger sucre et farine; délayer avec le vinaigre froid. Ajouter l'eau.

Laisser mijoter 5 ou 6 minutes.

Ajouter les betteraves.

Incorporer le beurre au moment de servir.

Betteraves à la « polonaise »

3 ou 4 petites betteraves
1 c. à soupe de beurre
1 c. à soupe de farine
2 c. à thé de sucre
125 ml (1/2 t) d'eau de cuisson
1 c. à thé de jus de citron
2 c. à soupe de crème sure
sel, poivre, persil

Cuire les betteraves; trancher ou couper en dés (voir cuisson ci-dessus).

Fondre le beurre.

Incorporer sucre, farine, eau de cuisson.

Cuire 10 minutes. Assaisonner.

Mêler jus de citron et crème sure en remuant 1 minute.

Ajouter ce dernier mélange à la sauce.

Verser le tout sur les betteraves.

Saupoudrer de persil haché.

Carottes grillées

3 ou 4 carottes moyennes
1 c. à soupe de beurre fondu
175 ml (3/4 t) de flocons de maïs écrasés
poivre et paprika au goût

Éplucher les carottes. Les cuire entières à l'eau bouillante salée.

Les retirer du feu alors qu'elles sont encore fermes. Les assécher, les assaisonner, les enduire de beurre fondu.

Les rouler dans les flocons de maïs.

Griller au four très chaud à 230 °C (450 °F).

Retourner et bien griller.

Carottes à la ménagère

2 ou 3 carottes moyennes
375 ml (1 1/2 t) de bouillon ou d'eau de cuisson
eau bouillante
2 c. à soupe de beurre
3 c. à soupe de farine
1 c. à soupe de persil
sel, poivre

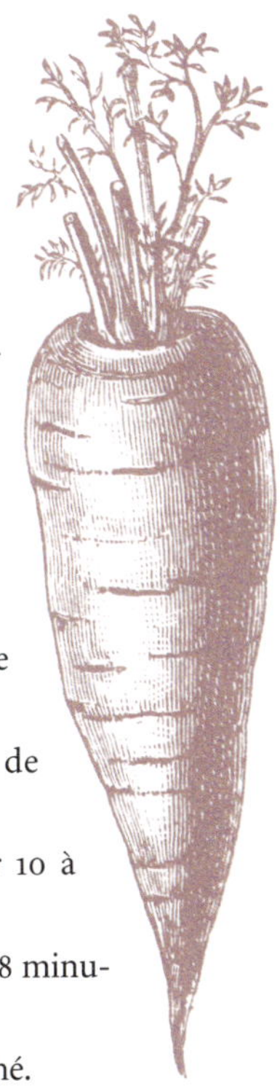

Éplucher les carottes; les couper en rondelles.

Les cuire à l'eau bouillante salée.

Égoutter les carottes, réserver l'eau de cuisson.

Préparer un roux blond (page 183) avec beurre et farine.

Éteindre le roux avec l'eau de cuisson ou du bouillon.

Assaisonner. Laisser mijoter 10 à 15 minutes, tout en brassant.

Ajouter les légumes; cuire 5 à 8 minutes sur feu doux.

Saupoudrer de persil frais haché.

Céleri au four

5 à 6 branches de céleri
175 ml (3/4 t) de bouillon
1 ou 2 carottes en rondelles
1 oignon émincé
thym et persil
sel, poivre
2 c. à soupe de beurre
2 c. à soupe de farine
crème 10 %
1 c. à soupe de fromage râpé

Couper le céleri en tronçons de 5 cm environ.

Chauffer le bouillon ; y faire cuire le céleri 30 minutes.

Égoutter le céleri et réserver le bouillon.

Dans un plat à gratin, alterner le céleri, les carottes, l'oignon, les fines herbes, les assaisonnements.

Préparer un roux (page 183) avec le beurre et la farine.

Éteindre le roux avec le bouillon de cuisson et ajouter de la crème de manière à obtenir 175 ml (¾ t) de liquide.

Vérifier l'assaisonnement.

Verser la sauce sur les légumes ; la laisser pénétrer au centre de la préparation.

Saupoudrer de fromage râpé.

Cuire à four modéré environ 30 minutes (160 °C – 325 °F).

Croquettes de céleri

375 ml (1 1/2 t) de purée de pommes de terre
1 œuf
125 ml (1/2 t) de céleri cuit et haché
1 c. à soupe d'oignon haché
1 c. à soupe de beurre
sel, poivre
chapelure
huile à friture (175°-190 °C, environ 350 °F)

Assaisonner la purée de pommes de terre.

Battre le jaune d'œuf et l'incorporer à la purée.

Faire revenir l'oignon et le céleri dans le beurre.

Mélanger à la première préparation.

Façonner en croquettes.

Battre le blanc d'œuf dans un peu d'eau froide.

Enduire les croquettes de blanc d'œuf battu et recouvrir de chapelure.

Cuire à grande friture ou rôtir à la poêle, jusqu'à ce qu'elles soient bien dorées.

Champignons à la crème

625 ml (2 1/2 t) de champignons
1 ou 2 échalotes hachées
1 1/2 c. à thé de beurre
1 jaune d'œuf
125 ml (1/2 t) de crème 10 %
sel, poivre

Laver les champignons, les couper en tranches minces.

Chauffer le beurre ; y faire revenir champignons et échalotes.

Battre légèrement le jaune d'œuf avec la crème.

Ajouter ce mélange à la première préparation.

Cuire et laisser épaissir. Assaisonner.

Champignons sautés

500 ml (2 t) de champignons
2 c. à soupe de beurre
1 c. à soupe de jus de citron
farine
1 c. à thé de persil haché
sel, poivre

Laver et égoutter les champignons.

Les couper en morceaux, les arroser de jus de citron, les fariner.

Fondre le beurre dans une poêle.

Ajouter champignons, sel, poivre. Cuire 4-5 minutes.

Arroser d'un peu d'eau.

Ajouter le persil; cuire quelques minutes.

CHOU

Laisser tremper le chou 15 à 20 minutes dans l'eau salée; le trancher; le jeter par poignées dans l'eau en ébullition; procéder lentement de façon à ne pas abaisser la température de l'eau. Laisser bouillir 8 à 10 minutes si le chou est haché, 15 à 20 minutes s'il est en morceaux. Ne pas trop cuire, car c'est l'excès de cuisson qui provoque l'odeur forte si désagréable. Retirer, égoutter, assaisonner et ajouter un peu de beurre.

Chou au gratin

A
1 petit chou
1 oignon

Blanchir le chou, le refroidir.

Cuire chou et oignon à l'eau bouillante salée, 10 à 15 minutes.

B
3 c. à soupe de beurre
3 c. à soupe de farine
250 ml (1 t) de lait
sel, poivre

Préparer une béchamel n° 3 (voir pages 183-184).

Égoutter le chou, le dresser sur un plat à gratin.

Masquer de sauce.

C
50 ml (1/4 t) de chapelure

Saupoudrer de chapelure au beurre. Assaisonner.

Gratiner au four 10 à 15 minutes. Servir très chaud.

Chou braisé

1 petit chou
1 c. à soupe de beurre
sel, poivre
125 ml (1/2 t) de bouillon
125 ml (1/2 t) d'eau

Blanchir le chou, le refroidir, le ficeler.

Roussir le beurre dans un chaudron.

Saisir le chou de tous côtés.

Assaisonner. Verser le bouillon et l'eau.

Laisser mijoter 1 à 1 ½ heure. Ajouter de l'eau au besoin.

Chou farci

1 petit chou
farce à la viande ou autre
250 ml (1 t) de bouillon
lard salé
sel, poivre

Blanchir et refroidir le chou ; l'égoutter.

Écarter les feuilles. Enlever le cœur.

Introduire une farce (voir le chapitre sur les farces, page 194) au centre et entre les feuilles.

Envelopper de bardes de lard et bien ficeler.

Verser le bouillon. Assaisonner.

Cuire lentement 1 ½ à 2 heures.

Servir avec le jus de cuisson.

CHOUX DE BRUXELLES

Avant la cuisson, enlever la première feuille ou les feuilles qui se détachent; faire une incision en forme de croix dans le cœur. La cuisson doit toujours être menée rapidement à grande eau bouillante, à découvert; elle est complète après 10 à 15 minutes. Une cuisson prolongée provoque une odeur forte et un goût amer. Ajouter le sel peu de temps avant la fin de la cuisson pour ne pas altérer la couleur.

Choux de Bruxelles à la crème

Cuire les choux au naturel et les égoutter. Les passer au beurre et les hacher. Verser de la crème à l'égalité des légumes. Laisser mijoter 3 ou 4 minutes. Assaisonner et servir bien chaud.

Choux de Bruxelles au beurre

500 ml (2 t) de choux de Bruxelles
eau bouillante
2 c. à soupe de beurre
sel, poivre

Cuire les choux au naturel 10 à 15 minutes. Les égoutter.

Fondre la moitié du beurre.

Ajouter les choux et assaisonner.

Agiter constamment la casserole ou remuer les choux avec une spatule pour ne pas les briser.

Couvrir du reste du beurre fondu.

CHOUX-FLEURS

Le chou-fleur doit tremper ¾ à 1 heure dans l'eau froide salée. Il se cuit en entier ou en bouquets, selon le genre de préparation. Le fait d'ajouter 250 ml (1 t) de lait à l'eau de cuisson aide à conserver la blancheur du chou. Une cuisson prolongée le décolore (pas plus de 10 à 15 minutes). Le légume s'apprête au naturel, au beurre, à la béchamel, à la hollandaise, en soufflé, au gratin, à la sauce tomate.

Citrouille en cubes au four

citrouille (quantité désirée)
beurre fondu
sel

Couper la citrouille en gros cubes (5 cm de côté).

Enlever la pelure et les graines.

Badigeonner les cubes avec du beurre fondu.

Saler. Placer dans une lèchefrite; cuire au four 120 °C (250 °F).

Concombres farcis

3 concombres moyens
vinaigre
125 ml (1/2 t) de mie de pain
250 ml (1 t) de riz cuit
250 ml (1 t) de tomates
1 oignon moyen
50 ml (1/4 t) de beurre
sel, poivre

Laver, peler (facultatif) et couper les concombres sur la longueur en tronçons de 6 à 7 cm environ.

Creuser l'intérieur, humecter d'un peu de vinaigre.

Remplir du mélange: mie de pain, riz, tomates, oignon revenu dans le beurre, assaisonnements.

Ajouter un peu d'eau.

Cuire au four à 160 °C (325 °F) jusqu'à ce que les concombres soient tendres (10 à 15 minutes).

⊙ Cette recette convient aussi très bien avec les courgettes.

Courgettes sautées à l'ail

3 courgettes
1 c. à soupe d'huile d'olive
2 gousses d'ail émincées
75 ml (1/3 t) de chapelure
1/4 c. à thé de sel et poivre

Couper les courgettes en rondelles de 1 ½ cm d'épaisseur.

Chauffer l'huile dans une poêle, y faire revenir les courgettes 5 à 7 minutes en les retournant de temps en temps.

Ajouter l'ail, la chapelure, le sel et le poivre.

Continuer de cuire, tout en remuant, 3 à 5 minutes.

⊙ Ces courgettes, ainsi préparées, accompagnent très bien les steaks, côtelettes de porc, d'agneau et de veau.

Endives au jambon

4 endives moyennes (1 par personne)
2 c. à soupe de beurre
2 c. à soupe de farine
125 ml (1/2 t) de jus de cuisson
125 ml (1/2 t) de lait
125 ml (1/2 t) de cheddar râpé
sel, poivre
4 fines tranches de jambon
persil

Préparer et cuire les endives comme indiqué à la page 54. Arrêter la cuisson lorsqu'elles sont tendres. Pour vérifier la cuisson, piquer avec un couteau pointu. Une cuisson prolongée rend les endives amères.

Lorsqu'elles sont cuites, prendre soin de conserver 125 ml (½ t) du jus de cuisson, jeter le reste. Égoutter.

Dans une marmite, fondre le beurre, y ajouter la farine et cuire en brassant avec une cuillère de bois, environ 2 minutes.

Ajouter le jus de cuisson et le lait et, tout en remuant, cuire à feu lent jusqu'à ce que la sauce soit homogène et commence à bouillir.

Retirer du feu, ajouter le fromage râpé.

Recouvrir et laisser en attente quelques minutes, le temps que le fromage fonde.

Remuer pour rendre homogène.

Assaisonner.

Enrouler chaque endive dans une tranche de jambon.

Déposer dans une assiette individuelle et napper de sauce.

Décorer avec quelques brins de persil.

Épinards à la crème

(sur canapés)

250 ml (1 t) de sauce béchamel nº 3
4 ou 5 croûtons
beurre
500 g (1 lb) d'épinards
sel, poivre, paprika
1 œuf dur

Préparer la sauce (pages 183-184).

Tailler des croûtons de 7 cm de diamètre, les beurrer et les dorer au four.

Cuire les épinards 5 minutes dans très peu d'eau : l'humidité de l'eau du lavage suffit. Bien les égoutter en les pressant, les passer au beurre. Assaisonner. Ajouter la sauce.

Déposer par cuillerées sur les croûtons. Décorer avec des lanières de blanc d'œufs en spirales.

Saupoudrer de jaune d'œuf et de paprika.

Épinards au gratin

250 ml (1 t) de sauce béchamel nº 2
500 ml (2 t) d'épinards cuits
1 c. à soupe de beurre fondu
125 ml (1/2 t) de fromage râpé
sel, poivre
50 ml (1/4 t) de biscuits soda émiettés

Préparer la sauce (voir pages 183-184).

Hacher les épinards très fin. Beurrer un plat à gratin. Disposer par rangs : épinards, sauce, fromage. Assaisonner entre chaque rang.

Saupoudrer de biscuits passés au beurre.

Gratiner au four 160 °C (325 °F), environ 20 minutes.

Fèves au lard

500 ml (2 t) de fèves
1 oignon moyen
375 g (3/4 lb) de lard salé
2 c. à soupe de mélasse
1/2 c. à thé de moutarde sèche
sel, poivre
eau bouillante

Préparer les fèves et commencer la cuisson comme indiqué au tableau, page 55.

Placer les fèves dans un pot de grès.

Ajouter l'oignon, le lard salé coupé en tranches ou en dés.

Délayer sel, poivre, moutarde, mélasse avec de l'eau bouillante et verser sur les fèves.

Ajouter un peu plus d'eau que pour couvrir les fèves.

Cuire 4 à 6 heures au four, à chaleur modérée, 120 °C (250 °F).

Ajouter de l'eau chaude si nécessaire, mais ne pas brasser.

ÉDITION 1954

Choix et achat

Savoir acheter suppose beaucoup de flair, du coup d'œil, une grande sagacité, des connaissances précises et de l'expérience. L'époque des approvisionnements varie suivant la localité ou la nature des produits qu'on désire acquérir. Se rappeler ici que la qualité vaut mieux que la quantité. Acheter à trop bas prix, c'est rarement faire un profit.

QUELQUES CONSEILS

1. Il ne faut rien acheter qui ne soit nécessaire, sous le simple prétexte de profiter d'une bonne occasion.
2. Le marchand qui vend au rabais cherche généralement à écouler une marchandise dont il ne peut se débarrasser. N'allez pas croire qu'il consente à perdre sur ses marchandises. S'il perd sur chaque article, il se reprend sur la grande quantité vendue.
3. Quoi que vous fassiez, vous n'en aurez toujours que pour votre argent... N'espérez pas acquérir pour 2 $ ce qui vaut 5 $.
4. Quand la marchandise est surfaite, il ne faut pas craindre de laisser voir qu'on s'en aperçoit, tout en offrant cependant un prix raisonnable.
5. On est en droit d'exiger une vérification, si l'on n'est pas sûr de son compte. Dans les marchés, les pesées se font très rapidement; il est important de les surveiller.
6. Le principal est d'avoir l'œil ouvert sur le prix des denrées, leur qualité et leur poids, etc., de savoir apprécier la fraîcheur d'un aliment, pour en arriver à conclure des achats avantageux. C'est chez le boucher surtout qu'il faut de l'attention et de l'expérience. Comme les habitudes des marchés publics ne sont pas celles des maisons de confiance où l'on vend à des prix fixes, il est permis de marchander.
7. Il est à propos de faire un choix judicieux parmi les différentes maisons de commerce. On se crée ainsi un répertoire d'adresses utiles et sûres. L'expérience a toujours démontré que les bons fournisseurs aiment leur clientèle et font tout leur possible pour donner satisfaction.

Fèves au lard aux tomates

Ajouter du jus de tomate dans les fèves au lieu d'ajouter de l'eau.

Haricots verts sautés

500 ml (2 t) de haricots verts
2 c. à soupe de beurre
75 ml (1/3 t) d'oignon haché
50 ml (1/4 t) de poivron rouge

Cuire les haricots frais à l'eau bouillante salée (voir tableau, page 55).

Roussir le beurre.

Ajouter les haricots entiers ou coupés, les oignons hachés et le poivron rouge. Laisser mijoter quelques minutes. Assaisonner et servir.

Purée de navet au gratin

1 navet moyen
125 ml (1/2 t) de lait
1 c. à soupe de beurre
1 1/2 c. à soupe de farine
sel, poivre
chapelure

Cuire le navet à l'eau bien salée (voir tableau, page 54).

Chauffer le lait légèrement.

Préparer un roux (page 183) avec le beurre et la farine.

Éteindre le roux avec le lait chaud.

Laisser mijoter 10 minutes en remuant sans arrêt.

Réduire le navet en purée.

Incorporer le navet à la sauce.

Assaisonner et déposer dans un plat à gratin.

Saupoudrer de chapelure et gratiner au four à 160 °C (325 °F) pendant 25 minutes.

Oignons à la crème

3 ou 4 oignons entiers
eau bouillante
125 ml (1/2 t) de lait chaud
125 ml (1/2 t) de crème 15 %
1 1/2 c. à soupe de farine
sel, poivre

Cuire les oignons à l'eau bouillante salée (voir tableau, page 54).

SAUCE

Chauffer le lait. Délayer la farine et la crème, verser dans le lait chaud.

Laisser mijoter 10 à 15 minutes. Assaisonner.

Dresser les oignons sur un plat.

Masquer de sauce.

Servir très chaud.

Oignons grillés

3 ou 4 oignons blancs
lait
1 c. à soupe de beurre
chapelure

Couper les oignons en tranches de 1 cm d'épaisseur.

Couvrir de lait.

Cuire jusqu'à ce que les oignons soient tendres.

Les égoutter et les placer sur une lèchefrite graissée.

Saupoudrer de chapelure au beurre.

Dorer sous le gril ou au four très chaud 230 °C (450 °F).

Oignons farcis

5 ou 6 oignons
50 ml (1/4 t) de pain émietté
1 c. à thé de beurre
1 c. à soupe de viande hachée
sel, cayenne, fines herbes
chapelure au beurre

Cuire les oignons et les égoutter (voir tableau, page 54).

Préparer une farce : pain, beurre, viande, assaisonnements.

Évider les oignons.

Remplir les oignons avec la farce.

Disposer dans un plat à gratin.

Saupoudrer de chapelure. Gratiner au four modéré à 180 °C (350 °F), environ 15 minutes.

Oignons glacés

500 ml (2 t) de petits oignons blancs
2 c. à soupe de beurre
2 c. à soupe de sucre

Ébouillanter les oignons, les refroidir.

Les éplucher sous l'eau froide.

Cuire à l'eau bouillante 5 à 8 minutes. Égoutter.

Fondre le beurre et le sucre dans une poêle.

Glacer les oignons jusqu'à ce qu'ils soient transparents.

Terminer la cuisson sur feu doux.

Oignons au four

Choisir 4 ou 5 beaux oignons blancs, les laver.

Les cuire au four avec leur pelure, jusqu'à ce qu'ils soient tendres au toucher.

Les peler avant de les servir entiers, hachés dans les salades ou avec une sauce aux tomates.

Purée de panais

4 à 5 panais
125 ml (1/2 t) de lait chaud ou crème
jus d'oignon
sel, poivre, fines herbes
1/2 c. à soupe de beurre

Cuire les panais à l'eau bouillante salée (voir tableau, page 54).

Les passer au presse-purée. Ajouter le lait chaud.

Battre quelques minutes avec une cuillère de bois.

Ajouter du jus d'oignon et des assaisonnements au goût.

Ajouter le beurre qui doit fondre à la chaleur de la purée.

Poivrons farcis

5 poivrons verts
1 c. à thé de piment rouge (frais ou séché)
1/2 oignon haché
2 c. à soupe de beurre
2 c. à soupe de farine
1/4 c. à thé de moutarde sèche
sel, poivre
125 ml (1/2 t) de lait
1 œuf
175 ml (3/4 t) de maïs en grains (facultatif)
175 ml (3/4 t) de pain sec
1/4 c. à thé de paprika

Ébouillanter 4 poivrons environ 5 minutes.

Vider les poivrons, les débarrasser des côtes blanches.

Hacher l'oignon, la chair du poivron vert et le piment rouge.

Cuire dans le beurre 5 minutes en brassant constamment.

Ajouter farine, sel, moutarde, puis le lait graduellement.

Laisser mijoter la sauce quelques minutes.

Battre l'œuf. Émietter le pain.

Incorporer maïs, œuf battu, pain émietté.

Farcir 4 poivrons avec la première préparation. Napper de sauce.

Disposer dans un plat à gratin ; cuire au four, à 160 °C (325 °F), environ 20 minutes.

Saupoudrer de paprika au moment de servir.

Poireaux à la crème

125 ml (1/2 t) de lait
1 1/2 c. à soupe de farine
125 ml (1/2 t) de crème 15 %
3 ou 4 poireaux
assaisonnements

Chauffer le lait.

Délayer farine et crème. Verser sur le lait.

Laisser mijoter 10 à 15 minutes. Assaisonner.

Cuire les poireaux (voir tableau, page 54) et les dresser sur un plat.

Napper avec la sauce. Servir très chaud.

Pommes de terre délicieuses

4 ou 5 belles pommes de terre non pelées
2 c. à soupe de beurre
sel, poivre
paprika

Laver, brosser et couper les pommes de terre en deux sur la longueur. Pratiquer des incisions en forme de cubes de 2 cm de profondeur, avec la pointe du couteau. Faire attention de ne pas enlever de morceaux à la pomme de terre.

Éviter de couper la pelure.

Placer les pommes de terre, dos coupé sur le dessus, dans un plat à gratin. Badigeonner de beurre fondu.

Saupoudrer de sel, de poivre et de paprika.

Cuire au four chaud 30 à 40 minutes à 230 °C (450 °F).

Pommes de terre en purée

4 à 5 pommes de terre
125 ml (1/2 t) de lait
1 c. à soupe de beurre
sel, poivre
fines herbes

Cuire les pommes de terre à l'eau bouillante salée.

Les passer au presse-purée.

Chauffer le lait, l'ajouter aux pommes de terre.

Battre quelques minutes avec une cuillère de bois afin de rendre la purée homogène et légère.

Ajouter le beurre : le laisser fondre à la chaleur de la préparation, non sous l'action du feu.

Assaisonner.

⊙ Purée de légumes — substituer 2 ou 3 carottes et ¼ de navet à la moitié des pommes de terre dans la recette ci-dessus.

Pommes de terre en coquilles

4 ou 5 pommes de terre
100 ml (3/8 t) de crème
ou 1 c. à soupe de beurre et 75 ml (1/3 t) de lait
assaisonnements
fromage râpé

Laver, brosser, éponger les pommes de terre.

Les couper en deux dans le sens de la longueur.

Les cuire au four chaud, à 230 °C (450 °F), environ 20 minutes.

Les vider et garder les pelures.

Préparer la purée avec les ingrédients donnés.

Remplir la pelure de purée à l'aide d'un cornet à pâtisserie.

Ajouter à volonté du fromage râpé à la surface.

Dorer au four quelques minutes.

Rosettes de pommes de terre au fromage

500 ml (2 t) de pommes de terre cuites
50 ml (1/4 t) de lait
50 ml (1/4 t) de fromage râpé
sel, poivre
1 œuf

Réduire les pommes de terre en purée. Y ajouter le lait, le fromage et les assaisonnements. Battre jusqu'à ce que le tout soit mousseux. Verser dans un cornet à pâtisserie muni d'une douille; déposer sous forme de rosettes sur une plaque beurrée.

Dorer d'un œuf battu et faire prendre couleur dans un four chaud (200 °C – 400 °F). Cette préparation accompagne bien la viande ou le poisson.

Pommes de terre soufflées

3 grosses pommes de terre
1/2 c. à soupe de beurre
50 ml (1/4 t) de crème ou de lait
sel, poivre
1 blanc d'œuf ou 1 œuf entier, blanc et jaune séparés

Laver, brosser, éponger, piquer les pommes de terre. Cuire au four, environ 45 minutes.

Enlever la pelure et préparer une purée avec la pulpe, le beurre et la crème. Fouetter le blanc d'œuf, l'incorporer à la purée.

Verser dans un plat à gratin ou dans des moules individuels.

Si désiré, badigeonner avec le jaune d'œuf.

Dorer au four chaud, à 230 °C (450 °F). Servir chaud.

Purée savoureuse

500 ml (2 t) de purée de pommes de terre
1 c. à thé de moutarde préparée
50 ml (1/4 t) de crème à fouetter
sel, poivre
50 ml (1/4 t) de fromage râpé

À la purée de pommes de terre, ajouter la moutarde.

Verser dans un plat allant au four.

Fouetter la crème, y mêler le fromage.

Verser ce mélange sur la purée.

Dorer au four modéré à 180 °C (350 °F).

Servir avec du bacon, des tomates et du persil.

Pommes de terre « duchesse »

500 ml (2 t) de purée de pommes de terre
1 œuf, blanc et jaune séparés
2 c. à soupe de beurre
sel, poivre

Préparer une purée ferme. L'assaisonner.

Ajouter le jaune d'œuf.

Laisser refroidir un peu la préparation.

Façonner en petits pains ronds ou carrés.

Badigeonner avec du blanc d'œuf dilué dans un peu d'eau froide. Dorer au four chaud (230 °C – 450 °F).

Pommes de terre farcies

Cuire des pommes de terre d'égale grosseur, en robe des champs (au four; 230 °C – 450 °F, 40 à 45 minutes). Lorsqu'elles sont cuites, enlever l'intérieur à l'aide d'une petite cuillère, sans briser la pelure.

Avec la pulpe, préparer une bonne purée, assaisonner de sel, poivre, fines herbes et en remplir les pelures.

Badigeonner de beurre fondu et dorer au four chaud (230 °C – 450 °F).

Pommes de terre à la ménagère

4 ou 5 grosses pommes de terre
1 oignon
125 ml (1/2 t) de lait chaud
50 ml (1/4 t) de jambon
2 c. à soupe de beurre
chapelure
sel, poivre

Cuire les pommes de terre au four.

Après la cuisson, enlever une tranche sur le dessus.

Vider et réduire la pulpe en purée.

Faire revenir l'oignon dans 1 c. à soupe de beurre.

Couper le jambon en dés.

Ajouter à la purée : oignon, lait, jambon.

Assaisonner.

Remplir les pelures de pommes de terre de ce mélange.

Couvrir de chapelure et de beurre fondu. Dorer au four.

Croquettes de pommes de terre

4 à 5 pommes de terre
1 c. à soupe de crème
sel, poivre, sel de céleri
1/2 c. à soupe de beurre
1 œuf
chapelure
friture profonde

Cuire les pommes de terre à l'eau bouillante salée.

Les réduire en purée avec la crème, et les assaisonner.

Battre le jaune d'œuf et l'ajouter.

Laisser refroidir la préparation.

Façonner en cônes ou en petites bûches sur une planche enfarinée.

Battre le blanc d'œuf dans un peu d'eau froide.

En enduire les cônes et les recouvrir de chapelure.

Cuire en pleine friture jusqu'à l'obtention d'une belle couleur dorée.

Galettes de pommes de terre

5 à 6 pommes de terre
2 c. à soupe de beurre
50 ml (1/4 t) de farine environ
sel, poivre

Utiliser un reste de purée de pommes de terre ou cuire les pommes de terre à l'eau bouillante salée.

Les égoutter, les assécher, les réduire en purée, les assaisonner.

Lier avec la farine, à la consistance d'une pâte brisée.

Étendre la préparation au rouleau, découper.

Dorer au four (230 °C – 450 °F) les galettes, sans gras, sur une plaque de fonte.

Beurrer après la cuisson.

Pommes de terre en escalopes

4 à 5 pommes de terre
farine
500 ml (2 t) de lait chaud
1 c. à soupe de beurre
sel, poivre
chapelure

Peler, laver les pommes de terre.

Les couper en tranches très minces.

Déposer par rangs dans un plat à gratin.

Entre chaque rang, saupoudrer farine, sel, poivre.

Ajouter quelques noisettes de beurre et le lait chaud, à égalité de la préparation.

Cuire au four chaud jusqu'à ce que les pommes de terre soient tendres et bien dorées à la surface.

Recouvrir de chapelure au beurre et gratiner au four, à 190 °C (375 °F) environ 10 minutes.

Pommes de terre à la maître d'hôtel

5 à 6 pommes de terre
1 c. à soupe de beurre
1/2 c. à thé de sel
1 c. à thé de jus de citron
persil ou cerfeuil haché

Cuire les pommes de terre au naturel.

Les égoutter, les dresser sur un plat chaud.

Fondre le beurre. Y ajouter le jus de citron, le persil ou le cerfeuil haché.

Arroser les pommes de terre de ce mélange.

Servir très chaud.

Pommes de terre à l'étuvée

5 à 6 pommes de terre moyennes
1 c. à soupe de graisse de rôti ou de bacon
50 ml (1/4 t) de jus de rôti ou de bouillon de bœuf
250 ml (1 t) d'eau
sel, poivre, fines herbes

Couper les pommes de terre en 3 ou 4 morceaux. Les éponger.

Fondre la graisse, y saisir les pommes de terre.

Ajouter le jus de viande, l'eau, les assaisonnements.

Couvrir et cuire à chaleur modérée 30 à 35 minutes.

Ajouter de l'eau si nécessaire.

Pommes de terre au lard

5 à 6 pommes de terre
50 g (2 oz) de lard salé
1 oignon haché — beurre
1 c. à soupe de farine
500 ml (2 t) d'eau chaude
sel, poivre
1 bouquet garni
125 ml (1/2 t) de purée de tomate

Couper les pommes de terre en rondelles ou en dés.

Trancher le lard, le couvrir d'eau bouillante et laisser tremper 5 à 8 minutes.

Jeter cette eau, rôtir les grillades, les garder au chaud.

Faire revenir l'oignon haché dans du beurre.

Ajouter la farine et laisser roussir (technique du roux, page 183).

Éteindre le roux avec l'eau chaude.

Ajouter les pommes de terre, le bouquet garni, le sel, le poivre.

À volonté, joindre de la purée de tomate.

Laisser mijoter jusqu'à parfaite cuisson des pommes de terre. Décorer le plat avec les grillades.

Pommes de terre au fromage gratinées

250 ml (1 t) de sauce béchamel n° 2
500 ml (2 t) de pommes de terre cuites et coupées en dés
75 ml (1/3 t) de fromage râpé
chapelure
1 c. à thé de beurre

Préparer la sauce (pages 183-184).

Chauffer les pommes de terre dans la sauce.

Disposer dans un plat à gratin.

Ajouter le fromage râpé.

Assaisonner et saupoudrer de chapelure.

Parsemer de noisettes de beurre. Gratiner au four (220 °C – 425 °F) environ 15 minutes.

Pommes de terre lyonnaises

1 c. à soupe de beurre
1 petit oignon haché
4 ou 5 pommes de terre bouillies
sel, poivre, persil
quelques gouttes de jus de citron

Chauffer le beurre. Y faire revenir l'oignon haché.

Ajouter les pommes de terre tranchées ou coupées en dés.

Les retourner avec une spatule jusqu'à ce qu'elles soient jaunies. Assaisonner.

Ajouter le persil et le jus de citron.

Servir bien chaud.

SALSIFIS

Ce légume-racine s'apprête comme la carotte.

En potage, le salsifis a la saveur de l'huître, d'où sa désignation « d'huître végétale ».

En préparant les salsifis pour la cuisson, il faut les mettre dans l'eau froide salée aussitôt qu'ils sont épluchés, pour éviter qu'ils ne noircissent.

Salsifis au jus

4 à 5 salsifis
500 ml (2 t) d'eau bouillante
3 c. à soupe de farine
2 c. à soupe de beurre
250 ml (1 t) de bouillon
sel, poivre
persil

Cuire les salsifis épluchés à l'eau bouillante salée de 20 à 30 minutes. (Pour conserver la blancheur, ajouter 2 c. à soupe de farine délayée dans l'eau de cuisson.)

Préparer un roux (page 183) avec la farine et le beurre.

Ajouter le bouillon et laisser mijoter 10 à 15 minutes.

Égoutter les légumes après la cuisson.

Les couper en morceaux. Les ajouter à la sauce.

Assaisonner. Poursuivre la cuisson 10 minutes.

Décorer avec le persil haché.

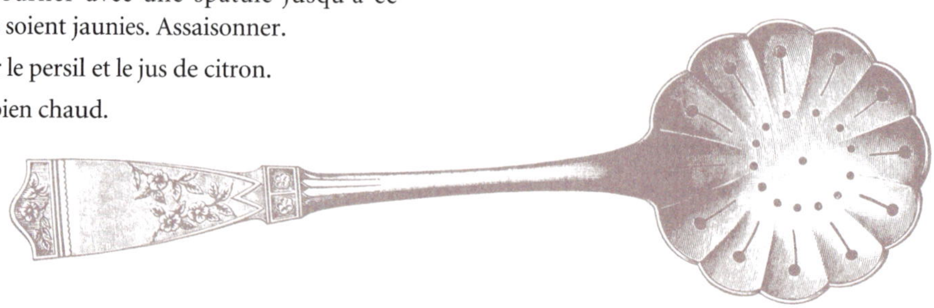

Manger

ÉDITION 1943

L'homme mange tous les jours et même plusieurs fois le jour. Et si on examine un instant la multiplicité des industries de l'alimentation, si on dénombre les professions et les emplois qui gravitent autour d'elle, on peut affirmer que les trois quarts de l'humanité ne travaillent et ne peinent que pour se procurer l'aliment sans lequel elle ne pourrait subsister.

« Dîner est le but des actions humaines », a dit un vieil humoriste, et Rabelais a proclamé, en son langage énergique, la puissance tyrannique de la faim et de la soif. « On peut planer haut, très haut, vivre dans les régions éthérées et dédaigner ce qui charme l'existence, il n'en subsiste pas moins pour tout mortel, l'impérieuse obligation de descendre à l'heure dans la salle à manger. »

Privons un homme de nourriture quelque temps, que devient-il? Il maigrit, s'affaiblit et si l'expérience se prolonge trop longtemps, il finit par mourir. D'autre part, par le jeu des organes, par l'exercice de la vie, les tissus de l'organisme s'usent partiellement et pour qu'ils conservent leur vitalité, leur énergie, nous devons leur rendre les matériaux qu'ils ont perdus. Conséquemment, la nourriture doit fournir à l'homme les substances nécessaires 1° à son entretien; 2° à son développement; 3° à la production de chaleur et de travail, en d'autres termes, à sa ration d'entretien, à sa ration de croissance, à sa ration de travail.

Les viandes, la volaille et le gibier

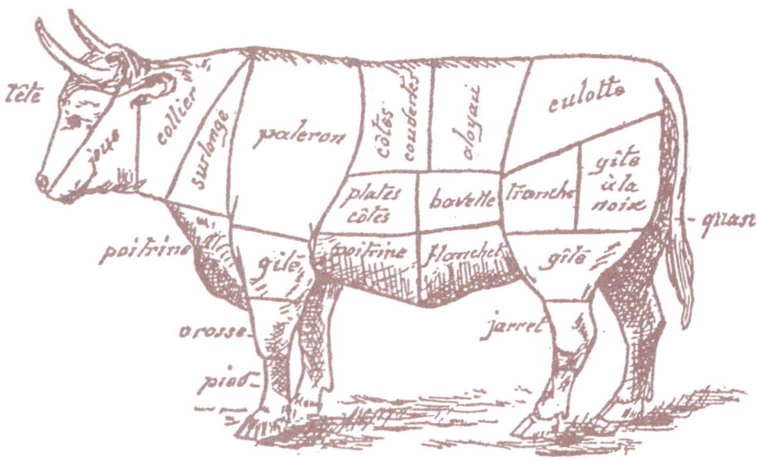

Le bœuf

MORCEAUX DE 1er CHOIX

Rôtissage

Les meilleurs morceaux à rôtir sont le faux-filet, le filet épais, la surlonge; la longe, les côtes nature ou roulées; en somme des viandes de texture fine.

Grands principes pour réussir un rôti :

- Rôtir à four modérément chaud, 160 °C (325 °F).
- Placer la viande sur un gril, dans la rôtissoire, partie grasse en haut.
- Placer la rôtissoire au centre du four.
- Arroser quelques fois durant la cuisson, avec le jus de la viande, *ne pas ajouter d'eau.*
- Assaisonner vers le milieu de la cuisson seulement.
- Ne pas couvrir.

Durée de la cuisson d'un rôti

Filet, faux-filet, surlonge et côtes nature	saignant	18 à 20 minutes par 500 g (1 lb)
	à point	22 à 25 minutes par 500 g (1 lb)
	bien cuit	28 à 30 minutes par 500 g (1 lb)
Côtes roulées et en général tout rôti désossé	saignant	22 à 25 minutes par 500 g (1 lb)
	à point	28 à 30 minutes par 500 g (1 lb)
	bien cuit	33 à 35 minutes par 500 g (1 lb)

Ces chiffres conviennent pour des pièces de 3 à 4 kg. Pour les pièces plus petites, il faut allonger le temps de cuisson de quelques minutes par 500 g (1 lb) de viande. Four à 160 °C (325 °C). Pour les morceaux congelés, multiplier le temps de cuisson par 1 1/2.

MORCEAUX DE 2e ET 3e CHOIX

Le *bœuf braisé*, le *bœuf à l'étuvée*, le *bœuf à la mode* sont des préparations pouvant convenir aux morceaux de texture compacte et résistante, donc de 2e et 3e choix.

L'expression *braisé* vient de l'époque où l'on n'avait que des feux de bois : la braise, produit atténué du bois ou du charbon, servait pour les cuissons lentes.

La viande braisée se cuit donc lentement, dans un récipient hermétiquement clos et dans une très petite quantité de liquide. Soumis à une faible ébullition, le liquide s'évapore lentement et attendrit peu à peu la viande.

Lorsque la cuisson est au degré voulu, l'évaporation finale provoquée par une ouverture du couvercle amène un roussissement glacé de la pièce de bœuf et un jus onctueux. Ce jus, servi dans une saucière, accompagne un braisé garni de légumes.

L'étouffée, qu'on appelle également étuvée, consiste à faire cuire lentement certains aliments dans leur jus, en vase hermétiquement fermé. Il importe de ne pas ouvrir le récipient avant que le mets n'ait atteint le point exact de cuisson. Il faut donc assaisonner au préalable, et bien connaître la durée de la cuisson qui varie selon la nature de la viande et la grosseur du morceau. Ce mode de cuisson s'emploie de préférence pour les pièces trop grosses ou trop épaisses pour être simplement braisées.

Ces deux systèmes de cuisson lente ont l'avantage d'attendrir la viande, et le séjour prolongé dans les sucs concentrés donne aux morceaux les plus ordinaires une saveur impossible à obtenir avec un feu ardent. Le principe absolu des cuissons lentes est de tenir hermétiquement fermé le récipient qui contient la viande, l'air ne devant y pénétrer qu'à la toute fin de la cuisson pour favoriser le roussissement.

Le *bœuf à la mode*, plat à la fois substantiel et économique, est le prototype des viandes à l'étuvée. « Mené à grand feu, il donnera un jus blanchâtre, aqueux, insipide ; mené à petit feu, dans une marmite épaisse, le jus sera savoureux, moelleux comme le produit d'une bonne viande braisée doit l'être ou encore de bons légumes confits dans leur jus. »

La *cuisson à l'autoclave* est une cuisson sous pression. Il faut bien suivre les indications qui sont données par le fabricant lors de l'achat de l'autocuiseur. Ce mode de cuisson convient pour les morceaux moins tendres. Les recettes données ci-après peuvent y être apprêtées à condition de varier le temps de cuisson et la température suivant les instructions.

MORCEAUX DE 3e CHOIX

Ces morceaux servent à faire du bouillon et ils peuvent aussi être servis sous forme de bouillis ou pot-au-feu. Dans ces cas, il s'agit de laisser mijoter à couvert assez longtemps pour obtenir une viande tendre.

	LES MORCEAUX	CUISSON
Biftecks	Faux-filet	griller (gril) ou poêler
de 1er choix	Filet	griller ou poêler
	Surlonge	griller ou poêler
de 2e choix	Haut de ronde	griller ou poêler
	Bas de ronde	griller ou poêler
Rôtis	de filet et faux-filet	rôtir à découvert
de 1er choix	de surlonge	rôtir à découvert
	de côtes de choix	rôtir à découvert
de 2e choix	de ronde carrée	rôtir à découvert
	de palette	rôtir à découvert
	de haut de côtes	rôtir à découvert
Autres	Poitrine	bouillir
de 2e et 3e choix	Bout de côtes	braiser (petits morceaux) ou à l'étuvée (ragoûts)
	Flanc	braiser (petits morceaux)
	Jarret, cou, queue	bouillir ou fricasser

La cuisine

ÉDITION 1943

La cuisine, au sens le plus restreint du mot, est le laboratoire où se préparent les mets nécessaires à la vie de la famille. C'est dans la cuisine qu'une femme peut donner la mesure de son savoir-faire. Encore faut-il que cette pièce réponde aux exigences de l'hygiène et que la ménagère y trouve son agrément. Nos architectes modernes ont compris cette nécessité. Depuis un quart de siècle, les principes d'hygiène ont pénétré la vie courante et d'immenses progrès ont été réalisés dans le domaine de l'habitation. Grâce à ces lois et aux commodités des inventions du vingtième siècle, les constructions, dis-je, concèdent à la cuisine sinon l'emplacement le plus large de l'habitation, au moins une pièce hygiénique, spacieuse, claire, largement ventilée et exposée de façon à n'être pas trop chaude en été ; enfin une pièce qui n'ait de rivale que la chambre à coucher.

EXPOSITION

La préparation et la cuisson des aliments exigeant un feu en permanence, il fait en général très chaud dans une cuisine. On choisira donc une exposition plutôt fraîche : nord-ouest, nord-est ou encore est. Cette orientation est saine du fait que le soleil pénètre dans la pièce.

Situons dans le franc nord les pièces où l'on conserve les denrées alimentaires et celles que l'on n'habite que par intervalle.

Si c'est faciliter le service de la table que de mettre la cuisine à proximité de la salle à manger, c'est également prévenir les relents et les odeurs de la cuisson que de la construire en retrait des pièces habituelles d'habitation.

DIMENSIONS

Les règles générales sont difficiles à établir pour des milieux qui diffèrent selon la fortune, les besoins et le goût des individus, selon l'endroit, campagne ou ville, où ils demeurent. La réflexion et l'initiative de la femme, guidée par une belle simplicité et un grand sens pratique, restent toujours de sûres conseillères. Toutefois, quand il s'agit de dimensions à allouer à une cuisine, les considérations suivantes s'imposent :

> Premièrement, la ménagère modeste veut-elle faire de sa cuisine la pièce que l'on habite, la salle où l'on aime à se réunir dans la plus grande intimité ? Ou deuxièmement, dans des conditions plus aisées, plus avantageuses, veut-elle n'en faire que la pièce où s'élaborent les mets ?

Dans le premier cas, il est évident que la cuisine sera suffisamment large pour que la famille et la ménagère puissent s'y mouvoir à l'aise. C'est dire qu'une construction de 30 à 35 pieds devrait allouer à la cuisine et à ses annexes de 18 à 22 pieds sur 16 ou 20. Mais dans le second cas, il faut plutôt restreindre l'espace, de façon à épargner les pas de la cuisinière et diminuer la fatigue des gens de service.

Si on ne peut supposer une cuisine pratique sans office contigu pour les réserves alimentaires et sans garde-manger pour la desserte, une cuisine modèle devrait comprendre, outre l'emplacement réservé à la préparation des mets, une petite annexe destinée aux opérations du nettoyage, à l'épluchage des légumes et au rangement d'objets encombrants dont l'usage n'est pas journalier.

AMÉNAGEMENT

Une installation intelligente, basée sur les conditions du milieu et les exigences de la famille, a pour caractéristiques la commodité et la propreté. La maîtresse de maison assigne à chaque objet l'endroit le plus approprié au service qu'il doit fournir. Ce rangement logique, tout en donnant à la cuisine son aspect engageant, épargne des fatigues à la ménagère et produit dans la suite une économie de temps.

Ainsi l'installation d'une cuisine idéale, en la supposant aussi spacieuse que nous désirons, demande que la table de travail soit au centre de la pièce face au

fourneau ; l'évier à proximité de la fenêtre, du fourneau, de la table et de la porte qui communique avec la salle à manger. La cuisinière se tenant toujours devant sa table ou devant le fourneau et allant constamment de l'une à l'autre, il est préférable que ces deux meubles soient rapprochés.

La batterie de cuisine usuelle voisinera avec le fourneau ou la table. Quant à celle qu'on utilise exceptionnellement, il vaut mieux la tenir éloignée du feu.

Si la cuisine était très exiguë, on ne pourrait songer à placer la table au centre ; mieux vaudrait l'adosser au mur et à proximité de tout ce dont la cuisinière peut avoir besoin. Dans une pièce où s'effectue la plus importante partie du labeur ménager, ces principes d'ordre et de méthode simplifient le travail.

PAROIS, MURS ET PARQUETS

Les divisions de l'habitation, sauf dans les centres boisés et dans les maisons de peu d'étendue, sont, en général, de pans de bois avec enduits de plâtre. Badigeonnées à la chaux ou peintes à l'huile, comme les lambris de bois, ces parois sont très hygiéniques. La cuisine donnera toujours l'impression d'une grande propreté si les murs sont aux teintes claires et nettes : les papiers-tentures s'encrassent vite et ne sont guère lavables, donc anti-hygiéniques ; les couleurs trop foncées assombrissent, rendent la cuisine moins riante, moins accueillante.

Soyons difficiles dans l'ornementation de la cuisine, surtout si l'enfant est appelé à y passer la plus grande partie de ses journées. À un prix très peu élevé, l'on peut aujourd'hui se procurer des pièces murales : simples de lignes et gaies de couleurs, elles plaisent et peuvent servir à l'éducation artistique de nos enfants. Le crucifix a toujours sa place dans la cuisine comme dans la chambre à coucher.

Un plancher trop dur aux pieds fatigue à la longue. Ainsi en est-il des parquets carrelés : tuile, ciment, pierre, etc. Nonobstant leur grande facilité d'entretien, ils ne valent pas, pour la ménagère, les parquets de bois.

À la campagne, un plancher d'épinette peinturé ou, mieux, recouvert de linoléum donne un parquet facile d'entretien, inattaquable par les graisses et l'humidité. À la ville, les parquets sont en merisier, en érable ou en chêne recouverts partiellement, dans les milieux aisés, de linoléum et terminés par une moulure concave pour prévenir l'entassement des poussières et, partant, faciliter l'entretien du plancher.

ARMOIRES, PLACARDS ET ÉTAGÈRES

Une cuisine comporte des armoires pour ranger les ustensiles et certaines provisions d'emploi courant dans les préparations culinaires. Les armoires à deux corps, d'inégale profondeur, ont l'avantage de la table qui les sépare. Les tablettes du haut, d'une largeur de 10 à 12 pouces, reçoivent la vaisselle du service tandis que celles du bas, de dimensions plus fortes, servent au rangement des ustensiles et des casseroles.

Il faut disposer les meubles pour la commodité, c'est-à-dire à l'endroit le plus convenable à leur usage. Les armoires ont leur place toute trouvée près du fourneau ou de l'évier. Les placards sauvent de l'espace et ils sont très appréciables pour les menus objets ou pour le linge d'office, quand la maison ne dispose pas d'une lingerie spéciale. Si les armoires ont leur utilité dans une cuisine, d'autre part elles offrent la tentation d'y dissimuler quantité d'objets inutiles et deviennent par là même des réceptacles de poussière.

Autrefois, les étagères étaient à la mode. Pour nos grands-mères, une rangée de casseroles bien brillantes étaient la plus belle parure d'une cuisine. L'hygiène aujourd'hui préfère que la batterie, si resplendissante soit-elle, s'enferme dans des armoires, à l'abri des mouches et des poussières.

APPROVISIONNEMENT D'EAU

Il faut de l'eau courante et en abondance dans l'habitation. Si la cuisine est vaste, on pourrait disposer de deux prises d'eau. Dans les cités, les villes et nombre de

villages, la question de l'eau d'alimentation est facilement résolue et ses propriétés sont connues.

L'eau distribuée à la cuisine doit être saine et de bonne qualité. Un propriétaire soucieux du confort de sa maison met tous ses soins à l'alimenter d'eau potable et en quantité suffisante.

Une bonne eau d'alimentation doit bouillir sans se troubler, sans former de dépôt dans les ustensiles ; elle doit dissoudre le savon sans grumeaux et cuire les légumes sans les durcir.

Avant de choisir une source pour alimenter une maison ou un village, il faut étudier la topographie du terrain, la nature du sol, rechercher s'il n'y aurait pas dans le voisinage cimetière, fosses d'aisance, fumiers, étables, établissements industriels insalubres, champs d'épandage, rivières où se déversent les égouts ; bien entendu, tout cela sous réserve de la pente et de la situation. Car si la source est au-dessus d'une eau de contamination, il n'y a pas lieu de s'inquiéter. Le danger n'existe que si elle est de niveau ou au-dessous.

Comme une eau très pure peut être soudainement contaminée, il ne faut pas craindre de la faire analyser souvent. Le service provincial d'hygiène se prête volontiers à cette analyse. À domicile, en temps d'épidémie, il est prudent de faire bouillir l'eau.

ÉVIER

Cette table de pierre taillée en bassin qu'on désigne sous le nom d'évier est aujourd'hui en honneur dans la plupart des cuisines. Solidement adossé au mur, l'évier sert aux divers lavages domestiques ; l'ouverture, appelée bonde, facilite la vidange. Pour empêcher les épluchures et les détritus de pénétrer dans le tuyau, la bonde doit être protégée par un grillage. Dans les villes, elle communique avec un large tuyau qui conduit l'eau sale à l'égout. À la campagne, ces eaux se déversent souvent à l'air libre ou dans un puisard.

Il y a des éviers en pierre dure à grains fins (faïence), en ciment, en porcelaine massive et en marbre. Le plus pratique, bien que très fragile, est l'évier en fonte émaillée que l'on peut entretenir aussi proprement qu'une cuvette, en passant simplement une éponge ou un linge et en le brossant de temps en temps à l'aide d'une brosse assez dure imprégnée de savon. D'un coup d'œil, on devrait pouvoir constater la propreté de l'évier.

Les constructions modernes, en plaçant de préférence l'évier auprès d'une fenêtre, pourvoient ainsi à son aération.

Petite marmite

1 litre (4 t) de bouillon de poulet
500 ml (2 t) de restes de viande et de légumes cuits
Croûtons de pain rôti

Couper la viande et les légumes en dés.

Chauffer le tout jusqu'au point d'ébullition.

Servir avec croûtons.

Pot-au-feu

(« Bouilli » de bœuf et de légumes)

250 g (1/2 lb) de lard salé
2 litres (8 t) d'eau
2 kg (4 lbs) de bœuf (2e choix)
sel, poivre, fines herbes
chou, navet, carottes, oignon, poireau, pommes de terre
céleri au goût

Dans une marmite haute et épaisse, partir la cuisson du lard salé à l'eau froide.

Dès que l'ébullition commence, ajouter la viande et les assaisonnements. Couvrir et laisser mijoter 2 heures par kg de viande.

Ajouter les légumes, suivant leur nature, 45 à 50 minutes avant la fin de la cuisson, pour qu'ils soient juste à point au moment de servir.

◎ Si l'on veut ajouter un os à moelle, il faut le mettre avec le lard salé au début de la cuisson.

◎ C'est la cuisson lente qui donne au pot-au-feu toute sa saveur et qui lui a valu son nom de bon « bouilli canadien ».

6 à 8 portions

Bœuf bouilli aux oignons

1,5 kg à 2 kg (3 à 4 lbs) de bœuf (2e choix)
2 carottes coupées en dés
50 ml (1/4 lb) de navet coupé en dés
125 ml (1/2 t) de céleri coupé en dés
assaisonnement au goût
1 œuf légèrement battu
125 ml (1/2 t) de chapelure

Parer la viande, l'éponger, la couvrir d'eau bouillante et cuire.

Après une heure, ajouter les légumes et l'assaisonnement. Pour celui-ci, on suggère 6 clous de girofle, 6 grains de poivre, 2 c. à thé de sel, du persil, etc.

Laisser mijoter jusqu'à ce que la viande soit tendre ; la retirer du bouillon.

Placer la viande dans une poêle à frire, enduire avec l'œuf et saupoudrer de chapelure.

Dorer au four modéré.

Servir très chaud avec la sauce suivante :

SAUCE AUX OIGNONS

2 c. à soupe de beurre
2 c. à soupe de sucre
2 oignons moyens tranchés
2 c. à soupe de farine
375 ml (1 1/2 t) de bouillon
1 c. à thé de vinaigre
sel, poivre, persil

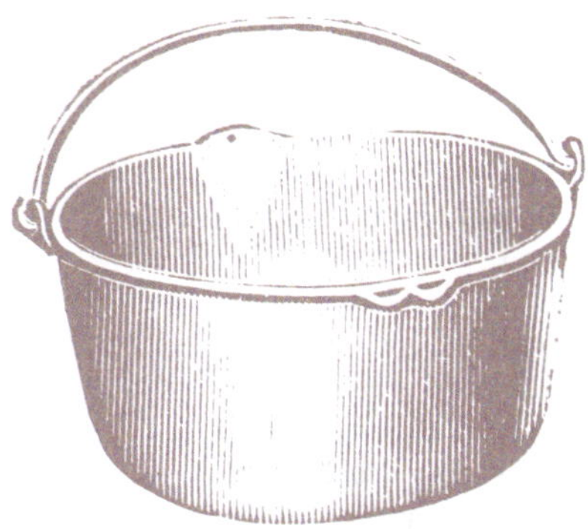

Chauffer sur un feu doux le beurre et le sucre. Brasser légèrement jusqu'à ce que le mélange épaississe et brunisse.

Ajouter les oignons, les cuire jusqu'à ce qu'ils soient tendres. Au besoin ajouter un peu d'eau pour empêcher de coller.

Ajouter la farine, un peu à la fois, et laisser brunir un peu.

Verser le bouillon de la cuisson de la viande (bien coulé).

Ajouter le vinaigre.

Assaisonner au goût; remuer et laisser mijoter 8 à 10 minutes.

Bœuf à l'étuvée

1,5 kg à 2 kg (3 à 4 lbs) de bœuf
farine
2 c. à soupe de beurre ou huile
sel, poivre, fines herbes
1 oignon moyen
eau bouillante

Parer la viande, la saupoudrer de farine, l'enduire de beurre ou d'huile.

Ajouter les assaisonnements.

Déposer dans une marmite épaisse.

Ajouter l'oignon coupé en rondelles et un peu d'eau bouillante.

Laisser cuire à feu doux 3 à 4 heures.

Bœuf à la mode

1,5 kg à 2 kg (3 à 4 lbs) de bœuf
250 g (1/2 lb) de lard salé ou 2 c. à soupe de gras
farine
2 oignons
pieds ou couenne de porc
500 ml (2 t) de bouillon
fines herbes, feuilles de laurier, sel, poivre
carottes coupées en tronçons

Parer la viande (épaule ou surlonge de bœuf).

Mettre au fond d'une marmite épaisse quelques bardes de lard, puis y déposer la viande; l'enduire du reste du gras.

Saupoudrer de farine, ajouter quelques rondelles d'oignons (la moitié environ), le porc et le bouillon.

Couvrir et laisser cuire à feu doux 3 à 4 heures.

Vers la mi-cuisson, assaisonner; avoir soin d'arroser souvent.

Environ 45 minutes avant la fin de la cuisson, ajouter les carottes et le reste des rondelles d'oignons.

- Le jus de la viande peut être coulé et servi en saucière.
- La viande se sert avec la garniture de légumes.

6 à 8 portions

Bifteck suisse

1 kg à 1,5 kg (2 à 3 lbs) de bœuf dans la ronde ou l'épaule
3 petites tranches de lard salé
2 oignons tranchés
2 clous de girofle, sel, poivre
2 c. à soupe de farine
250 ml (1 t) de bouillon
250 ml (1 t) de tomates en conserve
6 carottes tranchées
125 ml (1/2 t) de fèves de Lima

Couper la viande en morceaux de 3 cm d'épaisseur; battre légèrement la viande pour briser les fibres; inciser le gras.

Roussir légèrement le lard salé.

Faire saisir la viande des deux côtés.

Ajouter les oignons, dorer.

Assaisonner.

Saupoudrer de farine et brunir un peu.

Ajouter le bouillon et les tomates ainsi que d'autres condiments si désiré, par exemple, 1 feuille de laurier, 1 c. à soupe de sauce piquante ou de ketchup.

Couvrir et cuire à four modéré (160 °C – 325 °F) environ 1 ½ heure.

Retourner à mi-cuisson et ajouter les légumes désirés.

Ajouter de l'eau et arroser au besoin.

Servir sur un plat chaud avec le jus de cuisson.

4 à 6 portions

Boulettes braisées aux légumes

1,25 kg (2 1/2 lbs) de viande hachée (bœuf, veau et porc)
1 oignon moyen haché fin
125 ml (1/2 t) de gruau d'avoine
2 c. à thé de sel et de poivre
2 c. à soupe de gras
farine
1 litre (4 t) d'eau ou de bouillon de légumes
3 ou 4 carottes moyennes
1/2 navet, etc.

Mêler la viande hachée (on met habituellement au moins la moitié de bœuf et l'autre moitié de veau et porc) avec l'oignon et le gruau.

Assaisonner.

Façonner des boulettes d'égale grosseur.

Brunir dans un peu de beurre dans la marmite.

Saupoudrer de farine et laisser saisir.

Ajouter l'eau ou le bouillon.

Couvrir la marmite, cuire lentement à feu modéré.

Joindre les légumes coupés à la préparation, environ ¾ d'heure avant la fin de la cuisson.

Temps total de cuisson : environ 2 heures.

⊙ On peut remplacer une partie du liquide par des tomates en conserve ou du jus de tomate.

Pâté de famille

1 kg (2 lbs) de bœuf ou 500 g (1 lb) de bœuf et 500 g (1 lb) de veau ou de porc
assaisonnements
bouillon chaud
4 ou 5 carottes
1 oignon moyen
pâte des «Biscuits à la poudre à pâte ou petits pains instantanés» (page 307)

Ranger des tranches fines de viande crue dans un plat allant au four.

Assaisonner de sel, poivre, fines herbes chaque rangée de viande.

Arroser d'un peu d'eau bouillante ou de bouillon chaud.

Mettre un rang de légumes émincés.

Alterner ainsi les rangs jusqu'à la fin.

Le plat doit être rempli aux ¾ seulement.

Cuire la viande à demi, le plat couvert.

Préparer une abaisse de pâte de 2 cm d'épaisseur ; la déposer sur la viande.

Avoir soin de faire une cheminée au centre de la pâte et y verser un peu de liquide au cours de la cuisson.

Cuire à four modéré (180 °C – 350 °F) 1 ½ heure ou plus.

Rouleaux de bœuf au chou

1 gros chou
eau bouillante salée
250 ml (1 t) de riz cuit
1 kg (2 lbs) de bœuf haché
1 oignon moyen
sel, poivre, persil
125 ml (1/2 t) de bouillon de bœuf
50 ml (1/4 t) de graisse de rôti
375 ml (2 1/2 t) de bouillon

Détacher les feuilles du chou ; les plonger dans l'eau bouillante salée 3 ou 4 minutes ou jusqu'à ce qu'elles soient flexibles et un peu transparentes ; les égoutter.

Mélanger le riz, la viande, l'oignon finement haché, les assaisonnements et le bouillon de bœuf (on peut remplacer une partie du bouillon par du jus de tomate).

Étendre cette préparation sur chaque feuille de chou, rouler et ficeler ou maintenir les rouleaux avec des cure-dents.

Déposer les rouleaux dans un plat allant au four.

Les arroser de graisse de rôti fondue.

Ajouter le bouillon chaud.

Couvrir et cuire à four modéré (180 °C – 350 °F) une heure environ.

Découvrir vers la fin de la cuisson si les rouleaux ne sont pas assez brunis.

9 à 12 portions

Bœuf à l'espagnole

Tranche de bœuf (ronde) de 5 cm d'épaisseur
250 ml (1 t) d'eau bouillante
1 oignon moyen tranché
assaisonnements
500 ml (2 t) de tomates en conserve
fromage râpé

Essuyer et parer la viande, la saisir dans une rôtissoire.

Ajouter l'eau, couvrir et cuire au four à 160 °C (325 °F), 15 minutes environ.

Garnir ensuite la viande d'oignons.

Assaisonner et cuire encore 20 minutes.

Ajouter les tomates sur la viande et continuer la cuisson 15 minutes.

Saupoudrer de fromage râpé et remettre au four pour gratiner quelques minutes.

Retirer la viande et disposer sur un plat chaud.

Laisser réduire le jus de cuisson ou l'épaissir avec une liaison de 2 c. à soupe de beurre fondu et bruni et 2 c. à soupe de farine.

Ajouter les fines herbes au goût et vérifier l'assaisonnement.

Émincé de bœuf aux légumes

1 kg à 1,5 kg (2 à 3 lbs) de bœuf émincé cru
250 g (1/2 lb) de lard salé
1 oignon
sel, poivre
30 à 50 ml (2 c. à soupe à 1/4 t) d'eau
carottes, pommes de terre
chou, navet, etc.

Couvrir le fond d'une marmite en superposant des tranches de bœuf et des tranches de lard salé avec des tranches d'oignon.

Assaisonner.

Ajouter l'eau. Cuire environ 1 heure à découvert.

Mettre les légumes coupés en morceaux.

Ajouter encore de l'eau jusqu'à la moitié environ ; laisser mijoter à couvert sur feu modéré environ ½ heure.

Pâté de bœuf

PÂTE

375 ml (1 1/2 t) de farine
1 c. à soupe de poudre à pâte
assaisonnements
50 ml (1/4 t) de graisse végétale froide
125 ml (1/2 t) de lait froid (ou moitié eau, moitié lait)

Tamiser ensemble la farine et la poudre à pâte.

Ajouter à la farine les assaisonnements, ayant soin d'y inclure une pincée de paprika et 1 c. à thé de sel de céleri.

Y incorporer le gras en le coupant avec deux couteaux ou un coupe-pâte jusqu'à ce qu'il soit divisé en morceaux de la grosseur d'un pois.

Faire une fontaine et verser le liquide froid. Mêler pour former une boule avec la pâte.

Envelopper la pâte dans un papier ciré et mettre au réfrigérateur pour quelques minutes.

VIANDE

2 c. à soupe de beurre
50 ml (1/4 t) d'oignons hachés
500 ml (2 t) de coulis de tomate
250 g (1/2 lb) de bœuf haché

Faire fondre le beurre dans une poêle à frire.

Y cuire les oignons.

Ajouter le coulis de tomate.

Vérifier l'assaisonnement.

Ajouter le bœuf et amener au point d'ébullition.

Abaisser la pâte à environ 1 cm d'épaisseur.

Faire quelques incisions dans la pâte et l'étendre sur la viande.

Cuire au four à 245 °C (500 °F) environ 20 minutes.

Rosbif

(Rôti de bœuf)

2,5 kg à 3 kg (5 à 6 lbs) de surlonge (aloyau) ou autre morceau de 1er choix
sel, poivre, fines herbes, moutarde, etc.

Placer la grille pour que le morceau de viande à cuire soit au centre du four.

Chauffer le four.

Parer la viande. Si le rôti est maigre, l'enduire de gras. Placer dans la rôtissoire, sur le gril, le côté gras sur le dessus.

Arroser souvent avec le jus de la viande.

Assaisonner, de préférence, vers le milieu de la cuisson.

Rôtir au four à 160 °C (325 °F) selon les indications du tableau, page 80.

Dès que la viande est cuite, la disposer sur un plat de service tenu au chaud (laisser reposer 10 minutes avant le dépeçage).

Préparer la sauce qui reste au fond de la rôtissoire.

Ajouter 2 c. à soupe de farine et laisser brunir en brassant.

Retirer du feu, ajouter graduellement un peu d'eau chaude ou du bouillon.

Continuer la cuisson à feu doux (160 °C – 325 °F) en brassant sans arrêt 4 à 5 minutes.

Assaisonner et passer au tamis si nécessaire.

Filet de bœuf rôti

1 filet de bœuf entier
2 c. à soupe de beurre ou autre corps gras
assaisonnements

Enduire la viande de gras.

Procéder comme pour la cuisson du rosbif.

Filets de bœuf en croûte

4 tranches de filets de bœuf (4 cm d'épaisseur)
1 noix de beurre
4 rondelles de moelle de bœuf ou de foie gras
eau bouillante
pâte feuilletée (voir pages 282 à 287)

Éponger les filets.

Faire saisir dans le beurre (2 minutes environ).

Garder chaud au four à 100 °C (200 °F).

Enlever les filets du four, hausser la température du four à 230 °C (450 °F).

Prendre 500 g (1 lb) de pâte feuilletée préparée la veille (la quantité requise pour deux abaisses environ).

Rouler la pâte en un grand rectangle. Séparer ensuite en 4 rectangles plus petits.

Poser sur chaque rectangle un filet de bœuf et une tranche de moelle.

Mouiller les bords de chaque rectangle et bien replier; sceller les bouts (comme un paquet) avec de l'eau. Dorer avec de l'œuf ou du lait.

Cuire au four à 230 °C (450 °F) jusqu'à ce que la pâte soit cuite et bien dorée.

SAUCE POUR ACCOMPAGNER LES FILETS

1 c. à soupe de beurre
250 g (1/2 lb) de champignons tranchés
175 ml (3/4 t) de bouillon ou jus de viande
1 verre de madère
sel et poivre
2 c. à thé de fécule de maïs
eau

Sauter les champignons dans le beurre.

Ajouter le liquide (bouillon et vin).

Assaisonner.

Délayer la fécule dans un peu d'eau froide.

Ajouter à la sauce, laisser épaissir en mijotant.

⊙ Servir la sauce en saucière.

Bœuf farci aux champignons

1 filet de bœuf de 1 kg (2 lbs)
250 ml (1 t) de vin blanc sec
sel, poivre, thym, laurier

FARCE

2 c. à soupe de beurre
1 oignon moyen
250 ml (1 t) de champignons
jus de citron
sel, poivre, persil haché
50 ml (1/4 t) de beurre

La veille, faire mariner la viande dans le vin avec les assaisonnements (bouquet garni).

La retourner et l'arroser de temps en temps.

Faire fondre le beurre.

Faire dorer l'oignon haché.

Ajouter les champignons tranchés.

Arroser de jus de citron. Assaisonner.

Laisser cuire 10 minutes.

Égoutter le filet de bœuf, l'éponger, pratiquer une fente sur la longueur, y glisser la farce aux champignons.

Refermer et bien ficeler.

Mettre au four à 160 °C (325 °F) dans le beurre et avec la marinade passée.

Faire cuire de 20 à 30 minutes selon qu'on désire la viande saignante ou à point.

BIFTECKS

Les biftecks se préparent souvent à la poêle (sautés), mais ils sont meilleurs sur le gril (grillés).

Un bon bifteck se choisit dans le filet, le faux-filet ou la surlonge; mais on peut aussi utiliser la côtelette et le haut de ronde. Il faut une épaisseur de 2 à 3 cm pour un bifteck juteux.

Les biftecks doivent cuire rapidement. Il faut conserver le jus à l'intérieur de la viande, donc ne saler qu'au moment de retirer du feu et éviter de piquer la viande pendant la cuisson ou encore de la retourner continuellement. Avant de cuire, inciser le gras, afin d'empêcher la tranche de rouler. Cuire au goût : saignant, à point ou bien cuit.

Temps de cuisson

Bifteck à la poêle

(2 à 3 cm d'épaisseur) 175 à 250 g (⅜ lb à ½ lb) par personne

Saignant	2 à 4 minutes de cuisson
À point	4 à 6 minutes de cuisson
Bien cuit	6 à 8 minutes de cuisson

Bifteck grillé

Saignant	3 à 4 minutes de cuisson
À point	4 à 5 minutes de cuisson
Bien cuit	5 à 6 minutes de cuisson

Bifteck à la maître d'hôtel

1 kg (2 lbs) de bifteck
2 c. à soupe de beurre
1 c. à soupe de vinaigre
sel, poivre, beurre, persil haché

Choisir le bifteck dans la surlonge (2 à 3 cm d'épaisseur).

Faire fondre le beurre, y ajouter le vinaigre, en couvrir le bifteck des deux côtés.

Laisser reposer ½ heure.

Cuire comme le bifteck grillé.

Assaisonner, déposer sur un plat chaud avec une noisette de beurre et le persil haché.

Pain de viande à la sauce piquante

Beurre
2 ou 3 petits oignons
75 ml (1/3 t) de ketchup
1,25 kg (2 1/2 lbs) de bœuf maigre haché

Beurrer un moule à pain (rectangulaire).

En garnir le fond avec des oignons en fines lanières.

Verser le ketchup.

Remplir le moule de viande, bien assaisonner.

Cuire à four modéré (175 °C – 350 °F) environ 1 ½ heure.

10 à 12 portions

Pain de viande

2 c. à soupe de graisse de rôti ou de bacon (ou, à défaut, de beurre)
1 oignon moyen
1 kg (2 lbs) de bœuf haché
1 branche de céleri
persil, épices
1 œuf moyen
250 ml (1 t) de mie de pain
50 ml (1/4 t) de lait

Fondre la graisse.

Y faire revenir l'oignon. Ajouter la viande, ainsi que le céleri, le persil haché et les épices.

Ajouter l'œuf battu et la mie de pain préalablement trempée dans le lait. Bien mélanger.

Verser dans un moule graissé. Cuire à four modéré (175 °C – 350 °F) en déposant le moule dans un plat d'eau durant 2 heures environ.

Arroser d'un peu de bouillon pendant la cuisson.

Démouler et servir.

Bœuf roulé

500 g (1 lb) de bœuf haché
1 œuf battu
2 c. à soupe de jus de tomate
75 ml (1/3 t) de chapelure
sel et poivre
250 ml (1 t) de pommes de terre en purée
250 ml (1 t) de petits pois en purée
125 ml (1/2 t) d'oignon haché

Mélanger la viande, l'œuf, le jus de tomate, la chapelure.

Bien assaisonner.

Étendre ce mélange entre 2 feuilles de papier ciré et lui donner la forme d'une abaisse de 15 cm sur 30 cm (environ 2 cm d'épaisseur).

Enlever ensuite la feuille de dessus.

Étendre les pommes de terre sur la moitié de l'abaisse et les petits pois sur l'autre moitié.

Parsemer d'oignon haché.

Former un rouleau ferme et laisser enveloppé dans le papier ciré; mettre au réfrigérateur 3 à 4 heures. Couper le rouleau en tranches d'environ 2 cm d'épaisseur, badigeonner de beurre fondu et sauter lentement dans la poêle, 12 minutes environ. Retourner avec la spatule pour griller l'autre côté.

⊙ Cette préparation peut être faite à l'avance et gardée au réfrigérateur jusqu'au moment de cuire.

Rouleau de viande et de légumes

A
Environ 500 g (1 lb) de bœuf haché
75 ml (1/3 t) d'oignon haché
1 c. à thé de sel et poivre
125 ml (1/2 t) de céleri haché ou 125 ml (1/2 t) de carottes hachées
1 œuf battu
2 c. à soupe de beurre fondu

B
250 ml (1 t) de pommes de terre en purée
1 c. à soupe de poivron vert haché ou de persil haché
sel et poivre
1 c. à soupe de beurre ou de margarine

C
Pâte des « Biscuits à la poudre à pâte ou pains instantanés », page 307.
Aux ingrédients secs de cette pâte, ajouter ½ c. à thé de fines herbes.

Mélanger parfaitement les ingrédients (A). Préparer une purée avec les ingrédients (B); en façonner un rouleau d'environ 20 cm de longueur. Abaisser la pâte (C) en un rectangle de 35 cm sur 25 cm; y placer le rouleau de pommes de terre; faire un tour avec la pâte; sur le reste de l'abaisse, étendre la viande et continuer de rouler. Fermer les bouts, badigeonner le tout de lait. Placer le rouleau dans un moule à pain (rectangulaire) beurré et cuire à four chaud (260 °C – 500 °F) environ 1 heure. Démouler et garnir de persil et de poivron vert au choix. Servir avec une sauce aux tomates (page 192).

Bœuf et aubergine

1 aubergine moyenne
3 c. à soupe de beurre
1 c. à soupe de farine
2 c. à soupe de persil haché
2 c. à soupe d'oignon haché
1 c. à thé de cassonade
sel et poivre
125 ml (1/2 t) de bouillon de bœuf
750 ml (3 t) de bœuf cuit

Couper l'aubergine en tranches minces, extraire l'eau (page 55), enlever la pelure et faire rôtir légèrement des deux côtés dans le beurre chaud; les retirer de la poêle.

Au beurre qui reste dans la poêle, ajouter la farine.

RICE
OATS
ASCO

Ajouter le bouillon et les ingrédients qui assaisonnent.

Laisser mijoter pendant 8 à 10 minutes.

Mettre la viande coupée en morceaux ou en tranches très fines.

Verser la préparation dans un plat à gratin ou pyrex.

Déposer les tranches d'aubergine sur le dessus.

Cuire à 190 °C (375 °F) environ 30 minutes.

Hachis sec avec pain rôti

750 ml (3 t) de bœuf cuit
500 ml (2 t) de pommes de terre cuites
saindoux
ou graisse de rôti
ou de bacon
1 oignon
250 ml (1 t) de bouillon
assaisonnements
croûtons

Hacher la viande ou la couper en très petits morceaux.

Couper en dés les pommes de terre cuites.

Fondre la graisse.

Faire revenir l'oignon avec la graisse.

Y ajouter la viande, les pommes de terre, le bouillon.

Assaisonner avec des fines herbes au goût.

Mettre au four quelques minutes.

Disposer sur un plat et dresser avec des croûtons.

Boulettes de viande

2 c. à soupe de gras
1 oignon moyen haché
750 ml (3 t) de bœuf cuit
ou autres viandes
250 ml (1 t) de pommes de terre en purée
assaisonnements
farine
œuf battu et eau
chapelure
petits pains ronds

Faire revenir l'oignon dans le gras.

Passer la viande au hachoir; l'ajouter à l'oignon.

Ajouter la purée de pommes de terre.

Mettre du sel, du poivre, des fines herbes; travailler cette préparation afin de la rendre plus ferme.

Façonner en boulettes, rouler dans la farine, enduire de l'œuf battu avec 2 c. à soupe d'eau.

Passer dans la chapelure.

Cuire dans la poêle avec du gras fondu ou en grande friture.

Servir sur des moitiés de petit pain grillé.

Plat économique

750 ml (3 t) de restes de bœuf
ou autres viandes
1 oignon moyen
2 c. à soupe de graisse de rôti
ou de bacon
250 ml (1 t) de bouillon
ou de reste de sauce du rôti
sel, poivre, fines herbes
500 ml (2 t) de purée de pommes de terre

Hacher la viande.

Trancher l'oignon fin et le faire revenir dans la graisse.

Ajouter la viande, le bouillon.

Assaisonner. Laisser mijoter quelques minutes.

Déposer la viande au fond d'un plat creux allant au four.

Couvrir avec la purée de pommes de terre chaude.

Dorer au four. Décorer avec du persil.

⊙ *Pâté chinois*: Ne mettre que quelques millilitres de bouillon. Ajouter environ 250 ml (1 t) de maïs en conserve entre le rang de viande et le rang de pommes de terre. Bien dorer.

⊙ *Pain de hachis de viande*: Dresser la viande (apprêtée comme pour le plat économique) en pyramide sur un plat; la couvrir de pommes de terre en purée; saupoudrer de fromage râpé ou de chapelure; enduire de beurre fondu. Dorer au four et servir chaud.

Miroton de bœuf

1 litre (4 t) de restes de bœuf
2 c. à soupe de graisse de rôti ou de bacon
500 ml (2 t) d'oignon tranché
2 c. à soupe de beurre
1 c. à soupe de farine
500 ml (2 t) de bouillon
sel, poivre, fines herbes

Émincer la viande, la faire revenir dans la graisse.

Cuire à part, avec le beurre, les oignons tranchés.

Après le roussissement, incorporer la farine, laisser colorer.

Ajouter le bouillon et les assaisonnements.

Cuire à petit feu 30 minutes.

Réunir la viande aux oignons sans mêler les deux, laisser mijoter 5 minutes.

Servir le bœuf en couronne et les oignons au centre.

⊙ Ce mode d'apprêt convient aussi pour les restes d'agneau.

Bœuf bouilli en matelote

1 litre (4 t) de bœuf bouilli
2 douzaines de petits oignons
2 c. à soupe de beurre
1 c. à thé de sucre en poudre
1 c. à soupe de farine
250 ml (1 t) de bouillon
sel, poivre, fines herbes

Trancher le bœuf.

Éplucher les oignons, les mettre dans la poêle avec le beurre et le sucre; laisser dorer.

Ajouter la farine, le bouillon chaud.

Assaisonner, laisser mijoter la sauce 15 minutes avant d'y déposer la viande; prolonger la cuisson à petits frémissements et servir.

⊙ On peut ajouter à cette préparation n'importe quel reste de légumes et en faire un ragoût aux restes de bouilli.

Rissoles de viande

LA VIANDE
2 c. à soupe de gras
1 oignon moyen
750 ml (3 t) de restes de bœuf
sel, poivre, fines herbes
125 ml (1/2 t) de bouillon

Faire revenir l'oignon tranché dans le gras.

Ajouter la viande passée au hachoir.

Assaisonner.

Ajouter le reste de sauce ou de bouillon.

Laisser mijoter quelques minutes.

LA PÂTE
Ingrédients pour la pâte brisée, pages 268-271

Préparer la pâte et laisser reposer 15 minutes au froid.

Abaisser la pâte, la tailler en rondelles.

Humecter d'eau le pourtour des rondelles, y placer par cuillerée la préparation de viande.

Replier de manière à enfermer la viande; presser les côtés.

Cuire en pleine friture ou au four comme pour les pâtés.

⊙ Il est entendu que la pâte peut être préparée à l'avance et gardée au froid.

Importance de l'art d'utiliser les restes

ÉDITION 1926

Savoir utiliser les restes du repas de la veille est un problème sérieux à résoudre et d'une très grande importance, touchant de près la question sociale, puisqu'il intéresse au plus haut degré l'économie domestique et le bonheur de la famille.

Cependant, combien de ménagères donnent, gaspillent ou jettent des restes d'aliments qu'elles pourraient transformer en mets appétissants si elles possédaient ce talent si indispensable à la bonne maîtresse de maison, talent qu'on appelle à juste titre « l'art d'utiliser les restes ».

Grâce à cet art qu'on pourrait presque appeler « magique », la bonne ménagère diminue les dépenses de la famille. En variant le menu des repas, elle éloigne le manque d'appétit que provoque une table sur laquelle on revoit les plats de la veille ou de l'avant-veille toujours apprêtés de la même manière.

Le veau

La viande de veau de qualité est plutôt rose et de fibre délicate. La petite quantité de graisse qu'on y trouve devrait être ferme et blanche.

Le veau se découpe à peu près comme le bœuf, mais la qualité de la viande dépend surtout de l'âge et de la nourriture de l'animal. Outre sa précieuse finesse, principe dominant de la viande de veau, il est bon de remarquer qu'elle a aussi le privilège de fournir de bons bouillons, des jus et des sauces excellentes.

CHOIX DES MORCEAUX	USAGES
1re catégorie 2e catégorie	Rôtis, sautés, braisés Braisés, ragoûts
DÉTAIL DES MORCEAUX	**CUISSON**
Côtelettes	Sautées Rôties (160 °C – 325 °F) Braisées
Rôtis (petits) désossés	Rôtis (160 °C – 325 °F)
Ragoûts	Braisés

Assaisonnements du veau : thym, sarriette, marjolaine, cari, paprika, ail, persil et moutarde.

Blanquette de veau

2 c. à soupe de graisse de rôti ou de bacon
1 kg à 1,5 kg (2 à 3 lbs) de cubes de veau
farine — 1 oignon moyen
assaisonnements
750 ml (3 t) d'eau chaude
50 ml (1/4 t) de farine
125 ml (1/2 t) de lait
1 jaune d'œuf

Dans la graisse bien chaude, faire saisir la viande après l'avoir enfarinée.

Ajouter l'oignon, le sel, le poivre et les fines herbes; on peut aussi mettre du poireau.

Ajouter l'eau et laisser mijoter 1 ½ à 2 heures.

Lorsque la viande est cuite, la disposer sur un plat.

Dans le jus de la cuisson, mettre la farine délayée à froid. Ajouter le reste du lait, graduellement.

Pour rendre plus onctueux, ajouter le jaune d'œuf. Si la sauce est trop épaisse, ajouter plus de lait.

Laisser bouillir quelques minutes en remuant continuellement. Vérifier l'assaisonnement; passer au tamis.

Napper la viande de la sauce.

6 portions

Côtelettes de veau à la purée

1 à 2 kg (2 à 4 lbs) de côtelettes de veau
2 c. à soupe de beurre ou de gras
sel, poivre, farine
liquide
purée de pommes de terre

Parer la viande, la faire saisir dans le beurre ou le gras roussi.

Assaisonner et saupoudrer de farine des deux côtés, continuer à brunir.

Ajouter du liquide (eau ou jus de légumes ou bouillon clair) pour recouvrir la viande.

Couvrir pour empêcher de sécher et laisser cuire lentement.

Dresser sur un plat une purée de pommes de terre.

Disposer autour les côtelettes.

⊙ Les côtelettes pourraient être tout simplement sautées ou rôties.

Fricandeau glacé

2 kg (4 lbs) de jarret de veau
250 g (1/2 lb) de lard salé
farine
pieds ou couenne de porc
1 oignon moyen
500 ml (2 t) de bouillon
sel, poivre, fines herbes
feuille de laurier

Parer le morceau de viande.

Piquer le dessus de lardons (une partie du lard seulement).

Saupoudrer de farine.

Mettre le reste du lard dans la braisière ou cocotte, y déposer la viande ainsi que les parties du porc.

Couvrir le dessus avec l'oignon tranché en rondelles.

Mouiller de bouillon ou d'eau, couvrir et cuire à feu doux 5 à 6 heures.

Ajouter les fines herbes et l'assaisonnement vers le milieu de la cuisson.

Arroser au besoin avec le jus de la cuisson.

Passer le jus au tamis, le faire réduire, le dégraisser et le verser sur le fricandeau; servir chaud.

Veau en casserole

1,5 kg (3 lbs) de veau tranché
4 petites tranches de lard salé — farine
1 litre (4 t) de bouillon
légumes au goût
6 à 8 petits oignons
sel, poivre, fines herbes

Faire fondre le lard, y faire rissoler la viande saupoudrée de farine.

Mouiller avec le bouillon.

Ajouter les légumes (250 ml (1 t) de carottes en cubes, 2 branches de céleri haché, etc.) et les oignons.

Assaisonner et cuire à feu modéré, 2 heures environ.

Roulade de veau

1,3 kg (2 3/4 lbs) de veau (ronde ou jarret)
2 tranches de jambon (1 cm d'épaisseur)
4 œufs brouillés
4 saucisses
cornichons
sel, poivre, fines herbes
2 c. à soupe de beurre
1 feuille de laurier
1 c. à soupe de crème

Couper la viande en tranches de 4 cm d'épaisseur, la séparer en deux sans la détacher complètement de manière à former une grande surface, ou escalope.

Sur cette escalope, placer le jambon, les œufs brouillés, les saucisses et les cornichons coupés en lanières.

Assaisonner, rouler, ficeler.

Badigeonner de beurre fondu.

Cuire comme un rôti à 175 °C (340 °F), 1 ½ à 2 heures; ajouter le laurier et un peu d'eau.

Arroser souvent pendant la cuisson.

Dresser la viande sur un plat, enlever les ficelles.

Servir avec le jus de la cuisson dans lequel on ajoute la crème.

Longe de veau rôtie

2 kg (4 lbs) de veau dans la longe
50 ml (1/4 t) de gras (lard salé ou bacon)
sel, poivre, feuille de laurier — oignon et persil

Parer la viande, l'enduire de gras au goût ou barder avec le bacon ou le lard.

Cuire à découvert au four à 160 °C (325 °F), environ 75 minutes par kg.

Assaisonner vers le milieu de la cuisson.

Arroser au besoin.

⊙ Si l'on a mis du lard ou du bacon, l'enlever durant la dernière heure de cuisson afin d'obtenir un rôti bien doré.

Longe de veau à la fermière

2 kg (4 lbs) de longe de veau
farine
50 ml (1/4 t) de beurre
quelques bardes de lard
1 feuille de laurier
1 oignon moyen
assaisonnements
250 ml (1 t) d'eau bouillante
1/2 navet, 3 ou 4 carottes
500 ml (2 t) de haricots
1 chou-fleur

Parer la viande, l'éponger, la saupoudrer de farine.

Faire fondre le gras dans une casserole profonde ou une rôtissoire; ajouter la longe, les bardes de lard, la feuille de laurier, l'oignon haché, les assaisonnements et l'eau bouillante.

Couvrir et cuire lentement 2 ½ à 3 heures.

Arroser souvent durant la cuisson.

Quand la viande est cuite, la dresser sur un plat, l'entourer des légumes cuits au naturel, taillés joliment et passés au beurre.

Préparer une sauce avec le jus de cuisson de la viande et servir dans une saucière.

Épaule de veau farcie

1 épaule de veau de 2 kg (4 lbs) environ

FARCE

2 c. à soupe de beurre
1 oignon moyen
125 ml (1/2 t) de champignons
250 g (1/2 lb) de porc haché
125 g (1/4 lb) de jambon haché
sel, poivre, fines herbes
1 œuf ou 2 jaunes d'œufs
bouillon ou jus de légumes

Désosser l'épaule ou l'acheter telle quelle chez le boucher (la cavité laissée par l'os sera remplie de farce).

Dans une poêle, faire fondre le beurre, faire revenir les oignons hachés fin et les champignons hachés pendant quelques minutes.

Ajouter la viande hachée, bien mélanger et cuire à feu doux une dizaine de minutes.

Retirer du feu et laisser refroidir un peu. Assaisonner.

Ajouter l'œuf battu.

Remplir l'épaule de cette farce, rouler et ficeler, la larder à volonté, l'enduire de beurre ou de gras.

Faire saisir dans une marmite allant au four.

Ajouter un peu de bouillon ou de jus de légumes.

Cuire à couvert, au four à 175 °C (350 °F), 90 minutes par kg.

⊙ On procède de la même façon pour la poitrine de veau et la longe farcie.

⊙ La viande sera servie en tranches et dressée sur un plat avec des pommes de terre rissolées et accompagnée d'une bonne salade de légumes frais.

Coquilles de veau

1 c. à soupe de graisse de rôti ou de bacon
1 oignon haché fin
375 ml (1 1/2 t) de restes de veau
sel, poivre, fines herbes
125 ml (1/2 t) de bouillon
250 ml (1 t) de purée de pommes de terre
chapelure au beurre

Faire revenir l'oignon dans le gras.

Y ajouter la viande passée au hachoir.

Mettre le sel, le poivre, les fines herbes et le bouillon.

Disposer la purée dans des coquilles ou des cocottes individuelles, laissant une cavité pour y déposer la viande.

Couvrir de viande et de chapelure.

Mettre à gratiner au four.

⊙ On peut remplacer les pommes de terre par une purée de légumes et utiliser des restes de poulet.

Croustades de viande blanche

Tranches de pain rassis
2 c. à soupe de beurre
1 petit oignon
1 c. à soupe de beurre fondu
250 ml (1 t) de veau haché
assaisonnements
bouillon

Couper des tranches de pain de 2 cm d'épaisseur; pratiquer une petite cavité au centre.

Battre le beurre en crème ou ramollir simplement.

Beurrer les croustades, les dorer au four.

Hacher l'oignon, le faire revenir dans le beurre.

Ajouter la viande hachée.

Assaisonner et mouiller avec le bouillon.

Remplir les croustades avec cette préparation.

Pâté chaud

Restes de veau
reste de sauce
1 oignon moyen haché
assaisonnements
2 c. à soupe de beurre

PÂTE

500 ml (2 t) de farine tout usage
1/2 c. à thé de sel
2 c. à thé de poudre à pâte
75 ml (1/3 t) de gras froid
175 ml (3/4 t) de lait froid

Couper la viande en tranches minces; la faire revenir dans la sauce à laquelle on aura ajouté l'oignon revenu, les fines herbes et des épices au goût.

Tamiser la farine avec le sel et la poudre à pâte.

Y couper le beurre ou la graisse froide (grosseur d'un pois) à l'aide d'un coupe-pâte.

Détremper légèrement avec le lait; manipuler le moins possible.

Abaisser la pâte (1 à 2 cm d'épaisseur) à l'aide d'un rouleau à pâte.

Verser la préparation de viande chaude dans un plat creux beurré. Couvrir de la pâte.

Ajuster les bords avec les doigts mouillés, pratiquer des ouvertures pour laisser échapper la vapeur. Badigeonner de lait pour dorer.

Cuire à four chaud à 200 °C (400 °F), 20 à 30 minutes.

⊙ On peut avantageusement remplacer cette pâte par celle des « Biscuits à la poudre à pâte ou petits pains instantanés » (page 307).

Réceptions intimes

ÉDITION 1943

Le plus commode est de faire préparer, à la salle à manger, la table que l'on ornera de fleurs, de porcelaines ou de faïences aux tons variés, y faisant placer naturellement les assiettes à dessert, l'argenterie et les accessoires nécessaires pour prendre le thé, le chocolat, les boissons rafraîchissantes et les glaces que l'on se propose d'offrir à ses invités. Les gâteaux, sandwichs, petits fours, secs ou glacés, bonbons, etc., seront en honneur et rappelleront, mais sur une plus haute échelle, la composition d'un thé élégant.

L'usage de faire passer les rafraîchissements sur des plateaux dans le courant de la soirée tend à disparaître. Pour les cas où la disposition des pièces ou une raison spéciale le rendraient absolument pratique, disons que la jeune fille, après avoir passé le plateau, revient avec un autre pour desservir ou, ce qui est encore mieux, elle est suivie d'une bonne portant le plateau, sur lequel les invités posent leur verre quand ils ont fini de boire.

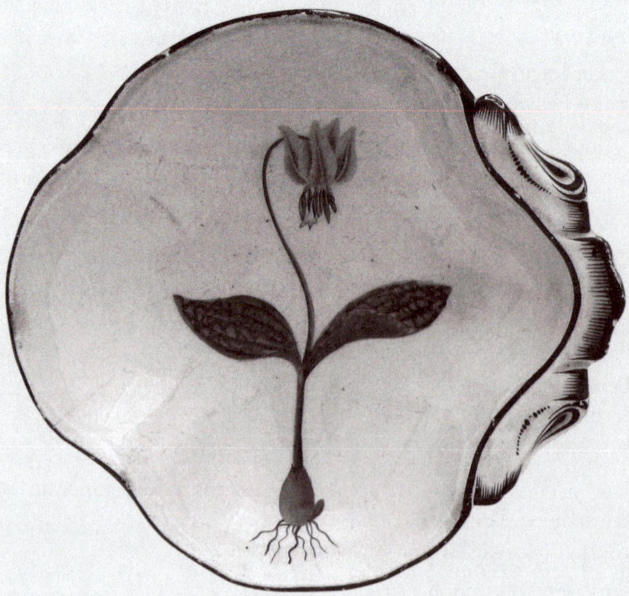

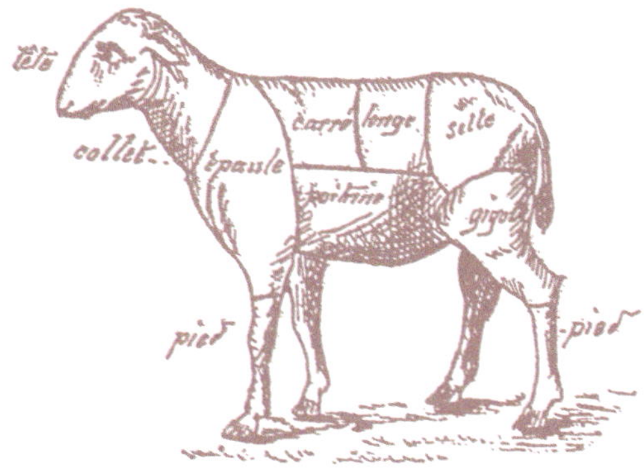

L'agneau

La chair du mouton est une viande rouge, succulente, nutritive et facile à digérer, assez semblable à celle du bœuf, et la meilleure après elle à condition d'être bien apprêtée. Elle a souvent une odeur désagréable due au suif. Cette odeur disparaît complètement si, avant la cuisson, la viande est parfaitement dégraissée.

Avant l'âge de 14 mois, l'animal est appelé agneau. La chair d'agneau donne une viande d'un rose cendré, délicate et tendre.

	COUPES	CUISSON
Première qualité	Filet Carré de côtelettes Gigots	Grillades Rôtis
Deuxième qualité	Épaule, côtelettes d'épaule Jarret, poitrine	Rôtis Braisés
Troisième qualité	Cou, flanc	Braisés, bouillis, ragoûts

CUISSON DE L'AGNEAU

Détail des morceaux	**Poids approximatif**	**Genre de cuisson**
RÔTIS		
Gigot (fesse entière)	2 à 3 kg (4 à 6 lbs)	rôtir au four
Gigot (jarret ou croupe)	1 à 2 kg (2 à 4 lbs)	rôtir au four
Longe, partie du filet	1 à 2 kg (2 à 4 lbs)	rôtir au four
CÔTELETTES		
Longe, partie du filet	portions individuelles	rôtir, griller ou poêler
Longe, partie des côtes	portions individuelles	rôtir ou poêler

(Condiments propres à l'agneau : gelée de menthe, fruits acides ; assaisonnements : menthe, thym, marjolaine, ail et persil.)

Gigot d'agneau

1 gigot d'agneau
2 c. à soupe de beurre ou huile d'olive
sel, poivre, ail, fines herbes

Enduire la viande de beurre, piquer d'ail et saupoudrer des fines herbes; mettre au four à 160 °C (325 °F) et allouer 50 à 60 minutes par kg (pour une viande bien cuite).

Assaisonner à mi-cuisson. Au besoin, arroser le gigot de son jus.

On peut servir le gigot à l'anglaise, c'est-à-dire accompagné de gelée de menthe.

Gigot d'agneau à la chapelure

1 gigot d'agneau
un peu de farine
1 œuf battu
chapelure
2 c. à soupe de beurre fondu
assaisonnements

Éponger le gigot, le saupoudrer de farine, le passer dans l'œuf battu, l'enduire de chapelure.

Verser dessus le beurre fondu.

Mettre au four à 160 °C (325 °F).

Assaisonner à la mi-cuisson; arroser souvent avec son jus.

Cuire 50 à 60 minutes par kg (bien cuit).

Selle d'agneau rôtie

Selle d'agneau d'environ 2 kg (4 lbs)
farine
2 c. à soupe de beurre
assaisonnements

Éponger la viande (la selle est un morceau de la longe coupé sur les deux côtés, de manière à présenter les deux filets avec l'échine au milieu).

Donner à la viande une belle forme, au besoin la ficeler; saupoudrer de farine.

Faire saisir avec le beurre.

Assaisonner : sel, poivre, feuille de laurier et oignon.

Cuire au four à 160 °C (325 °F), 50 à 60 minutes par kg; la viande doit être bien cuite. Arroser souvent.

Servir avec une sauce préparée avec le jus de la cuisson que l'on aura passé.

Côtelettes grillées

Côtelettes d'agneau de 2 à 3 cm d'épaisseur (prévoir 2 côtelettes par personne)
beurre, assaisonnements

Faire chauffer le four à l'avance; on le réglera à « gril » au moment de cuire.

Parer la viande, enlever l'excès de gras, éponger.

Déposer sur la grille graissée au besoin.

Régler le four à « gril » et placer la grille à 6 ou 8 cm de la source de chaleur.

Cuire 8 à 10 minutes chaque côté selon l'épaisseur des côtelettes.

Badigeonner de beurre frais et assaisonner avant de servir.

Décorer de persil.

◎ Les côtelettes peuvent aussi être servies rôties ou poêlées.

◎ On ferait cuire de la même manière des tranches d'agneau dans l'épaule : côtelettes et tranches de 3 cm d'épaisseur, 7 à 8 minutes de chaque côté.

Agneau braisé

1 petit morceau d'épaule ou de poitrine
50 ml (1/4 t) de beurre
bouillon ou eau
sel, poivre, feuille de laurier, persil, fines herbes
1 oignon, 2 carottes
1/2 navet
50 ml (1/4 t) de farine

Parer et éponger la viande.

Déposer dessus le tiers du beurre coupé en petits morceaux.

Faire saisir légèrement dans une braisière (chaudron) de la grandeur appropriée au morceau de viande.

Ajouter du bouillon ou de l'eau bouillante à mi-hauteur de la viande. Couvrir et laisser cuire 1 heure.

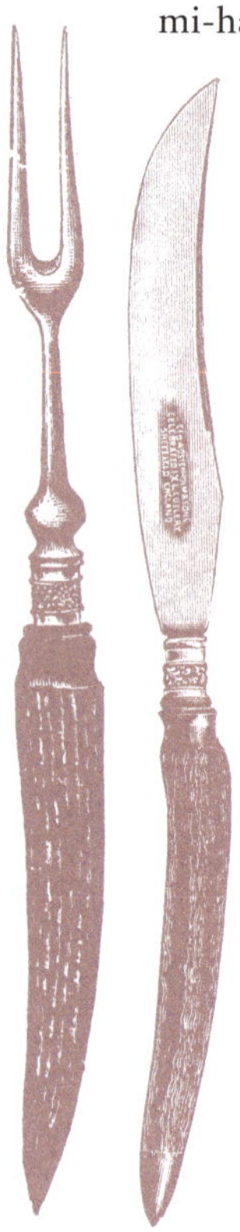

Ajouter les assaisonnements.

Cuire encore 1 heure et mettre les légumes.

La cuisson peut durer environ 3 heures ou jusqu'à ce que la viande soit très tendre et les légumes cuits.

Arroser souvent avec le jus de la cuisson et ajouter de l'eau au besoin.

Préparer une sauce avec le reste du beurre, la farine et 500 ml (2 t) de jus de la cuisson.

Verser un peu de sauce sur la viande et présenter le reste dans une saucière.

Poitrine d'agneau farcie

1 poitrine d'agneau désossée
500 ml (2 t) de porc maigre haché
1/2 c. à thé d'épices moulues
2 c. à soupe de beurre fondu
1 verre de vin blanc

Éponger la viande; l'étendre.

Hacher le porc, l'assaisonner, l'étendre sur l'agneau.

Rouler et ficeler.

Arroser de beurre ou de margarine.

Cuire à four modéré, à 160 °C (325 °F), 50 à 60 minutes par kg de viande.

Arroser d'un peu d'eau si nécessaire.

Dresser la viande sur un plat et napper du jus de la cuisson déglacé avec un peu de vin blanc.

Couronne de côtelettes d'agneau

12 à 14 côtelettes en carré
50 ml (1/4 t) de beurre
125 g (1/4 lb) de lard salé coupé en bardes
sel, poivre, thym, menthe, etc.
pommes de terre en purée

Préparer les côtelettes, les couper de la même longueur, ne pas les séparer mais pratiquer une incision entre chaque côte; retourner les côtelettes de manière à ce que l'extérieur soit à l'intérieur; les attacher pour les maintenir en couronne.

Enduire la viande de beurre.

Enrouler du lard salé autour des extrémités des côtelettes pour les empêcher de brûler pendant la cuisson.

Faire saisir la viande au four chaud, à 200 °C (400 °F).

Ajouter les assaisonnements et un peu d'eau bouillante; diminuer ensuite la chaleur du four à 160 °C (325 °F).

Arroser souvent pendant la cuisson qui peut durer 30 à 40 minutes par kg de viande.

Enlever les bardes.

Déposer la couronne sur un plat, remplir le centre avec les pommes de terre.

⊚ On peut remplacer les pommes de terre par des bouquets de chou-fleur.

⊚ Avant la cuisson, on peut à volonté mettre une farce au centre de la couronne ou entre les côtelettes.

Agneau en casserole

1 à 1,5 kg (2 à 3 lbs) d'agneau (épaule ou poitrine)
2 c. à soupe de beurre ou huile
sel, poivre, fines herbes
500 ml (2 t) de bouillon
3 pommes de terre
3 carottes, 1/2 navet
1 oignon moyen
125 ml (1/2 t) de petits pois

Couper l'agneau en petits morceaux, le faire revenir dans une poêle avec le corps gras; le retourner constamment jusqu'à ce qu'il soit bien doré.

Mettre la préparation dans un pyrex ou un plat allant au four.

Assaisonner.

Ajouter le bouillon.

Cuire une demi-heure au four à 160 °C (325 °F).

Ajouter les légumes tranchés et les petits pois égouttés.

Laisser cuire lentement jusqu'à parfaite cuisson.

Au moment de servir, décorer avec du persil.

Agneau au cari

1 kg à 1,5 kg (2 à 3 lbs) d'agneau (poitrine)
farine
assaisonnements
2 c. à soupe de beurre
sauce au cari (page 187)
légumes divers cuits
pommes de terre

Désosser la viande (garder les os pour un bouillon), la partager en cubes de 4 cm; les saupoudrer de farine, assaisonner, les sauter au beurre, dans un plat allant au four.

Continuer la cuisson au four à 160 °C (325 °F) jusqu'à ce que la viande soit tendre et très bien cuite.

Dresser la viande sur un plat, la napper de sauce au cari.

L'entourer de légumes: brocoli et haricots verts ou jaunes ou chou-fleur.

Finir avec de petites pommes de terre persillées.

Pâtés d'agneau

1 kg (2 lbs) d'agneau haché
3 œufs
375 ml (1 1/2 t) de miettes de pain
300 ml (1 1/4 t) de lait
8 tranches de bacon
250 ml (1 t) de champignons
2 c. à soupe de beurre
8 tranches d'ananas

Assaisonner l'agneau (sel et poivre).

Battre les œufs légèrement; ajouter la viande.

Tremper le pain dans le lait.

Mélanger avec la viande et les œufs.

Façonner 8 petits pâtés aplatis à la main; entourer chacun d'une tranche de bacon, retenir par un cure-dent et faire griller au four sur les deux côtés.

Rôtir les ananas.

Sauter les champignons dans le beurre.

Dresser sur un plat chaud les petits pâtés d'agneau et garnir de champignons.

Timbale d'agneau

750 ml (3 t) d'agneau cuit
375 ml (1 1/2 t) de mie de pain
375 ml (1 1/2 t) de lait chaud
50 ml (1/4 t) de beurre
3 œufs
sel
1/4 c. à thé de paprika

Hacher la viande.

Tremper la mie de pain dans le lait chaud durant 5 minutes, y ajouter le beurre, les œufs battus légèrement, la viande.

Assaisonner.

Verser la préparation dans un moule beurré ou dans des petits moules individuels.

Cuire au bain-marie au four modéré, à 160 °C (325 °F), jusqu'à ce que le mélange soit ferme au centre.

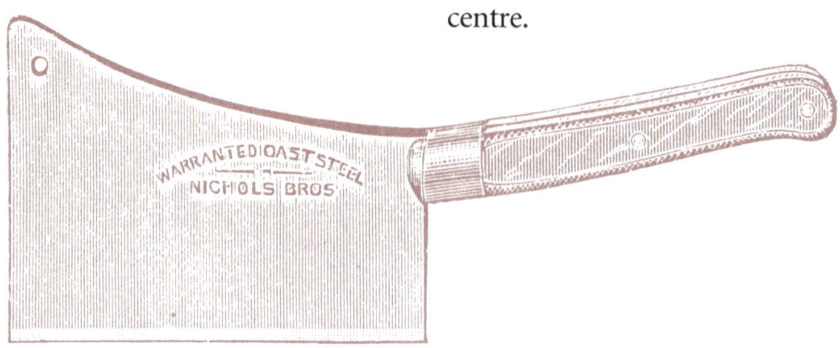

Le porc

La chair de porc, à fibres courtes et serrées, est grasse et ferme. Sa teinte pâle ne doit pas la faire confondre avec les viandes blanches : elle lui vient de ce que l'animal a été tué par saignée complète.

Dans le porc, tout est bon et comestible, depuis la tête jusqu'aux pattes. Cependant, pour tirer le meilleur parti possible de chaque morceau, il importe de connaître les différentes coupes et de savoir donner à chacune la préparation et la cuisson appropriées.

Le porc se consomme frais ou travaillé. Il se prête au fumage et à la salaison, aux deux à la fois dans la préparation du jambon et du bacon, et à toutes les manipulations qui le transforment en charcuteries.

Toutes les coupes ont la même valeur alimentaire à peu de chose près, mais toutes n'ont pas la même saveur, ni la même texture ; chacune excelle en son genre.

CHOIX	COUPES	USAGES
1re qualité	Filet et côtelettes Jambon	Rôtis Rôtis, jambons fumés
2e qualité	Épaule, palette Poitrine Jambonneau	Jambon roulé, bouillis Steaks, braisés, ragoûts Viande à l'étuvée, viande hachée Charcuterie
3e qualité	Pattes Tête Flanc Panne Sang	Ragoûts Tête fromagée Bacon, lard frais ou salé Cretons et saindoux Boudin

(Assaisonnements : ail et sauge ; condiments : pommes épicées, gelées un peu acides, marinades sucrées aux concombres ou à la moutarde, oranges, compote de pommes.)

Rôti de porc

2,5 kg à 3 kg (5 à 6 lbs) de porc
1 oignon moyen
ou 1 gousse d'ail
fines herbes et autres assaisonnements

Choisir un beau morceau, la longe de préférence, mais l'épaule et le jarret donnent un bon rôti parce que ces coupes sont tendres.

Enlever la couenne et parer la viande.

Écraser une gousse d'ail et en frotter la viande ou faire des incisions distribuées également dans la viande et y insérer de petites lanières de la gousse d'ail.

Procéder de la même manière pour l'oignon, mais avec des morceaux plus gros.

Placer le morceau de viande sur une grille dans la rôtissoire ou, encore mieux, foncer la lèchefrite avec la couenne qui a été enlevée au début.

Cuire à four modéré, à 160 °C (325 °F), jusqu'à ce que le thermomètre à viande indique 85 °C, c'est-à-dire environ 75 à 90 minutes par kg de viande, un peu plus si la pièce est petite.

Ajouter les assaisonnements vers le milieu de la cuisson.

À la fin de la cuisson, hausser la température du four, arroser le rôti et le laisser dorer parfaitement.

Sortir le rôti du four et le dresser sur un plat ; ne jamais le laisser baigner dans sa graisse.

⊙ Une viande bien cuite est tendre, d'un blanc grisâtre et sans coloration rose.

Graisse de rôti

Séparer la graisse du fond de rôti en la décantant.

Ajouter 375 à 500 ml (1 ½ à 2 t) d'eau froide dans le fond de la casserole et laisser bouillir le tout pendant 30 minutes.

Couler et ajouter à la graisse fondue.

Verser dans un moule. Conserver au froid.

⊙ Si la gelée n'est pas assez ferme ni assez abondante, on peut ajouter de la gélatine trempée dans l'eau froide immédiatement avant de couler.

Tranches de porc

1 kg (2 lbs) de porc
farine
1 c. à soupe de beurre ou huile
1 petit oignon
fines herbes, ail et sauge
sel et poivre

Trancher la viande 2 à 3 cm d'épaisseur, la parer, la saupoudrer de farine.

Chauffer le gras et y saisir la viande.

Ajouter l'oignon, l'ail, les fines herbes et un peu d'eau.

Assaisonner vers la mi-cuisson.

Cuire à four modéré à 160 °C (325 °F) environ 1 ½ heure, arroser au besoin.

⊙ Préparer une sauce avec le jus de la cuisson. Passer et servir en saucière.

Carré de porc à l'orange

2 kg (4 lbs) de carré de porc (partie dans les côtes)
1 gousse d'ail

Parer la viande, l'éponger, enlever l'excès de gras et le chauffer.

Faire saisir de tous les côtés.

Piquer la gousse d'ail dans le gras (voir Rôti de porc, page 112)

Mettre le porc dans une cocotte, garder au chaud, four de 95 °C à 100 °C (environ 190 °F).

SAUCE
jus de la cuisson
2 c. à soupe de farine
250 ml (1 t) de jus d'orange
2 c. à thé de zeste d'orange
sel et poivre
2 oranges tranchées

Ajouter au jus de la cuisson, la farine, de manière à faire un roux (page 183).

Ajouter graduellement le jus d'orange, le zeste et les assaisonnements.

Verser la sauce sur le carré de porc, mettre les oranges tranchées autour. Couvrir et cuire à 190 °C (375 °F) 1 heure à 1 ½ heure.

Côtelettes de porc farcies

FARCE
125 ml (1/2 t) de raisins secs
2 branches de céleri
1 oignon haché
1 pomme râpée
250 ml (1 t) de cidre ou jus de pomme

Préparer la farce en mélangeant tous les ingrédients.

Avoir soin de hacher fin le céleri et l'oignon.

Mouiller avec une petite quantité de cidre (garder le reste pour la cuisson).

VIANDE
4 côtelettes de porc très épaisses et incisées en deux sur l'épaisseur
huile — farine, sel, pincée de paprika
2 c. à soupe de beurre

Éponger les côtelettes.

Huiler une cocotte.

Fariner les côtelettes avec le mélange farine-assaisonnements, les faire rôtir dans le beurre des deux côtés.

Mettre en cocotte.

Faire une sauce avec le fond de cuisson des côtelettes et le reste du cidre.

Ajouter cette sauce aux côtelettes dans la cocotte.

Cuire au four, non couvert, à 160 °C (325 °F), 1 heure environ.

GARNITURE
2 pommes
2 c. à soupe de beurre
50 ml (1/4 t) de cassonade
2 c. à soupe de cidre

Peler les pommes, enlever les cœurs et trancher en rondelles.

Mettre un peu de beurre dans la poêle qui a servi à faire saisir les côtelettes, chauffer.

Ajouter les pommes, la cassonade et mouiller d'un peu de cidre.

Servir autour des côtelettes.

Ragoût de pattes de porc

2 pieds de porc
2 litres (8 t) d'eau chaude
2 petits oignons
persil, sel, poivre
50 ml (1/4 t) de farine grillée

Gratter les pieds de porc, laver après avoir enlevé les poils et les ergots.

Couper en morceaux et mettre dans un chaudron.

Ajouter l'eau chaude, les oignons hachés, du persil, du sel et du poivre.

Laisser cuire environ une heure.

Ajouter la farine grillée délayée dans une tasse d'eau.

Laisser cuire encore une heure. Brasser occasionnellement.

⊙ Farine grillée — dans une poêle, directement sur le feu ou bien au four à 180 °C (350 °F). Agiter pour faire brunir uniformément.

Ragoût de boulettes de porc

1 kg (2 lbs) de porc maigre haché
1 petit oignon, assaisonnements
gras
1 litre (4 t) de bouillon chaud
50 ml (1/4 t) de farine grillée

Mélanger la viande avec l'oignon haché fin, le sel, le poivre, des fines herbes au goût.

Ajouter un œuf et quelques cuillerées de chapelure.

Façonner en boulettes.

Faire saisir les boulettes dans le gras.

Ajouter le bouillon ou de l'eau chaude si l'on n'a pas de bouillon.

Laisser mijoter lentement 1 ½ heure environ.

On peut épaissir avec de la farine grillée comme pour le ragoût de pattes de porc.

⊙ Pour le ragoût à la mode de grand-mère, mêler les deux recettes précédentes de façon à obtenir un ragoût de pattes et de boulettes.

⊙ Pour les boulettes, on peut utiliser un mélange de porc et de veau, moitié-moitié.

Pâté à la viande

250 ml (1 t) de porc haché
250 ml (1 t) de veau haché
2 c. à soupe d'oignon haché
2 c. à soupe de céleri haché
50 ml (1/4 t) d'eau
sel, poivre
thym au goût
abaisse de pâte brisée (voir pages 268 à 271)

Cuire à feu doux tous les ingrédients mêlés ensemble. Vérifier le goût et l'assaisonnement.

Refroidir et dégraisser au besoin.

Mettre dans une abaisse de pâte brisée non cuite de 22 cm. Recouvrir d'une autre abaisse. Faire quelques incisions.

Cuire 10 minutes à 230 °C (450 °F), puis à 180 °C (350 °F). Continuer la cuisson jusqu'à ce que la croûte soit dorée (environ 30 minutes).

Réveillon de Noël

ÉDITION 1936

Le repas servi dans la nuit de Noël s'appelle le réveillon, l'une de nos belles traditions qu'il faut entretenir et conserver. C'est une fête de famille avant tout, simple ou luxueuse, selon le cas; aussi ce repas tout spécial se prête-t-il aux exigences de tous les milieux.

Une coutume déjà ancienne demande qu'on y serve des plats spéciaux tels le consommé chaud, les tourtières, les croquignoles, etc. Le menu du réveillon peut cependant s'étendre à toutes les viandes froides; en outre, aux potages chauds, au café, etc., selon les goûts de chacun.

Dans nombre de familles, un arbre de Noël étincelant de lumières et de bibelots est dressé à l'intention des enfants de la maison, ou des enfants pauvres, et vient ajouter sa note joyeuse à la fête du réveillon.

Tourtière

2 kg (4 lbs) de porc maigre haché
1 oignon moyen haché
assaisonnements
250 ml (1 t) d'eau bouillante
pâte brisée (pages 268 à 271)

Cuire la viande dans un chaudron avec l'oignon, du sel, du poivre et autres assaisonnements au goût (plusieurs ajoutent un soupçon de cannelle et de clou de girofle) et de l'eau bouillante.

Brasser presque continuellement pendant la première partie de la cuisson.

Après parfaite cuisson (30 à 45 minutes), refroidir et dégraisser, puis vérifier l'assaisonnement.

Déposer la préparation dans une pâte brisée en procédant comme pour les tartes : 1 abaisse pour le fond et 1 abaisse pour recouvrir.

Cuire à 230 °C (450 °F), 30 minutes environ.

Donne 4 tourtières

Tourte de porc frais

Apprêter la viande comme pour la tourtière.

Foncer une assiette profonde à bord droit (plat pyrex) d'une forte abaisse de pâte brisée; garnir de la viande préparée; intercaler, au goût, quelques lardons de bacon.

Recouvrir d'une pâte feuilletée; souder le bord à la pâte inférieure; pratiquer quelques incisions au centre. Dorer le dessus de la tourte. Cuire 40 à 50 minutes au four modérément chaud, à 160 °C (325 °F).

Tourte canadienne

Foncer une assiette profonde de pâte; la garnir de viande de porc, de poulet et de champignons émincés et sautés, finir avec un autre rang de porc.

Étendre sur le dessus une nouvelle abaisse de pâte; bien mouiller les bords de la pâte pour souder ensemble. Faire une large incision au centre.

Commencer la cuisson à 200 °C (400 °F), diminuer à 175 °C (340 °F). Après une heure, verser dans la pâte une bonne sauce brune.

Petit cochon de lait

Choisir un petit cochon de 6 à 7 kg (12 à 14 lbs) âgé de 3 à 4 semaines; plus jeunes et plus petits, ils ne sont pas assez épais en chair.

Après avoir préparé, vidé, lavé le petit cochon, le farcir, le coudre, l'enduire de beurre fondu ou d'huile; couvrir les oreilles de papier d'aluminium pour les empêcher de brûler.

Rôtir au four à 180 °C (350 °F) environ 4 heures; arroser souvent; la peau doit rester croquante sans se fendiller. (On peut aussi cuire dans le papier d'aluminium.)

Servir fumant sur un lit de cresson; mettre dans la bouche une petite pomme rouge, ou une petite pomme de terre rôtie; des raisins ou des atocas dans la cavité des yeux.

⊙ La farce aux oignons et à la sauge (page 198) est appropriée pour le petit cochon de lait.

Grillades à la sauce blanche

125 g (1/4 lb) de lard salé
sel et poivre
1 litre (4 t) de lait
1 oignon moyen
175 ml (3/4 t) de farine

Trancher le lard, 5 cm × 5 cm × 2 cm, enlever la couenne et ébouillanter les tranches 5 à 8 minutes; jeter l'eau et rôtir les grillades promptement.

Une belle couleur dorée indique qu'elles sont à point. Assaisonner.

Prendre un peu de la graisse de cuisson et avec les autres ingrédients préparer une sauce blanche.

La verser dans un plat creux et placer les grillades dessus.

◉ *Grillades et omelette* : remplacer la sauce blanche par une omelette.

Jambon cuit à l'eau

Placer le jambon dans une lèchefrite (il est préférable de laisser l'enveloppe s'il a été acheté désossé et enveloppé) ; le submerger d'eau froide et chauffer jusqu'au point d'ébullition ; puis baisser le feu afin que l'eau reste au point d'ébullition mais sans bouillir. La durée de la cuisson est d'environ 60 à 80 minutes par kg (30 à 40 minutes la lb).

Laisser refroidir le jambon dans la lèchefrite ; puis vider l'eau et au besoin détacher l'enveloppe.

◉ *Jambon à la bière et Jambon au sirop d'érable*
Plusieurs cuisinières cuisent le jambon dans la bière. D'autres ajoutent à l'eau de cuisson du vinaigre ou de la mélasse ou du sirop d'érable, afin de donner une saveur particulière au jambon.

Jambon cuit au four

Dessaler le jambon à grande eau toute une nuit. Le matin, le faire mijoter (comme ci-dessus) pendant 2 heures. Puis l'assécher parfaitement et l'envelopper d'une pâte de farine délayée avec de l'eau. Recouvrir le jambon avec l'abaisse de pâte (2 cm d'épaisseur), le placer dans une lèchefrite, la couenne au-dessus, ajouter un peu d'eau et placer au four modéré à 180 °C (350 °F) ; environ 30 à 35 minutes par 500 g (1 lb) de viande sont nécessaires pour la cuisson.

Lorsque la viande est cuite, casser la pâte, et la couenne s'enlèvera facilement. Ainsi préparé, le jambon peut être servi froid ou chaud.

Jambon glacé

Après avoir enlevé la couenne (cuisson ci-dessus), entailler en diagonale dans le gras en formant des losanges. Piquer de clous de girofle et arroser de gelée de pommes, de sirop d'érable, de miel ou de jus de fruit — ou bien d'une glace faite avec 250 ml (1 t) de cassonade, 2 c. à thé de moutarde sèche, 50 ml (¼ t) de farine et 50 ml (¼ t) de vinaigre.

Remettre au four à 270 °C (500 °F) pour une quinzaine de minutes, en prenant soin d'arroser deux ou trois fois.

◉ *Jambon glacé à l'ananas :* Après avoir enlevé la couenne du jambon cuit au four (cuisson ci-dessus), l'arroser avec un sirop à base de jus d'ananas : 175 ml (¾ t) d'ananas râpé et 175 ml (¾ t) de cassonade.

Garnir ensuite de tranches d'ananas et de cerises.

Dorer au four.

Jambon à l'espagnole

1 kg (2 lbs) de jambon
4 petits oignons tranchés
750 ml (3 t) de tomates en conserve
assaisonnements
125 ml (1/2 t) d'eau
1 c. à soupe de farine

Faire des tranches de jambon de 3 cm d'épaisseur environ.

Mettre dans une marmite un rang de jambon, un rang d'oignons.

Arroser avec les tomates en conserve.

Assaisonner et ajouter l'eau. Couvrir.

Cuire 1 à 1 ½ heure au four modéré à 160 °C (325 °F).

Quand le jambon est cuit, le retirer et le dresser sur un plat.

Lier la sauce avec la farine délayée dans un peu d'eau. Passer la sauce et servir avec la viande.

Mousse de jambon

50 ml (1/4 t) d'eau froide
2 c. à soupe de gélatine neutre
125 ml (1/2 t) d'eau chaude
500 ml (2 t) de jambon cuit haché
1 c. à thé de moutarde sèche
paprika, sel, poivre
125 ml (1/2 t) de crème fouettée

Mettre de l'eau froide dans une tasse.

Saupoudrer la gélatine sur l'eau; brasser.

Ajouter l'eau chaude et remuer pour dissoudre la gélatine. Refroidir et incorporer le jambon haché, la moutarde sèche. Assaisonner.

Ajouter la crème fouettée.

Verser dans un moule rincé à l'eau froide. Refroidir.

Quand la mousse est ferme, démouler et décorer de persil, d'olives, de cresson, etc.

Pain de jambon glacé

1 litre (4 t) de viande hachée (moitié jambon, moitié porc)
125 ml (1/2 t) de chapelure
1 œuf
50 ml (1/4 t) de lait
sel et poivre
ananas en tranches

Bien mélanger tous les ingrédients : viande, chapelure, œuf, lait.

Assaisonner.

Alterner la viande hachée et les tranches d'ananas dans un moule à pain. Finir par la viande.

Cuire à 160 °C (325 °F) pendant 30 minutes.

GLACE

2 c. à soupe de cassonade
2 c. à soupe de jus d'ananas
1 c. à thé de vinaigre
1 c. à thé de moutarde préparée

Mélanger tous les ingrédients.

Verser sur le pain de viande et continuer la cuisson à 160 °C (325 °F) pendant 30 minutes (les bords se décollent facilement).

Démouler et servir chaud.

Gelée de viande

1 kg (2 lbs) de jarret de veau
1 kg (2 lbs) de jarret de bœuf
quelques pattes de volaille
2 poireaux
1 oignon moyen
2 branches de céleri
1 carotte
fines herbes

Laver la viande, la placer dans une marmite, la saler, couvrir d'eau froide, 4 litres (16 t) environ.

Mettre sur feu doux, chauffer graduellement.

Au milieu de la cuisson, ajouter les légumes tranchés en rondelles.

Au goût, ajouter les assaisonnements : persil, cerfeuil, etc.

Cuire lentement. Éviter de fermer hermétiquement la marmite : la gelée sera plus limpide.

Après 2 ou 3 heures de cuisson, il restera à peu près 2 litres (8 tasses) de gelée. La passer au tamis, puis à travers un linge préalablement rincé à l'eau chaude.

Déposer dans un endroit frais.

◉ Cette gelée doit être dégraissée à froid comme pour le bouillon (page 22). Pour clarifier, suivre aussi la méthode de clarification du bouillon (page 22).

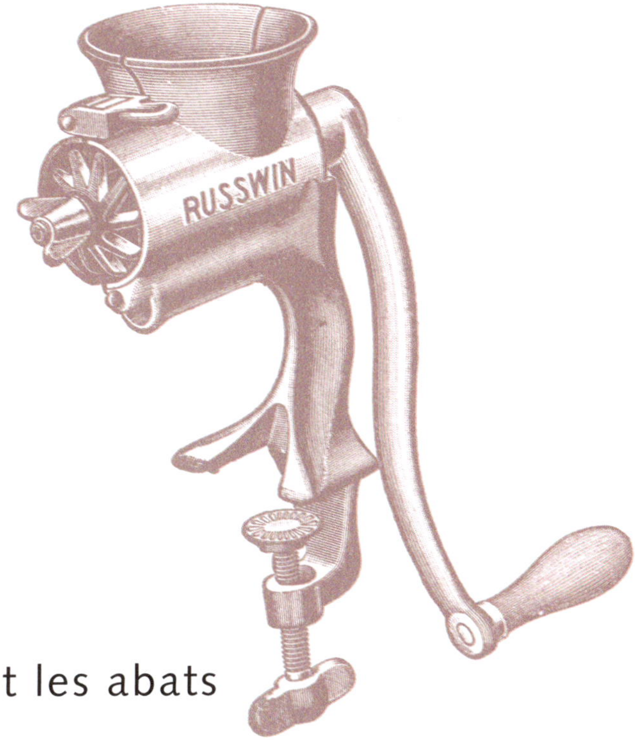

La charcuterie et les abats

LA CHARCUTERIE

La charcuterie, c'est l'art de travailler les viandes, en particulier celle du porc, pour les présenter sous les formes les plus diverses. Les produits de charcuterie fournissent donc l'occasion d'apprêter des mets succulents et variés.

La qualité de la saucisse tient essentiellement à la qualité de la viande employée. Dans toutes les variétés, il ne doit entrer que de la viande de porc plus ou moins finement divisée et assaisonnée.

La recette de saucisse fraîche qui suit peut servir aussi quand on veut farcir avec de la chair à saucisse :

1 kg (2 lbs) de maigre de porc haché
2 c. à soupe de sel
1 c. à thé d'épices moulues
1 c. à thé de sauge en poudre
1 feuille de laurier écrasée
1 œuf moyen
125 ml (1/2 t) de lait
500 g (1 lb) de gras de porc
une pincée de poivre noir et de poivre rouge
1 oignon haché fin
125 ml (1/2 t) de mie de pain ou de farine de maïs

Tous les ingrédients doivent être bien mélangés, puis passés une ou deux fois au hachoir.

Introduire cette préparation dans des tripes bien nettoyées, bien presser. Si on s'en sert comme farce, la façonner en boulettes aplaties.

Évidemment, on peut acheter la saucisse toute préparée. Elle se vend fraîche, fumée et même toute cuite. Toujours garder la saucisse au réfrigérateur : elle ne se conserve que quelques jours seulement.

Cuisson de la saucisse

La saucisse peut être poêlée ou rôtie. Il faut toujours procéder à feu lent. Pour la saucisse poêlée, on peut d'abord la faire mijoter dans de l'eau une dizaine de minutes; ensuite vider l'eau et brunir dans un peu de gras, à feu modéré, une dizaine de minutes de tous les côtés.

Pour la *saucisse rôtie*, la piquer, la placer dans une lèchefrite à four modéré, à 160 °C (325 °F), une quinzaine de minutes de chaque côté.

Boudin

250 g (1/2 lb) d'oignons ou 2 oignons moyens
125 g (1/4 lb) de saindoux
1 litre (4 t) de sang de porc
500 ml (2 t) de lait
350 g (3/4 lb) de panne
sel, poivre, fines herbes
épices au goût

Hacher les oignons fin.

Cuire à feu doux avec le saindoux.

Au sang, ajouter le lait, la panne ou le gras de lard coupé en petits dés et l'oignon.

Assaisonner. Bien mélanger le tout.

Introduire cette préparation dans les boyaux bien nettoyés ou la verser dans une lèchefrite graissée.

Cuire au bain-marie 1 ½ à 2 heures.

Laisser refroidir et couper par bouts ou en tranches.

Au moment de servir, rôtir dans une poêle avec un peu de gras.

⊙ Pour le boudin acheté tout fait, on n'a qu'à rôtir au moment de servir.

Langue bouillie

1 langue de bœuf ou 3 ou 4 langues de veau
1 oignon ou poireau
sel, poivre, fines herbes
feuille de laurier

Laver et parer la viande (si la langue est marinée, la faire tremper dans l'eau froide 2 heures avant de cuire).

Cuire dans l'eau bouillante avec l'oignon ou le poireau et ajouter les assaisonnements au goût. (Cuisson : environ 2 heures par kg.)

Quand elle est cuite, enlever la peau — si cuite à point, elle se pèle facilement.

⊙ La langue se sert chaude ou froide : chaude, accompagnée d'une sauce bien épicée —

froide, sur un lit de laitue fraîche, avec d'autres viandes froides.

Cœurs de veau farcis

A

1 ou 2 cœurs de veau

Laver les cœurs, les parer, c'est-à-dire enlever les conduits, les membranes dures et l'excédent de gras. Enlever une partie de l'intérieur qui, hachée finement, entrera dans la farce.

B

FARCE

3 c. à soupe de beurre
1 paquet d'épinards congelés
175 ml (3/4 t) de mie de pain
2 c. à soupe de persil haché
thym, laurier, sauge
sel, poivre
1 oignon moyen

Faire fondre le beurre dans une poêle, y placer le paquet d'épinards congelés et laisser fondre doucement.

Quand ils sont cuits, hacher grossièrement et mélanger avec le pain émietté et la viande hachée.

Pétrir le tout pour obtenir une farce assez fine.

Ajouter les assaisonnements écrasés finement.

Saler, poivrer.

Hacher l'oignon fin, l'ajouter à la farce. Bien mélanger et vérifier l'assaisonnement.

Remplir les cœurs de cette farce, fermer l'ouverture en enroulant d'une ficelle.

C

SAUCE

1 1/2 c. à soupe d'huile
3 à 4 carottes
1 petite branche de céleri
2 oignons moyens
100 ml (3/8 t) de vin blanc
100 ml (3/8 t) de bouillon ou d'eau
2 poireaux

Dans une cocotte, faire chauffer l'huile, y mettre le cœur entouré des oignons, des carottes et du céleri nettoyés et coupés en morceaux.

Vérifier l'assaisonnement (un peu de sel et poivre), arroser de vin blanc et d'eau ou de bouillon.

Couvrir la cocotte et laisser cuire à l'étouffée 30 minutes.

Ajouter alors les poireaux coupés en tronçons et poursuivre la cuisson 25 à 30 minutes.

Ajouter un peu de vin blanc dans la sauce si elle réduit trop.

Servir le cœur ou les cœurs coupés en tranches et entourés de légumes (enlever les ficelles).

Langue braisée de luxe

1 langue de bœuf
1 c. à thé de gingembre
1 c. à thé d'épices mélangées
2 c. à soupe de farine
2 c. à soupe d'oignon haché
2 c. à thé de gras
250 ml (1 t) de raisins secs épépinés
125 ml (1/2 t) d'amandes déchiquetées
le jus de 1 citron

Cuire la langue comme ci-dessus, jusqu'à ce que la peau se détache. Enlever la peau et frotter la langue avec un mélange formé avec les épices et la farine.

Faire revenir l'oignon dans un peu de corps gras dans un plat allant au four.

Ajouter la langue, les fruits et le liquide (assez d'eau pour couvrir la langue). Mettre le jus de citron, couvrir et cuire au four à 180 °C (350 °F) pendant 1 heure.

Rognons sautés au vin blanc

500 g (1 lb)
ou 1 rognon de bœuf
ou de veau

2 c. à soupe de beurre

2 échalotes

2 c. à thé de farine

125 ml (1/2 t) de vin blanc
ou de sherry

50 ml (1/4 t) d'eau

sel, poivre, fines herbes

Mettre le rognon à tremper dans l'eau très froide salée pendant 1 heure; retirer la membrane qui l'entoure, couper les conduits fibreux et l'excès de graisse à l'intérieur.

Couper en morceaux et faire sauter rapidement dans le beurre chaud. (Ajouter du beurre si nécessaire.)

Mettre les rognons au réchaud.

Faire fondre les échalotes hachées dans le reste du gras, saupoudrer de farine en remuant.

Mouiller de vin blanc ou de sherry et porter à ébullition.

Ajouter l'eau, l'assaisonnement au goût (on peut utiliser un bouquet garni de thym et de laurier).

Laisser mijoter cette sauce 10 minutes, puis la verser sur les rognons.

Continuer la cuisson 5 minutes.

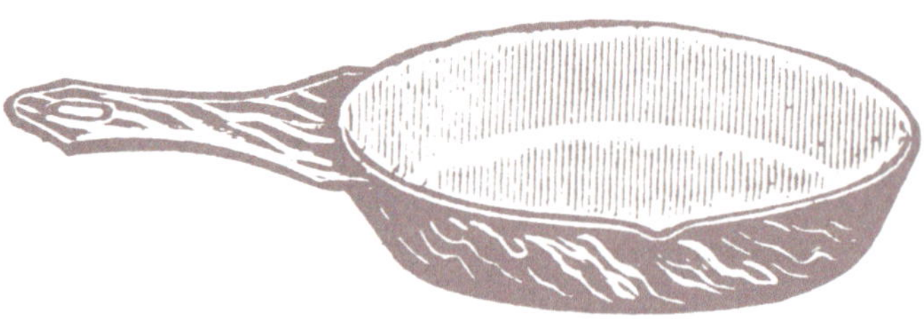

Foie sauté

500 g (1 lb) de foie de bœuf
ou de veau

1 œuf battu

chapelure

2 c. à soupe de beurre ou de margarine

1 petit oignon

sel, poivre, persil haché

Assécher la viande, couper en tranches minces (1 cm d'épaisseur environ), ne pas négliger d'ôter la membrane et de couper les fibres.

Tremper les tranches dans l'œuf battu additionné d'un peu d'eau.

Laisser égoutter et rouler dans la chapelure.

Faire chauffer du beurre dans une poêle, ajouter l'oignon haché et y cuire les tranches de foie à feu modéré — 2 à 3 minutes de chaque côté.

Attention à ne pas piquer le foie, utiliser une spatule.

Assaisonner, puis couvrir partiellement pour empêcher de sécher et continuer la cuisson une quinzaine de minutes.

⊙ *Foie et bacon* : Griller le bacon d'abord, le retirer et le mettre sur un gril, puis faire sauter le foie dans un peu de la graisse de bacon. Quand le foie est cuit, le recouvrir de bacon et servir très chaud.

Foie à l'orange

500 g (1 lb) de foie

2 c. à soupe de moutarde préparée

farine

1 c. à soupe de gras

2 c. à soupe d'eau chaude

50 ml (1/4 t) de jus d'orange

1 orange coupée en rondelles

Assécher et préparer le foie comme ci-dessus.

Enduire chaque tranche de moutarde et passer dans la farine.

Fondre le gras dans une poêle, y faire cuire les tranches de foie 15 minutes, retourner sans piquer à mi-cuisson.

Retirer le foie du feu, le mettre dans un plat de service qu'on gardera au chaud.

Ajouter l'eau chaude au jus de la cuisson, couler.

Y verser le jus d'orange, laisser mijoter.

Napper le foie de cette sauce et décorer avec les rondelles d'orange.

4 portions

Foie de veau soufflé

(Quenelles de foie de veau)

125 g (1/4 lb) de foie de veau
1 c. à soupe de beurre ou margarine
375 ml (1 1/2 t) de chapelure
1 c. à soupe d'oignon haché
sel, poivre, persil
1 œuf battu
1 1/4 litre (5 t) de bouillon

Préparer le foie comme en page 124 (foie sauté). Faire sauter les tranches quelques minutes dans le gras.

Passer le foie au hachoir, y mélanger la chapelure.

Faire revenir l'oignon haché dans la même poêle.

Ajouter le mélange foie-chapelure, le persil haché, assaisonner et mélanger avec l'œuf battu légèrement.

Chauffer le bouillon jusqu'au point d'ébullition.

Plonger dans le bouillon chaud une cuillerée ou une boulette de la préparation de foie; retirer la cuillère dès que le foie prend forme. Laisser cuire les quenelles lentement (10 à 15 minutes) dans le bouillon.

Servir séparément et accompagner du bouillon coulé.

Pain de foie

500 g (1 lb) de foie
250 g (1/2 lb) de chair à saucisse (page 121)
125 ml (1/2 t) de pain émietté
3 petits oignons
2 c. à soupe de beurre
2 œufs
sel, poivre, muscade

Préparer le foie comme en page 124 (foie sauté). Hacher le foie au couteau et mélanger avec la chair à saucisse et le pain émietté. Laisser reposer.

Émincer finement les oignons et les faire revenir dans le beurre. Quand ils deviennent translucides, ajouter le mélange de foie et les œufs battus.

Assaisonner, ajouter de la muscade râpée et un filet de cognac, si désiré.

Mettre dans un plat beurré allant au four à 160 °C (325 °F) environ 1 heure. Démouler et servir chaud ou froid.

Cervelle

Faire dégorger (laisser tremper) la cervelle pendant 5 heures à l'eau froide fréquemment renouvelée, puis nettoyer, enlever la fine pellicule qui l'entoure; cette opération se fait plus facilement sous un robinet d'eau froide.

Couvrir d'eau bouillante salée et vinaigrée (1 c. à thé de sel et 2 c. à soupe de vinaigre pour 1 litre (4 t) d'eau) et laisser mijoter 15 minutes.

Égoutter et plonger dans l'eau froide. Sécher sur un linge. Certaines personnes préfèrent enlever la membrane extérieure après cette première cuisson seulement. Égoutter sur un linge ou un papier absorbant.

⊙ Les cervelles peuvent être sautées au beurre, à feu doux, 10 à 15 minutes. Elles sont alors servies à la maître d'hôtel, voir sauce page 188; en coquilles, en croquettes ou en beignets enrobés de pâte à frire et dorés dans la friture chaude mais non fumante.

⊙ *Les sauces*: tomate, poulette, tartare, ravigote, mousseline, etc. accompagnent les cervelles.

⊙ Calculer 125 g (¼ lb) par portion.

⊙ *Cervelle à la russe*: Faire pocher la cervelle (comme ci-dessus) et la servir froide, coupée en tranches, avec une mayonnaise.

Cervelle meunière

4 cervelles d'agneau
50 ml (1/4 t) d'huile
assaisonnements
chapelure
jus de citron
1 citron tranché, persil

Préparer et faire pocher les cervelles (voir ci-dessus).

Chauffer l'huile dans une poêle — ne pas brunir — y déposer délicatement les cervelles et cuire des deux côtés.

Assaisonner.

Retirer du feu et rouler dans la chapelure.

Remettre dans l'huile chaude une dizaine de minutes pour finir la cuisson.

Servir sur un plat chaud, garnir de persil et de rondelles de citron et arroser d'un peu de jus de citron.

Ris de veau
(à la sauce poulette)

1 ris de veau
50 ml (1/4 t) de beurre
farine
250 ml (1 t) de bouillon
persil, sel, poivre
5 petits oignons hachés fin
1 jaune d'œuf
jus de citron (ou vinaigre)

Dégorger, blanchir, etc., comme pour la cervelle (voir ci-dessus les 2 premiers paragraphes).

Faire revenir le ris dans une casserole avec le beurre; saupoudrer de farine et ajouter le bouillon, le sel, le poivre, le persil finement haché et les oignons passés au beurre.

Cuire ½ heure.

Lier la sauce avec le jaune d'œuf.

Verser le jus de citron et servir la sauce chaude sur le ris de veau.

Décorer à volonté avec des triangles de pain rôti.

⊙ Ris de veau frit : Après avoir préparé le ris comme précédemment, le séparer en morceaux, égoutter, tremper dans de la pâte à frire (voir page 288) et dorer en pleine friture.

⊙ Vol-au-vent aux ris de veau : Préparer les ris de veau (méthode précédente) ; les couper en petits morceaux, faire revenir dans du beurre, arroser de bouillon et cuire lentement ¾ à 1 heure. Égoutter partiellement si le mélange est trop clair et en remplir des vol-au-vent.

Croquettes de ris de veau

500 ml (2 t) de ris de veau cuit (restes)
125 ml (1/2 t) de sauce béchamel n° 3 (pages 183-184)
2 œufs
sel, poivre
chapelure
huile chaude

Passer au hachoir le ris cuit; y mêler la sauce; lier avec les jaunes d'œufs; assaisonner.

Façonner en boulettes, rouler dans la chapelure et dans les blancs d'œufs battus avec un peu d'eau froide — et de nouveau dans la chapelure.

Dorer en pleine friture.

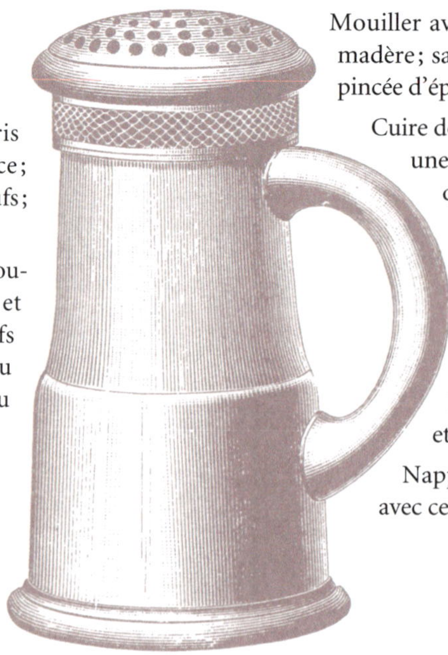

Ris de veau sauce madère

2 ris de veau (petits)
125 g (1/4 lb) de champignons
50 ml (1/4 t) de beurre
125 ml (1/2 t) de vin blanc
125 ml (1/2 t) de bouillon
1 verre de madère
assaisonnements
2 jaunes d'œufs
50 ml (1/4 t) de crème fraîche
jus de 1/2 citron

Dégorger, blanchir comme pour la cervelle, 5 heures environ — voir page 127.

Mettre les ris sous presse pendant 2 heures pour avoir des tranches plus régulières.

Trancher les champignons en lamelles et les ris en tranches.

Faire blondir le beurre dans une sauteuse, y faire sauter les champignons rapidement, puis les tranches de ris ; retourner chaque morceau dans le beurre chaud.

Mouiller avec le vin, le bouillon et le madère ; saler, poivrer et ajouter une pincée d'épices moulues.

Cuire doucement 25 minutes, dans une cocotte couverte aux trois quarts.

Au moment de servir, prélever un peu de sauce dans laquelle on ajoute les jaunes d'œufs en brassant.

Lier avec la crème fraîche et le jus de citron.

Napper les ris et champignons avec cette sauce.

La volaille et le gibier

MANIÈRE DE FARCIR ET DE TROUSSER UNE VOLAILLE

Préparer la farce, voir recettes page 194 et suivantes. Calculer 125 ml (½ t) de farce par 500 g (1 lb) de volaille.

Saupoudrer l'intérieur de sel. Remplir le jabot par cuillerée, sans tasser. Replier la peau sur le dos et la fixer à l'aide d'une brochette ou de ficelle. Replier aussi les pointes des ailes et les fixer sur la peau du cou.

Remplir la cavité du corps avec le reste de la farce et coudre l'ouverture ou la fermer avec des brochettes. Prendre une ficelle : coucher la volaille sur le dos. Croiser les pilons, les attacher à la queue et ramener les bouts de la ficelle par-dessus les pilons croisés, puis entre les pilons et le corps ; tourner sur la poitrine, faire passer la ficelle par-dessus les ailes et l'attacher à la brochette au centre du dos.

CUISSON DE LA VOLAILLE

C'est rôti, à vapeur libre, et dans son propre jus que le poulet a le plus de saveur. Il faut lui laisser subir l'action du feu jusqu'à ce qu'il soit bien doré.

Pour qu'une volaille soit bien cuite, on compte généralement 1 heure par kg de poids.

Autres modes de cuisson : rôtie à la broche, en friture, en ragoût, à l'étuvée.

ESPÈCE	MODE DE CUISSON
Poulets à griller jusqu'à 1 kg (2 lbs)	Au gril, à la poêle ou au four
	À la broche
Poulets à frire jusqu'à 2 kg (4 lbs)	Frits à grande friture
	Sautés ou rôtis
Poulets à rôtir jusqu'à 2 kg (4 lbs)	Rôtis
Chapons jusqu'à 4 kg (8 lbs)	Rôtis
Poules	Braisées, bouillies, à la vapeur
Dindons jusqu'à 5 kg (10 lbs)	Rôtis, à la broche, au gril
Dindons de plus de 5 kg (10 lbs)	Rôtis à couvert
Jeunes canards 2 à 3 kg (4 à 6 lbs)	Rôtis ou braisés
Oies de 4 à 6 kg (8 à 12 lbs)	Rôties

DÉPEÇAGE DE LA VOLAILLE

Poulet — Dinde

Placer l'oiseau sur le dos. Piquer la fourchette à travers la poitrine; à l'aide du couteau, enlever d'abord une cuisse en suivant les articulations, puis l'aile. Couper le blanc en fines tranches; ne dépecer qu'un côté à la fois. Pour couper l'autre côté, renvoyer l'oiseau en arrière de manière à laisser la viande sur le dessus. À l'aide de la fourchette, maintenir le cou levé et couper fermement. Les cuisses seront détaillées en petits morceaux. La dinde, quand elle est petite, se dépèce de la même manière que le poulet; suffisamment grosse, on ne sert souvent que les blancs coupés en tranches fines et accompagnés de la farce.

Canard

Enlever d'abord les deux cuisses. Placer le canard sur le dos, inciser verticalement dans sa profondeur la chair du ventre de chaque côté du bréchet. Le découper par incisions parallèles selon sa longueur en tranches très minces qui portent le nom d'aiguillettes. Répéter la même opération de l'autre côté du bréchet, détacher les ailes en dernier.

Oie

Commencer par découper les filets dans leur longueur et verticalement; détacher ensuite la cuisse en la contournant; puis enlever l'aile en coupant à la hauteur de l'articulation, toujours indiquée par une légère dépression; la cuisse se divise en deux, coupant le joint qui la sépare du pilon.

Pigeon

Partager le pigeon par le milieu, dans toute sa longueur, puis diviser chaque moitié de façon à laisser une portion de filet avec chaque cuisse.

Perdrix

Enlever d'abord la cuisse comme pour le poulet; partager ensuite le filet perpendiculairement et de manière à trancher l'articulation de l'épaule.

Poulet rôti

Parer le poulet, le farcir, le trousser (voir ci-dessus).

Déposer dans une rôtissoire ou sur un gril dans une lèchefrite, poitrine en haut et badigeonner d'un peu de beurre ou d'huile.

Assaisonner : sel, poivre, paprika.

Couvrir. On peut utiliser une feuille d'aluminium, côté terne à l'extérieur ou un coton trempé dans l'huile. Dans les deux cas, ne pas replier sous la volaille.

Cuire à four modéré, à 160 °C (325 °F), 1 heure par kg (30 minutes par livre) pour les petits poulets, 1 ½ heure (45 minutes par livre) pour les plus gros (10 minutes de moins par kg pour le poulet non farci).

La viande est cuite quand la cuisse se détache facilement ou quand on sent le muscle de la cuisse obéir sous la pression du doigt.

Découvrir vers la fin de la cuisson pour laisser dorer, arroser alors avec le jus de la cuisson.

- Farce : au choix, page 194 et suivantes.
- Sauce : Prendre quelques cuillerées de gras du fond de cuisson, ajouter 50 ml (¼ t) de farine et 125 ml (½ t) de bouillon froid ou d'eau. Délayer, ajouter au fond de cuisson dans la rôtissoire avec 250 à 500 ml (1 à 2 t) de liquide. Cuire 5 minutes environ. Assaisonner au goût.
- Si on préfère une sauce claire, ajouter simplement un peu d'eau chaude au fond de cuisson, dans la rôtissoire, brasser et assaisonner.
- Décorer de raisins ou autres fruits selon la saison.

Poule braisée

3 ou 4 bardes de lard
1 oignon, 1 navet
1 branche de céleri
1 grosse carotte
persil, fines herbes
1 feuille de laurier
1 poule
500 ml (2 t) de bouillon ou d'eau bouillante
beurre
farine

Mettre dans une braisière ou une cocotte 2 bardes de lard et tous les légumes tranchés.

Assaisonner et ajouter les fines herbes au goût.

Placer la volaille bien préparée sur les légumes, la couvrir du reste de lard.

Ajouter le liquide bouillant. Couvrir.

Mettre au four chaud, à 230 °C (450 °F), 15 minutes. Si la vapeur s'échappe, ajouter un peu d'eau et arroser souvent.

Après 15 minutes, baisser le four à 160 °C (325 °F) et cuire environ 3 heures ou jusqu'à ce que la viande soit tendre.

Pour dorer, découvrir et arroser de beurre fondu après avoir saupoudré de farine.

Servir avec le jus de la cuisson passé au tamis.

Poule bouillie

Une poule trop vieille pour être rôtie s'apprête très bien bouillie. Mettre la volaille entière ou démembrée dans l'eau bouillante salée avec un bouquet garni. Laisser mijoter 40 à 50 minutes par kg (20 à 25 minutes par lb). Quand la cuisson est terminée, égoutter, enlever la peau, préparer les portions. Verser dessus un peu de sauce maître d'hôtel (page 188) ou une sauce préparée avec le jus de la cuisson.

La poule est excellente servie avec divers légumes cuits dans le bouillon de la cuisson, ou cuite à la vapeur, méthode « presto » avec les légumes.

Poule au riz

1 poule de 2,5 kg (5 lbs)
bouquet garni : sarriette, laurier, persil, clous de girofle
sel, poivre
6 petites carottes
1 navet en morceaux
3 poireaux
1 branche de céleri
2 oignons moyens

Ficeler la poule en se gardant une ganse pour la sortir quand elle sera cuite.

La mettre dans une marmite ou cocotte, ajouter de l'eau bouillante pour couvrir.

Assaisonner et commencer la cuisson à couvert sur feu doux.

Après 10 minutes, ajouter les légumes, vérifier la quantité d'eau.

Si nécessaire, écumer le bouillon.

Quand la poule est cuite, après environ 1 heure, découper la poule en morceaux individuels.

RIZ

250 ml (1 t) de riz
1 noisette de beurre
500 ml (2 t) de bouillon de cuisson

Mettre le riz à cuire dans le bouillon bien coulé.

Quand il est cuit, ajouter la noisette de beurre.

- *Légumes* : les garder au chaud — four très doux avec les morceaux de poule.
- *Sauce poulette* : voir page 185.
- Mettre le riz autour d'un plat de service.

Disposer les morceaux de viande dessus. Napper de sauce. — Mettre le reste de la sauce en saucière. Servir les légumes séparément.

Poulet à la sauce veloutée

1 gros poulet
1 c. à soupe de beurre
sel, poivre, fines herbes
500 ml (2 t) d'eau chaude
2 c. à soupe de gras
3 c. à soupe de farine
1 jaune d'œuf
125 ml (1/2 t) de crème 10 %
croûtons

Couper le poulet en 8 morceaux environ.

Le faire saisir dans le gras, dans une cocotte.

Assaisonner.

Verser l'eau sur les morceaux, laisser mijoter 1 heure environ, arroser durant la cuisson et, au besoin, ajouter de l'eau.

Lorsque le poulet est cuit, le retirer et garder au chaud.

Préparer la sauce en ajoutant le gras et la farine au jus de la cuisson (ajouter de l'eau si nécessaire).

Remettre le poulet et laisser mijoter quelques minutes.

Déposer les morceaux de poulet sur le plat de service.

Lier la sauce avec le jaune d'œuf et la crème, la couler et en napper le poulet.

Servir avec des croûtons passés au beurre.

Poulet à la duchesse

2 jeunes poulets
sel, poivre, farine
1 œuf, chapelure
50 ml (1/4 t) de beurre

Séparer les poulets en morceaux individuels, les saupoudrer de sel, poivre et farine, les passer dans l'œuf battu avec un peu d'eau et les enduire de chapelure.

Poser dans un pyrex allant au four. Cuire 5 à 10 minutes à 230 °C (450 °F). Arroser la viande avec le beurre fondu et continuer la cuisson à 160 °C (325 °F), pendant 2 heures.

SAUCE

50 ml (1/4 t) de beurre
50 ml (1/4 t) de farine
250 ml (1 t) de bouillon
250 ml (1 t) de lait et crème

Pendant ce temps, préparer un roux (page 183) avec le beurre et la farine — Ajouter le bouillon, le lait et la crème pour faire une sauce moyennement épaisse.

Verser sur le poulet au moment de servir. Décorer de persil.

Poulet au riz au gratin

500 ml (2 t) de sauce béchamel n° 2 (pages 183-184)
sel, poivre, fines herbes
500 ml (2 t) de poulet cuit coupé en dés
500 ml (2 t) de riz cuit
125 ml (1/2 t) de fromage râpé

Pour faire la sauce, employer du lait additionné de crème ou, mieux, moitié bouillon de poulet, moitié crème.

Assaisonner.

Ajouter le poulet à la sauce, délicatement.

Verser le riz cuit dans un plat allant au four.

Couvrir avec le poulet et la sauce.

Saupoudrer de fromage toute la surface et mettre au four modéré à 160 °C (325 °F) pendant 20 à 30 minutes.

Poulet grillé

Les poulets peuvent être grillés entiers ou séparés en deux, dans le sens de la longueur, et même en quatre s'ils pèsent plus de 1 kg (2 lbs). On peut les acheter prêts à cuire ou les préparer à la maison; dans ce cas, enlever le cou, les os du milieu du dos et les plus gros os de la poitrine, si les poulets ont plus de 1 kg (2 lbs). Cette opération se fait par l'intérieur du poulet, pour ne pas briser la peau.

Badigeonner les morceaux de beurre fondu ou d'huile; les assaisonner de sel et de poivre. Mettre sous le gril pour une quinzaine de minutes. Tourner et arroser de beurre fondu ou d'huile une ou deux fois. Quand le poulet est bien doré, continuer la cuisson au four à 160 °C (325 °F) pendant 20 à 25 minutes. Le poulet sera ainsi bien rôti, mais on évitera l'inconvénient du grillage trop prolongé qui assèche le poulet.

Servir avec ou sans sauce.

Poulet grillé « Barbecue »

Servir le poulet préparé et cuit comme précédemment, avec de la sauce Barbecue (page 186).

Pour le « Barbecue » à la broche, on laisse les poulets entiers. Cuire comme pour le « Poulet

grillé », excepté que toute la cuisson se fait par le grillage. Arroser souvent du jus de la cuisson ; lorsque le poulet est presque cuit, utiliser la sauce Barbecue pour l'arroser. Bien suivre les indications si on se sert d'une rôtisserie fabriquée spécialement pour ce genre de cuisson. Règle générale, le poulet est cuit lorsque le thermomètre à viande indique environ 90 °C (200 °F).

Poulet frit

250 ml (1 t) de farine
assaisonnements
2 kg (4 lbs) de poulet découpé
huile à friture

Mêler les assaisonnements dans la farine.

Enrober chaque morceau dans la farine — on peut se servir d'un sac dans lequel on met la farine et un morceau de poulet à la fois, puis secouer pour bien enrober.

Chauffer l'huile (épaisseur de 1 cm dans une poêle épaisse) ; l'huile est à point quand une goutte d'eau qu'on y jette fait pétiller la graisse.

Dorer les morceaux de poulet 15 minutes, retourner.

Baisser le feu, couvrir et cuire 15 autres minutes.

Augmenter le feu, découvrir et finir la cuisson une dizaine de minutes ou jusqu'à ce que la chair soit tendre et la peau croustillante. (Pour cette dernière partie de la cuisson, placer les morceaux, peau dessus, et bien surveiller la cuisson.)

⊙ Si l'on préfère, après les 15 premières minutes, continuer la cuisson dans une lèchefrite au four à 180 °C (350 °F), 30 à 40 minutes. Arroser et tourner durant la cuisson. Cette méthode convient particulièrement pour une plus grande quantité de poulet.

Suprêmes de poulet

Filets de 3 ou 4 poulets
sel, poivre, farine
50 ml (1/4 t) de beurre
1 c. à soupe de jus de citron

On appelle suprêmes les blancs ou filets de poulet.

Assaisonner, rouler dans la farine.

Faire saisir vivement dans le beurre chaud.

Ajouter le jus de citron, couvrir la casserole et cuire jusqu'à ce que la viande soit tendre.

Les « suprêmes » se servent immédiatement, autrement, ils durcissent.

⊙ *Suprêmes à l'anglaise* : Passer les suprêmes dans un œuf battu avec un peu d'eau froide et rouler dans la chapelure avant de les sauter ou de les frire.

⊙ *Suprêmes au fromage* : Mélanger de la chapelure et du fromage râpé. Passer les suprêmes dans un œuf battu avec un peu d'eau froide, assaisonner, enduire du mélange de chapelure et fromage. Sauter dans le beurre et servir avec des croûtons.

⊙ *Suprêmes aux champignons* : Sauter les suprêmes dans le beurre, servir sur le plat entourés de champignons sautés au beurre et nappés de sauce suprême, page 191.

Poulet à la Pompadour

500 g (1 lb) de spaghetti
1 moule rond
750 ml (3 t) de poulet cuit
1 c. à soupe de persil haché
1 c. à soupe de farine
1 c. à soupe de beurre
1 jaune d'œuf
375 ml (1 1/2 t) de crème 15 %
assaisonnements

Cuire le spaghetti sans le briser; l'égoutter; placer les pâtes dans un moule bien beurré en les poussant sur les côtés.

Remplir le centre du mélange suivant : couper le poulet froid en très petits dés ou le hacher; ajouter le persil, y incorporer la farine, le beurre, le jaune d'œuf, la crème et les assaisonnements.

Cuire le tout à la vapeur 1 heure.

Démouler et servir avec une sauce créole (page 187) ou autre.

Soufflé au poulet

500 ml (2 t) de poulet cuit
250 ml (1 t) de mie de pain rassis
50 ml (1/4 t) de crème 10 %
sel, poivre
4 œufs moyens
2 c. à thé de jus de citron

Hacher le poulet fin; y ajouter la mie de pain mouillée avec un peu de bouillon, la crème et les assaisonnements.

Incorporer les jaunes d'œufs bien battus. Fouetter les blancs ferme, les incorporer très délicatement dans la préparation.

Ajouter le jus de citron.

Verser dans un moule bien graissé. Couvrir d'un papier beurré ou huilé; cuire à la vapeur 50 à 60 minutes.

Si on se sert de moules individuels, ne cuire que 20 à 25 minutes. Laisser refroidir un peu avant de démouler.

Servir avec une sauce mousseline (page 188) ou une sauce poulette (page 185).

Galantine de volaille désossée
(entière)

Préparation de la volaille : Fendre la peau du dos dans toute sa longueur, en commençant par le cou; enlever avec précaution le jabot, dégager les ailes en coupant la peau le plus loin possible du corps de la volaille; dégager les cuisses de la même manière; dégarnir le dos de sa peau à l'aide d'un couteau bien aiguisé, en descendant jusqu'au bréchet, se bien garder de couper la peau.
Bien vider la carcasse. Étendre la volaille désossée, du côté de la peau, sur la table, y ajouter 1 kg (2 lbs) de porc haché, 500 g (1 lb) de jambon coupé en lanières, 500 g (1 lb) de veau haché. Assaisonner de poivre, de sel, de fines herbes et d'oignon haché. Refermer la volaille en cousant avec du fil fort, l'envelopper dans un coton à fromage. Plonger les pattes et la carcasse dans l'eau froide, faire bouillir, ajouter la volaille et cuire 3 à 4 heures.

Galantine : Laisser tiédir la volaille dans le bouillon environ 1 heure pour l'empêcher de se dessécher; sortir du bouillon, enlever les fils et laisser refroidir complètement. Garnir le fond du moule de gelée de viande clarifiée (page 120) qu'on laisse prendre et qu'on décore à volonté (ne pas oublier de rincer le moule à l'eau froide au préalable); y mettre ensuite la volaille puis remplir le moule du reste de la gelée. Laisser prendre.

Poulet en aspic

1 poulet
assaisonnements
1 jarret de veau
500 ml (2 t) d'eau froide
1 oignon, 1 feuille de laurier
gélatine au besoin
olives farcies
persil

Cuire le poulet à la vapeur sous pression, ou faire bouillir de la façon ordinaire avec les assaisonnements.

Laisser refroidir, enlever la peau et les os; séparer en morceaux de belle apparence.

Mettre les débris avec le jarret de veau dans le bouillon de la cuisson, ajouter de l'eau froide.

Assaisonner, ajouter l'oignon et la feuille de laurier et laisser bouillir environ 2 heures. Couler et refroidir.

Enlever la graisse et clarifier (page 22).

Remplir un moule rincé à l'eau froide: d'abord tapisser les bords avec les blancs de poulet garnis de rondelles d'olives farcies. Laisser prendre.

Ajouter le reste du poulet et verser le bouillon.

Laisser prendre, démouler et décorer de persil.

Poulet désossé rôti

Désosser le poulet. L'étendre, la peau en dessous. Préparer une farce au pain avec les abattis (page 195). Farcir les ailes et les cuisses, leur redonner leur forme. Placer des lanières de viande blanche et de viande foncée en alternant les lanières dans le sens de la longueur de la volaille; saupoudrer de sel et de poivre. Enrouler la farce et la déposer au centre. Ramener la peau, la coudre; retourner la volaille, la trousser de manière à lui donner la forme d'un poulet prêt à rôtir. Barder de lard salé ou de bacon. Rôtir au four à 160 °C (325 °F) 20 minutes par 500 g (par lb). Environ 12 minutes avant de sortir du four, enlever les bardes de lard et laisser dorer le poulet.

Mousse au poulet

3 c. à soupe de gélatine neutre
375 ml (1 1/2 t) de bouillon de poulet
750 ml (3 t) de poulet cuit
250 ml (1 t) de crème à fouetter
sel, poivre, paprika, etc.

Tremper la gélatine dans un peu d'eau froide, la laisser gonfler et la dissoudre dans le bouillon chaud.

Hacher le poulet fin, ajouter le bouillon chaud. Laisser refroidir.

Fouetter la crème, l'incorporer légèrement à la préparation de poulet, assaisonner au goût.

Verser le mélange dans un moule rincé à l'eau froide.

Mettre au froid; démouler au moment de servir et décorer.

◉ On peut remplacer une partie de la crème par de la mayonnaise ou 3 jaunes d'œufs battus.

◉ On peut, ajouter 1 c. à thé de Sherry.

Poule au riz à l'espagnole

1 poule de 2 à 3 kg (4 à 6 lbs)
50 ml (1/4 t) de gras
1 oignon moyen
farine
500 ml (2 t) d'eau bouillante ou de bouillon
sel, poivre, fines herbes
250 ml (1 t) de champignons
150 ml (2/3 t) de riz
250 ml (1 t) d'eau bouillante

Préparer la volaille, la découper en morceaux (6 à 8).

Faire fondre le gras.

Ajouter l'oignon haché fin, laisser prendre couleur.

Saupoudrer de farine les morceaux de viande et les faire revenir avec l'oignon.

Ajouter l'eau bouillante ou du bouillon.

Assaisonner et laisser mijoter une heure.

Incorporer les champignons lavés et tranchés et continuer la cuisson jusqu'à ce que la viande soit tendre.

Cuire le riz au bain-marie jusqu'à ce que l'eau soit absorbée.

Lorsque la poule est cuite, retirer les morceaux, les conserver au chaud.

Incorporer le riz dans le jus de la cuisson et laisser mijoter 8 à 10 minutes.

⊙ On peut ajouter des tomates au jus de cuisson.

Poulet à l'impératrice

125 ml (1/2 t) de bouillon
2 petits poulets
lard salé
farine
sel, poivre, fines herbes
2 c. à soupe de beurre
125 ml (1/2 t) de crème 10 %
2 jaunes d'œufs
2 c. à soupe de lait
sel, poivre, persil haché

Préparer un bon bouillon avec les cous, la peau, les pattes et les autres abattis des poulets.

Séparer les poulets délicatement pour garder une belle forme aux morceaux.

Introduire 4 ou 5 lardons de chaque côté des filets.

Saupoudrer de farine. Déposer dans une casserole.

Assaisonner.

Ajouter le bouillon déjà préparé.

Cuire jusqu'à ce que le poulet soit tendre, le retirer du bouillon, lui faire prendre couleur au four à 230 °C (450 °F) en l'arrosant de beurre fondu.

Couler le bouillon de la cuisson, en garder 125 ml (½ t), chauffer avec la crème. Retirer du feu.

Incorporer les jaunes d'œufs battus avec le lait en brassant constamment. Faire épaissir sans laisser bouillir. Assaisonner.

Verser cette sauce autour du poulet. Servir chaud.

Pâtés individuels au poulet

125 ml (1/2 t) de bouillon
1 1/2 c. à soupe de farine, un peu d'eau
250 ml (1 t) de poulet cuit
50 ml (1/4 t) de légumes en dés
sel, poivre, paprika
vol-au-vent

Au bouillon chaud, ajouter la farine délayée à l'eau froide.

Laisser épaissir, y ajouter le poulet coupé en dés, les légumes (pois verts, carottes, céleri) et les assaisonnements.

Laisser cuire.

Remplir des vol-au-vent de cette préparation.

Pâté chaud au poulet

1 poulet de 2,5 à 3 kg (5 à 6 lbs)
750 ml (3 t) d'eau chaude
1 oignon, 1 carotte
sel, poivre, feuilles de céleri
250 ml (1 t) de lait
50 ml (1/4 t) de farine

Préparer le poulet, le séparer en morceaux; le mettre dans une marmite avec l'eau chaude, les légumes et les assaisonnements.

Laisser cuire doucement environ 1 heure ou jusqu'à ce qu'il soit tendre.

Retirer les morceaux de poulet et désosser.

Couler le bouillon, y ajouter le lait et épaissir avec la farine délayée à l'eau froide.

Déposer les morceaux de poulet dans un pyrex ou plat allant au four; ajouter la sauce et couvrir de pâte brisée (pages 268 à 271), ou de rondelles de « biscuits à la poudre à pâte » (page 307); badigeonner de lait et cuire à 230 °C (450 °F) jusqu'à ce que la pâte soit dorée. Servir chaud.

⊚ Si l'on veut une sauce brune, se servir de farine grillée pour la sauce. Succulent aussi avec addition de légumes à la sauce : petites rondelles de carottes, d'oignons, etc.

Fricassée au poulet

2 c. à soupe de beurre
1 petit oignon
500 ml (2 t) de poulet cuit
375 ml (1 1/2 t) de pommes de terre
bouillon

Fondre le beurre dans une marmite, y faire revenir l'oignon haché fin, ajouter le poulet, les pommes de terre cuites et coupées en cubes.

Mouiller de bouillon de poulet. Laisser mijoter.

Servir chaud.

Coq au vin

1 chapon d'environ 2,5 kg (5 lbs)
5 ou 6 tranches de bacon
2 c. à soupe de beurre
10 échalotes
1 bouquet garni
250 ml (1 t) de champignons tranchés
375 ml (1 1/2 t) de vin rouge
2 c. à soupe de beurre
2 c. à soupe de farine

Préparer le chapon, le séparer en morceaux.

Couper le bacon, le faire dorer dans un chaudron épais; ajouter la viande enduite de beurre fondu; ajouter les échalotes, le bouquet garni (feuille de laurier, branches de céleri et de persil, clou de girofle, etc.) et les champignons.

Cuire le tout, à couvert, à feu vif jusqu'à ce que la viande et les oignons aient une teinte dorée (10 minutes).

Enlever le couvercle, ôter l'excès de gras à la surface, puis mouiller avec le vin rouge. Ramener au point d'ébullition et laisser mijoter le tout, à couvert, une heure environ ou jusqu'à ce que la viande soit tendre.

Retirer les morceaux de viande et maintenir au chaud pendant qu'on prépare la sauce.

Lier la sauce en y ajoutant le beurre ramolli et la farine, en brassant vivement et continuellement.

Quand la sauce est bien lisse, en napper les morceaux de poulet. Servir bien chaud, avec croûtons dorés.

⊚ Le « bouquet garni », bien ficelé dans une mousseline, est enlevé avant de lier la sauce.

Dinde rôtie

Procéder exactement comme pour le poulet rôti (page 132). Si on veut la farcir, calculer 250 ml (1 t) de farce pour 500 g (1 lb) de viande.

Les recettes concernant les préparations au poulet peuvent toutes être utilisées pour des préparation à la dinde.

Canard rôti

Préparer comme pour le poulet — Farcir. (Les farces les plus appréciées pour le canard sont : la farce à l'oignon, aux fines herbes, aux pommes, au céleri, à la purée de pommes de terre, etc., voir le chapitre des farces pour ces recettes, page 194.) Environ 500 ml (2 t) de farce pour un canard et 250 à 300 ml (1 à 1 ¼ t) pour un caneton.

Procéder exactement comme pour le poulet rôti (page 132). Si on farcit le canard, mettre au four à 180 °C (350 °F). Avant de rôtir, percer la peau à plusieurs endroits avec une fourchette. Ne pas couvrir et placer poitrine en bas. Vers le milieu de la cuisson, arroser avec le jus d'une orange et à ce moment percer encore la peau si nécessaire et retourner le canard.

Calculer environ ½ heure de cuisson par 500 g (1 lb) de viande.

Servir avec une sauce à base du jus de cuisson et, comme accompagnement, des rondelles de pommes poêlées, de la gelée de gadelle ou de groseille.

Caneton farci

Préparer et rôtir comme le canard, mais commencer la cuisson à 230 °C (450 °F) pendant 10 minutes de chaque côté. Ensuite, réduire à

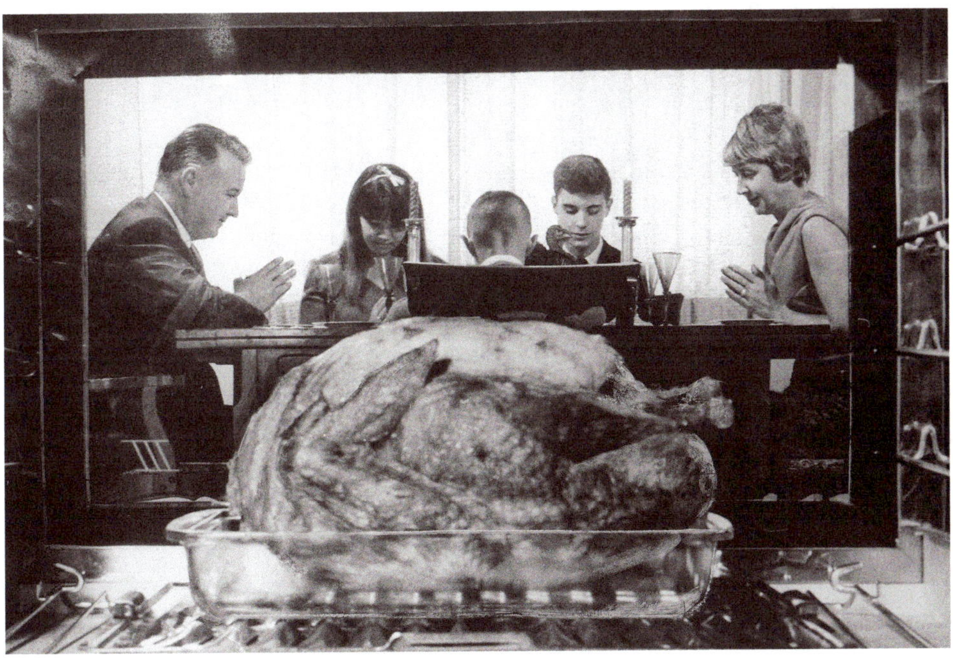

180 °C (350 °F), arroser et retourner durant la cuisson; enlever l'excédent de gras.

Garnir de champignons.

FARCE

Prendre le foie du caneton et y ajouter un foie de poulet. Blanchir — Hacher et faire revenir dans 2 c. à soupe de beurre avec un petit oignon haché. Quand le tout a pris couleur, ajouter un peu d'eau et cuire quelques minutes.

Retirer du feu, incorporer 500 ml (2 t) de chapelure et bien assaisonner.

Refroidir la farce avant de farcir le caneton.

⊙ Servir avec une sauce brune (de la cuisson) rehaussée de porto ou de vin rouge et de gelée de groseille. Entourer de légumes au choix : céleri braisé, petits pois, tomates, etc.

Canard sauvage

Préparer le canard (plumer, vider et flamber en surface pour éliminer plumes et impuretés). Remplir l'intérieur de tranches d'oignons et de pommes; trousser. Rôtir comme le canard ou le caneton (ci-dessus), mais parce que le canard sauvage est moins gras, il faut avoir soin de le couvrir de bardes de lard avant la cuisson.

Succulent avec une sauce à l'orange et décoré d'écorces d'orange finement enroulées.

SAUCE À L'ORANGE

50 ml (1/4 t) de beurre
50 ml (1/4 t) de farine
300 ml (1 1/4 t) de bouillon
sel
1 pincée de poivre de cayenne
150 ml (2/3 t) de jus d'orange

Fondre et brunir le beurre, ajouter la farine en remuant puis ajouter le bouillon de la cuisson en brassant continuellement.

Assaisonner et laisser épaissir en remuant toujours.

Ajouter le jus d'orange au moment de servir.

Canard à la québécoise

1 canard
sel, poivre
oignon haché, chapelure
50 ml (1/4 t) de beurre
250 ml (1 t) de bière
thym, laurier, persil
1 c. à soupe de beurre
1 c. à soupe de farine

Préparer le canard comme le canard sauvage.

Assaisonner l'intérieur et l'extérieur.

Hacher le foie avec l'oignon et un peu de chapelure pour en farcir le canard (voir farce du « Caneton farci » ci-dessus).

Faire rissoler le canard des deux côtés dans une casserole. Retirer le canard de la casserole.

Faire revenir à sa place le reste de l'oignon.

Remettre le canard, mouiller de bière et joindre les épices en bouquet garni.

Laisser mijoter doucement 40 minutes en le retournant et en l'arrosant de temps en temps au cours de la cuisson.

Retirer le canard et garder chaud à l'entrée du four.

Réduire la sauce et la lier avec le beurre manié (beurre et farine), en fouettant.

Rectifier l'assaisonnement.

Servir le canard nappé de la sauce avec des croûtons et des légumes au goût.

Oie rôtie

Comme l'oie est grasse, il est préférable de la faire bouillir ou cuire à la vapeur d'abord pendant une heure ou deux.

Après ce temps, la retirer, l'assaisonner et la mettre à rôtir à 160 °C (325 °F). La cuisson totale dure environ 25 minutes par 500 g (1 lb) de viande.

Les sauces et les accompagnements de l'oie sont les mêmes que pour le canard.

Oie braisée à l'ancienne

FARCE

250 g (1/2 lb) de filet de porc
250 g (1/2 lb) de lard maigre
foie de l'oie
2 c. à soupe de beurre
2 oignons émincés
2 œufs
6 petites pommes
sel, poivre, quatre épices
cognac

Hacher le filet de porc, le lard maigre et le foie.

Fondre le beurre, y dorer les oignons émincés.

Y ajouter le mélange de porc et de foie, deux œufs battus, les pommes pelées, coupées en petits morceaux.

Assaisonner : sel, poivre, quatre épices.

Bien hacher, mélanger le tout et piler en mouillant avec un petit verre de cognac, ajouté petit à petit.

1 oie
1 oignon, 2 ou 3 carottes
2 ou 3 blancs de poireaux
1 branche de céleri
125 ml (1/2 t) de cidre
bouquet garni
bouillon

Tremper l'oie si nécessaire (voir ci-dessus).

L'essuyer, la remplir de la farce et lui faire prendre couleur au four.

Faire revenir dans la graisse de l'oie (dans une braisière) l'oignon tranché, les carottes, les poireaux et le céleri.

Mouiller avec le cidre, faire réduire.

Y déposer l'oie et un bouquet garni.

Remplir avec du bon bouillon à mi-hauteur de l'oie.

Rectifier l'assaisonnement et laisser cuire pendant 2 ou 3 heures, selon la grosseur de l'oie.

Avant de servir, passer, dégraisser et lier le jus qu'on sert dans une saucière très chaude.

Tourte de volaille en croûte

Employer de la pâte brisée ou feuilletée (pages 268 à 271 ou pages 282 à 287), en recouvrir une assiette profonde (assiette à tourte).

Déposer une farce fortement assaisonnée et confectionnée avec de la chair à saucisse (page 121) et des abattis de volaille.

Y mettre ensuite des rangs de volaille rôtie (pas trop cuite) et des champignons revenus dans du beurre.

Recouvrir d'une autre couche de farce.

Terminer par une abaisse de pâte dans laquelle on pratique une petite cheminée au milieu.

Bien joindre les bords des deux abaisses, presser pour les faire adhérer.

Dorer le dessus avec un peu de lait et cuire à four modéré à 180 °C (350 °F), 40 à 50 minutes.

Verser ensuite sur la viande, par l'ouverture du centre, quelques cuillerées de consommé riche, préparé avec les os et les parures de la volaille.

Servir très chaud.

⊙ Toutes les tourtes de gibier ou de poisson se confectionnent ainsi. Il arrive qu'on utilise un mélange de viande, par exemple : de la volaille et du veau, ou du foie, ou du jambon, etc.

⊙ Avec le poisson, utiliser une farce de champignons ou d'oignons, de mollusques ou de crustacés et de fines herbes, le tout revenu à l'avance dans le beurre.

Cipâte

(Ancien pâté canadien)

Découper de la volaille en morceaux (on peut mêler dinde, poulet, perdrix, etc.).

Faire revenir des bardes de lard dans une casserole avec oignons et persil hachés ; y rôtir les morceaux de volaille préalablement roulés dans la farine ; laisser prendre couleur ; mettre de l'eau chaude en quantité suffisante pour recouvrir la viande, assaisonner au goût, fermer hermétiquement et laisser mijoter 35 à 45 minutes.

Tapisser un plat creux avec une pâte brisée ou feuilletée (pages 268 à 271 ou pages 282 à 287) abaissée à 1 ½ cm d'épaisseur (garder l'autre abaisse pour le dessus). Placer au fond un rang de viande hachée cuite (porc ou jambon) bien assaisonnée, puis des morceaux de volaille avec une partie du jus de la cuisson, un rang de chapelure avec des oignons hachés et des fines herbes, un rang de viande hachée, puis le reste de la volaille et quelques bardes de lard.

Recouvrir d'une abaisse de pâte, ménageant une cheminée au centre pour y verser du jus vers le milieu de la cuisson et à la fin, au besoin. Badigeonner de lait pour dorer et cuire au four à 180 °C (350 °F), environ 2 heures. Servir chaud.

⊙ Certains varient à l'infini la recette en employant d'autres viandes et même du poisson.

LE FAISAN

Le faisan, à l'état frais, est dur et sans saveur ; sa chair s'attendrit et développe son arôme par le faisandage. Certaines personnes le mangent dès le lendemain de la chasse, d'autres le préfèrent légèrement faisandé, c'est-à-dire tué depuis 7 à 8 jours pour le faisan sauvage, et 2 à 3 jours pour le faisan domestique.

On plume le faisan seulement au moment de l'apprêter, car il se parfume dans sa plume.

Le faisan se prépare et se cuit comme le poulet. Un faisan de grosseur moyenne peut servir de quatre à six personnes.

Faisan rôti

Recouvrir tout le corps d'une grande barde de lard plutôt que de le piquer de lardons, car sa chair est très sèche. Cuire l'oiseau, dans une rôtissoire, sur un gros croûton de mie de pain taillé un peu plus grand que le faisan. Ce pain absorbe le jus de la viande pendant la cuisson et se parfume de son fumet caractéristique. Température et temps comme pour le poulet (page 130).

Le faisan peut être braisé, apprêté en pâtés, en terrine, en salmis (espèce de ragoût très relevé, accompagné de champignons et de truffes, si l'on en trouve).

Perdrix au chou

5 ou 6 perdrix
quelques lardons
2 c. à soupe de beurre
2 ou 3 petits choux
2 carottes
2 oignons, 6 clous de girofle
assaisonnements
bouillon ou eau

Préparer les oiseaux, les trousser, les piquer de lardons.

Les faire saisir dans le beurre.

Blanchir les choux, en retirer les cœurs, les presser pour en extraire l'eau, les déposer dans une casserole.

un plat, y placer les perdrix entourées des légumes.

Servir avec le jus de la cuisson.

LIÈVRE ET LE LAPIN

…vre et le lapin demandent à être marinés …te page 146) ou bien on les laisse tremper … les avoir lavés, dans l'eau salée — … soupe de sel par litre d'eau (4 t) — 2 à …eures. On les éponge bien avant de les cuire.

Le lièvre et le lapin se présentent en fricassée ou en ragoût, divisés en 8 ou 9 morceaux;

procéder comme pour la fricassée de poulet (page 140).

On rôtit le lièvre et le lapin comme le poulet en calculant environ 1 heure par 500 g (1 lb) de viande, au four à 160 °C (325 °F).

Lièvre ou lapin braisé

1 lièvre (ou un lapin)
farine
2 c. à soupe de gras
sel, poivre, fines herbes
1 oignon
3 ou 4 bardes de lard
1 litre (4 t) d'eau chaude

Préparer et couper en 8 ou 9 morceaux, saupoudrer de farine et faire saisir dans le gras fondu.

Assaisonner (un bouquet garni au choix).

Ajouter oignon haché fin et bardes de lard.

Couvrir d'eau et laisser mijoter 2 à 3 heures.

Retirer la viande et préparer une sauce avec le jus de la cuisson.

Servir très chaud.

Civet

(Ragoût de lièvre ou de lapin)

1 lièvre (ou 1 lapin)
125 ml (1/2 t) de vinaigre
2 litres (8 t) d'eau
farine
50 ml (1/4 t) de beurre
125 g (1/4 lb) de lard salé
375 ml (1 1/2 t) de bouillon
assaisonnements
12 petits oignons
50 ml (1/4 t) de farine grillée

Préparer et couper la pièce en 8 morceaux; arroser avec le vinaigre et l'eau et laisser tremper 3 à 4 heures; bien assécher la viande.

Rouler dans la farine et dorer dans la casserole où l'on a fait fondre le beurre.

Couvrir ensuite de tranches de lard, de bouillon, de quelques têtes de clou de girofle et d'un bouquet garni, au goût; saler, poivrer.

Laisser cuire 2 ½ heures à feu doux. Ajouter les oignons une heure avant la fin.

Retirer la viande, lier le jus avec la farine grillée.

Laisser mijoter 30 minutes environ en brassant.

Marinade pour le petit gibier

375 ml (1 1/2 t) d'eau
1 ou 2 oignons
1 c. à soupe de beurre
125 ml (1/2 t) de vinaigre
sel, poivre
persil, thym, laurier

Faire bouillir ensemble tous les ingrédients. Refroidir. Y baigner la viande quelques heures avant de la cuire. Avoir soin de retourner de temps en temps.

CUISSON DU GROS GIBIER

(Chevreuil)

On peut rôtir ou préparer en civet toutes les pièces de gibier, lardées au besoin.

Le chevreuil se cuit comme le mouton et le bœuf. La pièce destinée à la cuisson est marinée 5 à 6 heures si elle est petite et jusqu'à 24 heures si elle est grosse.

Cuissot de chevreuil rôti

marinade pour gros gibier (voir ci-après)
1 cuissot de chevreuil
bardes de lard salé
2 c. à soupe de beurre
250 ml (1 t) de bouillon

Larder le cuissot, le faire mariner pendant 24 heures, égoutter et éponger la viande.

La saisir dans le beurre.

Ajouter le bouillon et la marinade.

Couvrir, cuire à 180 °C (350 °F), 1 ½ heure. Arroser avec le jus de la cuisson. Découvrir à la fin pour dorer.

Servir avec le jus de la cuisson ou une sauce poivrade.

Marinade pour le gros gibier

2 carottes
1 échalote
50 ml (1/4 t) de céleri
persil, thym et laurier hachés
2 oignons moyens
1 gousse d'ail
3 ou 4 clous de girofle
4 ou 5 grains de poivre
1 litre (4 t) d'eau
125 ml (1/2 t) de vinaigre
1 c. à soupe d'huile

Mettre au fond d'un grand plat la moitié des légumes tranchés et la moitié des condiments.

Déposer la viande salée et poivrée sur ces ingrédients et recouvrir avec le reste des légumes et condiments.

Ajouter l'eau, le vinaigre et l'huile.

Garder le plat dans un endroit frais et retourner la viande de temps à autre.

- *Longe de chevreuil* (voir « longe de veau », page 102).
- *Épaule de chevreuil* (voir « épaule de veau farcie », page 102).
- *Civet de chevreuil* (voir « Civet », page 146)
- *Tranche de chevreuil grillée* (voir différentes préparations de bifteck, pages 92-93).

L'art de recevoir

ÉDITION 1936

Recevoir ses amis autour d'une table élégamment dressée, c'est un des plaisirs les plus agréables de la vie familiale. Malgré les difficultés de l'heure et les obstacles de la vie chère, les maîtresses de maison aiment toujours à recevoir. C'est un agrément pour elles de soigner à la fois la parure de la table, la délicatesse du menu et de suivre avec intérêt les propos qui s'échangent dans ce décor charmant.

En vue d'être utile à nos lectrices encore jeunes et inexpérimentées, nous passerons successivement en revue les règles d'étiquette concernant les dîners, les soupers, les lunchs, les thés et les convenances qu'impose l'art de recevoir.

DÎNERS

Il y a plusieurs sortes de dîners : dîners de famille, dîners intimes ou semi-intimes, de cérémonie, de société ou d'apparat. Les dîners intimes et de cérémonie sont les plus agréables. Nous ne parlerons ici que des usages relatifs à ces repas. Les règles générales du savoir-vivre s'appliquent également aux dîners ordinaires et d'apparat.

DÎNERS DE CÉRÉMONIE

Les dîners de cérémonie sont donnés par des personnes occupant une position aisée et qui, sans craindre le ridicule, peuvent se conformer aux règles de l'étiquette. Les gens qui donnent à dîner sont tenus d'être savants en art culinaire, lors même qu'ils auraient la sobriété des anachorètes. Si l'on ne peut offrir à ses hôtes la table luxueuse à laquelle ils sont habitués, on ne doit pas les inviter, tout simplement. Se borner à n'entretenir de relations qu'avec des gens de sa condition est une grande sagesse.

Cela posé, nous dirons que les personnes délicates et bien élevées ont le souci du bien-être de leurs hôtes ; elles ne négligent aucuns frais compatibles avec leurs moyens lorsqu'elles offrent à dîner, ne fût-ce qu'à des amis intimes, à des parents même.

1. Lorsque les convenances obligent à donner un dîner, il convient de déterminer d'avance le nombre et la qualité des convives.

De même qu'il peut être indiscret de réunir dans une même invitation des personnes qui se gêneraient mutuellement, il importe tout autant de ne pas omettre celles dont l'exclusion serait blessante. C'est dire qu'on doit faire preuve de tact, de circonspection et de délicatesse en lançant les invitations.

2. La manière la plus cordiale d'inviter à dîner est de le faire verbalement : « Vous serait-il possible de venir dîner chez moi tel jour… à telle heure ? » ou : « Voudriez-vous me faire l'honneur ou le plaisir de venir, etc. ? » Cette formalité ne dispense pas de la carte d'invitation.

3. L'invitation aux dîners privés est faite en général pour 7 h 30 ou 8 heures, huit jours d'avance ; pour les dîners ordinaires, trois jours ; pour les dîners d'apparat, 15 jours.

4. Les invitations officielles, ou à caractère de solennité, se font le plus souvent par billet :

Monsieur A… offre à Monsieur B… l'expression de son respect et le prie de lui faire l'honneur de venir dîner chez lui tel jour… telle heure… *Ou bien* : a l'honneur de lui offrir, etc…

Dans des circonstances moins solennelles :

Voudriez-vous me faire l'amabilité de venir dîner chez moi, tel jour ?…

On peut ajouter au bas de la lettre : R. S. V. P. (Répondez s'il vous plaît).

Quel que soit le genre de dîner, l'invité doit faire connaître immédiatement, par écrit, son acceptation ou son refus, afin que l'on puisse disposer de sa place. Un retard à ce sujet serait un manquement grave aux convenances.

5. On doit arriver chez ses hôtes dix à quinze minutes avant l'heure fixée, jamais après. Les maîtres du logis sont au salon, plutôt préoccupés de bien recevoir leurs invités que des apprêts de la réception. Les paroles aimables s'échangent avec les présentations ; on a des attentions pour les personnes âgées.

6. La tenue diffère suivant les invitations. Dans les dîners de cérémonie, l'homme porte l'habit; la maîtresse de maison, une toilette simple et de bon goût.

7. Le cuisinier a le devoir d'être aussi ponctuel que les convives. À l'heure dite, un domestique ou une bonne ouvre les deux battants de la porte et annonce à haute voix: « Madame est servie. » C'est la phrase sacramentelle; toute autre dénoterait un manque total de savoir-vivre. Le maître ou la maîtresse de maison désigne à chaque invité la dame à laquelle il doit offrir son bras.

Lorsqu'il s'agit d'un grand dîner auquel sont conviés un certain nombre d'invités, les messieurs trouvent sur un plateau, dans l'antichambre, de petites enveloppes de forme allongée, lesquelles contiennent un carton portant ce qui suit: Monsieur A... est prié d'offrir le bras à Madame B...

C'est le bras gauche qu'un homme doit offrir, sauf lorsqu'il s'agit d'un militaire que le port du sabre oblige à offrir le bras droit, et qui conserve cette habitude, même s'il n'est pas en tenue. Ce même officier n'enlèvera jamais son épée, dans un salon, avant que la maîtresse de maison ne l'y ait invité, ce qu'elle ne doit pas oublier de faire.

À LA SALLE À MANGER

Pour aller du salon à la salle à manger, le maître de la maison passe le premier, en offrant le bras gauche à la femme qu'il doit mettre à sa droite, et qui lui a été désignée d'avance. Les autres couples suivent alors, et la maîtresse de maison ferme la marche au bras de l'invité le plus important et qui doit, à table, occuper la place d'honneur à sa droite. Les hommes franchissent les portes les premiers, cela facilite le passage aux dames qu'ils conduisent. Il n'y a d'exception à cette règle que pour un prince de maison royale; dans ce cas, la maîtresse de maison entre la première avec lui; de même pour un cardinal qui a rang de prince du sang, comme prince de l'Église et héritier présomptif de la tiare. Ce privilège s'étend également aux évêques. Dans les familles chrétiennes, on traite avec la même déférence le prêtre que l'on considère comme le représentant de Notre-Seigneur sur la terre. Si on ne peut donner aux ministres de la religion la préséance à laquelle ils ont droit, parce qu'on veut honorer un autre convive, il vaut mieux ne pas les inviter.

Après le dîner, c'est la maîtresse de maison qui passe la première au salon, toujours au bras du même invité, car elle doit se trouver au salon avant ses invités pour les y recevoir. L'ordre de passage est alors interverti, et le maître de maison, avec la personne qu'il accompagne, ferme la marche.

PRÉSÉANCE À TABLE

Le maître et la maîtresse de maison, tenus de veiller commodément au bien-être des convives, s'asseyent l'un en face de l'autre au milieu de la plus grande longueur de la table. Les places d'honneur, pour les dames, sont la droite puis la gauche de l'hôte, et pour les hommes la droite et la gauche de la maîtresse de maison. Il n'est pas d'usage de mettre au même rang d'honneur les deux membres d'un même ménage. On observe les préséances en comptant alternativement de droite et de gauche.

Le maître ou la maîtresse de maison doivent céder leur place à table à un évêque dans son diocèse ou à tout haut dignitaire ecclésiastique. C'est une besogne très délicate que d'assigner à chacun la place qui lui est due. En principe, il y a le rang social et l'âge, mais que de circonstances dont il faut tenir compte! Le tact seul peut nous guider dans ce dangereux dédale.

SAVOIR-VIVRE

Si, dans un dîner, on se croit mal placé, avec un manque d'égards évident, on n'en doit pas souffler mot, ni en paraître indigné, quitte à ne plus accepter d'invitation dans cette maison.

Les politesses se bornent, de part et d'autre, à quelques mots polis que l'on échange aussitôt assis, afin de rompre la glace.

Chaque invité s'occupe exclusivement de sa voisine de droite.

La conversation vient-elle à languir, c'est au maître et à la maîtresse de maison à la relever, à y jeter une note gaie et à détourner adroitement toute parole désobligeante ou toute discussion trop vive. Un sujet particulier à quelques personnes de la compagnie n'est nullement de mise. Le tact ne viole jamais cette loi, même une minute. Les arts, la littérature, les voyages, les affaires, etc., peuvent fournir matière aux entretiens. La politique serait une source d'ennuis.

En cas d'irrégularité dans le service, les maîtres rappellent le serveur à l'ordre, au moyen d'un signe ou d'un mot à voix basse; les observations à haute voix sont contre les bienséances.

On pourrait avancer que les maîtres de la maison, le jour où ils reçoivent, ont à oublier leur propre personnalité. Leur devoir est de se mettre à la disposition de leurs invités et de prévenir leurs moindres désirs.

Par ailleurs, les hôtes contractent des obligations envers ceux qui les accueillent; ainsi, ils se gardent de les critiquer ou d'émettre des observations sur la manière dont ils sont servis. Leur attitude témoigne plutôt du plaisir et de la reconnaissance pour tout ce que le maître et la maîtresse de maison ont fait d'agréable.

Les poissons, les crustacés et les coquillages

Les poissons

S'il est frais, le poisson a une odeur agréable, la chair ferme, les yeux clairs et des écailles brillantes s'enlevant facilement. Par contre, une chair molle, des yeux ternes, des ouïes brunes ou grises sont toujours l'indice d'un poisson qui n'est pas propre à la consommation.

Préparation du poisson

Écailler — De la main gauche, prendre le poisson par la queue et de la main droite, le gratter avec un couteau de la queue vers la tête.

La sole et l'anguille doivent être écorchées : faire une incision vers la queue ou autour de la tête, dégager la peau, la saisir avec un linge et l'arracher vivement en la retournant.

Ébarber — Couper les nageoires et le bout de la queue.

Vider et laver — Inciser le long du ventre ; détacher et ôter les viscères, intestins, œufs, vessie natatoire (conserver les œufs si l'on veut, chez beaucoup de poissons, ils sont nutritifs).

Laver à l'eau froide courante; saler l'intérieur et l'extérieur (si la cuisson ne se fait pas immédiatement).
Conservation — Dans le réfrigérateur pour une journée; si l'on ne peut utiliser immédiatement, congeler. Ne jamais recongeler du poisson décongelé, il doit être utilisé immédiatement.

Cuisson du poisson

Principaux modes:

1. Grillé à la poêle ou au four.
2. Rôti — Four chaud à 250 °C (500 °F), 10 minutes par 3 cm d'épaisseur.
3. Frit.
4. Au court-bouillon.

Pour le poisson grillé et rôti, se servir des notions données pour la cuisson des viandes.

Les poissons frits doivent être complètement enrobés dans l'une des trois préparations suivantes, sinon, ils absorbent trop de graisse:

a) Mouiller le poisson dans du lait salé, l'enduire de farine et le frire.
b) Plonger le poisson dans l'œuf battu avec un peu d'eau, le passer dans la chapelure et le frire.
c) Le passer dans la pâte à frire (page 288).

Le court-bouillon est une eau à laquelle on a ajouté des condiments, des fines herbes, du vinaigre et des légumes et qu'on a fait bouillir pendant quelque temps avant d'y ajouter le poisson.

Le poisson congelé ne garde vraiment sa saveur nutritive que s'il reste congelé jusqu'au moment de le mettre au feu. Le poisson congelé est meilleur cuit au four ou grillé que bouilli. Cuire comme le poisson frais à four chaud à 250 °C (500 °F), mais allouer le double de temps, environ 20 minutes par 3 cm d'épaisseur.

Dépeçage du poisson

Saumon: Commencer par faire avec le couteau, au milieu du poisson, une incision sur toute la longueur du corps, de manière à trancher profondément dans la chair jusqu'à l'arête. Pratiquer d'autres incisions transversales et dégager les morceaux (darnes) avec une spatule.

Morue : Couper en belles tranches épaisses, dans le sens de la largeur, de façon à atteindre l'arête et enlever à l'aide d'une spatule les morceaux qui s'en détachent.
Doré : Procéder comme pour la morue. Le morceau le plus près de la tête est réputé le meilleur.
Merlan, aiglefin, etc. : Le merlan, l'aiglefin (moyen) et autres poissons semblables se dépècent comme le saumon. Petits, ils sont coupés transversalement (chair et arête) et servis en belles portions. Un petit merlan est servi entier, mais on sectionne en deux parts un poisson de taille moyenne.
Sole : Il est d'usage de couper la sole dans le sens de la longueur et d'enlever l'arête centrale.

Caractéristiques et modes de cuisson des principales espèces fournies par nos pêcheries

L'alose — La chair de ce poisson est très délicate, surtout au printemps. L'alose s'apprête de préférence au court-bouillon.
L'anguille — Bien que d'une chair très fine, ce poisson, assez indigeste, est mieux apprécié bouilli, rôti ou en matelote.
Le doré — Excellent poisson à chair très fine, se cuit au court-bouillon, sauté ou rôti au four.
L'esturgeon — Est fort recherché pour la délicatesse de sa chair qui, lorsqu'elle est bien cuite, ressemble à celle du veau. C'est en matelote qu'il est le plus apprécié.
Le flétan — A la chair blanche, ferme au toucher et agréable au goût. Il est généralement servi sauté ou en matelote. Grande valeur alimentaire.
Le hareng frais est savoureux. Fumé ou salé, il a un goût très prononcé, estimé d'un grand nombre de personnes ; on l'apprête soit sauté, soit bouilli.
La morue — Fraîche, salée, séchée et fumée, c'est toujours un excellent choix. La morue fraîche s'apprête au court-bouillon, rôtie, frite, sautée, farcie, etc.
Le saumon — La chair est rosée, grasse, nourrissante et très estimée ; on le mange cuit au court-bouillon ou grillé.
La truite — Ce poisson a la chair délicate, blanche, orangée ou rosée suivant la qualité des eaux où il a été pêché. Les grosses truites se préparent comme le saumon ; les petites s'apprêtent frites ou sautées et se servent avec des tranches de citron.
Les petits poissons tels l'*éperlan*, la *loche*, etc., peuvent se cuire dans la friture, au four, et même quelquefois bouillis.

Poisson au court-bouillon

eau bouillante
sel, poivre
persil, feuille de laurier
2 kg (4 lbs) de poisson
2 c. à soupe de vinaigre

Mettre dans une poissonnière assez d'eau pour que le poisson y baigne complètement; ajouter les assaisonnements et les condiments.

Lorsque l'ébullition commence, y déposer le poisson, verser le vinaigre; laisser mijoter seulement, car l'ébullition violente brise la chair.

Pour servir, dresser sur un plat, décorer de persil, de tranches de tomates ou de citron et accompagner d'une sauce au beurre.

⊙ Cette recette convient pour la morue, l'alose, le maquereau, le doré, etc.

⊙ Les légumes s'ajoutent avant le poisson, pendant que l'on fait bouillir l'eau.

Poisson rôti

2 kg (4 lbs) de poisson
3 c. à soupe de beurre
sel et poivre
farine pour lier la sauce

Laver et éponger le poisson.

Le faire saisir dans le beurre. Cuire à four chaud à 230 °C (450 °F).

Arroser de temps en temps; assaisonner.

Servir avec une sauce à base du jus de cuisson.

⊙ On peut rôtir ainsi : brochet, carpe, doré, morue, etc.

⊙ On peut envelopper le poisson dans du papier aluminium bien fermé aux deux bouts.

Poisson cuit à la vapeur

2 kg (4 lbs) de poisson — Parer et essuyer le poisson avec un linge humide; l'assaisonner; le placer sur une passoire plate; déposer cette dernière sur une casserole d'eau chaude. Couvrir et cuire jusqu'à ce que le poisson se détache de l'arête. Servir sur un plat chaud avec une sauce au beurre (page 186).

⊙ S'apprêtent ainsi : aiglefin, flétan, morue, saumon, etc.

Poisson farci

Le poisson à farcir doit être de grosseur moyenne, environ 2 à 4 kg (4 à 6 lbs), et très frais. Parer le poisson (tel qu'indiqué, pages 153-155). Ouvrir le poisson du côté du ventre aux deux tiers de sa longueur. Briser la grosse arête tout près de la tête et de la queue en pliant le poisson sur lui-même ou encore la sectionner à l'aide de ciseaux; glisser le couteau le long de l'arête dorsale, des deux côtés; enlever cette arête en laissant le plus possible de chair accolée à la peau. Les morceaux qui adhèrent à l'arête peuvent être enlevés et mélangés à la farce.

Préparer la farce (voir le chapitre des farces, page 194).

Avant d'introduire la farce, arroser de jus de citron et saler l'intérieur. Farcir sans tasser et fermer l'ouverture à l'aide de brochettes entrelacées de ficelle.

Enduire l'extérieur de beurre fondu, cuire à 230 °C (450 °F), 10 minutes par 3 cm d'épaisseur, un peu plus si nécessaire à cause de la farce.

⊙ Le doré farci se prépare de cette manière.

Poisson cuit dans le lait

1,5 à 2 kg (3 à 4 lbs) de poisson
2 c. à soupe de sel
250 ml (1 t) d'eau
lait bouillant
assaisonnements

Couper le poisson en portions individuelles, le faire tremper dans de l'eau froide salée durant 5 minutes. Égoutter.

Déposer le poisson dans le lait bouillant — afin que le poisson soit entièrement recouvert — et laisser mijoter jusqu'à parfaite cuisson.

Assaisonner.

Employer le lait pour faire la sauce qui devra accompagner le poisson.

⊙ Convient pour : aiglefin, morue, flétan, etc.

Matelote de poisson

125 g (1/4 lb) de lard salé
1 oignon moyen
1,5 à 2 kg (3 à 4 lbs) de poisson
8 pommes de terre
sel et poivre
3 à 5 c. à soupe de farine

Trancher le lard en petites lanières; les rôtir.

Les enlever et faire revenir l'oignon haché dans la graisse.

Laver et nettoyer le poisson, couper en morceaux de 8 cm.

Tailler les pommes de terre en rondelles.

Mettre dans une braisière ou un chaudron un rang de pommes de terre, un rang de poisson, de lard, du sel et du poivre.

Saupoudrer de farine. Verser de l'eau chaude à égalité du poisson; couvrir et cuire le tout.

Au lieu de farine pour épaissir, on peut employer 250 ml (1 t) de biscuits soda écrasés et les ajouter à la matelote avec 500 ml (2 t) de lait chaud ½ heure avant de servir.

Filets de flétan

750 g à 1 kg (1 1/2 à 2 lbs) de filets
sel et poivre
2 à 3 c. à soupe de beurre
persil
2 c. à soupe de jus de citron

Découper des filets de 3 cm d'épaisseur; les placer sur un papier aluminium.

Saupoudrer de sel et de poivre.

Étendre le beurre sur les morceaux de poisson.

Ajouter le persil haché très fin et arroser le tout de jus de citron.

Joindre les coins du papier de façon à former un sac.

Bien fermer avec une ficelle.

Cuire à la vapeur, 30 à 35 minutes.

Servir sur des légumes.

Garnir de citron en rondelles.

Filets de flétan au four

125 g (1/4 lb) de lard salé
farine assaisonnée
2 kg (4 lbs) de flétan

Couper le lard en tranches fines; en placer la moitié au fond d'un plat à gratin (pyrex).

Fariner les filets de flétan, les déposer sur le lard.

Étendre le reste du lard sur le poisson.

Recouvrir le plat d'un papier beurré ou d'un papier aluminium (côté mat à l'extérieur) et cuire au four à 230 °C (450 °F), 30 minutes environ. Enlever le papier 10 minutes avant la fin de la cuisson.

Décorer de persil et de rondelles de citron.

Flétan sauté

3 à 4 tranches de flétan
sel et poivre
1 œuf, chapelure
2 c. à soupe de beurre

Essuyer le flétan, le saler et le poivrer.

Passer dans l'œuf battu allongé d'eau, puis dans la chapelure.

Chauffer le beurre dans une lèchefrite, y mettre le poisson, cuire 10 minutes en retournant pour dorer les deux côtés.

Servir très chaud avec le jus de la cuisson lié au besoin.

Alose au four

1/2 alose
1 oignon
3 c. à soupe de beurre
chapelure
sel, poivre
persil

Nettoyer le poisson, séparer en deux, en longeant les arêtes, enlever les plus grandes; laver, éponger et déposer dans une lèchefrite où l'on a fait revenir l'oignon dans la moitié du beurre. Mettre le reste du beurre sur l'alose et un peu de chapelure.

Cuire à 230 °C (450 °F) 15 à 20 minutes.

Assaisonner et arroser au cours de la cuisson.

Dresser sur un plat et décorer de persil.

Anguille à la tartare

1 anguille
1 œuf, chapelure
2 c. à soupe de beurre

Parer l'anguille, la cuire 10 minutes à l'eau bouillante salée, la laisser refroidir entièrement.

Couper en tronçons, les rouler dans l'œuf battu allongé d'eau, puis dans la chapelure.

Déposer dans une lèchefrite, arroser de beurre fondu et dorer au four à 230 °C (450 °F).

Matelote d'anguille

1 anguille
eau froide salée
1 oignon
2 c. à soupe de beurre
500 ml (2 t) de pommes de terre
250 ml (1 t) de carottes en fines rondelles
125 ml (1/2 t) de céleri coupé en dés
125 ml (1/2 t) de riz cru
sel, poivre
chapelure

Parer l'anguille, enlever la colonne vertébrale, couper en lanières et tremper dans l'eau froide salée.

Faire revenir l'oignon haché dans le beurre.

Ajouter le poisson, les pommes de terre et les carottes émincées, le céleri en petits dés, le riz et l'assaisonnement. Couvrir d'eau bouillante et cuire sur le feu ou au four.

À la fin de la cuisson, saupoudrer de chapelure beurrée et gratiner au four chaud à 230 °C (450 °F) environ 10 minutes.

Brochet au gratin

1 brochet
court-bouillon (page 156)
500 ml (2 t) de sauce béchamel n° 3 (pages 183-184)
2 c. à soupe de purée de tomate
sel, poivre, chapelure

Parer le brochet et le cuire au court-bouillon, l'égoutter et le placer dans un plat allant au four.

À la sauce béchamel, ajouter la purée de tomate.

Verser la sauce sur le poisson.

Assaisonner et étendre un peu de chapelure passée au beurre. Gratiner à 230 °C (450 °F), 10 minutes.

Filets à la maître d'hôtel

30 à 50 ml (1/4 t) de beurre
2 c. à soupe de farine
4 à 5 filets de poisson au choix, 3 cm d'épaisseur
sel, poivre
persil, 1 citron

Fondre le beurre, y incorporer la farine, en enduire les filets. Cuire au four à 230 °C (450 °F), 10 minutes. Assaisonner et arroser au besoin.

Au moment de servir, parsemer de persil haché et décorer de rondelles de citron.

Esturgeon rôti et bacon

1,25 kg (2 1/2 lbs) d'esturgeon
lait, chapelure
125 g (1/4 lb) de bacon
sel, poivre

Ébouillanter l'esturgeon, enlever la peau, le trancher.

Le passer dans du lait, couvrir de chapelure.

Cuire le bacon, y ajouter le poisson.

Assaisonner et mettre au four 230 °C (450 °F), 10 à 15 minutes.

Décorer au goût.

Esturgeon en ragoût

1,25 kg (2 1/2 lbs) d'esturgeon
sel, poivre, farine
2 c. à soupe de beurre
eau bouillante
1 oignon haché
clous de girofle, fines herbes
1 c. à soupe de farine, un peu d'eau

Parer le poisson (voir recette ci-dessus), le couper en morceaux de 3 cm d'épaisseur.

Assaisonner, rouler dans la farine et dorer dans le beurre, dans une cocotte.

Couvrir le poisson d'eau bouillante, ajouter l'oignon haché, quelques clous de girofle et fines herbes au goût.

Laisser mijoter à couvert. Lorsque le ragoût est cuit, retirer soigneusement le poisson avec une spatule, sans le briser; puis lier le jus de cuisson avec de la farine délayée, laisser mijoter pour cuire la farine et épaissir la sauce.

Servir la sauce sur le poisson.

Harengs bouillis

6 petits harengs
eau bouillante
1 oignon haché
sel, poivre, fines herbes

Nettoyer les harengs.

Dans la casserole contenant l'eau bouillante, ajouter l'oignon haché, le sel, le poivre, les fines herbes et les poissons. Cuire 10 à 15 minutes.

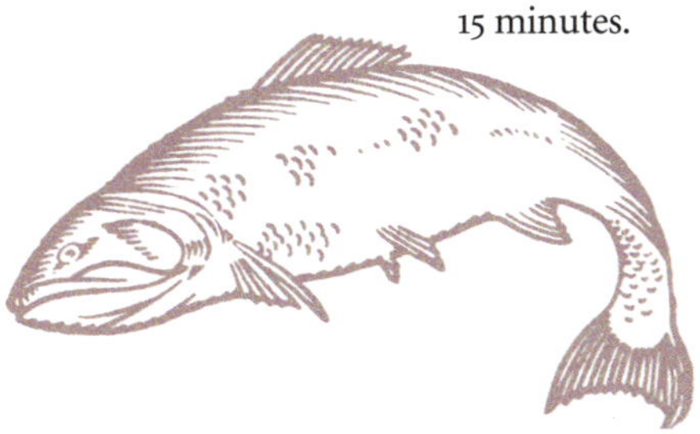

Maquereau au beurre

1,25 kg (2 1/2 lbs) de maquereau
50 ml (1/4 t) de beurre
4 à 6 pommes de terre

Cuire le maquereau au court-bouillon (page 156), 20 minutes.

Le servir arrosé de beurre fondu et entouré de pommes de terre bouillies persillées.

Maquereau farci

1 beau maquereau
5 ou 6 petits oignons
beurre
sel, poivre, fines herbes
1 citron, persil

Nettoyer le maquereau, le farcir avec les petits oignons revenus dans le beurre.

Bien assaisonner. Mettre le poisson dans une feuille de papier graissée ou une feuille de papier aluminium (le côté mat à l'extérieur) et mettre au four à 230 °C (450 °F), 30 minutes environ.

Enlever le papier vers la fin de la cuisson pour dorer.

Décorer avec citron et persil.

Morue frite

1 kg (2 lbs) de morue
chapelure
1 œuf battu
sel, poivre

Couper la morue en tranches de 3 cm d'épaisseur, en portions individuelles; passer dans la chapelure, dans l'œuf battu allongé d'un peu d'eau, puis de nouveau dans la chapelure.

Assaisonner.

Cuire en grande friture.

Servir avec une sauce hollandaise (page 187).

Morue grillée
(au B.B.Q.)

1 kg (2 lbs) de morue
1 c. à soupe de beurre
sel, poivre
50 ml (1/4 t) de beurre fondu

Laver la morue, l'éponger.

Beurrer un gril froid, y déposer le poisson; mettre le gril au-dessus de la braise; dorer les deux côtés.

Disposer sur un plat allant au four. Assaisonner.

Arroser de beurre fondu, laisser dorer.

Morue à la ménagère

1 morue
2 c. à soupe de beurre
1 petit oignon haché
500 ml (2 t) de tomates en conserve égouttées
2 c. à soupe de vinaigre
1 feuille de laurier
sel, poivre, chapelure
noisettes de beurre

Mettre la morue coupée en tranches dans une lèchefrite beurrée.

Couvrir d'oignon haché.

Ajouter les tomates en conserve, le vinaigre, la feuille de laurier.

Couvrir de chapelure et assaisonner.

Mettre quelques noisettes de beurre sur le dessus et cuire à 230 °C (450 °F), 20 à 30 minutes. Arroser de temps en temps.

Morue gratinée

1 kg (2 lbs) de morue
500 ml (2 t) de sauce béchamel n° 3 (pages 183-184)
50 ml (1/4 t) de beurre
4 à 5 pommes de terre en purée
sel, paprika
175 ml (3/4 t) de fromage

Cuire la morue au court-bouillon (page 156).

Ensuite la broyer à la cuillère et ajouter un peu de sauce béchamel pour en faire une pâte.

Ajouter le beurre, les pommes de terre en purée.

Assaisonner.

Mettre la préparation dans un plat allant au four.

Masquer du reste de la sauce, saupoudrer de fromage râpé. Gratiner 15 à 20 minutes au four à 200 °C (400 °F).

Filets de morue en turbans

Filets de morue
jus d'un citron
sel, poivre, fines herbes
farine
1 œuf battu
chapelure
50 ml (1/4 t) de beurre

Préparer des filets de 12 cm de longueur sur 6 cm de largeur environ.

Enduire chaque morceau de jus de citron, les saupoudrer de sel, poivre, fines herbes.

Rouler les filets, les maintenir à l'aide d'un cure-dent.

Enfariner.

Passer dans l'œuf battu avec un peu d'eau et dans la chapelure.

Chauffer le beurre dans une lèchefrite allant au four, y déposer les turbans, cuire à 230 °C (450 °F), arroser si nécessaire avec le jus de la cuisson.

Servir avec le jus lié au besoin.

Filets de poisson farcis

Filets de morue, de sole ou d'aiglefin
jus de citron
sel, poivre
farce (pages 194 et suiv.)
175 ml (3/4 t) de crème 15 %
chapelure

Préparer les filets en tranches minces, environ 1 à 2 cm d'épaisseur.

Les passer dans le jus de citron.

Assaisonner.

Déposer la moitié des filets dans un plat beurré allant au four; les recouvrir de farce; placer dessus le reste des filets.

Mettre au four à 230 °C (450 °F); quand le poisson commence à jaunir, verser dessus la crème et baisser le four à 180 °C (350 °F).

Saupoudrer de chapelure passée au beurre et laisser dorer.

Servir très chaud avec le jus de la cuisson.

Tranches d'aiglefin sautées

4 à 6 tranches d'aiglefin
jus de citron
sel, poivre, farine
50 ml (1/4 t) de beurre
1 feuille de laurier

Laver et éponger le poisson — 3 cm d'épaisseur, le passer au jus de citron et dans la farine bien assaisonnée.

Fondre le beurre avec la feuille de laurier dans une poêle, y saisir le poisson des deux côtés; cuire jusqu'à ce qu'il soit tendre; le retourner souvent avec une spatule afin de dorer également.

Servir très chaud, décoré de citron et de persil.

Pain de poisson

Restes de poisson cuit
125 ml (1/2 t) de mie de pain
2 œufs, persil
125 ml (1/2 t) de lait
50 ml (1/4 t) de beurre
assaisonnements
rondelles de citron, persil

Enlever les arêtes et la peau si nécessaire; hacher le poisson et déposer dans un plat, y ajouter la mie de pain, les œufs bien battus, le persil haché, le lait, le beurre fondu.

Bien assaisonner.

Mettre la préparation dans un moule beurré.

Couvrir et cuire à la vapeur 1 heure.

Démouler, décorer de rondelles de citron et de persil.

Servir chaud nature ou avec une sauce au choix.

Mousseline de saumon

250 g (1/2 lb) de saumon ou autre poisson cuit
2 œufs (jaunes et blancs séparés)
1 c. à soupe de beurre
1 c. à soupe de farine
125 ml (1/2 t) de bouillon
sel, poivre, sel d'oignon
250 ml (1 t) de crème fouettée

Débarrasser le poisson des peaux et des arêtes, le piler parfaitement; y incorporer les jaunes d'œufs battus.

Préparer une sauce : fondre le beurre, y incorporer la farine en brassant continuellement, et le bouillon, en brassant toujours; chauffer jusqu'à ce que la sauce commence à mijoter. Ajouter cette sauce au poisson, assaisonner, refroidir et piler de nouveau.

Introduire en pliant les blancs d'œufs battus et la crème fouettée.

Verser dans un moule bien graissé ou tapissé d'un papier beurré.

Cuire à la vapeur jusqu'à ce que la préparation soit ferme. Démouler.

Décorer de purée de pommes de terre et d'œufs cuits dur.

Servir avec une sauce aux tomates (page 192).

Petits poissons blancs frits

Ouvrir et laver les poissons, les éponger, les saupoudrer de farine.

Chauffer du gras dans une poêle ou lèchefrite, y déposer les petits poissons, les faire saisir. Assaisonner de sel et de poivre.

Cuire sur le feu ou au four 15 à 20 minutes et servir très chaud.

⊙ Les petits éperlans ne requièrent que 2 ou 3 minutes de cuisson par côté.

Beignets de poisson

Filets de morue
sel, poivre
pâte à frire (page 288)

Faire des filets de 1 cm d'épaisseur (morceaux individuels).

Assaisonner. Rouler, passer dans la pâte à frire.

Dorer à grande friture, égoutter sur du papier kraft.

⊙ Les beignets de poisson peuvent aussi être préparés avec tous les poissons blancs à chair ferme.

Thon et champignons en casserole

500 ml (2 t) de sauce béchamel n° 2
2 boîtes de thon (250 ml (1 t) environ)
250 ml (1 t) de champignons
125 ml (1/2 t) de chapelure
noisettes de beurre

Apprêter la sauce (pages 183-184).

Ajouter le thon émietté, les champignons coupés en rondelles.

Mettre dans une casserole allant au four, couvrir de chapelure et de quelques noisettes de beurre.

Cuire à 180 °C (350 °F) environ 30 minutes.

⊙ On peut remplacer la sauce n° 2 par une boîte de crème de céleri.

⊙ Du saumon ou des crevettes peuvent être utilisés à la place du thon.

5 à 6 portions

Croquettes de poisson

250 ml (1 t) de sauce béchamel n° 4
500 ml (2 t) de poisson cuit
assaisonnements
farine
1 œuf battu
chapelure
huile pour la friture

Préparer la sauce (pages 183-184), y incorporer le poisson en morceaux ou en miettes, bien assaisonner ; laisser refroidir.

Façonner des petits cônes ; les fariner légèrement, les passer dans l'œuf battu avec un peu d'eau et dans la chapelure.

Cuire à grande friture, à 180 °C (350 °F) à 190 °C (375 °F).

Timbales de poisson

250 ml (1 t) de poisson cuit
1 c. à soupe de farine
125 ml (1/2 t) de sauce béchamel n° 4
2 œufs, 1/2 oignon haché
assaisonnements
moules individuels

Émietter le poisson, ajouter la farine, la sauce (pages 183-184), les œufs bien battus, l'oignon haché et l'assaisonnement.

Beurrer des moules individuels ou un moule à timbale, y verser la préparation.

Cuire à la vapeur ¾ d'heure environ.

Démouler et servir chaud avec une sauce poulette (page 185) ou une sauce aux tomates (page 192).

Quenelles de poisson

125 ml (1/2 t) de mie de pain rassis
125 ml (1/2 t) de lait
2 c. à soupe de beurre
1 blanc d'œuf
175 ml (3/4 t) de poisson cru haché
bouillon (de poisson ou de poulet)

Faire une pâte avec la mie de pain et le lait.

Ajouter le beurre et le blanc d'œuf battu en neige.

Ajouter le poisson passé 3 fois au hachoir.

Façonner des boulettes allongées. Garder au froid.

Amener le bouillon au point d'ébullition.

Y faire pocher les boulettes (maintenir l'ébullition).

Servir sur des rôties avec une sauce « suprême » ou « soubise » (page 191).

⊙ On prépare de la même façon les quenelles de poulet ou de veau.

⊙ On prépare de cette manière surtout le poisson blanc comme le brochet.

⊙ Les quenelles se servent très bien en entrée.

Coquilles de poisson au gratin

250 ml (1 t) de pommes de terre en purée
250 ml (1 t) de sauce béchamel n° 3
500 ml (2 t) de poisson cuit
assaisonnements
chapelure, beurre

Disposer la purée de pommes de terre dans des coquilles par cuillerées ou à l'aide d'un cornet à pâtisserie, ayant soin de garder une cavité au centre pour le poisson.

Préparer la sauce (pages 183-184).

Y ajouter le poisson émietté ou en petits morceaux.

Assaisonner.

Remplir de cette préparation le centre des coquilles.

Couvrir de chapelure et de noisettes de beurre.

Gratiner 8 à 10 minutes au four à 230 °C (450 °F).

Boulettes de poisson

2 c. à soupe de beurre
1 oignon
500 ml (2 t) de pommes de terre
250 ml (1 t) de poisson cuit
assaisonnements
2 œufs
farine
chapelure
huile à friture

Faire fondre le beurre (ou la margarine), y faire revenir l'oignon haché.

Préparer les pommes de terre en purée.

Émietter le poisson — amalgamer le tout.

Assaisonner de sel, poivre et fines herbes.

Incorporer les jaunes d'œufs battus.

Façonner en boulettes.

Les rouler dans la farine, dans les blancs d'œufs allongés d'un peu d'eau froide et dans la chapelure.

Cuire à grande friture — 180 °C à 190 °C (350 °F à 375 °F).

Filets d'aiglefin ou de sole en turbans

Filets d'aiglefin
ou de sole
farce aux huîtres (page 197)
farine
1 œuf battu, chapelure
50 ml (1/4 t) de beurre

Couper les filets en lanières.

Étendre dessus une farce au choix.

Rouler et maintenir les rouleaux avec des cure-dents.

Passer dans la farine, puis dans l'œuf battu et la chapelure.

Chauffer le beurre dans une lèchefrite allant au four, y déposer les turbans.

Cuire à four chaud, à 250 °C (500 °F), 10 à 20 minutes.

Servir avec une « sauce maître d'hôtel » (page 188) ou avec une « sauce citron » (page 187).

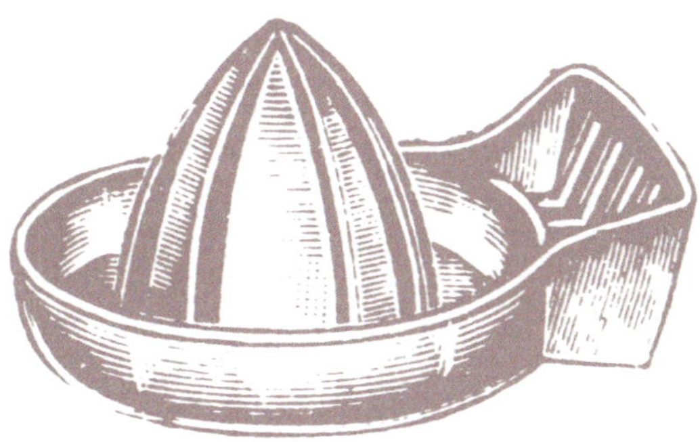

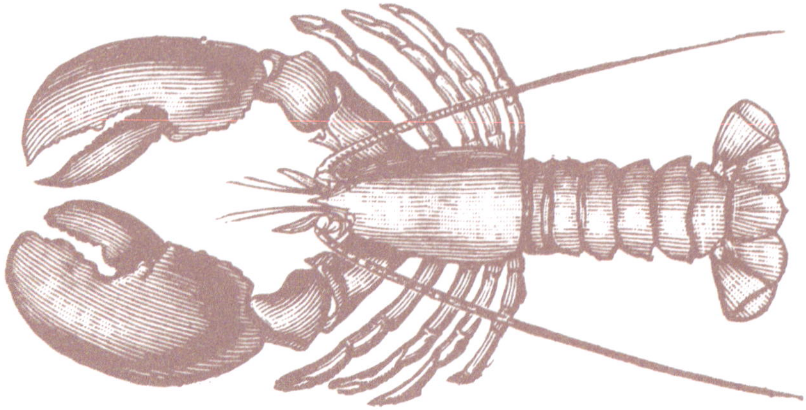

Les crustacés et les coquillages

Tout comme le poisson, les crustacés et les coquillages doivent être très frais. On reconnaît le degré de fraîcheur d'un coquillage par la résistance que la coquille oppose quand on veut l'ouvrir. Un coquillage hermétiquement fermé est frais; l'eau qu'il doit contenir ne s'est pas échappée et il a gardé sa fraîcheur intacte; au contraire, une coquille entrouverte indique que le produit a été pêché depuis quelque temps et que le mollusque est desséché et souvent mort. On ne doit consommer les coquillages que pendant les mois en « r », c'est-à-dire de septembre à avril inclusivement.

L'*huître*, aliment reconstituant et excellent pour les estomacs délicats, n'est pas seulement servie comme hors-d'œuvre de luxe. Les huîtres se mangent surtout crues, au naturel, avec du jus de citron, ou bien un filet de vinaigre.

Si on sert des *coquilles Saint-Jacques*, il faut compter deux coquilles crues pour une coquille accommodée, la moitié seulement pouvant être employée.

Les *palourdes ou clams*, ressemblent aux huîtres par leur forme et leur composition. Les nombreuses familles de coques diffèrent par leur apparence, leur couleur et leur saveur. Elles peuvent être servies dans ou en dehors de la coquille.

Moins appréciées que les huîtres, les *moules* constituent cependant un mets agréable. Elles se consomment au naturel, en fricot, au gratin, etc.

Huîtres crues

Manière de les ouvrir

Employer un couteau spécial, à bout rond, à lame courte et forte, muni d'une poignée en forme de poire. Placer une huître dans la main gauche, sur un linge plié, la charnière du mollusque à l'extérieur, la coquille plate dessus; insérer la lame du couteau dans la jointure de la charnière et, une fois qu'elle a cédé, opérer une légère pression, la coquille se soulève facilement.

Pour servir

Retirer l'huître de la coquille, la parer, c'est-à-dire la débarrasser des parcelles d'écailles qui auraient pu pénétrer; bien conserver la liqueur ou l'eau; remettre l'huître sur la coquille nettoyée, ou à plat sur une assiette, ou encore la verser dans un verre. On calcule généralement de 8 à 12 huîtres par personne.

Huîtres rôties

500 ml (2 t) d'huîtres ouvertes
1 œuf, chapelure
50 ml (1/4 t) de beurre
pain rôti

Nettoyer les huîtres, les éponger, les passer dans l'œuf battu et dans la chapelure.

Fondre le beurre dans une poêle, y faire dorer les huîtres et les servir sur de petites rôties.

Huîtres frites

3 à 4 douzaines d'huîtres
sel, poivre
chapelure
ou biscuits soda
2 œufs
huile pour friture
cresson ou persil
citron

Nettoyer les huîtres, les ouvrir, les égoutter et les éponger.

Les assaisonner de sel et de poivre au goût.

Passer les huîtres dans la chapelure ou les biscuits émiettés, puis dans les œufs battus avec un peu d'eau froide, et de nouveau dans la chapelure.

Cuire à grande friture — 180 °C à 190 °C (350 °F à 375 °F).

Décorer de cresson ou de persil.

Servir avec du citron tranché ou un demi-citron par personne.

⊙ On peut remplacer les œufs et la chapelure par de la pâte à frire (page 288).

⊙ On peut également frire les huîtres dans une poêle avec du beurre; les retourner pour les dorer des deux côtés.

Huîtres gratinées

2 c. à soupe d'huile ou de beurre
1 oignon, 1 branche de persil haché fin
250 ml (1 t) de mie de pain
sel, poivre
1 1/2 à 2 douzaines d'huîtres
50 ml (1/4 t) de crème 15 %

Chauffer l'huile ou le beurre, y faire revenir l'oignon haché fin et le persil haché.

Ajouter la mie de pain.

Assaisonner.

Ouvrir les huîtres, les glisser dans un plat à gratin beurré.

Couvrir de la préparation de mie de pain.

Arroser de crème.

Mettre gratiner au four 10 à 15 minutes.

⊙ *Huîtres gratinées en coquilles* : Au lieu de mettre dans un plat à gratiner, glisser 2 ou 3 huîtres dans une coquille Saint-Jacques, couvrir de la préparation et mettre gratiner au four de la même manière. Compter quelques minutes en moins pour la cuisson.

Cocktail aux huîtres

2 douzaines d'huîtres
1 c. à soupe de jus de citron
1/2 c. à thé de sauce Worcestershire
2 c. à soupe de sauce piquante ou ketchup
céleri, persil, citron

Parer les huîtres, bien conserver le liquide et le verser sur les huîtres.

Ajouter ensuite le jus de citron, la sauce Worcestershire, la sauce piquante ou le ketchup.

Vérifier l'assaisonnement (sel, poivre, etc.).

Réfrigérer — Servir dans des coupes ou des verres à cocktail.

Décorer de céleri frisé ou de persil et de demi-rondelles de citron.

Huîtres à la crème
(pour vol-au-vent)

3 c. à soupe de beurre
50 ml (1/4 t) de farine
125 ml (1/2 t) de crème 15 %
125 ml (1/2 t) de jus d'huîtres
assaisonnements
250 ml (1 t) d'huîtres
vol-au-vent ou autres pâtes feuilletées

Préparer une sauce avec le beurre, la farine, la crème et le jus des huîtres (procéder comme pour la sauce béchamel, page 185).

Laisser mijoter quelques minutes.

Assaisonner.

Vers la fin de la cuisson, ajouter les huîtres, entières ou coupées en deux.

⊙ Utiliser cette préparation pour remplir des vol-au-vent ou des petites pâtes feuilletées.

◎ On peut aussi ajouter des crevettes à la préparation, moitié huîtres, moitié crevettes.

Beignets aux huîtres

Choisir de belles grosses huîtres, les éponger, les enduire de pâte à frire (page 288) et les cuire à grande friture.

PRÉPARATION DES MOULES ET DES PALOURDES

Les nettoyer soigneusement avec une brosse, puis les déposer dans une bassine sans eau. Lorsque toutes sont bien nettoyées, les laver rapidement dans l'eau claire que l'on change deux ou trois fois.

Les faire ouvrir dans une casserole sur feu vif.

Ôter les coquilles et passer le jus à travers une fine mousseline.

Matelote aux palourdes

750 ml (3 t) de palourdes
1 oignon haché
125 g (1/4 lb) de lard salé
500 ml (2 t) de pommes de terre
1 carotte, céleri haché
500 ml (2 t) de tomates
assaisonnements
2 c. à soupe de beurre
50 ml (1/4 t) de farine

Parer les palourdes (voir ci-dessus), les couper.

Réserver le jus et amener au point d'ébullition.

Faire revenir l'oignon avec le lard salé coupé en petits morceaux, y mettre les palourdes en alternant avec les légumes, coupés en dés ou en tranches minces, mettre une branche de céleri et les tomates.

Couvrir avec le jus bouillant.

Assaisonner. Cuire environ 1 heure. Couler le jus.

Préparer un roux (page 183) avec le beurre, la farine et le jus de cuisson bien coulé.

Ajouter les palourdes à la sauce au moment de servir.

Palourdes en escalopes

2 douzaines de palourdes
poivre
50 ml (1/4 t) de céleri haché
bacon
biscuits soda émiettés
50 ml (1/4 t) de beurre

Ouvrir les palourdes sur feu vif; réserver 12 grandes coquilles.

Mettre 2 palourdes dans chaque coquille bien nettoyée, les saupoudrer de poivre, de céleri haché fin; déposer sur le dessus 3 ou 4 petits cubes de bacon.

Couvrir de biscuits émiettés.

Arroser de beurre fondu. Faire gratiner au four à 230 °C (450 °F).

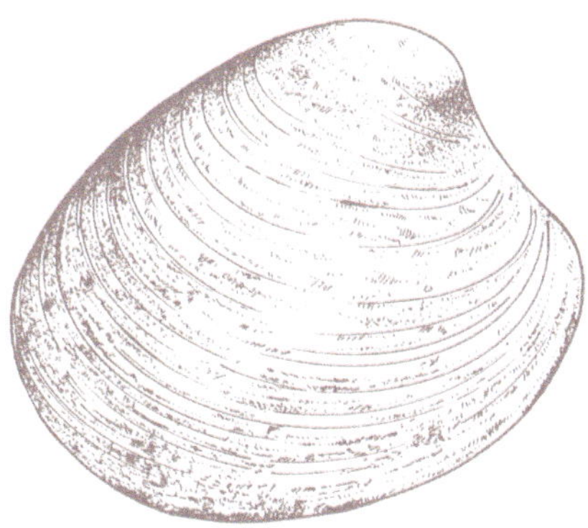

Pétoncles frits

500 g (1 lb) de pétoncles
farine salée
1 œuf battu
chapelure
citron
sauce tartare (page 191)

Séparer les pétoncles, les passer dans la farine salée, puis dans l'œuf battu allongé d'eau froide et dans la chapelure.

Frire à grande friture, 4 minutes environ.

Égoutter et servir avec des quartiers de citron.

Accompagner de sauce tartare.

LES CREVETTES

Cuisson et service des crevettes fraîches ou congelées non cuites

Plonger les crevettes dans l'eau bouillante salée (2 c. à soupe de gros sel par litre d'eau).

Cuire de 5 à 8 minutes selon la grosseur des crevettes.

Égoutter, puis enlever délicatement la fine carapace.

À l'aide d'un petit couteau bien aiguisé et pointu, inciser la partie dorsale des crevettes et enlever la veine intestinale.

Laver les crevettes à l'eau courante, les égoutter sur une serviette propre.

Elles sont maintenant prêtes à être utilisées.

LE HOMARD

Cuisson du homard

Le homard doit être plongé vivant, la tête la première, dans l'eau bouillante très salée (on emploiera idéalement du gros sel de mer) ; le cuire 10 à 15 minutes selon la grosseur. Une cuisson prolongée risque de durcir la chair. Ensuite, le plonger immédiatement dans l'eau froide.

Service du homard

Enlever les 2 grosses pinces et les 8 petites pattes.

Séparer la queue, couper longitudinalement avec des ciseaux la carapace interne de la queue ; l'ouvrir partiellement et arracher la chair d'un seul morceau, à l'aide d'une fourchette, détacher soigneusement la veine intestinale qui se trouve dans une légère cavité, sur toute la longueur de la queue.

Maintenir solidement la carapace du corps dans la main gauche, en sortir la chair ; séparer l'estomac — plusieurs s'en font un délice — retirer et jeter le foie et les poumons. Couper et inciser le corps, extraire les petits morceaux de chair. Séparer les grosses pinces et les ouvrir à l'aide d'un casse-noisettes ; enlever la chair en évitant de la briser. Extraire la viande des pattes. En général, le homard se sert bouilli (voir cuisson du homard ci-dessus) ; on peut le manger froid avec sauce mayonnaise, tartare ou remoulade, ou chaud, simplement avec un beurre fondu aromatisé.

Homard à la Newburg

1 homard cuit et préparé comme ci-dessus.
Servi avec la sauce qui suit :

SAUCE NEWBURG

250 ml (1 t) de crème épaisse
1 c. à soupe de farine
2 jaunes d'œufs
2 c. à soupe de sherry
pincée de muscade

Cuire au bain-marie (ou en surveillant très bien) la crème avec la farine.

Ajouter les jaunes d'œufs battus, un peu à la fois.

Quand le mélange a épaissi, parfumer avec le sherry et la muscade. Si le mélange est trop épais, ajouter un peu de crème.

Homard à la crème

500 ml (2 t) de sauce béchamel n° 2
1 ou 2 homards, selon la grosseur
sel, poivre
1/2 c. à thé de poudre de cari
1/2 c. à thé de paprika (facultatif)
2 c. à soupe de jus de citron

Préparer la sauce béchamel (pages 183-184) avec du lait et de la crème, à parties égales.

Préparer le homard, le couper en petits morceaux, ayant soin de ne pas trop briser la chair.

Ajouter le homard à la sauce, assaisonner.

Ajouter la poudre de cari et, si on le veut, la même quantité de paprika, puis le jus de citron.

Laisser mijoter 5 à 10 minutes en surveillant pour que la crème ne colle pas au fond.

⊙ Cette préparation peut être servie sur des coquilles ou sur un plat et gratinée.

Croquettes de homard

250 ml (1 t) de sauce béchamel n° 4
500 ml (2 t) de homard
1 c. à soupe de crème
1 œuf battu
2 c. à soupe d'eau
chapelure
persil
citron

Préparer la sauce (pages 183-184), et laisser refroidir.

Émietter la chair, réserver les petites pattes du homard pour la décoration.

Ajouter la crème et la sauce béchamel.

Façonner des croquettes, les passer dans l'œuf allongé d'eau froide et les enduire de chapelure.

Dorer en pleine friture. Servir très chaud, décorer de persil, de rondelles de citron et des petites pinces du homard; accompagner d'une sauce au goût.

Petits pâtés de homard

250 ml (1 t) de sauce béchamel n° 3
2 jaunes d'œufs
1 c. à soupe de lait
250 ml (1 t) de homard
sel, poivre de cayenne
vol-au-vent

Apprêter une sauce (pages 183-184) avec du lait et de la crème à parts égales.

Quelques minutes avant la fin de la cuisson, y incorporer les œufs battus dans un peu de lait.

Mêler la sauce au homard coupé en dés.

Assaisonner.

Remplir de cette préparation des petits pâtés de pâte feuilletée (pages 282 à 287) ou de pâte brisée (pages 268 à 271).

ÉDITION 1943

Le service

Quel que soit le service adopté, il faut observer ce qui suit :

1. Être poli dans la manière d'offrir les plats ; faire en sorte que le service ne traîne pas et qu'il n'y ait pas, durant le dîner, comme dans une pièce de théâtre, d'interminables entractes. La lésinerie, dans un repas de cérémonie, est aussi ridicule et répréhensible que la profusion dans les assiettes ;
2. Les plats s'offrent de la main gauche à gauche du convive, excepté les boissons et le potage (bouillon) qui se servent toujours à droite, de la main droite ;
3. L'étiquette de la table exige que les convives aient toujours une assiette devant eux ; que les plats soient toujours présentés avec les ustensiles indispensables au service ;
4. La table est garnie d'eau fraîche ou d'eaux minérales, mais le service n'offre pas d'eau.

C'est avec la main gauche à gauche du convive, qu'on enlève une assiette qui a déjà servi, pour la remplacer par une propre, à gauche également, mais de la main droite et sans le moindre bruit.

DIFFÉRENTES MANIÈRES DE PRÉSENTER LES SERVICES

Il y a trois manières également admissibles de disposer les services.

La première consiste à faire paraître successivement les mets, en sorte qu'il n'y en ait qu'un à la fois sur la table. Ce système est le plus ancien, le plus naturel et aussi le plus magnifique.

La seconde exige qu'on serve dès le commencement du repas tous les mets, y compris le dessert. Les convives ont l'avantage de se rendre compte de l'ensemble du repas auquel ils sont invités. Ce genre de service nécessite des réchauds afin que les plats ne se refroidissent pas. *(Service à la française)*

La dernière manière, usitée dans les dîners d'apparat, n'admet sur la table que les desserts. Une liste placée devant chaque convive lui fait connaître le nombre et la qualité des mets, qui seront servis successivement à chacun sur une assiette. C'est la disposition classique. *(Service à la russe)*

Le second service a donné lieu à des combinaisons qu'on a convenu d'appeler service mixte. Il semble prévaloir aujourd'hui. Chaque plat est présenté ; un domestique découpe ; les invités ensuite se servent à leur guise. Mais ce mode de service nécessite des domestiques expérimentés.

POTAGE

Le potage se sert avant l'entrée des convives dans la salle à manger. Si le menu comprend deux potages, lorsque les convives ont pris leur siège, on consulte leur goût, puis le potage est apporté ; des pailles de fromage, des biscuits secs ou beurrés l'accompagnent généralement.

L'hôte d'honneur est servi le premier ; on va ensuite à la dame assise à la droite du maître ; en second, à celle qui est à sa gauche et on continue ainsi, alternant de droite à gauche. Pour les hommes, on observe la préséance, comme pour les dames. Les maîtres ne se servent qu'en dernier, partout où l'on a le souci de sa dignité.

POISSON

Le poisson se sert, par portions individuelles, dans une assiette chaude ou dans un plat garni d'une cuillère ou d'une fourchette, à défaut de la truelle.

VIANDES

Les viandes (pièces de résistance du dîner), après avoir paru sur la table, sont reportées à la cuisine où le chef les découpe, les pose à mesure dans un plat ou sur un réchaud, puis les remet au domestique qui les offre à la ronde. Quand on organise le service en double, dans le cas d'un trop grand nombre de convives, les morceaux de choix sont répartis également sur deux plats qui circulent alors, rapidement, à droite et à gauche du maître.

Les légumes et la salade font partie du service principal.

Le pain a sa place sur la table de côté ; on le passe aux convives selon le besoin.

Après chaque plat, si le dîner dépasse tant soit peu l'intimité, on enlève les assiettes. Les convives y laissent le couteau et la fourchette, fourchons levés, l'un à côté de l'autre. Si l'on a servi du poisson, la fourchette et l'assiette s'enlèvent toujours.

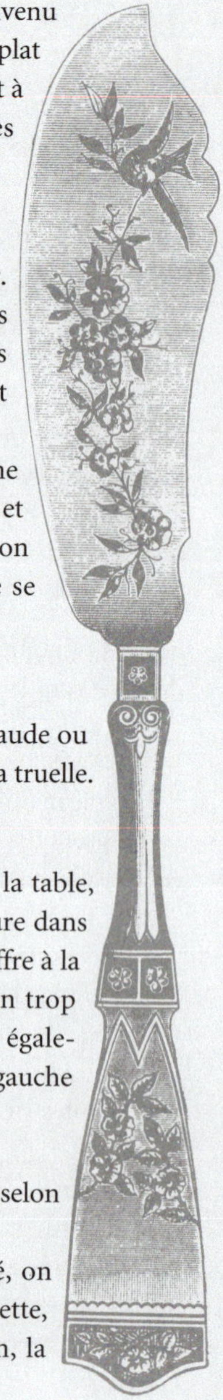

ENTREMETS

À l'entremets sucré, on apporte un couvert aux convives, dans une assiette moins grande. Les poudings, crèmes glacées, etc. se servent toujours avec une cuillère à servir, à la droite du plat; les tartes divisées d'avance, sur une assiette à tarte, la crème glacée, moulée, sur un plat garni d'une serviette; les gâteaux, sur un plateau ou une assiette en entier ou tranchés et accompagnés d'un couteau.

L'hôtesse, assez souvent, sert les entremets sucrés. Si les fruits entrent au menu, ne pas oublier les ciseaux à raisin.

Avant le dessert, le domestique enlève les carafes, les assiettes, les couverts, les poivrières, etc., puis discrètement, à l'aide d'une brosse spéciale ou d'une serviette et d'un petit plateau, fait disparaître les miettes de pain. Ce dernier détail tend à disparaître aujourd'hui. Il met ensuite, devant chaque convive, l'assiette et le couvert à dessert.

DESSERT

Le dessert chaud précède le dessert froid. Le fromage ne se met jamais sur la table; on le fait circuler avant le dessert. On change les assiettes, dans ce service, autant de fois qu'il est nécessaire et toujours accompagnées d'une cuillère à dessert; celle-ci ne sert pas deux fois.

En même temps, on remet à chaque convive un bol d'eau tiède aromatisée pour se laver le bout des doigts à la fin du repas.

Généralement, le café est servi au salon; mais souvent il est servi à table. Dans ce cas, le couvert du dessert est enlevé et remplacé par l'assiette contenant tasse, soucoupe et cuillère à café. Celles-ci ne paraissent jamais sur la table avant la fin du repas.

Le service du café au salon se fait familièrement, sans serviteur. Au centre d'un grand plateau recouvert d'un napperon de fantaisie, s'il n'est pas d'argent, on place la cafetière, le sucrier, la pince à sucre, le pot à crème et, autour, les tasses avec leurs cuillères; sur un plateau plus petit, les carafons et les verres à liqueur.

Souvent, la maîtresse de maison, entourée des jeunes gens ou des jeunes filles, offre elle-même le café à ses invités. Les aides obligeants veillent à ce que les dames, les personnes d'un certain âge, d'un certain rang ou les prêtres, n'aient pas à se déranger pour poser leur tasse vide; ils les en débarrassent avec empressement. Les tasses se présentent aux dames d'abord; on y verse le café après que l'invité a pris le sucre, par mesure de précaution, c'est-à-dire pour éviter les éclaboussures.

Dès que le dîner est terminé, la maîtresse de maison donne le signal du départ; elle évite toutefois de se lever avant que le dernier ait achevé le dessert. Personne ne plie sa serviette. Les femmes invitées remettent leurs gants à table quand elles ont fini de manger.

La bienséance défend de sortir immédiatement après le café. L'invité doit la soirée à ses hôtes et ce n'est qu'après une heure ou deux qu'il peut poliment se retirer.

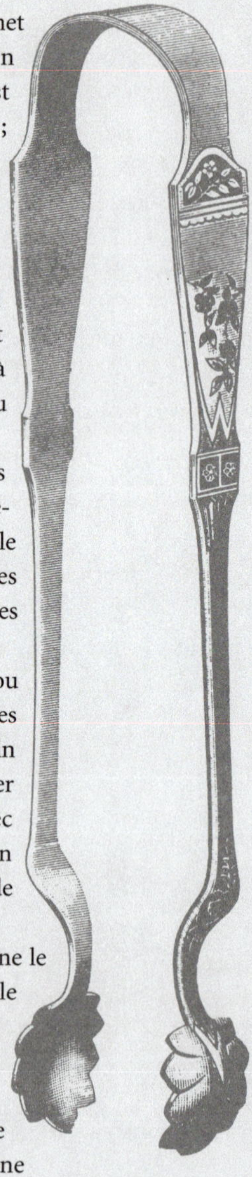

SERVICE DES DÎNERS INTIMES

Un seul domestique, ou même la bonne, en tablier blanc, est chargé de ce service. Il se tient debout non loin de la maîtresse de maison, attentif à recevoir les ordres qu'on lui donne à voix basse. Comme il ne doit pas quitter la salle à manger, les assiettes, les couverts de rechange, les plats même lui sont apportés sur le seuil.

Dans ces dîners, il est d'usage que le maître découpe et serve les viandes. La maîtresse de céans distribue les poissons, les légumes et les entremets sucrés.

Le domestique présentera en temps opportun les assiettes destinées à recevoir le couvercle de la soupière, du légumier, etc. Quelque objet qu'il ait à donner : couteau, fourchette, cuillère, pain, etc., il le présentera invariablement sur une assiette.

En famille, la maîtresse de maison remplit les assiettes empilées devant elle. Une bonne ou la jeune fille de la maison reçoit, des mains de la maîtresse, l'assiette remplie et va la poser devant chaque convive en suivant l'ordre des préséances.

Les sauces et les farces

Les sauces

Les sauces qu'on sert avec certains mets pour en relever le goût se subdivisent en trois groupes : les grandes sauces, les petites sauces, les sauces froides à l'huile.

a) La *grande sauce* tient son mérite du fond de rôti qui la compose ; le roux, son auxiliaire, ne lui apporte en dehors de son principe de liaison qu'une note aromatique. Mais comme ce principe donne à la sauce son velouté, il est important de bien lier, en évitant un séjour prolongé sur le feu.

Pour qu'il y ait *formation de jus*, il faut qu'il y ait macération, exsudation, c'est-à-dire présence d'eau à l'état de vapeur et à l'état de liquide. Pendant la cuisson des viandes, toutes les substances ajoutées : oignons, légumes, os, condiments, n'ont d'autre but que de corser le jus. Une fois l'arôme développé, le jus est bon, mais manque encore de consistance, et on utilise pour le lier de la fécule ou de la farine. Les solutions concentrées de substances extractives obtenues par la cuisson prolongée des viandes rôties ou braisées se nomment *fond de sauce.*

La *glace de viande* s'obtient par la réduction prolongée du fond de sauce. Au cours de la réduction, il faut passer et repasser le liquide sirupeux à travers une mousseline et le mettre dans une casserole de moindre volume. La chaleur doit diminuer au fur et à mesure que s'opère la concentration. La glace est à point lorsqu'elle nappe la cuillère qu'on y plonge.

Les plats délicats ont tout à gagner à l'emploi du jus lié, en rapport avec le genre de préparation qu'il doit accompagner; ainsi, une volaille doit se servir avec des sauces de fond de volaille. Ce principe est à suivre pour les autres viandes et les poissons.

Dans la cuisine familiale, les jus surajoutés aux préparations culinaires s'emploient rarement. Il est bon cependant de savoir apprêter un jus de viande pour rehausser certains plats les jours de fête et en des circonstances particulières.

b) Les *petites sauces*, par opposition à la grande sauce, ou sauce de base, se confectionnent au fur et à mesure suivant les mets qu'il s'agit d'accompagner. Ces petites sauces, d'une exécution facile et rapide, doivent avoir un aspect crémeux plutôt que liquide, capable de masquer les mets, et s'adapter à un aliment de consommation immédiate.

La farine laissée plus ou moins longtemps en contact avec le feu, dans un corps gras bouillant, devient de plus en plus foncée; de blanche qu'elle était, elle devient blonde, puis brune; en la mouillant à ces différents degrés de torréfaction, on obtient des *roux blancs, blonds* ou *bruns*.

En mélangeant ces roux avec différents éléments ou en les mouillant avec divers liquides, on arrive à confectionner une variété très grande de sauces liées: blanches, blondes ou brunes. L'important est d'établir un accord parfait entre la sauce et l'aliment qu'elle doit accompagner.

c) Les *sauces émulsionnées* sont des sauces à base d'huile et qui se servent froides. La *mayonnaise* nous donne cette sauce type; les succédanés sont les sauces tartare, ravigote, etc.

Il arrive parfois que la sauce tourne et que l'huile se sépare. On refait alors une nouvelle mayonnaise en prenant un jaune d'œuf et en se servant de la sauce manquée comme huile qu'on verse goutte à goutte.

Certaines sauces émulsionnées à base de jaune d'œuf sont préparées à une température de semi-coagulation du jaune. La *sauce hollandaise* en est le type. Si par hasard la sauce tourne, la reprendre en ajoutant un peu d'eau froide et la mélanger loin du feu.

La *sauce maître d'hôtel* ne passe pas par le feu, par conséquent elle se réussit facilement.

QUELQUES CONSEILS POUR RÉUSSIR LES SAUCES

La liaison

La liaison (action d'épaissir un liquide) est utilisée pour toutes les sauces qui ne sont pas à base de roux. Les sauces liées sont ordinairement moins veloutées que les sauces à base de roux, c'est pour cette raison qu'il est important de posséder une bonne technique de liaison.

a) Technique de la *liaison à la fécule ou à la farine*: ne pas jeter la fécule ou la farine dans le liquide bouillant, mais la délayer d'abord à l'eau froide (très peu), ayant soin de remuer continuellement avec une cuillère de bois; cuire à petit feu une dizaine de minutes.

b) Technique de la *liaison au jaune d'œuf*: refroidir le liquide quelques minutes avant d'ajouter le jaune d'œuf. Battre le ou les jaunes d'œufs, y verser graduellement quelques cuillerées du liquide refroidi; puis verser l'œuf dans toute la préparation chaude, en remuant tout le temps avec un fouet ou une cuillère de bois. Laisser cuire jusqu'à épaississement, mais ne pas laisser bouillir, autrement la coagulation deviendrait complète et le liquide, au lieu d'être lié, contiendrait en suspension des grumeaux de jaune d'œuf.

c) Technique de la *liaison à la crème*: au moment de servir, retirer le liquide du feu pour y incorporer la crème. Cette liaison donne à la préparation une onctuosité due à l'émulsion et, de plus, elle lui communique sa saveur et son parfum propres. Une fois la liaison obtenue, éviter de porter la sauce sur le feu ou du moins de la chauffer au point d'ébullition.

Le roux

La sauce béchamel est le type des sauces à base de roux; elle doit son nom à Louis de Béchamel, marquis de Nointel, maître d'hôtel de Louis XIV. Cette sauce est la reine des « sauces blanches ».

Ingrédients: (suivant la consistance désiré) claire, moyenne, épaisse ou très épaisse, consulter le tableau suivant; les quantités sont prévues pour 250 ml (1 t) de sauce. Remarquer que seule la quantité de beurre et de farine varie.

CONSISTANCE	BEURRE	FARINE	LIQUIDE	SEL
1. claire	1 c. à soupe	1 c. à soupe	250 ml (1 t)	1/2 c. à thé
2. moyenne	2 c. à soupe	2 c. à soupe	250 ml (1 t)	1/2 c. à thé
3. épaisse	3 c. à soupe	3 c. à soupe	250 ml (1 t)	1/2 c. à thé
4. très épaisse	4 c. à soupe	4 c. à soupe	250 ml (1 t)	1/2 c. à thé

TECHNIQUE DE LA PRÉPARATION

a) *Le roux* — Fondre le beurre sur un feu doux, y incorporer la farine non délayée. Le mélange des deux substances doit être parfait. Le laisser cuire très lentement ; on peut utiliser le bain-marie.

b) *Le liquide* — On utilise ordinairement du lait. Le faire chauffer très légèrement.

c) *Le mélange des ingrédients* — Le roux étant à point, verser le lait chaud en brassant constamment avec une cuillère de bois pour éviter la formation de grumeaux ; ou bien verser le lait froid en une seule fois. Bien assaisonner. Pour donner plus de saveur, on peut ajouter au roux de l'oignon. La durée de cuisson doit être de 15 à 20 minutes. Au besoin, passer la sauce au tamis afin de la rendre bien homogène.

USAGES

La *sauce claire ou nº 1* sert de base aux potages-crèmes.

La *sauce moyenne ou nº 2* est utilisée pour apprêter, de différentes manières : légumes, viande, poisson, etc. C'est ce qu'on appelle « à la crème ».

La *sauce épaisse ou nº 3* entre dans la préparation des timbales, de certains soufflés, des mets en casserole, etc. ; elle sert aussi pour masquer les plats à gratiner.

La *sauce très épaisse ou nº 4* est utilisée pour les croquettes, les soufflés, les garnitures de canapés ou de rôties, les vol-au-vent, etc.

L'addition à la sauce béchamel de divers condiments et ingrédients : œufs, crème, etc., donne un grand nombre de dérivés : sauce allemande, veloutée, poulette, etc.

Sauce blanche

(Sauce béchamel et ses dérivés)

30 ml (2 c. à soupe) de beurre
1 oignon
30 ml (2 c. à soupe) de farine
250 ml (1 t) de lait chaud
sel et poivre

Faire fondre le beurre, y faire revenir l'oignon haché fin, y ajouter la farine non délayée; bien mêler.

Éteindre avec le lait chaud, mais non bouillant, l'incorporer peu à peu pour éviter les grumeaux.

Assaisonner.

Laisser mijoter 15 à 20 minutes.

Sauce allemande

À 250 ml (1 t) de sauce béchamel, ajouter 1 c. à thé de jus de citron et lier avec un jaune d'œuf.

Sauce blanquette

Préparer 250 ml (1 t) de sauce béchamel (recette ci-dessus) puis lier avec 2 jaunes d'œufs et assaisonner de céleri ou de persil.

Sauce veloutée

Au roux blanc ou blond (pages 183-184), ajouter moitié lait et moitié bouillon de poulet ou de veau (250 ml (1 t) de liquide). Vers la fin de la cuisson, incorporer 50 ml (¼ t) de crème 15 % ou 2 c. à soupe de beurre.

Sauce poulette

À la sauce veloutée (recette précédente), ajouter 1 jaune d'œuf battu ou 2 c. à thé de jus de citron et un peu de persil haché.

Sauce au céleri

Au roux, ajouter 250 ml (1 t) de liquide (moitié lait et moitié eau de la cuisson du céleri). Quelques minutes avant de servir, ajouter 125 ml (½ t) de céleri cuit coupé très fin. Assaisonner au goût.

Sauce au fromage

250 ml (1 t) de sauce béchamel n° 2
125 ml (1/2 t) de fromage râpé
1 c. à thé de jus de citron

Apprêter la sauce béchamel (pages 183-184). Assaisonner.

Quelques instants avant de servir, ajouter le fromage, le jus de citron et vérifier l'assaisonnement.

Sauce type pour viandes rôties

Fond de rôti
2 c. à soupe de farine
eau bouillante
sel, poivre

Quand un rôti de viande est retiré de la casserole, garder le fond de rôti (ce qui reste dans le fond) pour faire la sauce. S'il y a trop de gras, l'enlever.

Ajouter la farine délayée dans l'eau froide, ayant soin de brasser constamment.

Ajouter de l'eau bouillante pour faire la quantité de sauce désirée, soit environ 250 ml (1 t).

Assaisonner et laisser mijoter 10 à 15 minutes.

Couler avant de servir dans une saucière.

⊙ La sauce est meilleure si on remplace la moitié de l'eau bouillante par du bouillon de viande.

Sauce aux abattis de volaille

Abattis d'une volaille
sel, poivre, eau froide
1 c. à soupe d'oignon haché
50 ml (1/4 t) de gras de volaille
50 ml (1/4 t) de farine
sel, poivre

Cuire les abattis dans 625 ml (2 ½ t) d'eau avec sel et poivre jusqu'à ce que le gésier soit tendre.

Hacher l'oignon très fin, le faire revenir dans le gras de volaille.

Délayer la farine dans un peu d'eau froide, l'incorporer dans le gras et l'oignon.

Égoutter les abattis, couler le bouillon, le verser sur la farine délayée, brassant pour éviter les grumeaux.

Hacher la viande, la mettre dans la sauce.

Assaisonner et laisser mijoter le tout une dizaine de minutes.

Sauce brune

2 c. à soupe de graisse de rôti ou de beurre
1 petit oignon haché
2 c. à soupe de farine brune
250 ml (1 t) de bouillon chaud
sel, poivre, fines herbes

Fondre la graisse (ou le beurre), y faire revenir l'oignon haché fin.

Faire brunir la farine au four doux ou à la poêle, en remuant.

Ajouter la farine brune à la graisse pour faire le roux.

Ajouter le bouillon en remuant; laisser mijoter 10 à 15 minutes.

Assaisonner au goût.

Sauce au beurre n° 1

50 ml (1/4 t) de beurre
2 à 3 c. à soupe de liquide
sel, poivre

Roussir le beurre légèrement, y verser le liquide : eau ou bouillon ou thé.

Assaisonner et laisser mijoter 3 ou 4 minutes.

Sauce au beurre n° 2

Préparer un roux blanc (pages 183-184) et ajouter de l'eau ou du bouillon à la place du lait; laisser épaissir comme pour la sauce béchamel; incorporer quelques petits morceaux de beurre frais avant de servir.

Sauce « barbecue »

2 petits oignons
1 petite gousse d'ail
2 c. à soupe de vinaigre
1 c. à soupe de sauce chili
1 c. à soupe de sucre
375 ml (1 1/2 t) de bouillon (de préférence du bouillon de poulet)
125 ml (1/2 t) de sauce piquante (ketchup)
2 c. à soupe de fécule de maïs
sel, poivre

Hacher l'ail et les oignons.

Déposer avec tous les autres ingrédients dans une casserole.

Brasser jusqu'au point d'ébullition; couvrir et laisser mijoter 30 minutes. Couler; vérifier l'assaisonnement.

Sauce au cari

250 ml (1 t) de sauce béchamel n° 2
1/2 c. à thé de cari

Préparer la sauce (pages 183-184) en remplaçant le lait par du bouillon.

Assaisonner, ajouter le cari, laisser mijoter 10 à 15 minutes.

Sauce aux champignons

150 ml (2/3 t) de champignons
2 c. à soupe de beurre
250 ml (1 t) de sauce veloutée ou béchamel n° 2

Trancher les champignons; les sauter dans le beurre; les ajouter à la sauce chaude (pages 184-185).

Bien vérifier l'assaisonnement.

Sauce au citron

(pour le poisson)

3 œufs
1 c. à soupe de farine
125 ml (1/2 t) de jus de citron
sel, poivre
125 ml (1/2 t) de fumet de poisson chaud

Fouetter les œufs, ajouter la farine, bien la délayer. Mettre ce mélange au bain-marie; verser dessus le jus de citron coulé, en battant constamment avec un fouet afin d'éviter les grumeaux; continuer de remuer en ajoutant le bouillon de poisson.

Cuire 4 à 5 minutes.

Sauce créole

2 c. à soupe d'oignon haché
2 c. à soupe de poivron vert
2 c. à soupe de beurre
125 ml (1/2 t) de tomates
75 ml (1/3 t) de champignons
olives (facultatif)
250 ml (1 t) de sauce brune (page 186)

Hacher le poivron et l'oignon.

Cuire dans le beurre 5 minutes.

Mettre les tomates et les champignons hachés.

Ajouter des olives tranchées si on le désire.

Laisser mijoter 3 ou 4 minutes et, quelques instants avant de servir, mêler avec la sauce brune chaude.

Sauce hollandaise

125 ml (1/2 t) de beurre
2 jaunes d'œufs
1 c. à soupe de jus de citron
125 ml (1/2 t) d'eau bouillante
sel, poivre de cayenne

Partager le beurre en 3 parts; en placer ⅓ dans la partie supérieure du bain-marie avec les jaunes d'œufs et le jus de citron. Brasser constamment avec un fouet jusqu'à ce que le beurre soit fondu.

Ajouter encore ⅓ du beurre; continuer de battre; ajouter le reste du beurre quand le mélange est épaissi.

Verser l'eau peu à peu; cuire 1 ou 2 minutes.

Assaisonner. Si la sauce tourne, incorporer goutte à goutte 2 c. à soupe de crème ou d'eau bouillante.

Sauce mousseline

À une tasse de sauce hollandaise, incorporer 125 ml (½ t) de crème fouettée ferme; assaisonner.

Sauce béarnaise

1 c. à soupe d'oignon haché
fines herbes
50 ml (1/4 t) de vinaigre
50 ml (1/4 t) de vin blanc
2 jaunes d'œufs
50 ml (1/4 t) de beurre ramolli
sel, poivre
1 c. à soupe de jus de citron

Mélanger l'oignon avec les fines herbes (thym, cerfeuil, persil hachés et une feuille de laurier); ajouter le vinaigre et le vin blanc et laisser mijoter pour réduire de moitié; laisser tiédir.

Ajouter les jaunes d'œufs battus avec un peu d'eau froide et monter la sauce au fouet; dès que la sauce commence à épaissir, ajouter le beurre en fouettant toujours.

Assaisonner et ajouter le jus de citron.

Passer la sauce au tamis si nécessaire.

Attention: garder la sauce chaude au bain-marie.

Sauce Colbert

2 c. à soupe de gelée de viande
50 ml (1/4 t) de beurre ramolli
jus de 1/2 citron
1 c. à thé de persil
1 c. à thé de vin rouge
assaisonnements

Faire bouillir la gelée — si on n'en a pas, on peut toujours remplacer par 1 c. à thé de bovril dans 2 c. à soupe d'eau.

Retirer du feu et ajouter immédiatement le beurre.

Ajouter, en brassant toujours, le jus de citron, le persil finement haché et le vin (le vin de Madère donne un goût délicieux).

Assaisonner au goût: sel, poivre, une pincée de muscade râpée et un peu de cayenne.

Sauce acidulée

50 ml (1/4 t) de beurre
1 1/2 c. à soupe de jus de citron

Fondre le beurre sans faire brunir; quand il est couleur noisette, y mélanger le jus de citron.

Cette sauce accompagne très bien les côtelettes d'agneau, le poisson grillé, etc.

Sauce maître d'hôtel

2 c. à soupe de beurre ramolli
1 c. à thé de persil haché
2 c. à thé de jus de citron

Mettre sur un plat chaud le beurre frais ramolli avec le persil haché et le jus de citron ou un filet de vinaigre.

Manier le tout avec une cuillère de bois.

Sauce à la menthe

1 bouquet de menthe fraîche
1 à 2 c. à soupe de sucre
50 ml (1/4 t) d'eau bouillante
sel, poivre
jus de citron

Laver la menthe et l'assécher sur un linge; enlever les feuilles de la tige, les hacher; sucrer.

Arroser d'eau bouillante et laisser infuser ½ à ¾ d'heure.

Ajouter le sel, le poivre et le jus de citron au moment de servir.

Servir dans une saucière avec de l'agneau.

Sauce aux groseilles

250 ml (1 t) de groseilles
5 clous de girofle
125 ml (1/2 t) de vinaigre
50 ml (1/4 t) de cassonade

Laver les groseilles; les cuire dans 750 ml (3 t) d'eau bouillante avec les clous de girofle jusqu'à ce que les fruits s'écrasent facilement. Retirer du feu et les écraser.

Verser le vinaigre, ajouter la cassonade et cuire de nouveau jusqu'à ce que le mélange épaississe.

Servir chaud ou froid avec de la volaille ou de l'agneau.

Sauce lyonnaise

50 ml (1/4 t) de beurre
2 oignons moyens
1 c. à soupe de persil haché
3 c. à soupe de jus de citron
3 clous de girofle
175 ml (3/4 t) de sauce brune (page 186)
2 c. à soupe de ketchup
1 ou 2 œufs

Cuire dans le beurre, les oignons et le persil.

Incorporer le jus de citron et les clous de girofle.

Après 10 à 15 minutes, mettre la sauce brune et le ketchup ou sauce piquante.

Au moment de servir, lier avec les œufs battus et couler.

Sauce à la normande
(pour poisson)

250 ml (1 t) de sauce béchamel nº 2
2 jaunes d'œufs
2 c. à soupe de crème 15 %

Apprêter la sauce (pages 183-184) avec du court-bouillon (page 156) à la place du lait.

Au moment de servir, lier avec les jaunes d'œufs et la crème. Vérifier l'assaisonnement.

Sauce au pain
(pour volaille)

500 ml (2 t) de lait
75 ml (1/3 t) de miettes de pain
1 oignon moyen
clous de girofle
sel, poivre de cayenne
3 c. à soupe de beurre
125 ml (1/2 t) de chapelure

Chauffer le lait au bain-marie, ajouter le pain, l'oignon piqué de quelques clous de girofle et cuire 30 minutes.

Retirer l'oignon. Assaisonner.

Incorporer 2 c. à soupe de beurre.

Roussir la chapelure dans le reste du beurre et la saupoudrer sur la sauce.

Sauce poivrade

(pour gibier)

2 c. à soupe de beurre
2 c. à soupe de farine
1 c. à soupe de vinaigre
oignon, fines herbes
250 ml (1 t) de bouillon chaud

Apprêter un roux brun (pages 183-184) ; ajouter graduellement le vinaigre et les condiments au goût.

Incorporer le bouillon de gibier (ou de bœuf) et vérifier l'assaisonnement.

Sauce princesse

250 ml (1 t) de sauce béchamel nº 2 (pages 183-184)
50 ml (1/4 t) de bouillon de poulet
2 c. à soupe de beurre ramolli

Incorporer à la sauce le bouillon de poulet.

Ajouter le beurre au moment de servir.

Sauce aux raisins

(pour jambon)

75 ml (1/3 t) de cassonade
1 c. à thé de beurre
50 ml (1/4 t) de raisins secs
2 c. à soupe de vinaigre
1 c. à soupe de moutarde sèche
1 c. à thé de farine
2 à 3 c. à soupe de gelée de raisin ou autre

Ajouter la cassonade à 250 ml (1 t) d'eau froide, faire bouillir 2 ou 3 minutes.

Incorporer les autres ingrédients.

Remuer pour bien lier la sauce.

Ajouter la gelée et remuer jusqu'à ce qu'elle soit dissoute.

Sauce ravigote

1 jaune d'œuf dur
1/2 c. à thé de moutarde sèche
3 c. à soupe d'huile
1 c. à soupe de vinaigre
échalote, persil, cerfeuil

Placer dans un bol le jaune d'œuf bien écrasé.

Y ajouter la moutarde. Travailler avec une cuillère, y verser l'huile peu à peu (comme pour la mayonnaise), puis le vinaigre, en brassant légèrement.

Ajouter les condiments hachés fin.

Bien vérifier l'assaisonnement.

Sauce rémoulade

1 c. à soupe d'échalote et de ciboulette
1 c. à soupe de cerfeuil
1 c. à soupe de vinaigre
1/2 c. à thé de moutarde sèche
3 c. à soupe d'huile

Hacher très fin l'échalote et la ciboulette.

Ajouter le cerfeuil, le vinaigre et la moutarde. Bien battre le mélange.

Vérifier l'assaisonnement.

Incorporer, en tournant continuellement, l'huile versée goutte à goutte.

Sauce Robert

1 ou 2 oignons
2 c. à soupe de beurre ou margarine
2 c. à soupe de farine
250 ml (1 t) de bouillon chaud
sel, poivre, fines herbes
1/2 c. à thé de moutarde sèche

Couper les oignons en dés, les faire revenir dans le beurre ou la margarine.

Ajouter la farine et préparer un roux brun (pages 183-184).

Ajouter le bouillon en brassant constamment.

Assaisonner et laisser mijoter 10 minutes.

Au moment de servir, ajouter la moutarde délayée.

Sauce soubise

Apprêter comme la sauce Robert, mais préparer un roux blanc (pages 183-184), comme pour la sauce béchamel; trancher les oignons en rondelles et omettre la moutarde à la fin.

Sauce suprême

250 ml (1 t) de sauce béchamel n° 2 (pages 183-184)
50 ml (1/4 t) de crème 15 %
2 c. à soupe de jus de citron

Apprêter la sauce en utilisant du bouillon à la place du lait.

Incorporer la crème et le jus de citron.

Vérifier l'assaisonnement.

Variante: (pour poulet et viandes blanches) — Comme précédemment, apprêter une sauce au bouillon de poulet et pendant les 10 à 15 minutes de cuisson, ajouter 1 oignon haché fin, 1 clou de girofle et 1 feuille de laurier; ne pas laisser brunir et brasser constamment. Mélanger ensemble 3 c. à soupe de beurre, 1 c. à soupe de crème 15 % et un jaune d'œuf et mettre le tout dans la sauce, cuire encore quelques instants. Avant de servir, ajouter 1 à 2 c. à soupe de jus de citron, assaisonner et passer dans une passoire très fine.

Sauce tartare
(pour poisson)

250 ml (1 t) de mayonnaise
2 c. à soupe de persil
oignons, olives, cornichons
1 c. à thé de vinaigre

Apprêter la mayonnaise comme indiqué à la page suivante.

Ajouter le persil, l'oignon, les olives et les cornichons, au goût, le tout finement haché, et verser le vinaigre.

Bien mélanger et servir avec le poisson.

Sauce tomate à la crème

750 ml (3 t) de tomates
1 c. à thé de sucre
1 c. à soupe de fécule de maïs
sel, poivre
125 ml (1/2 t) de crème 15 %

Mettre dans une casserole le contenu d'une boîte de tomates en conserve, chauffer avec le sucre; écumer et passer au tamis.

Ajouter la fécule de maïs après avoir pris soin de la délayer dans un peu d'eau froide. Laisser mijoter. Assaisonner.

Au moment de servir, incorporer la crème et vérifier l'assaisonnement.

Sauce aux tomates

50 ml (1/4 t) de beurre ou margarine
50 ml (1/4 t) de farine
250 ml (1 t) de bouillon
250 ml (1 t) de purée de tomates
1/2 c. à thé de sucre
1/2 c. à thé d'épices mélangées
sel, poivre

Préparer un roux (pages 183-184) avec le beurre et la farine.

Chauffer le bouillon et la purée de tomates, et ajouter le liquide au roux en brassant constamment.

Ajouter le sucre, les épices, et assaisonner. Cuire 10 minutes.

MAYONNAISE

On dit qu'une mayonnaise est réussie quand son émulsion est complète, consistante et homogène, sans huile libre. L'égalité de température des produits employés semble une condition favorable au succès de l'opération; avec un jaune d'œuf tiède et de l'huile froide, par exemple, celle-ci s'émulsionne mal, au début du moins. Il conviendra donc de placer, au moins une heure et demie à l'avance, au même endroit, les ingrédients nécessaires à la préparation.

1. Mettre dans un bol les jaunes d'œufs, le sel, le poivre, la moutarde sèche, le sucre;
2. Bien mêler le tout avec une cuillère de bois;
3. Incorporer l'huile goutte à goutte, surtout au commencement, tout en mêlant jusqu'à épaississement;
4. Ajouter peu à peu le vinaigre ou le jus de citron. La sauce doit être épaisse et d'un goût assez relevé.

Mayonnaise à l'huile

2 jaunes d'œufs
2 c. à thé de sucre
1 c. à thé de moutarde sèche
1 c. à thé de sel
500 ml (2 t) d'huile
50 ml (1/4 t) de vinaigre
1 c. à soupe d'eau bouillante

Battre légèrement les œufs avec les ingrédients secs.

Ajouter l'huile, 1 c. à thé à la fois, au début.

Quand le mélange commence à épaissir, ajouter plus d'huile à la fois et alterner avec le vinaigre.

En terminant, ajouter l'eau bouillante pour enlever l'apparence huileuse.

Mayonnaise rapide à l'huile

1/2 c. à thé de moutarde sèche
1/2 c. à thé de sel et quelques grains de poivre rouge
2 c. à thé de vinaigre
1 jaune d'œuf
175 ml (3/4 t) d'huile
1 c. à soupe de jus de citron

Mélanger les ingrédients secs.

Ajouter le vinaigre et le jaune d'œuf.

Verser quelques gouttes d'huile et continuer à fouetter jusqu'à ce que le mélange épaississe.

Quand la quantité d'huile est épuisée, ajouter le jus de citron ou 1 c. à soupe de vinaigre.

Mayonnaise n° 1

(Crue)

1 œuf
1/4 c. à thé de moutarde sèche
sel, poivre
2 c. à soupe de crème 15 %
1 c. à soupe de vinaigre

Séparer le jaune et le blanc de l'œuf.

Battre le jaune avec la moutarde sèche, le sel et le poivre, jusqu'à ce que le tout soit mousseux.

Incorporer graduellement la crème et le vinaigre.

Battre séparément le blanc d'œuf. Incorporer le mélange précédent pour rendre le tout homogène.

Préparer juste avant de servir.

Mayonnaise n° 2

(Crue)

2 jaunes d'œufs
1 c. à thé de sucre
1/2 c. à thé de sel, poivre
1 c. à thé de moutarde sèche
2 c. à soupe de vinaigre
1 c. à soupe de beurre tiédi
125 ml (1/2 t) de crème à fouetter

Battre les jaunes d'œufs avec sucre, moutarde sèche, sel, poivre, vinaigre et beurre tiédi.

Fouetter la crème.

Ajouter la crème au mélange en liant.

Préparer juste avant de servir.

Les farces

En cuisine, on donne le nom de farce à un hachis de plusieurs substances : viande, abattis de volaille, mie de pain, céréales, jaunes d'œufs, ail, etc., ou à un hachis d'herbes cuites, de poissons, de mollusques, qu'on met à l'intérieur d'une volaille, d'un poisson, d'un légume.

Ce genre de préparation est souvent employé pour enrichir une viande qui a trop peu de chair.

En apprêtant les farces, il faut observer ce qui suit :

a) assortir la farce à la pièce qu'elle doit accompagner ;
b) ne jamais farcir une viande crue qui devra subir une longue cuisson avec une farce déjà cuite que le feu durcirait ;
c) refroidir la farce avant de l'introduire dans la pièce de viande si celle-ci ne doit pas être cuite immédiatement.

La liaison aux jaunes d'œufs enrichit la farce ; les épices et les assaisonnements en rehaussent la saveur.

Calculer 125 à 175 ml (½ à ¾ t) de farce par 500 g (1 lb) de volaille éviscérée.

Farce au pain
(formule-type)

1 c. à soupe d'oignon haché
50 ml (1/4 t) de beurre fondu
500 ml (2 t) de miettes de pain
1 c. à soupe de persil
1/2 c. à thé de fines herbes
sel, poivre

Faire revenir l'oignon haché dans le beurre.

Tremper le pain dans un peu d'eau froide, le presser pour extraire l'excédent d'eau; l'ajouter au beurre et à l'oignon.

Arroser d'un peu d'eau au besoin. Assaisonner.

⊙ En général, les farces au pain n'entrent que pour la moitié de la quantité du mets qu'elles garnissent.

Farce aux raisins

Ajouter à la formule-type (ci-dessus) 175 ml (¾ t) de raisins secs épépinés et lavés.

Farce au fromage

Incorporer à la formule-type du fromage râpé, en quantité variable selon la pièce que l'on veut farcir.

Farce aux œufs

Ajouter à la formule-type 1 ou 2 œufs durs hachés fin.

Farce au jambon

Remplacer le beurre de la formule-type par une tranche de bacon haché et ajouter avec l'assaisonnement 2 tranches de jambon haché.

Farce au céleri

Joindre à la préparation de la formule-type 125 à 175 ml (½ à ¾ t) de céleri haché fin.

Farce aux fines herbes

Ajouter du thym, du persil, de la marjolaine, de la sarriette, de la sauge au goût.

Farce au pain et abattis de volaille

Ajouter les abattis hachés fin et sautés dans du beurre.

Farce aux pommes de terre

2 c. à thé d'oignon haché
1 c. à soupe de beurre
500 ml (2 t) de pommes de terre
sel, poivre, fines herbes
1 ou 2 jaunes d'œufs
50 ml (1/4 t) de crème 15 %

Faire revenir l'oignon dans le beurre ou la margarine; l'incorporer dans les pommes de terre chaudes, réduites en purée.

Assaisonner.

Lier avec les jaunes d'œufs et la crème; cuire 5 minutes.

Utiliser cette farce pendant qu'elle est encore chaude.

Farce aux carottes

Ajouter de la purée de carotte et 1 c. à thé de sarriette ou d'assaisonnement pour volaille.

Farce aux abattis de volaille

Ajouter des abattis de la volaille sautés dans du beurre.

Farce à la saucisse

Incorporer de la chair à saucisse bien assaisonnée.

Farce aux champignons

250 g (1/2 lb) de champignons
2 c. à soupe de poivron vert haché
125 ml (1/2 t) de beurre
750 ml (3 t) de pain rassis
3 c. à soupe de persil haché fin
sel, poivre, fines herbes

Nettoyer, hacher et faire revenir les champignons et le poivron dans le beurre fondu pendant 5 à 8 minutes.

Ajouter le pain émietté, le persil haché fin, les assaisonnements au goût : sauge, sarriette, etc.

Farce aux noix et aux champignons

Ajouter 75 ml (1/3 t) de noix d'acajou hachées.

Farce aux pommes de terre et au pain

2 c. à soupe d'oignon haché fin
50 ml (1/4 t) de beurre
500 ml (2 t) de pommes de terre
500 ml (2 t) de pain rassis
50 ml (1/4 t) de lait chaud
1 œuf
50 ml (1/4 t) de persil haché
sel, poivre, fines herbes

Faire revenir l'oignon dans le beurre.

Ajouter aux pommes de terre chaudes en purée et au pain émietté ; bien mélanger.

Ajouter le lait, l'œuf battu, le persil frais haché fin.

Assaisonner au goût, sauge, sarriette, etc.

⊙ Cette farce est excellente avec les viandes grasses.

Farce au poulet

375 ml (1 1/2 t) de poulet cru
250 ml (1 t) de pain rassis
125 ml (1/2 t) de bouillon
1 œuf battu
sel, poivre, fines herbes

Hacher le poulet.

Émietter le pain, le tremper dans le bouillon.

Ajouter le poulet, l'œuf battu et l'assaisonnement.

⊙ On peut remplacer le poulet en partie ou en entier par du veau ou de la langue.

⊙ Des œufs durs, écrasés ou hachés, sont excellents dans cette farce.

⊙ Pour faire une farce au poisson, on peut aussi substituer au poulet 375 ml (1 ½ t) de poisson cru.

Farce au foie et au riz

250 g (1/2 lb) de foie cru (poulet ou veau)
2 c. à soupe de jus de citron
1 petit oignon
2 c. à soupe de beurre
250 ml (1 t) de riz cuit
1 c. à soupe de lait, 1 œuf
sel, poivre, fines herbes

Hacher le foie en petits morceaux, le cuire dans une tasse d'eau jusqu'à ce qu'il soit tendre, et y ajouter le jus de citron.

Faire revenir l'oignon haché fin dans le beurre.

Y mettre le foie, le riz, le lait, l'œuf battu et les assaisonnements ; au goût ajouter du cari.

Farce au riz

Omettre le foie dans la recette précédente. Du riz cuit au naturel auquel on ajoute un peu de crème, des fines herbes, de la poudre de cari, le tout bien assaisonné, donne une excellente farce pour les légumes, les viandes et le poisson.

Farce aux huîtres

500 ml (2 t) de pain rassis
500 ml (2 t) d'huîtres
2 ou 3 branches de céleri
1 c. à thé de persil haché
sel, poivre

Tremper le pain (ou de la chapelure) dans le jus des huîtres.

Trancher les huîtres, ajouter au pain et au jus.

Ajouter le céleri coupé en dés, le persil.

Assaisonner.

⊙ Cette farce est excellente pour les filets d'aiglefin et de sole, etc.

Farce aux fruits
(pour oie, canard, etc.)

2 pommes acides
125 g (1/4 lb) de pruneaux
2 c. à soupe de raisins secs épépinés
2 c. à soupe de biscuits soda
1 œuf
1/2 c. à thé de sucre
sel, poivre

Peler et trancher les pommes.

Faire tremper les pruneaux.

Épépiner les raisins s'ils ne le sont pas.

Mélanger les fruits; ajouter les biscuits soda écrasés, l'œuf battu et le sucre.

Assaisonner au goût.

Farce aux canneberges

50 ml (1/4 t) de beurre
1 litre (4 t) de pain rassis
250 ml (1 t) de canneberges fraîches
50 ml (1/4 t) de sucre
50 ml (1/4 t) de raisins secs
2 c. à thé de zeste de citron
sel, eau au besoin

Fondre le beurre, le mélanger au pain émietté.

Ajouter les canneberges et le sucre. (Si on utilise des canneberges déjà cuites, retrancher la moitié du sucre.) Ajouter le raisin, le zeste de citron (ou ½ c. à thé de cannelle) et l'assaisonnement. Au besoin, ajouter un peu d'eau.

Farce aux groseilles

Substituer des groseilles aux canneberges.

Farce aux oignons

5 ou 6 oignons moyens
625 ml (2 1/2 t) de chapelure
50 ml (1/4 t) de beurre
1 œuf ou 2 jaunes d'œufs
sel, poivre, fines herbes

Cuire les oignons à l'eau bouillante 10 à 15 minutes, les hacher, ajouter la chapelure, le beurre fondu, l'œuf ou les jaunes battus.

Assaisonner et laisser mijoter quelques minutes.

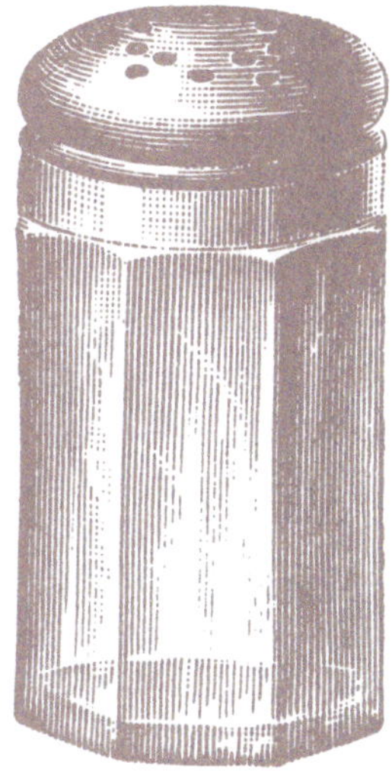

Farce aux oignons et à la sauge
(pour un cochon de lait)

500 ml (2 t) de bouillon
1 1/2 litre (6 t) de pain rassis
2 œufs battus
4 oignons moyens hachés
125 ml (1/2 t) de beurre
125 ml (1/2 t) de céleri haché
125 ml (1/2 t) de persil haché
125 ml (1/2 t) de raisins secs
4 c. à thé de sauge
sel, poivre, muscade, etc.

Chauffer le bouillon.

Verser le bouillon chaud sur le pain émietté.

Ajouter les œufs battus.

Faire sauter les oignons dans le beurre.

Ajouter le céleri haché fin, le persil frais haché fin, les raisins épépinés.

Mélanger parfaitement le tout avec la préparation de pain, ajouter la sauge et les autres assaisonnements.

Budget

ÉDITION 1943

En organisant les repas il faut tenir compte des ressources de la famille.

La valeur marchande d'une denrée alimentaire et sa valeur nutritive sont deux choses différentes; celle-ci exprime la quantité et la nature des substances vraiment alimentaires (protéine, graisse, hydrate de carbone, etc.), que cette denrée renferme, et sa valeur marchande est son prix de revient, c'est-à-dire la somme d'argent qu'elle représente. La valeur nutritive est donc déterminée par le nombre de calories.

L'ouvrier dispose d'un budget forcément limité dont une partie seulement peut être affectée à l'alimentation de la famille; il faut donc qu'il sache choisir la nourriture non seulement la plus substantielle, mais aussi la plus adéquate aux conditions de son existence, celle qu'il peut obtenir au prix le plus modique. Or le rapport entre la valeur nutritive vraie des aliments dégagés de toutes pertes, et le prix constitue ce qu'on appelle la valeur économique des aliments.

Si l'ouvrier à salaire de 750 $ à 800 $ par année peut consacrer à peu près la moitié de son revenu pour la nourriture, soit 15 $ par quinzaine ou 1 $ par jour, ici encore, les plats seront combinés de façon à présenter à table une alimentation suffisante à prix modique. Un œil exercé aura vite saisi qu'un dîner comportant le menu suivant:

Potage à la Julienne
Pommes de terre
Pouding au riz
Bifteck
Légumes divers
Thé ou café

est un dîner coûteux pour une famille de 5 à 6 personnes, tandis qu'un menu comprenant:

Soupe à l'orge
Pommes de terre
Viande bouillie
Blanc-manger, thé

est presque de moitié prix pour le même nombre de personnes. Le premier convient à un revenu annuel de 1000 $ à 1200 $, et le second est le menu quotidien du travailleur à salaire de 750 $ à 800 $

Recettes de nos Canadiens d'autrefois

Bon nombre de ces recettes, en usage aux XVIIIe et XIXe siècles, nous viennent de nos aïeules canadiennes qui en régalaient leurs convives. Si certaines d'entre elles ont une valeur essentiellement folklorique, ce qui ravira sans doute la part de nostalgie qui nous habite tous, d'autres ont traversé les époques et ont conservé tout leur potentiel de réconfort et de satisfaction.

Ces plats — et ces desserts ! — qui nous proviennent d'un temps où l'on ne se souciait guère des calories et autres hydrates de carbone, où l'on exigeait des enfants qu'ils finissent leur viande plutôt que leurs légumes, même s'ils ne sauraient bien sûr plus du tout faire partie d'une diète quotidienne, méritent qu'on leur fasse honneur de façon… raisonnée !

Ces recettes sont rédigées, à peu de chose près, comme elles nous furent transmises. Nous avons eu le seul souci d'y conserver la saveur du terroir !

Potage à la citrouille

Couper une citrouille en morceaux, la faire cuire dans de l'eau salée ; la passer et la mettre dans une marmite avec un oignon piqué d'un clou de girofle, 1 c. à soupe de beurre et du poivre. Faire mitonner avec du pain ; y ajouter 2 ou 3 jaunes d'œufs délayés avec du bouillon.

Potage aux pommes de terre

3 pommes de terre moyennes
500 ml (2 t) d'eau bouillante
750 ml (3 t) de lait
1 tranche d'oignon
3 c. à soupe de beurre
2 c. à soupe de farine
125 ml (½ t) de fromage (cheddar, gruyère, emmenthal) râpé
1 c. à thé de sel
1 pincée de poivre
1 c. à soupe de persil haché

Cuire les pommes de terre dans l'eau bouillante salée ; passer dans la passoire, réserver le liquide, y ajouter le lait et l'oignon. Faire fondre le beurre, y incorporer la farine, saler et poivrer ; verser dans le premier mélange et ajouter les pommes de terre ; cuire 5 minutes. Mélanger le fromage, servir et saupoudrer de persil.

Soupe aux oignons et au pain

Faire fondre un gros morceau de beurre dans un chaudron, y faire sauter des oignons en rondelles une dizaine de minutes. Saupoudrer un peu de farine et mouiller avec du bouillon ou de l'eau chaude — la quantité ordinairement employée pour la famille — et assaisonner. Laisser bouillir un quart d'heure. Verser dans une soupière avec du pain tranché mince et un peu de fromage râpé. Brasser un peu avant de servir.

Soupe aux légumes

Prendre 1 ¾ litre (1 ½ pinte) de divers légumes frais hachés fin : oignons, haricots, carottes, pommes de terre, navet, chou, céleri, poireau, etc. ; faire revenir dans 3 c. à soupe de beurre ou de graisse ; ajouter de l'eau froide. Laisser mijoter jusqu'à ce que les légumes soient tendres. Assaisonner avec des fines herbes vers le milieu de la cuisson.

Bœuf à l'ancienne mode

Choisir un morceau de bœuf dans les parties bon marché ; le débarrasser des os, cartilage, etc. ; l'enduire de farine et le frapper avec un marteau ou le plat d'un couteau. Plier la viande, la retourner, y incorporer autant de farine que possible puis la rouler et la ficeler.

Faire rôtir la viande dans du lard ou de la graisse dans un chaudron de fer, la retourner pour bien la dorer sur toutes ses faces. Verser de l'eau à égalité de la viande, saler, poivrer, mettre quelques tranches d'oignon et de tomates et laisser mijoter à feu très doux 2 à 2 ½ heures. Retourner une fois ou deux durant la cuisson. Une heure avant de servir, ajouter des carottes coupées en deux, ou d'autres légumes frais au choix.

Crêpes de foie de porc ou de veau

500 g (1 lb) de foie
1 oignon
75 ml (⅓ t) de pain émietté
sel, poivre
2 œufs battus
2 c. à soupe de lait
graisse fondue

Faire cuire le foie 5 minutes dans de l'eau bouillante. Passer le foie au hachoir avec l'oignon et les miettes de pain. Assaisonner au goût. Ajouter les œufs et le lait; bien mélanger. Cuire le tout, comme des crêpes ordinaires, dans la graisse chaude. Servir aussitôt avec de la sauce tomate.

Gigot de veau à l'étouffée

Larder de lard la pièce de viande, la passer dans la poêle; la mettre ensuite à cuire à l'étouffée dans une terrine avec des champignons, 375 ml (1½ tasse) de bouillon, l'assaisonner de sel, poivre, fines herbes, clou, muscade. Quand le gigot est cuit, lier la sauce avec de la farine et garnir de croûtons et de ris de veau. Arroser de jus de citron au moment de servir.

Fricot acadien

Couper un poulet en morceaux; le saisir dans la graisse et le beurre avec un oignon; couvrir d'eau bouillante. Ajouter 4 ou 5 pommes de terre tranchées mince, saler, poivrer et ajouter des fines herbes. Laisser cuire lentement.

Pâté de Pâques
(tiré des *Anciens Canadiens*)

« Ce pâté se compose d'une dinde, de deux poulets, de deux perdrix, de deux pigeons, du râble et des cuisses de deux lièvres : le tout recouvert de bardes de lard gras. Le godiveau de viandes hachées sur lequel reposent comme sur un lit épais et mollet ces richesses gastronomiques, et qui en couvrent aussi la partie supérieure, est le produit de deux jambons… De gros oignons, introduits çà et là, et de fines épices complètent le tout.

« Mais un point important en est la cuisson, d'ailleurs assez difficile : car si le géant crève, il perd alors cinquante pour cent de son acabit (saveur). Pour prévenir un événement aussi déplorable, la croûte de dessous qui recouvre encore de trois pouces les flancs du monstre culinaire n'a pas moins d'un pouce d'épaisseur. Cette croûte même, imprégnée du jus de toutes ces viandes, est une partie délicieuse de ce mets unique. »

Pâté de viande (à la façon de grand-mère)

Tailler mince de la viande crue (bœuf et porc) ; coucher un rang de tranches de pommes de terre dans votre lèchefrite, l'arroser d'eau, assaisonner de sel, de poivre, d'oignons émincés. Couvrir de tranches de pommes de terre crues. Alterner ainsi les rangs jusqu'à ce que la lèchefrite soit remplie ; garnir de noisettes de beurre. Couvrir d'une abaisse de pâte. Faire un trou au centre dans lequel vous verserez un peu d'eau une ou deux fois durant la cuisson. Cuire une heure à four chaud.

Tourtière à l'ancienne

Prendre un morceau de veau, le faire blanchir, le hacher avec deux fois autant de graisse de bœuf et assaisonner le tout. Préparer une abaisse de pâte et l'emplir avec la moitié de la viande hachée ; mettre par-dessus champignons, oignons et jaune d'œuf, le tout bien assaisonné. Achever d'emplir la tourte avec l'autre moitié de viande, la couvrir de pâte et la dorer d'un œuf cru délayé dans un peu d'eau. Cuire une heure et demie et servir avec une sauce.

Fricot de poisson

Placer, dans un plat allant sur le feu, un rang de pommes de terre tranchées, un rang de poisson, du sel, de la ciboulette hachée fin, quelques noisettes de beurre. Faire d'autres rangs, si désiré. Ajouter une petite quantité d'eau et laisser cuire lentement.

Morue fraîche au court-bouillon

Couper la morue en gros morceaux. La cuire à l'eau bouillante avec 1 c. à thé de vinaigre, du sel, du poivre et un bouquet garni. L'égoutter dès qu'elle est cuite. Préparer une sauce avec du beurre, un filet de court-bouillon, un soupçon de muscade, du sel. Faire chauffer en remuant. Délayer deux jaunes d'œufs, les incorporer à la sauce et jeter le tout sur la morue. Servir très chaud.

Fèves au lard

500 ml (2 t) de fèves
125 ml (½ t) de mélasse
1 c. à thé de moutarde sèche
500 g (environ 1 lb) de lard salé

Laisser tremper les fèves toute la nuit. Le matin, jeter l'eau, rincer les fèves et les faire bouillir pour les attendrir. Ensuite, mettre les fèves dans un pot en grès ; ajouter la mélasse, la moutarde et le lard coupé en petits dés. Cuire au four à chaleur modérée ; les surveiller pour qu'elles ne brûlent pas en ayant soin de mettre assez d'eau.

Beignets aux bleuets

125 ml (½ t) de farine
1 c. à thé de poudre à pâte
125 ml (½ t) de bleuets pas trop mûrs
50 ml (¼ t) de lait
2 œufs
1 c. à soupe de sucre
1 pincée de sel

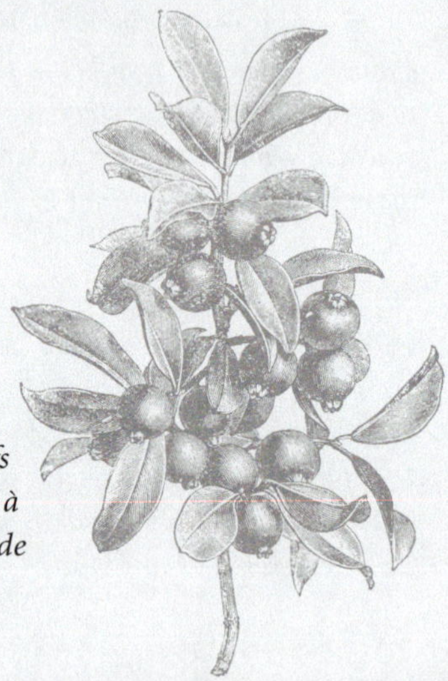

Tamiser ensemble les ingrédients secs. Battre les œufs dans le lait. Incorporer le liquide et les bleuets à l'appareil. Cuire par petites cuillerées en grande friture.

Crêpes

« L'Île d'Orléans a dans ses habitudes une particularité toute gastronomique. La confection des crêpes a atteint ici le summum de la perfection. Le progrès aura beau faire, il n'ira jamais au-delà. Dites, avez-vous goûté quelque part un mets plus finement apprêté que les crêpes de l'Île avec le délicieux accompagnement de sucre ou de sirop d'érable ? De toutes les paroisses, villages et cantons du Canada, Saint-Roch de Québec seul pourrait entrer en lice et disputer la palme à l'Île d'Orléans. »

Hubert Larue

1 litre (4 t) de farine
1 litre (4 t) de lait ou d'eau
4 œufs
1 c. à thé de sel

Délayer et battre la détrempe qui doit s'étendre par elle-même dans la poêle. Cuire avec moitié beurre, moitié graisse, jusqu'à couleur dorée des deux côtés. Servir chaudes avec du sucre ou du sirop d'érable. (Une cuisson au feu de bois franc : éclats ou éclisses, par exemple, donne un meilleur résultat.)

Tarte au sirop d'érable

Faire bouillir 250 ml (1 t) de sirop d'érable ; délayer 125 ml (½ t) de farine dans très peu d'eau froide ; incorporer la farine au sirop bouillant en brassant et ajouter 125 ml (½ t) de crème. Faire bouillir en brassant, jusqu'à consistance d'une bouillie assez épaisse. Verser dans une abaisse déjà cuite. Parsemer de pacanes ou autres noix au choix.

Œufs au pain

Émietter du pain très finement. Fondre du beurre dans une tourtière ou un autre plat creux, y ajouter le pain et du sucre d'érable haché fin. Battre des œufs bien frais, autant qu'il en faut, les mêler au pain préparé puis y verser un peu de lait légèrement chauffé. Ajouter quelques noisettes de beurre et laisser cuire. Si l'on veut donner de la couleur aux œufs, mettre au four quelques minutes.

Œufs dans le sirop

Faire bouillir du sirop d'érable. Battre les œufs en omelette. Quand le sirop est bien bouillant, y ajouter, par cuillerées, les œufs. Laisser cuire sans remuer, comme pour les œufs pochés. Servir chaud ou froid, dans le sirop de cuisson.

Pouding à la citrouille

Faire cuire une citrouille à l'eau bouillante. La pétrir dans une passoire afin de bien en extraire l'eau. Mettre la pulpe dans une casserole avec du lait, un peu de crème, un gros morceau de beurre; sucrer à la cassonade et épicer au goût. Battre trois ou quatre œufs, les mêler à la citrouille et laisser épaissir à feu doux. Verser l'appareil dans un plat et terminer la cuisson au four. Délicieux comme garniture de tarte à la citrouille.

Pouding à l'érable

250 ml (1 t) de sirop
1 c. à soupe de graisse
3 c. à soupe de sucre
1 œuf
250 ml (1 t) de farine
2 c. à thé de poudre à pâte
¼ c. à thé de sel
125 ml (½ t) de lait

Chauffer le sirop jusqu'au point d'ébullition. Mettre en crème la graisse et le sucre; ajouter l'œuf battu. Tamiser la farine avec la poudre à pâte et le sel; ajouter au premier mélange en alternant avec le lait, peu à la fois, pour obtenir une belle pâte. Verser le sirop bouillant dans un plat à pouding bien beurré, mettre la pâte dans le sirop et cuire à four chaud environ une demi-heure. Servir avec de la crème.

Pouding au suif* et à l'érable

250 ml (1 t) de suif haché fin
250 ml (1 t) de farine
125 ml (½ t) de mie de pain
sirop d'érable au goût (ou sucre)
raisins de Corinthe
1 pomme finement hachée
le jus d'un citron
muscade râpée
125 ml (½ t) de lait
une pincée de gingembre moulu

**Pour obtenir du suif, qui est de la graisse de bœuf, commandez-en à votre boucher. Amalgamer tous ces ingrédients, verser dans un moule graissé et cuire à la vapeur 2 à 2 ½ heures.*

Pouding au suif de Noël

4 c. à soupe de suif haché fin
6 c. à soupe de lait
½ c. à thé de cannelle
½ c. à thé de sel
5 c. à soupe de mélasse
6 c. à soupe de sucre blanc
125 ml (½ t) de raisins de Corinthe
½ c. à thé de clou de girofle moulu
la mie d'une tranche de pain
2 œufs
½ c. à thé de macis ou le zeste d'une orange
9 ou 10 pruneaux hachés fins
écorce de citron
écorce d'orange
farine (pour épaissir)
1 c. à thé de poudre à pâte pour chaque tasse de farine

Mettre le suif dans un bol avec le pain émietté. Faire chauffer le lait, verser sur le suif et le pain. Lorsque ce mélange est refroidi, ajouter les œufs bien battus, la mélasse, le sucre, les épices, les fruits et les écorces hachées finement. Épaissir ce mélange avec la farine et la poudre à pâte tamisées. Verser dans un moule étanche et cuire 4 heures à la vapeur. Au moment de servir, flamber. Accompagner avec de la sauce au beurre (recette suivante) ou du sirop d'érable.

Sauce au beurre

1 c. à soupe de beurre
2 c. à soupe de sucre
1 c. à soupe de farine
eau bouillante
2 c. à soupe de jus de citron

Sur le feu, mélanger les ingrédients secs et le beurre. Laisser colorer un peu. Ajouter de l'eau jusqu'à obtention de la consistance voulue. Avant de servir, ajouter le jus de citron.

Pouding aux bleuets

1 litre (4 t) de bleuets
50 ml (¼ t) de sucre
2 c. à thé de jus de citron
2 c. à soupe de graisse
50 ml (¼ t) de farine
175 ml (¾ t) de farine d'avoine
50 ml (¼ t) de cassonade

Disposer les bleuets au fond d'un plat beurré, saupoudrer de sucre et arroser du jus de citron. Mélanger la graisse, la cassonade et les farines ; étendre ce mélange sur les bleuets. Cuire environ 40 minutes à four modéré. Servir chaud avec de la crème.

Beignes de grand-mère

Battre les blancs de 5 œufs en neige; battre les jaunes avec 500 ml (2 t) de sucre, 3 c. à soupe de beurre et 3 c. à soupe de graisse. Mélanger les deux appareils. Ajouter 250 ml (1 t) de lait, 125 ml (½ t) de crème, 1 c. à thé de sel. Tamiser la farine avec 1 c. à thé de poudre à pâte par tasse de farine. Ne pas mettre trop de farine, juste assez pour obtenir une pâte d'une belle consistance légère. Mettre la pâte au réfrigérateur avant de l'abaisser, ce qui facilitera l'opération. Faire chauffer la graisse; quand elle est chaude, y jeter les rondelles de pâte. Le beigne doit remonter à la surface immédiatement. Laisser un peu dorer. Égoutter les beignes sur du papier kraft afin qu'ils ne soient trop graisseux.

Gonflés

Bien mélanger 500 ml (2 t) de lait, 500 ml (2 t) de farine, 2 c. à thé de poudre à pâte, 2 œufs et une pincée de sel. Placer dans des moules à muffin. Cuire à four chaud. Ces gonflés, servis avec du sirop d'érable, font d'excellents desserts et sont également délicieux au déjeuner.

Grands-pères à la Michel

Détremper de la farine dans de l'eau chaude. Étendre au rouleau cette pâte assez solide. Couvrir l'abaisse d'une copieuse couche de beurre ramolli, puis rouler la pâte en enveloppant dans ses replis le beurre qui a été incorporé. Pétrir en veillant à conserver la forme de rouleau. Laisser refroidir et trancher en rondelles de 5 cm. Par ailleurs, verser un peu d'eau dans un grand chaudron, y déposer les rouleaux et arroser le tout d'un grand pot de mélasse. Une odeur de tire ne tardera pas à se répandre en un fumet délicieux. La cuisson terminée, la pâte présente une apparence superbe, elle s'élève triomphalement au-dessus de la mélasse à demi candie. Attention de ne pas laisser brûler.

Pain de Savoie « grand-mère »

Pour 2 bols de farine, mettre 2 c. à thé de poudre à pâte, 1 œuf battu avec une chopine de lait et 1 bol de sucre. Ajouter gros comme un jaune d'œuf de beurre brisé mais non fondu, des raisins de Corinthe au goût. Battre et mettre au four. On peut faire un pouding ou d'excellents petits gâteaux avec cette recette.

Pain mollet au seigle

250 ml (1 t) de farine de seigle
1 œuf
500 ml (2 t) de farine de blé
1 galette de levure dissoute
2 c. à soupe de sucre
1 pincée de sel

Faire la préparation la veille; employer juste la quantité de lait nécessaire pour obtenir une pâte épaisse et laisser reposer toute la nuit. Le matin, ajouter 1 c. à thé de bicarbonate de soude dissous dans de l'eau bouillante; pétrir la pâte et la faire lever à nouveau. Cuire dans une lèchefrite chaude.

Tracas

250 ml (1 t) de crème sure ou de lait sur, 2 œufs, 1 c. à thé de bicarbonate de soude, 1 pincée de sel. Bien mélanger; ajouter de la farine en quantité suffisante pour pouvoir abaisser. Rouler la pâte, la découper en galettes de 12 cm environ; pratiquer 3 incisions avec un couteau. Faire frire à la poêle dans du saindoux ou du beurre. Servir chaud avec du sirop d'érable ou de la mélasse.

Petite bière d'épinette

Brasser ensemble 3 gallons d'eau tiède, 1 pinte de mélasse, 1 c. à thé de gingembre moulu, une grosse pincée de bicarbonate de soude, 2 c. à soupe d'essence d'épinette, 4 carrés de levure en pain ou 4 c. à soupe de levure en poudre, 250 g (½ lb) de raisins de Corinthe.

Laisser reposer et fermenter le mélange quelques heures à la chaleur. Couler à travers un coton à fromage ou un tamis très fin et mettre en bouteilles. Servir très froid.

Note : Autrefois, on remplaçait l'essence en faisant bouillir 20 minutes environ des branches d'épinette et de genièvre en égale quantité dans 3 gallons d'eau, ce que l'on trouvait bien meilleur.

Les desserts

Les gâteaux

Les gâteaux sont des pâtes qui contiennent liquide et farine. Selon la nature des autres ingrédients et les méthodes de mélange, on distingue deux catégories principales de gâteaux : les gâteaux au beurre qui contiennent du gras, et les gâteaux éponge qui n'en contiennent pas.

Gâteaux au beurre	*Gâteaux éponge*
Gâteaux au chocolat	Gâteaux roulés : différant par la forme, donc par le moule employé
Gâteaux aux fruits	Gâteaux des anges
Gâteaux aux épices	Gâteaux chiffon : différant par les ingrédients et le mode de préparation, mais de texture semblable

FARINE

La farine à pâtisserie et la farine à gâteaux conviennent l'une et l'autre pour les gâteaux, car elles contiennent une faible quantité d'un gluten tendre, peu susceptible de se développer, même si la pâte est battue.

Les mesures de farine indiquées dans les recettes valent pour la farine tamisée, d'où la nécessité de tamiser la farine une fois avant de la mesurer. On tamise de nouveau, avec les ingrédients secs, la farine mesurée, afin d'incorporer le plus d'air possible à la pâte.

SUCRE

On ne doit pas ajouter la farine au mélange tant que, sous la cuillère, on sent des cristaux, signe que le sucre n'est pas entièrement fondu. Plus les cristaux de sucre sont fins, plus ils fondent rapidement et meilleur est le résultat.

ŒUFS

Pour obtenir le volume maximum, il faut que les œufs soient à la température de la pièce. Les blancs d'œufs ne doivent être battus qu'au moment de les plier dans la pâte. Un peu de jaune mêlé au blanc, une parcelle de gras, un batteur qui n'est pas absolument propre suffisent pour empêcher la montée des blancs en neige.

GRAS

Le beurre donne un goût fin à la pâte. Une graisse végétale ou une autre graisse à saveur douce peuvent le remplacer, si le gâteau est consommé chaud ou très frais. Mais seul le beurre permet au gâteau de garder sa saveur après plusieurs jours. Si, dans une recette, on substitue une graisse au beurre, il faut ajouter du sel et mettre un peu moins de graisse que la recette ne demandait de beurre.

Le gras, tout comme les autres ingrédients des gâteaux, doit être à la température de la pièce. Il est d'abord défait en crème, puis battu à la cuillère ou à la fourchette de bois, de manière à incorporer le plus d'air possible.

LIQUIDE

Il faut mesurer le liquide avec précision. Pour remplacer du lait par du lait sur ou vice versa, il importe de changer le levain, car la proportion acide-base est alors modifiée. On remplace 1 c. à thé de poudre à pâte par ¼ de c. à thé de bicarbonate de soude et ½ c. à thé de crème de tartre.

LEVAIN

Levains à action rapide, les poudres à pâte sont composées d'un alcali, le bicarbonate de soude; d'un acide, variable d'un produit à l'autre; d'un isolant, amidon ou farine. Celui-ci a pour mission d'empêcher la réaction de l'acide et de l'alcali avant qu'on ajoute la poudre à pâte à la préparation.

L'amidon, une fois hydraté, ne joue plus le rôle d'isolant. L'alcali réagit alors avec l'acide : la neutralisation provoque la formation du gaz carbonique qui, en se dilatant sous l'influence de la chaleur, fait lever la pâte. Voilà pourquoi les boîtes de poudre à pâte ne doivent être ouvertes que le temps de prélever les quantités nécessaires. Il faut n'en acheter qu'une petite quantité à la fois et garder le produit bien au sec, dans une boîte métallique hermétiquement close ; la vapeur d'eau contenue dans l'air traverse le carton et le papier et suffit à détruire l'action du levain.

MÉTHODES DE MÉLANGE

Préparation des ingrédients et des ustensiles

Ingrédients et ustensiles à la température de la pièce, à portée de la main

Ingrédients : ceux de la recette
Ustensiles : bol à mélanger
bol profond pour faire mousser les œufs
fouet électrique
tamis
cuillère de bois
tasses et cuillères à mesurer
couteau droit
spatule de caoutchouc ou de plastique
moules appropriés

FORMULES-TYPES

Gâteau au beurre

75 ml (⅓ t) de beurre
2 œufs
250 ml (1 t) de sucre
2 c. à thé de poudre à pâte
125 ml (½ t) de lait
425 ml (1 ¾ t) de farine à pâtisserie tamisée
1 c. à thé d'essence de vanille
¼ c. à thé de sel
(Moule rond)

Gâteau éponge

6 œufs moyens
250 ml (1 t) de sucre fin
1 c. à soupe de jus de citron
zeste d'un demi-citron
250 ml (1 t) de farine à gâteaux tamisée
une pincée de sel
— On peut remplacer le jus de citron par du jus de fraise, d'orange ou de pamplemousse
(Moule à cheminée)

Gâteau au beurre	*Gâteau éponge*
Préparation des moules	
Moule carré, rectangulaire ou rond, peu profond (3,5 cm), à rebord droit. Fond et bord du moule légèrement graissés et enfarinés.	Moule à cheminée profond (8,5–11 cm). Fond du moule graissé; bord non graissé afin de faciliter le gonflement de la pâte.

Réglage du four

Température : 180 °C (350 °F). Grille placée pour que le gâteau soit au centre du four. Sans être indispensable, un petit bol d'eau, déposé dans le four mais non directement sous le gâteau, permet d'obtenir une croûte plus tendre.

Opérations diverses

Gâteau au beurre	*Gâteau éponge*
1. Défaire le beurre en crème avec une cuillère de bois ou un fouet électrique.	1. Faire mousser les blancs d'œufs, pics recourbés, en ajoutant un peu de sel.
2. Incorporer le sucre, par petites quantités, et battre jusqu'à ce qu'il soit fondu. Nettoyer la cuillère et les parois du bol avec une spatule.	2. Incorporer graduellement la moitié du sucre.
3. Battre les œufs légèrement et les ajouter en trois étapes; battre chaque fois.	3. Mousser les jaunes d'œufs avec le reste du sucre jusqu'à ce que le mélange soit épais et que le sucre soit fondu. Ajouter le jus de citron et le zeste.
4. Incorporer en trois étapes la farine tamisée avec la poudre à pâte et le sel. Alterner avec le lait. Commencer et terminer par la farine. Battre jusqu'à ce que le mélange soit lisse.	4. Plier délicatement les jaunes dans les blancs.
5. Ajouter l'essence de vanille. Mêler.	5. Tamiser la farine et l'incorporer délicatement dans la pâte.

6. Verser dans le moule. Frapper le moule une fois sur le comptoir pour chasser les bulles d'air.

7. Cuire immédiatement.

8. Le gâteau au beurre est cuit quand il se détache des parois et quand une lame, enfoncée au centre, en ressort sèche. Temps de cuisson : 30 minutes pour la taille de moule indiquée plus haut.

6. Verser dans le moule.

7. Cuire immédiatement.

8. Le gâteau éponge est cuit quand il est bien doré à la surface et quand une lame qu'on y enfonce en ressort sèche. Temps de cuisson : 35 minutes pour la taille de moule indiquée plus haut.

9. Un gâteau réussi répond à la description suivante : croûte dorée également, non brillante ; dessus plat ; grain uniforme ; mie tendre ne s'émiettant pas, veloutée, légère, fondant dans la bouche.

Soins après la cuisson

10. La cuisson terminée, passer une lame de couteau pour décoller les côtés. Renverser sur une grille pour laisser refroidir.
Soulever le moule. Démouler.

10. À la sortie du four, renverser le moule sur une grille. Laisser refroidir. Ensuite, détacher le gâteau des parois du moule à l'aide d'une lame fine.

Laisser refroidir le gâteau à la température de la pièce.
Le glacer et le conserver au sec.

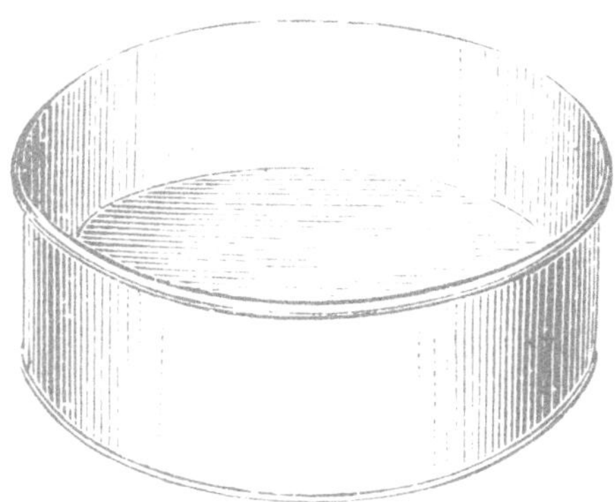

Gâteau des anges

250 ml (environ 10 œufs) de blancs d'œufs
1/2 c. à thé de sel
1 c. à thé de crème de tartre
375 ml (1 1/2 t) de sucre à fruits
1/4 c. à thé d'essence de citron
300 ml (1 1/4 t) de farine à gâteaux tamisée

Faire mousser deux secondes les blancs d'œufs.

Ajouter le sel, continuer de battre.

Ajouter la crème de tartre.

Lorsque les blancs commencent à être crémeux, ajouter graduellement le sucre (par petites quantités à la fois) tout en continuant à fouetter.

Ajouter l'essence. Mêler.

À ce premier mélange, ajouter en pliant très délicatement, en trois fois, la farine tamisée (l'ajouter tout en la tamisant de nouveau est un bon moyen de lui garder sa légèreté).

Déposer la pâte par cuillerées dans un moule à cheminée non graissé.

Cuire au centre du four à 160 °C (325 °F), environ 40 minutes.

QUELQUES VARIANTES DU GÂTEAU DES ANGES

Au chocolat

Remplacer 50 ml (¼ t) de farine par 50 ml (¼ t) de cacao tamisé avec la farine; ajouter un blanc d'œuf de plus.

Aux cerises ou aux amandes

Incorporer, juste au moment de mettre le gâteau au four, 125 ml (½ t) de cerises ou d'amandes émondées hachées, enfarinées avec un peu de la farine requise pour la recette.

Gâteau des anges étagé

Cuire le gâteau dans des moules peu profonds; après le refroidissement, superposer les gâteaux en les réunissant avec une crème ou glaçage au choix; ou encore, séparer un gros gâteau en trois parties sur la hauteur; mettre la garniture désirée entre les rangs.

Gâteau surprise

Enlever le dessus du gâteau avec soin (2 cm d'épaisseur environ). À l'aide de deux fourchettes, retirer l'intérieur du gâteau, en laissant les bords assez épais. Remplir la cavité soit avec la préparation de crème de la « charlotte russe » ou de « crème espagnole » ou de crème pâtissière ordinaire ou aux fruits. Replacer le dessus du gâteau et le glacer au goût. (Avec les morceaux de gâteau enlevés, préparer des boules de neige.)

Boules de neige

Préparer à l'aide de deux fourchettes, des boulettes de gâteau de 3 ½ à 5 cm; les enduire de glace bouillie « 7 minutes » (page 247) ou de crème « Marie-Anne » (page 246); les rouler dans de la noix de coco râpée.

Gâteau éponge au lait

325 ml (1 1/3 t) de farine à pâtisserie tamisée
1 c. à thé de poudre à pâte
1/4 c. à thé de sel
3 œufs moyens
250 ml (1 t) de sucre fin
100 ml (3/8 t) de lait
2 c. à thé de jus de citron

À la farine tamisée, ajouter la poudre à pâte et le sel.

Battre les œufs jusqu'à ce qu'ils soient jaune pâle.

Ajouter graduellement le sucre en continuant à battre.

Aromatiser avec le jus de citron.

Ajouter la farine délicatement en trois fois, et en tamisant de nouveau; alterner avec le lait; mélanger jusqu'à ce que la pâte soit lisse.

Verser dans un moule à cheminée non graissé.

Cuire au four à 180 °C (350 °F), 35 à 40 minutes.

Gâteau éponge économique

3 œufs moyens
375 ml (1 1/2 t) de sucre
500 ml (2 t) de farine à pâtisserie tamisée
2 c. à thé de poudre à pâte
1/2 c. à thé de sel
125 ml (1/2 t) d'eau froide
essence de vanille

Bien fouetter les jaunes d'œufs.

Ajouter le sucre peu à peu en continuant de battre jusqu'à ce qu'on ne sente plus les cristaux sous la cuillère.

Ajouter à la farine tamisée la poudre à pâte et le sel. Ajouter la farine délicatement en trois étapes, en alternant avec l'eau froide. Mélanger.

Ajouter la vanille.

Monter les blancs d'œufs en neige; les incorporer délicatement en pliant dans la pâte. Cuire au four dans un moule à cheminée à 180 °C (350 °F), 50 à 55 minutes.

Gâteau éponge à la crème

2 œufs moyens
125 ml (1/2 t) de crème 15 %
175 ml (3/4 t) de sucre
375 ml (1 1/2 t) de farine à pâtisserie tamisée
2 c. à thé de poudre à pâte
1/4 c. à thé de sel
essence de vanille

Battre les œufs avec la crème jusqu'à ce que le mélange devienne clair.

Ajouter le sucre et continuer de battre pour fondre tous les cristaux.

À la farine tamisée, ajouter la poudre à pâte et le sel; incorporer légèrement en trois fois dans la première préparation.

Aromatiser.

Verser dans un moule rond légèrement graissé et enfariné.

Cuire au four à 180 °C (350 °F), environ 40 minutes.

Gâteau jonquille

175 ml (3/4 t) de farine à pâtisserie tamisée
300 ml (1 1/4 t) de blancs d'œufs (environ 10 œufs)
1/2 c. à thé de sel
1 c. à thé de crème de tartre
250 ml (1 t) de sucre à fruits
1/2 c. à thé d'essence de vanille
1/2 c. à thé d'essence d'orange
4 jaunes d'œufs

Battre les blancs d'œufs et le sel avec un fouet.

Quand ils sont mousseux, ajouter la crème de tartre et continuer de battre jusqu'à ce qu'ils soient en neige très ferme.

Ajouter le sucre, peu à peu, en pliant la pâte.

Incorporer la farine en trois fois, en pliant également. Diviser le mélange en deux parties.

a) Aromatiser la première partie avec la vanille.

b) Aromatiser la deuxième partie avec l'essence d'orange; battre les jaunes d'œufs, ajouter à la pâte et mêler le tout jusqu'à ce que la pâte devienne couleur citron.

Déposer par cuillerées dans un moule à cheminée non graissé, alternant les mélanges, blanc et jaune. Cuire à feu modéré, à 180 °C (350 °F), 45 minutes.

Gâteau éponge de Savoie

7 œufs moyens
250 ml (1 t) de sucre
500 ml (2 t) de farine à pâtisserie tamisée
2 c. à thé de poudre à pâte
sel

Séparer les blancs d'œufs.

Battre les jaunes avec le sucre jusqu'à ce que le mélange soit épais.

À la farine tamisée, ajouter la poudre à pâte et le sel.

Fouetter les blancs d'œufs; les incorporer en pliant au mélange des jaunes d'œufs et du sucre.

Incorporer délicatement la farine en pliant.

Verser dans le moule à cheminée non graissé, cuire au four à 180 °C (350 °F), 40 à 50 minutes.

Gâteau soleil

6 œufs moyens
250 ml (1 t) de sucre
75 ml (1/3 t) d'eau
250 ml (1 t) de farine à pâtisserie tamisée
1/2 c. à thé de crème de tartre
1 c. à thé d'essence de vanille
une pincée de sel

Séparer les œufs, fouetter les blancs, pics recourbés.

Faire bouillir le sucre et l'eau à 115 °C (240 °F) ou jusqu'à l'obtention d'une boule molle dans l'eau froide. (Prendre soin d'utiliser une petite casserole.)

Verser le sirop très lentement en un mince filet sur les blancs d'œufs en fouettant constamment.

Battre les jaunes d'œufs jusqu'à ce qu'ils deviennent épais et les ajouter au mélange en pliant. À la farine tamisée, ajouter la crème de tartre et le sel. L'incorporer très légèrement en trois étapes, en pliant.

Verser la préparation dans un moule à cheminée non graissé.

Cuire à 180 °C (350 °F), environ 50 minutes.

Retirer du four quand le gâteau ne garde pas l'empreinte du doigt.

Gâteau éponge ou gâteau roulé

5 œufs moyens
250 ml (1 t) de farine à pâtisserie tamisée
250 ml (1 t) de sucre
1 c. à thé de poudre à pâte
1 c. à thé d'essence de citron
1/2 c. à thé de sel

Battre les œufs, ajouter le sucre graduellement.

Battre jusqu'à ce que la préparation devienne très épaisse.

À la farine tamisée, ajouter la poudre à pâte et le sel.

Mêler la farine aux œufs le plus délicatement possible en pliant.

Aromatiser.

- Gros gâteau : moule à cheminée, four à 180 °C (350 °F), 40 minutes de cuisson.
- Gâteau roulé : moule rectangulaire, four à 160 °C (325 °F), environ 20 minutes de cuisson.

Gâteau roulé

3 œufs moyens
150 ml (2/3 t) de sucre fin
250 ml (1 t) de farine à pâtisserie tamisée
1 c. à thé de poudre à pâte
1 c. à soupe d'eau froide
1/2 c. à thé de sel

Recouvrir le fond du moule d'un papier graissé ou ciré.

Régler le four à 180 °C (350 °F).

À la farine tamisée, ajouter le sel et la poudre à pâte.

Battre les blancs d'œufs en neige ferme, pics recourbés, avec la moitié du sucre.

Battre les jaunes d'œufs avec l'autre moitié du sucre. Ajouter l'eau froide au mélange de jaunes d'œufs, battre jusqu'à ce qu'on ne sente plus les cristaux de sucre sous la cuillère.

En pliant la pâte, incorporer délicatement les jaunes dans les blancs d'œufs battus.

Incorporer délicatement, en pliant, le mélange de farine tamisée.

Verser dans le moule rectangulaire non graissé dont le fond a été recouvert d'un papier ciré.

Cuire au four, à 180 °C (350 °F), environ 15 minutes.

Démouler sur une serviette propre et rouler.

Procédé d'après cuisson pour les gâteaux roulés

Étendre un linge propre et humide sur le comptoir.

Saupoudrer de sucre en poudre tamisé (facultatif).

Avant de démouler le gâteau, couper tout son contour d'environ 1 cm ; cette partie, séchant très vite, empêche de bien rouler le gâteau.

Aussitôt cette étape terminée, démouler le gâteau sur le linge.

Étendre une mince couche de confiture ou de gelée sur le gâteau. Rouler immédiatement.

Laisser refroidir en ayant soin de placer la jointure du rouleau en dessous.

Gâteau éponge roulé

5 œufs moyens
225 ml (7/8 t) de sucre
250 ml (1 t) de farine tamisée
1 c. à thé de poudre à pâte
1/2 c. à thé de sel
1 1/2 à 2 c. à soupe d'eau froide
1 c. à soupe de jus de citron

Faire mousser les jaunes d'œufs.

Ajouter la moitié du sucre.

À la farine tamisée, ajouter la poudre à pâte et le sel.

Ajouter aux jaunes d'œufs, trois fois en alternant, les ingrédients secs et le liquide : eau et jus de citron.

Battre les blancs d'œufs (pics recourbés). Ajouter peu à peu le reste du sucre.

Plier la meringue dans la première préparation et battre au fouet électrique 45 secondes.

Verser dans 2 moules rectangulaires non graissés; cuire au four à 160 °C (325 °F), environ 25 minutes.

Doigts de dame

Employer la recette du *gâteau roulé* ci-dessus. Déposer la pâte dans des moules à doigts de dame beurrés. Cuire au four à 190 °C (375 °F) une dizaine de minutes. Cette recette donne environ 3 douzaines de doigts de dame.

Gâteau chiffon

275 ml (1 1/8 t) de farine à pâtisserie tamisée
175 ml (3/4 t) de sucre
1 1/2 c. à thé de poudre à pâte
1/2 c. à thé de sel
50 ml (1/4 t) d'huile végétale
3 jaunes d'œufs
100 ml (3/8 t) d'eau froide
1 c. à thé d'essence de vanille
1 c. à thé de zeste de citron
125 ml (1/2 t) de blancs d'œufs
1/4 c. à thé de crème de tartre

Tamiser dans un grand bol : farine tamisée, sucre, poudre à pâte et sel.

Faire un puits au centre et ajouter l'huile végétale, les jaunes d'œufs, l'eau froide et le zeste. Battre avec une cuillère de bois jusqu'à ce que le mélange soit lisse.

Dans un grand bol, mettre les blancs d'œufs et ajouter la crème de tartre. Battre les blancs jusqu'à ce qu'ils forment des pics recourbés.

Ajouter le mélange de jaunes d'œufs aux blancs, en pliant légèrement.

Verser dans un moule à cheminée non graissé; cuire au four à 160 °C (325 °F), environ 45 minutes.

Gâteau éponge aux épices

Suivre la recette type (page 215) en omettant la vanille et le zeste de citron. Ajouter aux ingrédients secs :

1/2 c. à thé de cannelle
1/4 c. à thé de muscade
1/4 c. à thé de clou moulu
1/4 c. à thé de tout-épices

Gâteau à l'orange

Suivre la recette type du *gâteau chiffon* (ci-dessus). Remplacer le zeste de citron par 1 c. à soupe de zeste d'orange.

Remplacer une partie de l'eau par le jus d'une orange. Omettre la vanille.

Gâteau chiffon au chocolat

550 ml (2 1/4 t) de farine à pâtisserie tamisée
375 ml (1 1/2 t) de sucre
1 c. à soupe de poudre à pâte
2 c. à thé de café instantané
1 c. à thé de sel
1 c. à thé de cannelle
100 ml (3/8 t) d'huile végétale
6 jaunes d'œufs
175 ml (3/4 t) d'eau
2 c. à thé d'essence de vanille
2 carrés de chocolat amer
6 blancs d'œufs
1/2 c. à thé de crème de tartre

Tamiser la farine, la mesurer ; ajouter le sucre, la poudre à pâte, le café, le sel et la cannelle.

Ménager une cavité au centre et ajouter l'huile, les jaunes d'œufs, l'eau et la vanille.

Battre au mélangeur jusqu'à ce que le tout soit mousseux.

Fondre le chocolat au bain-marie, l'ajouter à la préparation et bien mêler le tout.

Dans un grand bol, mettre les blancs d'œufs, ajouter la crème de tartre et battre les blancs jusqu'à ce qu'ils forment des pics fermes.

Délicatement, verser le premier mélange sur les blancs d'œufs en pliant.

Verser dans un moule à cheminée non graissé.

Cuire au four à 160 °C (325 °F), 65 minutes.

Gâteau au cacao

100 ml (3/8 t) d'eau bouillante
50 ml (1/4 t) de cacao
225 ml (7/8 t) de farine tamisée
175 ml (3/4 t) de sucre
1 1/2 c. à thé de poudre à pâte
1/2 c. à thé de sel
50 ml (1/4 t) d'huile végétale
4 jaunes d'œufs
1 c. à thé d'essence de vanille
4 blancs d'œufs
1/4 c. à thé de crème de tartre

Mélanger l'eau bouillante et le cacao et laisser refroidir.

Tamiser ensemble la farine, le sucre, la poudre à pâte et le sel.

Faire un puits et ajouter l'huile, les jaunes d'œufs, le mélange de cacao et la vanille.

Battre le mélange jusqu'à ce qu'il soit lisse.

Dans un grand bol, battre les blancs d'œufs et la crème de tartre. Verser le premier mélange sur les blancs en pliant délicatement.

Mettre dans un moule à cheminée non graissé et cuire au four à 160 °C (325 °F), environ 40 minutes.

Gâteau au butterscotch

Suivre la recette du *gâteau au cacao*, mais remplacer le sucre par de la cassonade et omettre le cacao et l'essence de vanille.

Gâteau au chocolat rapide

3 c. à soupe de beurre
1 1/2 carré de chocolat amer
200 ml (4/5 t) de sucre
100 ml (3/8 t) de lait
300 ml (1 1/4 t) de farine à pâtisserie tamisée
2 c. à thé de poudre à pâte
1/2 c. à thé de sel
2 œufs
1 c. à thé d'essence de vanille

Fondre le beurre et le chocolat.

Ajouter le sucre et le lait.

À la farine tamisée, ajouter la poudre à pâte et le sel.

Incorporer graduellement la farine à la préparation.

Ajouter les œufs entiers et battre avec le fouet jusqu'à ce que les ingrédients soient parfaitement mélangés. Ajouter la vanille.

Verser dans un moule rond légèrement graissé.

Cuire au four à 190 °C (375 °F), environ 25 minutes.

Laisser refroidir sur une grille et démouler.

Gâteau d'or

4 jaunes d'œufs
125 ml (1/2 t) de beurre
250 ml (1 t) de sucre
zeste d'une orange
625 ml (2 1/2 t) de farine à pâtisserie tamisée
2 1/2 c. à thé de crème de tartre
1 c. à thé de bicarbonate de soude
250 ml (1 t) de lait

Fouetter les jaunes d'œufs.

Battre le beurre en crème avec le sucre et le zeste. Ajouter les jaunes d'œufs bien battus.

À la farine bien tamisée, ajouter la crème de tartre et le bicarbonate.

Incorporer la farine au premier mélange en alternant avec le lait.

Graisser 2 moules ronds et les recouvrir d'un papier brun graissé. Y verser la préparation.

Cuire au four à 180 °C (350 °F), 40 minutes.

Réunir les deux gâteaux avec un glaçage au choix.

Gâteau aux épices

50 ml (1/4 t) de graisse végétale
75 ml (1/3 t) de sucre
2 œufs
175 ml (3/4 t) de mélasse
175 ml (3/4 t) d'eau bouillante
500 ml (2 t) de farine tout usage tamisée
1 c. à thé de poudre à pâte
2 c. à thé de cannelle
1 c. à thé de bicarbonate de soude
1 c. à thé de gingembre
1/2 c. à thé de clou moulu
1/2 c. à thé de sel

Battre la graisse en crème avec le sucre.

Ajouter les œufs, battre la préparation.

Mêler mélasse et eau bouillante ; ajouter à la préparation.

À la farine tamisée, ajouter la poudre à pâte et tous les autres ingrédients secs.

Incorporer la farine dans la préparation, peu à peu, en mêlant bien.

Verser dans 2 moules ronds graissés.

Cuire au four à 180 °C (350 °F), 30 minutes environ.

Laisser refroidir et démouler.

Gâteau vite fait aux dattes

75 ml (1/3 t) de beurre
250 ml (1 t) de cassonade
2 œufs
175 ml (3/4 t) de lait
250 ml (1 t) de dattes hachées
425 ml (1 3/4 t) de farine tout usage tamisée
1 c. à soupe de poudre à pâte
1/2 c. à thé de cannelle
1/2 c. à thé de muscade

Mettre les ingrédients dans un bol en suivant l'ordre indiqué.

Battre au fouet électrique 3 minutes.

Placer dans un moule rectangulaire légèrement graissé et fariné. Cuire au four à 180 °C (350 °F), 35 minutes.

Gâteau à la crème sure

250 ml (1 t) de crème sure
1/2 c. à thé de bicarbonate de soude
500 ml (2 t) de cassonade
1 œuf
1 litre (4 t) de farine à pâtisserie tamisée
5 c. à thé de poudre à pâte
1 c. à thé de sel
250 ml (1 t) de lait

Incorporer le bicarbonate à la crème sure.

Ajouter la cassonade et l'œuf.

Battre le mélange.

À la farine tamisée, ajouter poudre à pâte et sel.

Incorporer la farine en alternant avec le lait.

Mettre dans un moule rectangulaire, légèrement graissé.

Cuire au four à 180 °C (350 °F), 40 minutes.

Gâteau étagé à la crème d'orange

Utiliser la pâte du gâteau roulé (page 221) ou gâteau éponge (page 219).

Cuire la pâte dans 2 moules à gâteau peu profonds.

CRÈME À L'ORANGE

250 ml (1 t) de lait
50 ml (1/4 t) de sucre
2 c. à soupe de fécule de maïs
jus et zeste d'une orange
3 jaunes d'œufs

Chauffer le lait et le sucre.

Incorporer la fécule de maïs délayée dans une même quantité d'eau froide (2 c. à soupe).

Laisser mijoter 4 à 5 minutes. Aromatiser.

Lier aux jaunes d'œufs : réchauffer ceux-ci avec quelques cuillerées de la préparation avant d'effectuer le mélange.

Décorer le dessus du gâteau d'une meringue (faite avec les blancs d'œufs restant) et de quartiers d'orange ; dorer au four, sous le gril.

Gâteau étagé aux fraises

250 ml (1 t) de crème 10 %
175 ml (3/4 t) de sucre
425 ml (1 3/4 t) de farine à pâtisserie tamisée
1 œuf
1 c. à soupe de poudre à pâte
1 c. à thé de sel
1/2 c. à thé d'essence de vanille
fraises
crème fouettée

Mettre le sucre et l'œuf dans la crème, battre afin de dissoudre le sucre.

À la farine tamisée, ajouter poudre à pâte et sel.

Ajouter la farine au premier mélange.

Battre quelques minutes.

Ajouter la vanille.

Déposer la pâte dans un moule rond légèrement graissé et dont le fond est recouvert d'un papier ciré.

Cuire au four à 180 °C (350 °F), environ 40 minutes.

Lorsque le gâteau est cuit et refroidi, le séparer en deux. Mettre des fraises coupées et de la crème fouettée entre les parties et sur le dessus.

Gâteau à la compote de pommes

75 ml (1/3 t) de beurre
250 ml (1 t) de cassonade
1 œuf
500 ml (2 t) de farine tout usage tamisée
1 c. à thé de cannelle
1/2 c. à thé de clou
1/2 c. à thé de muscade
1 c. à thé de bicarbonate de soude
1/4 c. à thé de sel
250 ml (1 t) de raisins secs rincés
250 ml (1 t) de compote de pommes non sucrée

Battre le beurre en crème.

Ajouter la cassonade et l'œuf non battu.

À la farine tamisée, ajouter cannelle, clou, muscade, bicarbonate de soude et sel.

Mettre les raisins secs égouttés dans la farine et les enrober.

Incorporer en alternant le mélange de farine et la compote de pommes au mélange de beurre.

Verser dans un moule graissé.

Cuire au four à 180 °C (350 °F), 30 minutes.

Ajouter 10 minutes de cuisson si vous utilisez des moules en pyrex.

Gâteau « Californie »

PÂTE

Zeste d'une orange
zeste d'un citron
125 ml (1/2 t) de raisins secs
75 ml (1/3 t) de beurre
175 ml (3/4 t) de sucre
1 œuf
375 ml (1 1/2 t) de farine tout usage tamisée
1 c. à thé de bicarbonate de soude
1/4 c. à thé de sel
175 ml (3/4 t) de lait

Rincer et assécher les raisins secs.

Passer les zestes et les raisins au hachoir (ou les hacher très finement à l'aide d'un couteau).

Battre le beurre en crème, ajouter le sucre graduellement, l'œuf, et bien battre pour dissoudre le sucre.

Ajouter les zestes et les raisins.

À la farine tamisée, ajouter le bicarbonate de soude et le sel.

Incorporer la farine dans la pâte en alternant avec le lait.

Verser dans un moule légèrement graissé.

Cuire au four à 180 °C (350 °F), 45-60 minutes.

GLACE

500 ml (2 t) de sucre à glacer
le jus d'une orange et d'un demi-citron

Tamiser le sucre; ajouter le jus de fruits graduellement. Bien mêler le tout.

⊙ Ce gâteau est à son meilleur après un repos de 2 jours. Bien l'envelopper dans un papier ciré, dans un endroit frais et sec.

Gâteau au chocolat

125 ml (1/2 t) de beurre
300 ml (1 1/4 t) de sucre
2 œufs
250 ml (1 t) de lait
75 ml (1/3 t) de cacao
625 ml (2 1/2 t) de farine à pâtisserie tamisée
1 c. à thé de bicarbonate de soude
2 c. à thé de crème de tartre
1 c. à thé de sel
1 c. à thé d'essence de vanille

Battre le beurre en crème.

Ajouter le sucre et les œufs; bien battre la préparation pour dissoudre le sucre.

Saupoudrer le cacao peu à peu.

À la farine tamisée, ajouter le bicarbonate de soude, la crème de tartre et le sel.

La batterie de cuisine

ÉDITION 1936

Une batterie de cuisine (moyenne ou grande) d'un milieu aisé, devrait comporter ce qui suit :

1 balance avec série de poids
1 série de mesures…
1 coquemar (bouilloire)
4 casseroles de différentes grandeurs avec couvercles
2 marmites de 2 ½ gallons pour soupes, potages et bouillons
1 marmite pour légumes
1 braisière à ragoût
1 bassine à friture avec panier métallique

1 bassine à confitures
1 rôtissoire
2 plats à rôtir pour les fours
2 plats rectangulaires et ovales pour les gratins
2 bains-marie, ½ et 2 pintes
2 sauteuses
4 poêles à frire ou à omelettes
1 poissonnière
1 passoire pour égoutter les légumes
2 passoires pour sauces et jus
1 passe-bouillon à toile métallique
1 presse-purée
1 écumoire
1 entonnoir
1 moulin à hacher
1 scie à viande
1 couperet
1 hachoir
1 plat de bois
6 bols à mélanger (différentes grandeurs)
Jarres à conserves, etc.
3 couloirs de différentes grandeurs
3 spatules
Différents modèles de couteaux pour les légumes et les viandes
1 ouvre-boîte
Cuillères, fourchettes et couteaux ordinaires

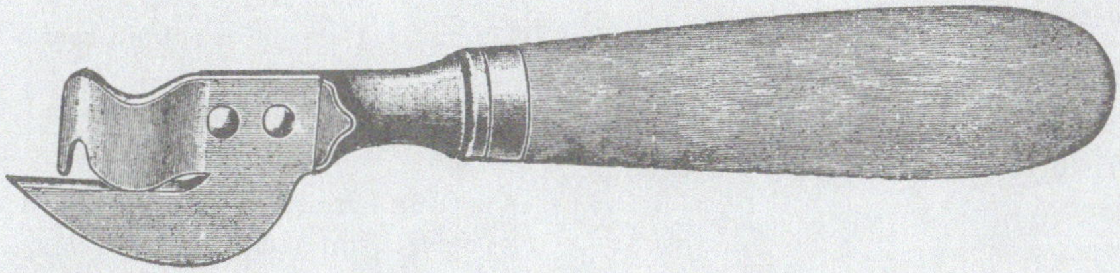

1 presse-citron
Boîtes à épices, salière, poivrière
Batteur d'œufs
Fouet pour battre la crème et les blancs d'œufs
2 râpes
Quelques cuillères, fourchettes et spatules de bois
5 ou 6 boîtes de différentes grandeurs pour contenir les ingrédients employés : farine, sucre, poivre, etc.
1 panier à salade
Moules à gelée, à biscuits, à gâteaux
Moules assortis pour tartelettes
Assiettes à tartes et à gâteaux
2 plaques à pâtisserie
2 mains d'épicier pour farine et sucre
Planche carrée pour pâtisseries
Rouleau à pâte, roulette, moule à couper la pâte
1 tamis à farine
Planchettes pour hacher et découper
Aiguilles à larder et à brider
Plats divers, pots, assiettes, tasses et soucoupes
Bassine à laver la vaisselle
Théière et cafetière
Poubelle (chaudière à déchets)

Incorporer le mélange de farine et le lait à la préparation en alternant les deux.

Ajouter la vanille.

Verser dans deux moules ronds légèrement graissés.

Cuire au four à 190 °C (375 °F), environ 30 minutes.

Gâteau exquis

100 ml (3/8 t) de beurre
400 ml (1 2/3 t) de cassonade bien tassée
2 œufs
2 carrés de chocolat non sucré
500 ml (2 t) de farine à pâtisserie tamisée
1 c. à thé de bicarbonate de soude
175 ml (3/4 t) de lait
1 c. à thé d'essence de vanille

Battre le beurre en crème.

Ajouter graduellement la cassonade.

Incorporer les œufs non battus, un à la fois, en fouettant toujours, puis le chocolat fondu au bain-marie.

À la farine tamisée, ajouter le bicarbonate de soude.

Incorporer la farine et le lait en alternant.

Ajouter la vanille.

Verser dans deux moules ronds et profonds légèrement graissés.

Cuire au four à 180 °C (350 °F), environ 35 minutes.

Gâteau au café

125 ml (1/2 t) de graisse végétale
250 ml (1 t) de sucre
2 œufs
500 ml (2 t) de farine à pâtisserie tamisée
2 1/2 c. à thé de poudre à pâte
1/4 c. à thé de clou de girofle
1/2 c. à thé de cannelle
1/4 c. à thé de muscade
125 ml (1/2 t) de café fort froid
125 ml (1/2 t) de raisins et fruits confits

Battre le gras; ajouter graduellement le sucre, les œufs; bien battre pour dissoudre le sucre.

À la farine tamisée, ajouter la poudre à pâte et les épices. Saupoudrer les fruits de quelques cuillerées de farine.

Ajouter au mélange en alternant farine et café.

Incorporer à la pâte les fruits enfarinés.

Verser dans deux moules, légèrement graissés.

Cuire au four 45 à 50 minutes, à 180 °C (350 °F).

Gâteau aux épices aux fruits

75 ml (1/3 t) de graisse végétale
250 ml (1 t) de sucre
2 œufs
500 ml (2 t) de farine tamisée
1 c. à thé de poudre à pâte
1/2 c. à thé de muscade
1 c. à thé de cannelle
1/2 c. à thé de clou
1/2 c. à thé de sel
150 ml (2/3 t) de raisins secs
75 ml (1/3 t) de noix hachées
250 ml (1 t) de lait
1 c. à thé d'essence de vanille

Battre le gras; ajouter graduellement le sucre et les œufs, bien battre.

À la farine tamisée, ajouter les ingrédients secs.

Prélever un peu de farine et enfariner les fruits.

En alternant, incorporer farine et lait au premier mélange après avoir ajouté les fruits à la préparation.

Ajouter la vanille.

Cuire au four à 180 °C (350 °F) dans un moule à pain graissé recouvert de papier ciré, environ 45 minutes.

Gâteau délicieux

250 ml (1 t) de beurre
500 ml (2 t) de sucre
4 œufs
875 ml (3 1/2 t) de farine tout usage tamisée
1 c. à soupe de poudre à pâte
1/2 c. à thé de sel
250 ml (1 t) d'eau chaude
250 ml (1 t) de noix
250 ml (1 t) de raisins secs
250 ml (1 t) de fruits confits

Battre le beurre en crème et y ajouter 375 ml (1 ½ t) de sucre.

Incorporer les jaunes d'œufs, bien battre.

À la farine, ajouter la poudre à pâte et le sel.

Hacher les noix et les fruits; les enfariner en prélevant un peu de farine sur la quantité mesurée. Les incorporer à la pâte. Au mélange de gras, ajouter en alternant la farine et l'eau.

Battre les blancs d'œufs en neige ferme avec le reste du sucre et les ajouter en coupant et en pliant la pâte.

Verser dans des assiettes à gâteaux bien beurrées et recouvertes d'un papier ciré.

Cuire au four à 160 °C (325 °F), 45 minutes.

Gâteau aux noix

500 ml (2 t) de farine tamisée
1 c. à thé de crème de tartre
1/2 c. à thé de bicarbonate de soude
1 c. à thé de sel
125 ml (1/2 t) de beurre
250 ml (1 t) de sucre
3 œufs
250 ml (1 t) de noix hachées
175 ml (3/4 t) de lait
1 c. à thé d'essence de ratafia

À la farine tamisée, ajouter la crème de tartre, le bicarbonate de soude et le sel.

Crémer le beurre, ajouter graduellement le sucre; bien battre.

Ajouter les œufs un à un; battre la préparation après l'addition de chaque œuf.

Mettre les noix hachées dans la farine et ajouter au mélange en alternant avec le lait et l'essence.

Verser dans un moule carré légèrement graissé et cuire au four à 180 °C (350 °F), environ 40 minutes.

Glacer le gâteau; sur le dessus, tracer de petits carrés et disposer une demi-noix de Grenoble dans chaque carré.

Gâteau divinité

4 blancs d'œufs
375 ml (1 1/2 t) de sucre granulé
125 ml (1/2 t) de graisse végétale
750 ml (3 t) de farine tout usage tamisée
1 c. à soupe de poudre à pâte
1/4 c. à thé de sel
250 ml (1 t) d'eau froide
1 c. à thé d'essence de citron
125 ml (1/2 t) de fruits confits

Fouetter les blancs d'œufs, incorporer 125 ml (½ t) de sucre.

Fête des rois

ÉDITION 1943

Le jour de l'Épiphanie, on fête les Rois, soit dans un dîner animé, soit encore dans un souper. La coutume veut que l'on y déguste une galette : la galette des rois. Un pois et une fève ont été dissimulés dans la pâte du gâteau et ceux à qui ils échoient deviennent roi et reine.

On fractionne le gâteau en autant de parts qu'il y a de convives. Puis les morceaux sont tirés au hasard par chaque personne présente. « Vive le roi ! Vive le roi ! » s'écrie-t-on tout à coup en acclamant l'heureux convive, qui a rencontré le pois, et qui est proclamé roi. La reine reçoit les mêmes honneurs dès qu'elle a trouvé la fève.

Puis, chaque fois que les heureux souverains boivent, toute l'assistance s'écrie à qui mieux mieux : « le roi boit ! » ou « la reine boit ! »

Il est de bon ton que le roi bénévole offre un cadeau à sa reine : quelque bijou de fantaisie ou quelque menu bibelot rappelant les insignes de sa royauté et de sa joyeuse faveur.

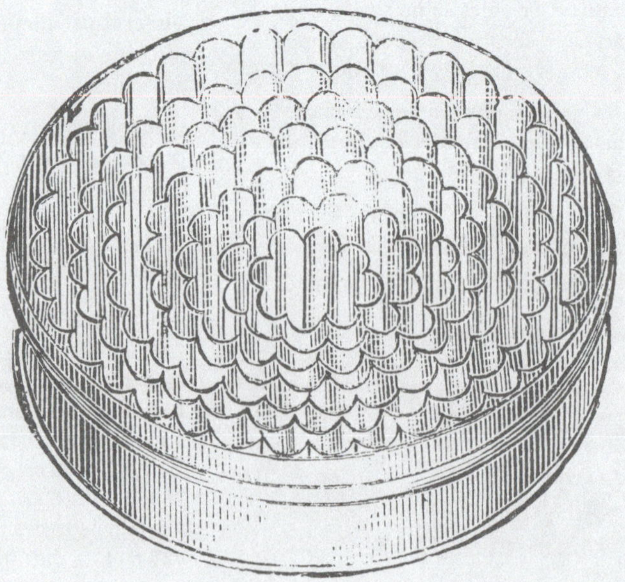

Battre le gras, y ajouter graduellement le reste du sucre.

À la farine tamisée, ajouter la poudre à pâte et le sel. Au mélange de gras, ajouter la farine en alternant avec l'eau.

Ajouter l'essence, les fruits coupés et saupoudrés de farine.

Plier légèrement les blancs, fouettés en neige ferme, dans la pâte.

Verser dans 2 moules à gâteaux graissés et recouverts d'un papier ciré.

Cuire au four à 180 °C (350 °F), environ 35 minutes.

Gâteau aux raisins

125 ml (1/2 t) de beurre
300 ml (1 1/4 t) de sucre
3 œufs
550 ml (2 1/4 t) de farine tout usage tamisée
1 c. à soupe de poudre à pâte
1/2 c. à thé de bicarbonate de soude
1/4 c. à thé de sel
300 ml (1 1/4 t) de lait
50 ml (1/4 t) de cacao
2 c. à thé de vanille
375 ml (1 1/2 t) de raisins secs

Battre le beurre en crème; ajouter graduellement 250 ml (1 t) de sucre, les jaunes d'œufs et bien les battre.

À la farine tamisée, ajouter le cacao, la poudre à pâte, le bicarbonate, le sel; insérer dans la pâte en alternant avec le lait.

Enfariner les raisins.

Fouetter les blancs d'œufs avec le reste du sucre, les incorporer en pliant dans la pâte et ajouter les raisins.

Verser la pâte dans 3 assiettes à gâteaux légèrement graissées recouvertes de papier ciré.

Cuire au four à 180 °C (350 °F), environ 40 minutes.

Après le refroidissement, recouvrir de glace mousseuse.

Gâteau blanc aux fruits

1 litre (4 t) de farine tout usage tamisée
500 g (1 lb) d'amandes émondées
250 g (1/2 lb) d'ananas confits
500 g (1 lb) de raisins secs
375 ml (1 1/2 t) de beurre
500 ml (2 t) de sucre
8 œufs
1 c. à thé de poudre à pâte
1/2 c. à thé de sel
1 c. à thé de muscade
125 ml (1/2 t) d'eau

Hacher les amandes et les ananas.

Mélanger les fruits et les noix dans une partie de la farine.

Mettre en crème le beurre avec le sucre; ajouter les œufs et brasser jusqu'à ce que le tout soit crémeux et le sucre bien fondu.

À la farine tamisée, ajouter la poudre à pâte, le sel et la muscade.

Incorporer la farine au mélange de beurre en alternant avec l'eau.

Ajouter les fruits. Verser dans deux moules à cheminée ou dans deux moules à pain recouverts de papier ciré. Décorer avec des amandes entières.

Cuire à la vapeur au four à 140 °C (275 °F), 1 ½ heure environ.

Retirer le bain-marie et terminer la cuisson toujours à 140 °C (275 °F), 1 à 1 ¼ heure environ.

Vérifier la cuisson.

POUR ÉMONDER DES AMANDES

Mettre les amandes dans un bol.

Faire bouillir de l'eau.

Verser de l'eau bouillante sur les amandes jusqu'à ce qu'elles soient complètement recouvertes. Laisser reposer environ 3 minutes.

Égoutter les amandes et presser entre le pouce et l'index : la peau doit s'enlever facilement.

Sécher les amandes sur un linge ou sur une grille au four à 140 °C (275 °F) pendant ¼ d'heure.

On peut conserver les amandes émondées dans un bocal bien fermé au réfrigérateur.

Gâteau aux fruits nº 1

250 ml (1 t) de beurre
500 ml (2 t) de noix de coco râpée
625 ml (2 1/2 t) de farine tout usage tamisée
2 c. à thé de poudre à pâte
500 g (1 lb) de raisins secs rincés et asséchés
250 g (1/2 lb) de fruits confits
500 ml (2 t) de sucre
250 ml (1 t) de lait
4 œufs
500 g (1 lb) de figues
250 g (1/2 lb) de cerises confites
250 g (1/2 lb) d'amandes émondées

Procéder comme pour le gâteau blanc aux fruits (voir ci-dessus).

Cuire au four à 120 °C (250 °F) à la vapeur 2 heures environ.

Retirer le bain-marie et continuer la cuisson à 120 °C (250 °F), 1 à 1 ¼ heure. Vérifier la cuisson.

Le même nombre et le même type de moules que pour le gâteau blanc aux fruits.

Gâteau aux fruits nº 2

500 g (1 lb) de beurre
675 ml (2 3/4 t) de cassonade
12 œufs
jus et zeste d'un citron
1 litre (4 t) de farine tout usage tamisée
1 c. à thé de bicarbonate de soude
1 c. à thé de muscade
1 kg (2 lbs) de raisins secs
250 g (1/2 lb) d'amandes hachées
500 g (1 lb) de raisins secs rincés et asséchés
250 g (1/2 lb) de fruits confits

Mettre le beurre en crème.

Ajouter la cassonade et les œufs.

Bien battre. Ajouter le jus de citron.

Mélanger le tout quelques minutes.

À la farine tamisée, ajouter le bicarbonate de soude, la muscade et le zeste de citron.

Réserver un peu de farine et en saupoudrer les fruits.

Incorporer la farine au premier mélange, puis les fruits enfarinés et les noix.

Recouvrir trois moules à cheminée ou trois moules à pain d'un papier ciré ; y verser la préparation.

Cuire à la vapeur, au four à 150 °C (300 °F), 1 ½ heure.

Enlever le bain-marie et continuer la cuisson au four à 120 °C (250 °F), 1 ½ heure. Vérifier la cuisson.

Gâteau aux fruits « couronne de gui »

250 ml (1 t) de beurre
500 ml (2 t) de sucre
5 œufs
1 litre (4 t) de farine tout usage tamisée
1 c. à soupe de poudre à pâte
1 c. à thé de sel
125 ml (1/2 t) de lait
1 c. à thé d'essence de vanille
1 c. à thé de jus de citron
500 ml (2 t) de cerises glacées
125 ml (1/2 t) d'ananas confits
125 ml (1/2 t) d'amandes

Mettre le beurre en crème, ajouter graduellement le sucre, puis les œufs non battus, un à la fois, bien battre entre chaque addition jusqu'à ce que le mélange soit léger et bien lisse.

À la farine tamisée, ajouter la poudre à pâte et garder un peu de farine pour enrober les fruits.

Incorporer le mélange de farine à la préparation en alternant avec le lait et les essences.

Faire entrer les fruits enfarinés et les noix.

Tapisser un moule à cheminée avec du papier ciré et y verser la pâte.

Cuire au four à 140 °C (275 °F) pendant environ 2 ½ heures.

Démouler et refroidir. Ajouter une glace au beurre (page 252) et garnir de fruits confits et d'amandes.

Soins après la cuisson — conservation

Démouler en laissant le papier ciré de cuisson.

Refroidir sur une grille.

Envelopper dans le papier de cuisson. Conserver dans une boîte de fer blanc bien fermée ou envelopper dans du papier d'aluminium.

Garder au frais et au sec.

Gâteau aux cerises et aux noix

650 ml (2 2/3 t) de farine tout usage tamisée
2 c. à thé de poudre à pâte
1/2 c. à thé de sel
250 ml (1 t) de gras (moitié beurre, moitié graisse végétale)
300 ml (1 1/4 t) de sucre
4 œufs

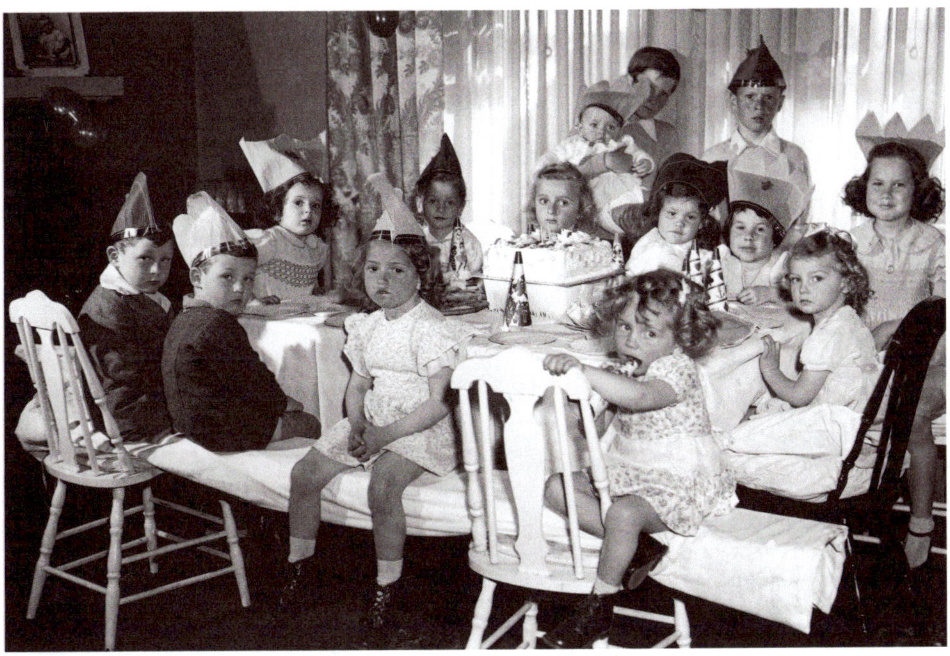

250 ml (1 t) de cerises glacées
125 ml (1/2 t) de cerises rouges et vertes au marasquin
50 ml (1/4 t) de lait
1 1/2 c. à soupe de jus de citron
1 c. à thé d'essence de citron
1 c. à thé d'essence de vanille
125 ml (1/2 t) de noix hachées

À la farine tamisée, ajouter la poudre à pâte et le sel. (Conserver un peu de farine pour enfariner les fruits.)

Battre le gras en crème, ajouter graduellement le sucre, les œufs ; bien mélanger.

Enfariner les fruits avec la farine mise de côté.

Ajouter dans le mélange crémeux le reste de la farine en alternant avec le lait.

Ajouter le jus de citron et les essences, puis les fruits enfarinés et les noix hachées.

Verser dans un moule à pain graissé et recouvert d'un papier ciré.

Cuire au four à 140 °C (275 °F), environ 2 heures.

Démouler et refroidir sur une grille.

Gâteau de fête

500 ml (2 t) de farine tout usage tamisée
2 c. à thé de poudre à pâte
1/2 c. à thé de sel
50 ml (1/4 t) de cerises rouges et vertes au marasquin
50 ml (1/4 t) d'amandes émondées
125 ml (1/2 t) de beurre
250 ml (1 t) de sucre
3 œufs bien battus
75 ml (1/3 t) de pêches en conserve passées au tamis
2 c. à soupe de lait
1 c. à thé de gingembre
1 c. à thé de zeste d'orange
1 c. à thé d'essence de vanille
1/2 c. à thé d'essence d'amande

À la farine tamisée, ajouter la poudre à pâte et le sel.

Couper les cerises et les amandes et ajouter à la farine.

Bien battre le beurre, ajouter graduellement le sucre et les œufs, bien mélanger.

Incorporer les pêches, le gingembre, les essences et le lait.

Faire entrer dans le mélange crémeux en alternant avec la farine et les fruits enfarinés.

Verser dans un moule rond graissé et recouvert d'un papier ciré.

Cuire au four à 160 °C (325 °F), environ 50 minutes.

Démouler et laisser refroidir.

Gâteau aux dattes

125 ml (1/2 t) de beurre
250 ml (1 t) de cassonade
2 œufs, jaunes et blancs séparés
500 g (1 lb) de dattes
125 ml (1/2 t) d'eau chaude
500 ml (2 t) de farine à pâtisserie tamisée
1 c. à thé de bicarbonate de soude

Battre le beurre en crème, ajouter graduellement la cassonade et les jaunes d'œufs. Bien mélanger.

Hacher les dattes et verser l'eau chaude dessus.

À la farine tamisée, ajouter le bicarbonate de soude ; l'incorporer dans la première préparation en alternant avec les dattes et l'eau.

Fouetter les blancs d'œufs en neige et les plier dans la pâte.

Verser dans un moule à pain graissé et recouvert d'un papier ciré.

Cuire au four à 160 °C (325 °F), environ 2 heures.

Démouler et laisser refroidir.

Gâteau au gingembre

250 ml (1 t) de graisse végétale
125 ml (1/2 t) de sucre
2 c. à soupe de gingembre
2 œufs
250 ml (1 t) de mélasse
750 ml (3 t) de farine à pâtisserie tamisée
2 c. à thé de bicarbonate de soude
250 ml (1 t) d'eau chaude

Battre le gras en crème avec le sucre, le gingembre et les œufs.

Bien mélanger.

Incorporer la mélasse.

À la farine tamisée, ajouter le bicarbonate.

Incorporer à la première préparation, en alternant avec l'eau chaude.

Verser la pâte dans 2 moules carrés graissés. Cuire au four à 180 °C (350 °F), 40 minutes.

Gâteau à la farine de maïs
(Johnny Cake)

250 ml (1 t) de farine à pâtisserie
2 c. à thé de poudre à pâte
1/4 c. à thé de bicarbonate de soude
1/4 c. à thé de sel
250 ml (1 t) de farine de maïs
1 œuf
125 ml (1/2 t) de sucre
2 c. à soupe de beurre
250 ml (1 t) de lait

À la farine tamisée, ajouter la poudre à pâte, le bicarbonate de soude et le sel; y incorporer la farine de maïs.

Battre l'œuf, ajouter le sucre, le beurre fondu.

Incorporer la farine, en alternant avec le lait.

Brasser le tout légèrement.

Verser dans un moule carré, graissé.

Cuire au four à 180 °C (350 °F), 30 minutes.

Gâteau aux pommes

125 ml (1/2 t) de beurre
125 ml (1/2 t) de sucre
2 œufs
250 ml (1 t) de farine à pâtisserie tamisée
zeste d'un demi-citron
1 c. à thé de poudre à pâte
1/2 c. à thé de sel
1/2 c. à thé d'essence de vanille
2 ou 3 pommes
cannelle et sucre au goût

Mettre le beurre en crème, ajouter sucre, zeste, œufs non battus, un à la fois; bien battre après l'addition de chaque œuf.

À la farine, ajouter la poudre à pâte et le sel.

Ajouter au premier mélange et aromatiser.

Verser la pâte dans un moule rond graissé.

Enfoncer sur le dessus de la pâte, en rangs parallèles, des tranches minces de pommes pelées.

Saupoudrer un mélange de sucre et de cannelle.

Cuire au four à 180 °C (350 °F), environ 45 minutes.

Gâteau à la soupe aux tomates

50 ml (1/4 t) de beurre
175 ml (3/4 t) de sucre
2 œufs
375 ml (1 1/2 t) de farine tout usage
1 c. à thé de poudre à pâte
1 c. à thé de cannelle
1/2 c. à thé de clou moulu
1/4 c. à thé de bicarbonate de soude
175 ml (3/4 t) de soupe-crème de tomates
175 ml (3/4 t) de raisins secs rincés et asséchés

Crémer le beurre; ajouter graduellement le sucre, les œufs et bien battre.

Prélever une petite partie de la farine tamisée pour enfariner les raisins.

Ajouter à la farine la poudre à pâte, la cannelle, le clou, le bicarbonate de soude.

Incorporer au premier mélange en alternant avec la soupe aux tomates. Ajouter les raisins enfarinés.

Verser dans un moule graissé et enfariné.

Cuire au four à 180 °C (350 °F), environ 30 minutes.

Couvrir le gâteau refroidi d'une glace au fromage à la crème, « fromage à la pie » (page 252).

Gâteau au miel et au chocolat

125 ml (1/2 t) de graisse végétale
125 ml (1/2 t) de miel
125 ml (1/2 t) de cassonade
1 œuf
625 ml (2 1/2 t) de farine à pâtisserie tamisée
125 ml (1/2 t) de cacao
1/2 c. à thé de bicarbonate de soude
2 c. à thé de poudre à pâte
1/2 c. à thé de sel
175 ml (3/4 t) de lait
1 c. à thé d'essence de vanille

Mettre le gras en crème; ajouter le miel, la cassonade et continuer à battre. Incorporer l'œuf et battre.

À la farine, ajouter le cacao, le bicarbonate de soude, la poudre à pâte et le sel.

Ajouter au premier mélange en alternant avec le lait.

Aromatiser. Verser dans 2 moules ronds graissés.

Cuire au four à 180 °C (350 °F), environ 35 minutes.

Gâteau meringué

2 c. à soupe de beurre
125 ml (1/2 t) de sucre
2 jaunes d'œufs (gros)
250 ml (1 t) de farine à pâtisserie tamisée
1 c. à thé de poudre à pâte
125 ml (1/2 t) de lait

Battre le beurre en crème; ajouter le sucre et les jaunes d'œufs.

Bien mélanger.

À la farine tamisée, ajouter la poudre à pâte.

Ajouter la farine au premier mélange en alternant avec le lait.

Étendre la pâte dans un moule carré graissé.

Couvrir le dessus de meringue (voir ci-dessous). Cuire le tout au four à 140 °C (275 °F), environ 45 minutes.

MERINGUE

2 blancs d'œufs (gros)
500 ml (2 t) de cassonade
1 c. à thé d'essence d'érable
ou de vanille
noix de coco râpée pour garnir

Battre les blancs d'œufs en neige en ajoutant peu à peu la cassonade.

Déposer la noix de coco râpée sur le dessus.

Gâteau renversé aux ananas

75 ml (1/3 t) de beurre
175 ml (3/4 t) de sucre
1 œuf
1/2 c. à thé d'essence de vanille
250 ml (1 t) de farine à pâtisserie tamisée
1 c. à thé de poudre à pâte
1/2 c. à thé de sel
100 ml (3/8 t) de lait
3 c. à soupe de beurre
125 ml (1/2 t) de cassonade
tranches d'ananas bien égouttées
cerises (facultatif)

Battre le beurre en crème. Ajouter graduellement le sucre, l'œuf.

Bien mélanger ; ajouter la vanille.

À la farine, ajouter la poudre à pâte et le sel ; ajouter au premier mélange en alternant avec le lait.

Préparer un moule rond dans lequel on a fait fondre le beurre.

Saupoudrer avec la cassonade ; disposer sur la cassonade, au fond du moule, les tranches d'ananas bien égouttées.

Mettre une cerise au centre de chaque tranche, si désiré.

Verser la pâte sur les fruits.

Cuire au four à 180 °C (350 °F), 40-45 minutes.

Renverser le moule sur un plat de service immédiatement après la cuisson.

Servir chaud ou froid.

◉ Gâteau renversé aux pêches ou aux pommes — Remplacer les ananas dans la recette précédente par des pêches ou des pommes et sucrer davantage si les pommes sont acides.

Gâteau à la Jeannette

125 ml (1/2 t) de beurre
250 ml (1 t) de sucre
2 œufs
375 ml (1 1/2 t) de farine à pâtisserie tamisée
2 c. à thé de poudre à pâte
1 pincée de sel
175 ml (3/4 t) de lait
1 c. à thé d'essence de vanille

Mettre le beurre en crème ; ajouter graduellement le sucre, les œufs et battre quelques minutes jusqu'à ce que le sucre soit fondu.

À la farine, ajouter la poudre à pâte et le sel.

Ajouter à la première préparation en alternant avec le lait.

Aromatiser avec la vanille.

Verser dans un moule légèrement graissé et cuire au four à 190 °C (375 °F), environ 30 minutes.

◉ On peut utiliser des moules individuels et cuire au four en diminuant un peu le temps de cuisson.

Gâteau froid au chocolat

250 ml (1 t) ou un paquet de 170 g de brisures de chocolat
2 c. à thé de café en poudre
3 jaunes d'œufs
3 blancs d'œufs
250 ml (1 t) de sucre à glacer
250 ml (1 t) de crème fouettée
biscuits Graham

Fondre le chocolat et le café au bain-marie.

Lorsque le chocolat est fondu, retirer du feu et ajouter délicatement les jaunes d'œufs battus.

Battre les blancs d'œufs en neige ferme ; ajouter graduellement le sucre à glacer et mettre dans la préparation de chocolat.

Ajouter la crème fouettée en pliant dans la préparation.

Placer dans un plat en pyrex une rangée de biscuits, garnir de la préparation au chocolat, ajouter une autre rangée de biscuits et alterner jusqu'à la hauteur désirée.

Refroidir.

Petits fours glacés

4 œufs, blancs et jaunes séparés
250 ml (1 t) de sucre
175 ml (3/4 t) de farine à pâtisserie tamisée
50 ml (1/4 t) de fécule de maïs
1 c. à thé de poudre à pâte
1/4 c. à thé de sel
50 ml (1/4 t) d'eau froide

1/2 c. à thé d'essence de vanille
fondant (page 251)
colorants végétaux
1/4 c. à thé d'essence de citron
noix ou cerises

Fouetter les jaunes d'œufs, ajouter graduellement 175 ml (¾ t) de sucre. Bien battre pour dissoudre le sucre.

À la farine tamisée, ajouter la fécule de maïs, la poudre à pâte et le sel.

Tamiser de nouveau et ajouter au premier mélange en alternant avec l'eau froide.

Battre les blancs d'œufs avec le reste du sucre.

Incorporer les blancs à la pâte en pliant.

Aromatiser.

Cuire dans un moule rectangulaire peu profond légèrement graissé, au four à 200 °C (400 °F), environ 15 minutes.

Quand le gâteau est refroidi, le couper en cubes ou autres formes au choix.

Disposer les petits gâteaux sur une grille, en ayant soin de mettre un plat en dessous.

Faire chauffer le fondant au bain-marie; faire couler sur les petits gâteaux de manière à les recouvrir entièrement.

Décorer à la douille avec de la glace aux teintes assorties, des noix et des fruits confits.

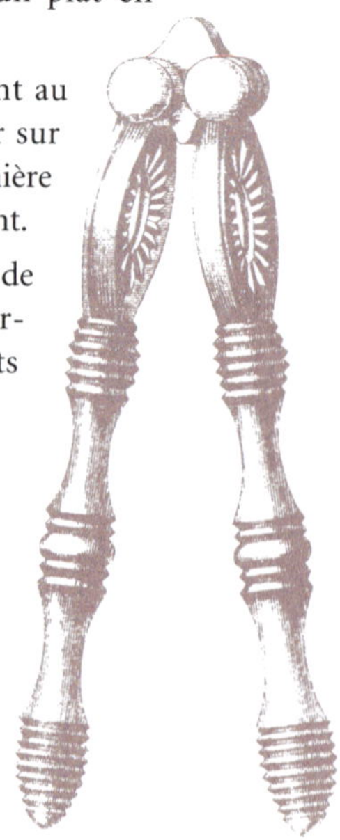

Bouchées aux noix

A
250 ml (1 t) de farine tout usage tamisée
125 ml (1/2 t) de beurre
50 ml (1/4 t) de sucre

Mélanger les ingrédients A.

Les déposer dans un moule carré beurré d'environ 20 cm.

Cuire au four à 200 °C (400 °F), 8 à 10 minutes.

B
250 ml (1 t) de noix hachées
2 œufs
1/2 c. à thé de poudre à pâte
125 ml (1/2 t) de noix de coco râpée
375 ml (1 1/2 t) de cassonade
1/2 c. à thé d'essence de vanille
1 pincée de sel

Préparer un mélange avec les ingrédients B.

En recouvrir la première préparation après la première cuisson.

Remettre au four et cuire jusqu'à l'obtention d'une couleur dorée, environ 20 minutes.

Couper en bouchées.

Bouchées délicieuses

A
50 ml (1/4 t) de beurre
175 ml (3/4 t) de farine à pâtisserie tamisée
75 ml (1/3 t) de cassonade

Mêler ensemble les ingrédients A.

Étendre dans un moule beurré.

Cuire au four à 180 °C (350 °F) jusqu'à ce que la préparation soit légèrement dorée.

B
1 œuf
100 ml (3/8 t) de cassonade
1/4 c. à thé d'essence de vanille
1/4 c. à thé de sel
1 c. à soupe de fécule de maïs
1/4 c. à thé de poudre à pâte
125 ml (1/2 t) de noix de coco râpée
125 ml (1/2 t) de cerises et noix hachées

Déposer sur la surface de la pâte A refroidie tous les ingrédients B préalablement mélangés.

Cuire à nouveau à 180 °C (350 °F) pendant 20 à 25 minutes.

Refroidir avant de tailler en bouchées.

⊙ Bouchées délicieuses à l'érable : Dans la recette précédente — en B — remplacer la cassonade par une quantité égale de sirop d'érable et laisser cuire un peu plus longtemps.

Carrés au chocolat

75 ml (1/3 t) de beurre
175 ml (3/4 t) de sucre
2 œufs
2 carrés de chocolat non sucré
125 ml (1/2 t) de farine à pâtisserie tamisée
1/2 c. à thé de poudre à pâte
1 c. à thé de vanille
125 ml (1/2 t) de noix hachées

Mettre le beurre en crème ; ajouter graduellement le sucre et les œufs. Bien battre.

Fondre le chocolat au bain-marie et l'ajouter.

À la farine tamisée, ajouter la poudre à pâte ; incorporer au premier mélange avec la vanille et les noix.

Verser dans un moule graissé peu profond.

Cuire au four à 180 °C (350 °F), 30 à 35 minutes.

Couper en carrés avant le refroidissement.

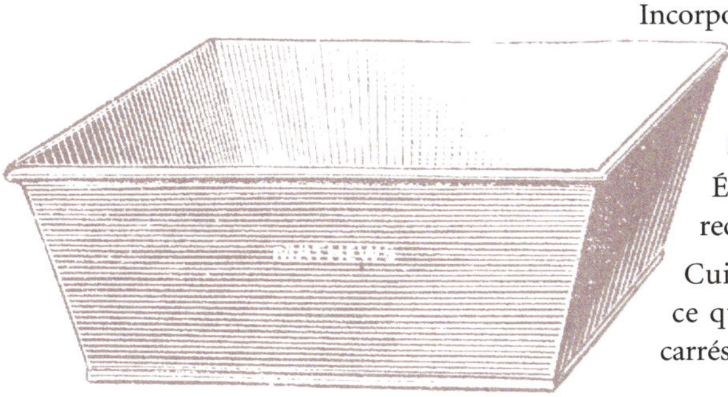

Carrés au citron

CRÈME AU CITRON

250 ml (1 t) d'eau froide
250 ml (1 t) de sucre granulé
50 ml (1/4 t) de fécule de maïs
1 pincée de sel
2 c. à thé de beurre
jus et zeste d'un citron
1 œuf

Chauffer l'eau et le sucre jusqu'au point d'ébullition. Baisser le feu. Ajouter la fécule délayée dans 50 ml (¼ t) d'eau froide. Cuire 2 minutes en brassant.

Battre l'œuf, le réchauffer et l'ajouter. Incorporer le sel.

Cuire quelques minutes.

Ajouter le beurre, le jus et le zeste du citron.

Laisser refroidir cette préparation avant de l'étendre sur la pâte.

PÂTE

175 ml (3/4 t) de beurre
125 ml (1/2 t) de sucre granulé
425 ml (1 3/4 t) de biscuits écrasés
175 ml (3/4 t) de farine tout usage tamisée
1 c. à thé de poudre à pâte
1 c. à soupe de lait
125 ml (1/2 t) de noix de coco râpée

Battre le beurre en crème avec le sucre.

À la farine tamisée, ajouter la poudre à pâte, la noix de coco, les biscuits écrasés.

Incorporer au premier mélange avec le lait.

Verser un peu plus de la moitié du mélange dans une lèchefrite bien graissée en pressant légèrement.

Étendre la crème au citron ci-dessus et recouvrir du reste du mélange.

Cuire au four à 180 °C (350 °F), jusqu'à ce que le mélange soit doré. Couper en carrés.

Carrés aux dattes

GARNITURE AUX DATTES

125 ml (1/2 t) de cassonade
250 ml (1 t) d'eau froide
1 c. à soupe de fécule de maïs
500 ml (2 t) de dattes hachées
1/4 c. à thé d'essence de vanille ou de jus de citron

Mettre l'eau et la cassonade à chauffer, ajouter la fécule délayée dans 1 c. à soupe d'eau froide et les dattes.

Cuire quelques minutes en remuant constamment.

Aromatiser. Laisser refroidir.

PÂTE

250 ml (1 t) de beurre
250 ml (1 t) de cassonade
375 ml (1 1/2 t) de farine tout usage tamisée
sel
425 ml (1 3/4 t) de gruau

Battre le beurre en crème ; y incorporer la cassonade, la farine, le bicarbonate de soude, le gruau.

Déposer un peu plus de la moitié du mélange dans un moule beurré.

Étendre la garniture aux dattes et recouvrir du reste de pâte.

Cuire au four à 180 °C (350 °F), jusqu'à ce que la préparation soit d'une belle couleur dorée.

Laisser refroidir et couper en carrés.

Carrés aux dattes aux flocons de maïs

GARNITURE AUX DATTES

500 ml (2 t) de dattes hachées
250 ml (1 t) de sucre
125 ml (1/2 t) d'eau froide

Mélanger les dattes hachées, le sucre et l'eau froide.

Cuire jusqu'à ce que les dattes soient tendres.

Refroidir.

PÂTE

250 ml (1 t) de beurre
250 ml (1 t) de cassonade
750 ml (3 t) de farine tout usage tamisée
750 ml (3 t) de flocons de maïs
1 c. à thé de bicarbonate de soude
125 ml (1/2 t) d'eau bouillante

Battre le beurre, y ajouter la cassonade.

À la farine tamisée, ajouter le bicarbonate et les flocons de maïs écrasés.

Incorporer au beurre et au sucre, en alternant avec l'eau bouillante.

Terminer comme les « Carrés aux dattes ».

Cuire au four à 180 °C (350 °F), 10 à 15 minutes.

Couper en petits carrés.

Barres aux dattes

625 ml (2 1/2 t) de dattes
125 ml (1/2 t) de noix
250 ml (1 t) de sucre
250 ml (1 t) de farine tout usage tamisée
1 pincée de sel
3 œufs

Hacher menu les dattes et les noix.

À la farine tamisée, ajouter le sel, le sucre.

Prendre la moitié du mélange de farine pour recouvrir les dattes et les noix.

Battre les œufs; incorporer le reste de la farine puis ajouter la première préparation. Le mélange doit être ferme.

Verser le tout dans un moule beurré et cuire au four à 190 °C (375 °F).

Quand la préparation est cuite, la tailler en rectangles minces et rouler chaque morceau dans du sucre à glacer.

Barres au son et aux dattes

2 œufs
250 ml (1 t) de cassonade
125 ml (1/2 t) de farine tout usage tamisée
1/2 c. à thé de poudre à pâte
50 ml (1/4 t) de « All Bran »
50 ml (1/4 t) de dattes hachées
125 ml (1/2 t) de noix hachées

Battre les œufs, ajouter la cassonade peu à peu et continuer à battre jusqu'à ce qu'il soit fondu.

À la farine tamisée, ajouter la poudre à pâte et incorporer au premier mélange.

Mélanger le son, les noix et les dattes, les incorporer à la pâte.

Étendre le mélange (1 cm d'épaisseur), dans une lèchefrite peu profonde, bien graissée.

Cuire à four modéré, 190 °C (375 °F), 20 à 30 minutes.

Tailler en barres avant que le gâteau ne soit trop refroidi. Rouler chaque morceau dans du sucre à glacer.

Carrés « Graham » au chocolat

4 à 6 carrés de chocolat sucré ou semi-sucré
500 ml (2 t) de miettes de biscuits Graham ou autres biscuits secs
275 ml (1 1/4 t) de lait condensé sucré
125 ml (1/2 t) de noix
1/2 c. à thé d'essence de vanille

Fondre au bain-marie le chocolat et le lait condensé, puis ajouter tous les autres ingrédients.

Bien mélanger.

Verser dans un moule carré.

Cuire au four à 180 °C (350 °F), jusqu'à ce que la préparation soit ferme et légèrement brunie. Refroidir partiellement.

Couper en carrés; conserver dans une boîte de fer-blanc bien fermée.

Commandos

125 ml (1/2 t) de beurre
50 ml (1/4 t) de cassonade
1 jaune d'œuf battu
250 ml (1 t) de farine tout usage tamisée
1 c. à thé de poudre à pâte
1 pincée de sel
confitures de framboises ou gelée de pommes

Battre le beurre en crème. Ajouter la cassonade et le jaune d'œuf.

À la farine, ajouter la poudre à pâte et le sel.

Incorporer au premier mélange.

Rouler des petits morceaux de pâte en boules et placer sur une plaque légèrement graissée. Faire un creux au centre avec le doigt. Cuire 10 minutes à four chaud, à 200 °C (400 °F).

Enfoncer de nouveau la cavité et la remplir avec des confitures ou de la gelée.

Recouvrir de meringue et dorer au four.

◎ *Meringue*: 1 blanc d'œuf, 50 ml (¼ t) de sucre à glacer, quelques gouttes d'essence d'amande, 2 c. à soupe d'amandes broyées.

Surprises aux fruits

50 ml (1/4 t) de beurre
125 ml (1/2 t) de sucre
1 œuf
250 ml (1 t) de farine tout usage tamisée
1 c. à thé de poudre à pâte
1/2 c. à thé de sel
50 ml (1/4 t) de crème 15 %
essence de vanille
cerises, dattes, pruneaux ou fruits confits

Battre le beurre en crème; ajouter graduellement le sucre puis l'œuf en continuant à battre.

À la farine tamisée, ajouter la poudre à pâte et le sel. Incorporer au premier mélange avec la crème.

Aromatiser.

Égoutter les cerises, enlever les noyaux des dattes et des pruneaux; enrober les fruits de pâte, un à la fois; déposer sur une plaque à biscuits ou mettre 1 c. à thé de pâte dans de petits moules à gâteaux, y déposer un fruit dessus et recouvrir d'une autre cuillerée de pâte.

Cuire au four modérément chaud, à 180 °C (350 °F), 10 à 15 minutes.

GARNITURES POUR GÂTEAUX

Garniture à la vanille

Formule-type

250 ml (1 t) de lait
125 ml (1/2 t) de sucre
50 ml (1/4 t) de farine tout usage
1 pincée de sel
1 œuf
1 c. à thé d'essence de vanille

Chauffer le lait. Mélanger sucre, farine, sel, œuf battu. Sur ces derniers ingrédients, verser le lait très chaud.

Cuire au bain-marie jusqu'à ce que la préparation épaississe.

Aromatiser en retirant.

Cette crème est employée pour unir les gâteaux étagés.

Garniture au café

Remplacer 2 ou 3 c. à soupe de lait par du café fort.

Garniture au chocolat

Ajouter 1 carré de chocolat.

Garniture au caramel

Incorporer 50 ml (¼ t) de sucre caramélisé.

Garniture à la noix de coco

Ajouter 75 ml (⅓ t) de noix de coco râpée.

Garniture à l'orange

Substituer, dans la formule-type, 2 jaunes d'œufs à l'œuf entier, le zeste et le jus d'une orange à la vanille.

Garniture aux bananes

Passer des bananes au tamis pour obtenir 250 ml (1 t) de purée. Arroser de jus de citron et incorporer à la garniture type.

Garniture aux pêches

Monter 1 blanc d'œuf en neige. Chauffer 175 ml (¾ t) de sirop de pêche, ajouter 1 jaune d'œuf battu préalablement réchauffé avec un peu de sirop. Ajouter très lentement le sirop au blanc d'œuf; verser dans la garniture-type. Mêler très délicatement. Après 3 minutes de cuisson, incorporer 250 ml (1 t) de pêches en purée.

Garniture aux fruits

Remplacer les pêches par d'autres fruits.

⊚ Diminuer le lait et le sucre de moitié si on utilise des fruits en conserve.

Garniture au citron

2 c. à soupe de farine tout usage
175 ml (3/4 t) de sucre
1 pincée de sel
1 citron, jus et zeste
125 ml (1/2 t) d'eau bouillante
2 c. à thé de beurre
1 œuf

Mélanger farine, sucre, sel et zeste de citron.

Verser l'eau bouillante sur ces ingrédients et cuire au bain-marie, 10 à 15 minutes.

Brasser constamment; incorporer le beurre et l'œuf battu après avoir réchauffé celui-ci avec un peu de préparation chaude avant d'effectuer la liaison.

Cuire de nouveau quelques instants.

Ajouter le jus de citron. Retirer du feu et laisser refroidir.

Garniture à l'orange

Remplacer le citron par de l'orange : 50 ml (¼ t) de jus d'orange, le zeste d'une demi-orange; retrancher 50 ml (¼ t) de sucre.

Garniture au butterscotch

2 c. à soupe de beurre
125 ml (1/2 t) de cassonade
250 ml (1 t) de lait
1/4 c. à thé de sel
2 1/2 c. à soupe de farine tout usage
1 œuf
1/4 c. à thé d'essence de vanille

Mélanger le beurre et la cassonade; cuire à feu doux 2 minutes ou jusqu'à ce que le sirop brunisse.

Ajouter 175 ml (¾ t) de lait et chauffer au bain-marie.

Incorporer le sel à la farine et délayer avec le reste du lait.

Verser en brassant dans le lait chaud et cuire 15 minutes.

Incorporer l'œuf battu, en le réchauffant d'abord; cuire encore 3 ou 4 minutes. Refroidir et aromatiser.

Garniture aux fruits nº 1

1 c. à soupe d'arrow-root ou de fécule de maïs
2 c. à soupe de sucre
125 ml (1/2 t) d'eau bouillante
50 ml (1/4 t) de noix
50 ml (1/4 t) de raisins
50 ml (1/4 t) de figues
1 c. à soupe de jus de citron

Hacher les fruits.

Mélanger l'arrow-root et le sucre, les ajouter à l'eau bouillante; brasser et cuire 2 ou 3 minutes.

Arroser les fruits hachés de jus de citron et les incorporer au premier mélange.

Laisser refroidir.

Garniture aux fruits nº 2

A
Ingrédients de la « glace bouillie » (page 247)

B
50 ml (1/4 t) de raisins secs rincés et séchés
50 ml (1/4 t) de fruits confits
50 ml (1/4 t) de noix de Grenoble
50 ml (1/4 t) de figues

Hacher les fruits, les ajouter quand la glace bouillie est à point et assez refroidie.

Garniture à l'ananas

1 1/2 c. à thé de fécule de maïs
175 ml (3/4 t) de sucre
250 ml (1 t) d'ananas écrasés
1 c. à soupe de jus de citron

Mélanger la fécule, le sucre, les ananas et le jus de citron.

Amener au point d'ébullition et laisser mijoter jusqu'à consistance d'une confiture en remuant constamment avec une cuillère de bois.

Laisser refroidir.

Frangipane

125 g (1/4 lb) de pâte d'amande
250 ml (1 t) de sucre
2 œufs
125 ml (1/2 t) de beurre non salé

Mettre la pâte d'amande dans un bol; saupoudrer de sucre.

Travailler à la main jusqu'à ce que le mélange soit onctueux.

Ajouter 1 œuf et battre énergiquement pour dissoudre les grumeaux. Continuer de fouetter avec une cuillère de bois.

Incorporer le beurre et l'autre œuf en battant énergiquement.

Crème pâtissière

375 ml (1 1/2 t) de lait
2 jaunes d'œufs
125 ml (1/2 t) de sucre
3 c. à soupe de farine
1/2 c. à thé d'essence de vanille

Faire chauffer légèrement 250 ml (1 t) de lait au bain-marie.

Battre les œufs avec le sucre, ajouter le reste du lait et incorporer la farine en liant bien.

Réchauffer le mélange d'œufs avec un peu de lait chaud, puis ajouter les œufs au lait chaud en brassant continuellement.

Cuire au bain-marie 20 minutes. Ajouter la vanille.

Crème pâtissière au café

Dans la recette ci-dessus, remplacer 125 à 175 ml (½ à ¾ t) de lait par du café fort; omettre la vanille.

Crème pâtissière au chocolat

À la recette ci-dessus, ajouter 2 carrés de chocolat fondus au bain-marie ou du cacao mêlé à la farine.

Crème Marie-Anne

250 ml (1 t) de graisse végétale
300 ml (1 1/4 t) de sucre à glacer
1/2 c. à thé de sel
1 blanc d'œuf
2 c. à soupe de gelée d'ananas
50 ml (1/4 t) d'eau bouillante
2 1/2 c. à soupe de lait
vanille

Crémer le gras avec le sucre et le sel. Si le mélange s'opère difficilement, travailler à la chaleur, en plaçant le bol au-dessus de l'eau chaude.

Ajouter le blanc d'œuf en brassant énergiquement.

Dissoudre la gelée d'ananas dans l'eau bouillante; la fouetter comme une mousse, l'incorporer à la crème.

Verser le lait peu à peu ainsi que la vanille.

◉ La gelée d'ananas peut être remplacée par de la guimauve.

GLACES POUR GÂTEAUX

Quelques conseils pour glacer un gâteau

Pour glacer un gâteau proprement, c'est-à-dire sans laisser tomber de glace sur l'assiette de présentation, il est conseillé de mettre sur l'assiette des bandes de papier ciré autour du gâteau. Quand celui-ci est décoré, on retire les bandes et le tour est joué !

Laisser refroidir complètement le gâteau avant de le glacer, sinon il s'émiettera facilement.

Enlever le surplus de miettes avec un pinceau. Si le gâteau a été découpé après la cuisson pour lui donner une certaine forme, il est préférable de badigeonner les parties coupées avec du blanc d'œuf.

Commencer par glacer les bords avec très peu de glace, en faisant un mouvement de bas en haut, puis le dessus dans un mouvement circulaire. Ensuite ajouter plus de glace et décorer. On se sert de la spatule d'abord, puis d'un couteau qu'on peut tremper à l'eau chaude pour faciliter le travail.

Il faut de 625 à 750 ml (2 ½ t à 3 t) de glace pour garnir les côtés, le milieu et le dessus d'un gâteau de grosseur moyenne à 2 étages.

Glace bouillie

250 ml (1 t) de sucre
75 ml (1/3 t) d'eau
1 blanc d'œuf

Faire bouillir le sucre et l'eau jusqu'à l'obtention de fils dans l'eau froide ou jusqu'à 115 °C (238 °F).

Monter le blanc d'œuf en neige ; y verser en un mince filet le sirop bouillant, avoir soin de battre continuellement afin que le mélange devienne assez épais pour ne pas couler.

S'il arrive que la glace bouillie n'épaississe pas assez, après l'avoir vigoureusement battue, la fouetter au-dessus de la vapeur jusqu'à la consistance désirée. Si, au contraire, la glace devient trop épaisse, l'éclaircir en lui incorporant quelques gouttes d'eau en continuant à fouetter. Pour obtenir une glace mousseuse, employer 2 blancs d'œufs.

Glace bouillie au chocolat

À la glace bouillie ci-dessus, ajouter 1 carré de chocolat non sucré fondu au bain-marie ou du cacao en quantité suffisante pour l'obtention d'une belle couleur brune ; parfumer à la vanille.

Glace bouillie au sucre brun

Suivre la recette de la glace bouillie ordinaire (voir ci-dessus) en substituant de la cassonade au sucre blanc. Prolonger la cuisson à 116 °C (242 °F) ou jusqu'à l'obtention d'une boule un peu plus ferme que la recette précédente.

Glace bouillie au sucre d'érable

Procéder comme pour la « Glace bouillie » en employant 375 ml (1 ½ t) de sucre d'érable et 125 ml (½ t) d'eau.

Glace « 7 minutes »

1 blanc d'œuf
175 ml (3/4 t) de sucre
1/4 c. à thé de sel
3 c. à soupe d'eau froide
2 c. à thé de sirop de maïs
1/2 c. à thé de zeste de citron

Mettre le blanc d'œuf, le sucre, le sel et l'eau dans la partie supérieure d'un bain-marie.

Battre vigoureusement pendant 1 ou 2 minutes, au fouet électrique.

Verser de l'eau bouillante dans la partie inférieure du bain-marie et déposer la casserole contenant les ingrédients par-dessus. Mettre sur le feu.

Faire mousser jusqu'à ce que la glace forme des monticules, c'est-à-dire environ 7 minutes.

Ajouter lentement le sirop de maïs. Battre 2 minutes.

Ensuite ajouter le zeste de citron et laisser refroidir.

Il est bon de préparer cette glace plusieurs heures d'avance afin qu'elle soit assez consistante.

Glace « 7 minutes » au caramel

Confectionner la recette type ci-dessus; avant la fin de la cuisson du sirop, incorporer 50 ml (¼ t) de sucre caramélisé.

Glace « 7 minutes » au caramel et aux noix

Hacher 50 ml (¼ t) de noix et les ajouter à la préparation précédente.

Glace « 7 minutes » au chocolat

Faire fondre 1 ½ carré de chocolat au bain-marie. Deux minutes avant de retirer du feu, l'ajouter lentement à la glace « 7 minutes », tout en battant continuellement.

Glace « 7 minutes » au café

Dans la glace « 7 minutes », remplacer l'eau par du café fort.

Glace «7 minutes» à la guimauve

Couper 8 grosses guimauves et ajouter à la glace épaissie; battre pour les dissoudre.

Glace au sirop d'érable

175 ml (3/4 t) de sirop d'érable
50 ml (1/4 t) de sucre granulé
1 blanc d'œuf
1/4 c. à thé de crème de tartre
1 pincée de sel

Mettre le sirop d'érable, le sucre, le blanc d'œuf, la crème de tartre et le sel dans la partie supérieure d'un bain-marie. Battre pendant 1 ou 2 minutes, hors du feu.

Verser de l'eau bouillante dans la partie inférieure du bain-marie et déposer la casserole contenant les ingrédients par-dessus.

Battre environ 7 minutes.

Glace meringuée

250 ml (1 t) de sucre granulé
1/4 c. à thé de crème de tartre
50 ml (1/4 t) d'eau chaude
2 blancs d'œufs

Mettre le sucre, la crème de tartre et l'eau dans une casserole; brasser pour fondre le sucre.

Faire bouillir vivement jusqu'à l'obtention de longs fils dans l'eau froide (116 °C – 238 °F).

Fouetter les blancs d'œufs en neige ferme, y verser lentement, en un mince filet, le sirop bouillant; continuer de battre pour épaissir la glace.

Glace meringuée aux fruits

À la glace meringuée précédente, ajouter 125 ml (½ t) de fruits hachés (ananas, fraises, pêches, etc.) et ½ c. à thé de jus de citron. Des cerises confites coupées, au lieu des fruits ci-dessus, donnent à la glace un bel aspect. Cette préparation s'emploie pour les gâteaux étagés: mettre des fruits dans la partie utilisée entre les étages et étendre le reste de la glace sur le gâteau.

Glace au sucre d'érable

375 ml (1 1/2 t) de sucre d'érable
125 ml (1/2 t) de crème à café
1 c. à soupe de beurre

Cuire le sucre et la crème jusqu'à l'obtention d'une boule molle dans l'eau froide (111 °C – 232 °F). Retirer du feu, laisser tiédir; battre comme pour faire du sucre à la crème, sans arrêt, jusqu'à une belle texture crémeuse.

Incorporer le beurre avant que la préparation ne soit trop refroidie. En glaçant le gâteau, laisser couler le sucre sur le dessus plutôt que de l'étendre avec un couteau ou une spatule.

Glace crémeuse au chocolat

50 ml (1/4 t) de cacao
250 ml (1 t) de sucre à glacer tamisé
50 ml (1/4 t) de beurre ramolli
1 œuf (petit)
1/2 c. à thé d'essence de vanille

Tamiser ensemble le cacao et le sucre à glacer.

Défaire le beurre en crème. Y incorporer environ le quart du mélange cacao et sucre.

Ajouter l'œuf et la vanille. Bien mêler.

Ajouter le reste du mélange cacao et sucre. Battre jusqu'à ce que le mélange soit lisse et crémeux.

Glace « fudge » au chocolat

2 carrés de chocolat non sucré
175 ml (3/4 t) de lait froid
1/4 c. à thé de sel
500 ml (2 t) de sucre granulé
2 c. à soupe de sirop de maïs
2 c. à soupe de beurre
1 c. à thé d'essence de vanille

Fondre le chocolat dans le lait à feu très doux.

Ajouter le sel, le sucre et le sirop de maïs; bien remuer pour dissoudre le sucre.

Cuire jusqu'à l'obtention d'une boule molle dans l'eau froide (111 °C – 232 °F).

Retirer du feu et ajouter le beurre et la vanille.

Laisser tiédir.

Battre jusqu'à obtenir la bonne consistance pour étendre.

Glace au chocolat
(pour bûche de Noël)

625 à 750 ml (2 1/2 à 3 t) de sucre à glacer
50 ml (1/4 t) d'eau chaude
1 à 1 1/2 carré de chocolat non sucré
1 c. à soupe de beurre

Dissoudre le sucre dans l'eau chaude, en ajoutant peu d'eau chaude à la fois.

Fondre le chocolat au bain-marie; l'incorporer au sucre (la quantité varie selon la couleur désirée).

Ajouter le beurre en dernier lieu.

Glacer le gâteau; imiter l'écorce du bois avec une fourchette ou un petit couteau quand la glace est assez ferme.

Glace au chocolat
(pour éclairs au chocolat)

2 carrés de chocolat non sucré
50 ml (1/4 t) d'eau bouillante
2 c. à thé de beurre
sucre à glacer tamisé
1/4 c. à thé d'essence de vanille

Fondre le chocolat au bain-marie : le fond de la casserole ne doit pas toucher à l'eau chaude.

Ajouter l'eau bouillante, le beurre et assez de sucre pour obtenir une glace qui s'étende sans couler.

Aromatiser et verser sur les éclairs.

Glace à la guimauve

A
250 ml (1 t) de cassonade
1 blanc d'œuf non battu
3 c. à soupe d'eau froide
1/4 c. à thé de sel
12 grosses guimauves

Avec les ingrédients de A, préparer une glace bouillie « 7 minutes » (page 247). Omettre le sirop de maïs.

Couper les guimauves en petits morceaux ; les ajouter à la glace en la retirant du feu ; bien mélanger. Laisser refroidir.

B
75 ml (1/3 t) de beurre
1 jaune d'œuf
1/4 c. à thé d'essence de vanille

Défaire le beurre en crème ; incorporer le jaune d'œuf et la vanille ; réunir les deux mélanges.

Glace au chocolat à la guimauve

6 grosses guimauves
1 1/2 carré de chocolat non sucré
100 ml (3/8 t) de lait
1/2 c. à thé de sel
3 c. à soupe de beurre
500 ml (2 t) de sucre à glacer tamisé

Dans la partie supérieure du bain-marie, mettre à chauffer les guimauves coupées en quatre, le chocolat, le lait et le sel. Battre délicatement.

Laisser fondre, puis ajouter le beurre ; retirer du feu.

Laisser refroidir en brassant.

Quand le mélange a une consistance de pâte, ajouter graduellement le sucre ; travailler jusqu'à ce que la glace puisse s'étendre sans couler ; ajouter un peu de sucre au besoin.

Glace au fondant

Préparer le fondant désiré (voir au chapitre des bonbons, pages 349-350). Avant de glacer un gâteau ou des petits fours, placer le fondant au bain-marie, en maintenant l'eau au-dessus du point d'ébullition. Remuer continuelle- ment pour le fondre en crème. Si le fondant est trop ferme, ajouter un peu d'eau froide.

Mettre le gâteau sur une grande assiette ou un papier ciré ; verser le fondant de manière à le recouvrir entièrement. Éviter de passer la spatule sur le dessus du gâteau.

Pour glacer les petits fours, les disposer par rangs sur une grille, en ayant soin de placer un plat dessous. Verser le fondant ; les recouvrir en entier.

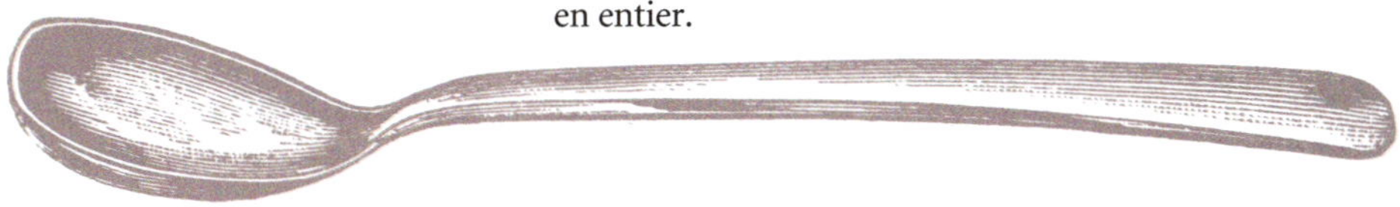

Glace au beurre nº 1

250 ml (1 t) de beurre non salé
625 ml (2 1/2 t) ou plus de sucre à glacer
essence de vanille au goût

Battre le beurre en crème; incorporer peu à peu le sucre.

Ajouter l'essence. Se servir de cette préparation pour glacer ou pour décorer avec une douille.

Glace au beurre nº 2

2 c. à soupe de beurre non salé
500 ml (2 t) de sucre à glacer
2 c. à soupe de crème 15 %
1/4 c. à thé d'essence de vanille
1 œuf battu

Mettre le beurre en crème; ajouter graduellement le sucre, la crème et l'œuf battu, puis aromatiser.

⊙ On obtient une glace au café en remplaçant la crème par 2 c. à soupe de café fort.

⊙ On obtient une glace au chocolat en incorporant, au premier mélange, 1 carré de chocolat non sucré fondu au bain-marie.

Glace aux fruits

2 blancs d'œufs
125 ml (1/2 t) de beurre
125 ml (1/2 t) de graisse végétale
500 ml (2 t) de sucre à glacer tamisé
1 c. à thé d'essence de vanille
1/2 c. à thé d'essence de fraise
1 c. à thé d'essence ou de jus de citron

Battre les blancs d'œufs en neige et ajouter graduellement la moitié du sucre.

Battre les corps gras et ajouter graduellement le reste du sucre.

Incorporer les deux mélanges.

Bien mélanger.

Aromatiser.

Glace moka

125 ml (1/2 t) de beurre
625 ml (2 1/2 t) de sucre à glacer tamisé
50 ml (1/4 t) de café fort
1 c. à thé d'essence de vanille

Fouetter le beurre en crème et ajouter graduellement le sucre.

Quand le mélange est lisse, verser le café.

Aromatiser.

Glace moka au cacao

Suivre la recette précédente en ajoutant 50 à 75 ml (¼ à ⅓ t) de cacao au beurre défait en crème.

Glace au fromage « à la pie »

125 ml (1/2 t) de fromage cottage ou de ricotta
250 ml (1 t) de sucre à glacer tamisé
1/2 c. à thé d'essence de vanille
1/2 c. à thé d'essence de citron

Ramollir le fromage; y ajouter le sucre et les essences.

Bien brasser pour obtenir une belle consistance.

Ajouter du sucre au besoin.

Glace rapide

300 ml (1 1/4 t) ou plus de sucre à glacer tamisé
50 ml (1/4 t) de liquide: eau, jus de fruit, lait ou crème

Ajouter graduellement le liquide au sucre.

Bien battre pour obtenir une glace qui s'étende facilement sur le gâteau, sans couler. Aromatiser.

Glace rapide brillante

Délayer du sucre à glacer avec assez d'eau froide pour obtenir une masse ferme. Placer le bol dans un plat d'eau chaude, sur le feu; agiter la glace constamment pour lui donner du brillant. Retirer la préparation quand elle a tiédi. Aromatiser et colorer au goût. Un peu de glucose ou de sirop de maïs ajouté au mélange lui donne encore plus de brillant.

Glace royale

1 blanc d'œuf
sucre à glacer tamisé
2 c. à soupe d'eau froide
essence au goût

Battre le blanc d'œuf en neige.

Ajouter le sucre et l'eau.

Mettre assez de sucre pour obtenir une glace qui s'étende facilement sur le gâteau, sans couler.

Aromatiser.

Glace royale (pour décorer) n° 1

Dans un blanc d'œuf fouetté, incorporer assez de sucre à glacer tamisé pour obtenir une glace qui garde sa forme, environ 250 ml (1 t) de sucre à glacer ou plus. Ajouter au sucre ¼ c. à thé de crème de tartre par 250 ml (1 t) de sucre. Mettre très peu de sucre à la fois. Aromatiser à la vanille ou au citron.

Glace royale (pour décorer) n° 2

Tamiser 625 ml (2 ½ t) de sucre à glacer et 4 c. à soupe de fécule de maïs dans un bol. Former une cavité au milieu, y verser 3 blancs d'œufs non fouettés et 2 c. à thé de jus de citron. Bien battre avec une cuillère de bois jusqu'à la consistance désirée. Ajouter 1 c. à thé de crème de tartre.

Si la glace est préparée à l'avance, la garder fraîche en déposant le bol dans un plat d'eau froide recouvert d'un linge humide; mettre une assiette dessus.

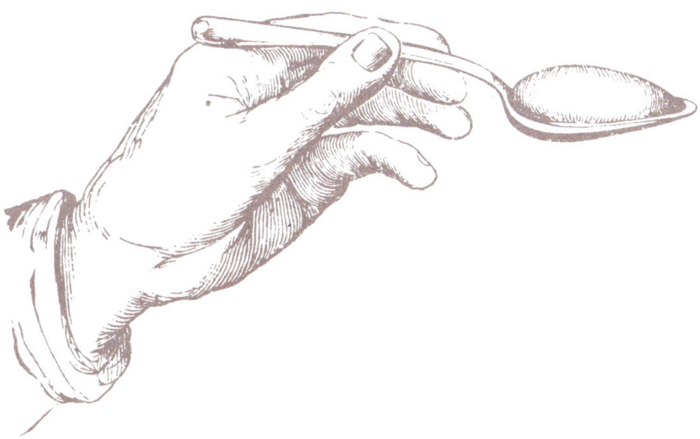

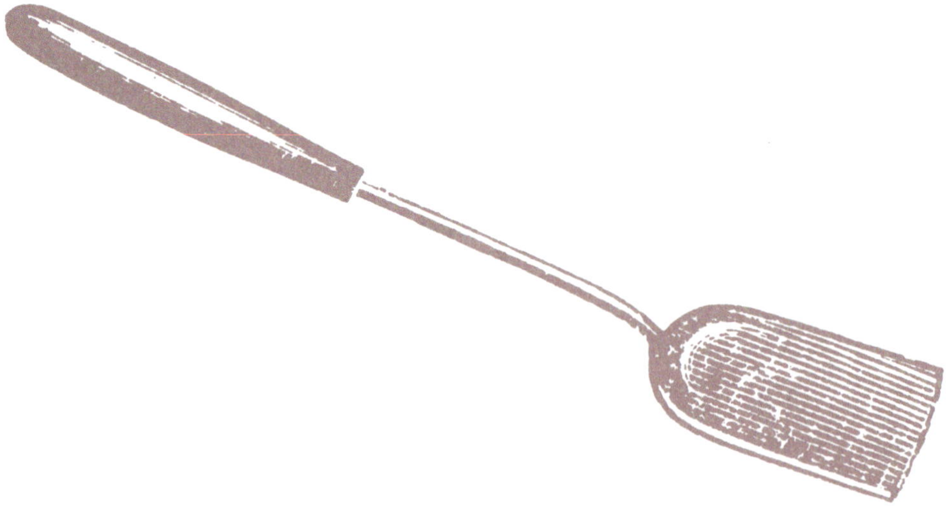

Les biscuits et les croquants

Biscuits à la crème

125 ml (1/2 t) de sucre
250 ml (1 t) de crème 15 %
375 ml (1 1/2 t) de farine tout usage tamisée
2 c. à thé de poudre à pâte
1/2 c. à thé de sel

Mettre le sucre dans la crème, brasser pour le faire fondre.

À la farine, ajouter la poudre à pâte et le sel.

Ajouter le mélange de farine au mélange crème et sucre, mélanger et battre quelques minutes. Déposer par cuillerées sur deux tôles à biscuits légèrement beurrées.

Cuire à 200 °C (400 °F), environ 12 minutes.

⊙ On peut utiliser de la crème sure pour cette recette. Mettre alors ½ c. à thé de bicarbonate de soude dans la crème et retrancher la moitié de la poudre à pâte.

Donne 1 ½ douzaine de biscuits

Biscuits aux céréales cuites

200 ml (4/5 t) de graisse végétale
200 ml (4/5 t) de cassonade
1 œuf
225 ml (7/8 t) de lait
125 ml (1/2 t) de céréales : gruau ou crème de blé
625 ml (2 1/2 t) de farine tout usage
2 c. à thé de poudre à pâte
1 c. à thé de sel
1/4 c. à thé de bicarbonate de soude
muscade ou cannelle au goût
150 ml (2/3 t) de raisins ou dattes

Battre ensemble le gras et la cassonade.

Ajouter l'œuf et bien mélanger.

Incorporer le lait dans la céréale.

À la farine tamisée, ajouter la poudre à pâte, le sel, le bicarbonate, les épices, les fruits enfarinés ; mélanger la farine à la première préparation en alternant avec le lait et la céréale.

Déposer la pâte par petites cuillerées sur 4 tôles beurrées.

Cuire au four à 190 °C (375 °F), 10 minutes environ.

Donne 3 ½ douzaines de biscuits

Biscuits à la marmelade

375 ml (1 1/2 t) de farine tout usage
1/4 c. à thé de bicarbonate de soude
1/2 c. à thé de sel
50 ml (1/4 t) de graisse végétale
1 œuf moyen
1/4 c. à thé d'essence de vanille
125 ml (1/2 t) de marmelade

À la farine tamisée, ajouter le bicarbonate et le sel.

Défaire le gras en crème, ajouter l'œuf, la vanille, la marmelade, puis la farine.

Déposer par petites cuillerées sur 2 tôles légèrement graissées.

Cuire au four à 180 °C (350 °F), 15 minutes.

Donne 1 ½ douzaine de biscuits

Biscuits au son entier

125 ml (1/2 t) de beurre
150 ml (2/3 t) de cassonade
1 œuf moyen
125 ml (1/2 t) de son « All Bran »
300 ml (1 1/4 t) de farine tout usage
1 c. à thé de poudre à pâte
1/4 c. à thé de sel

Battre le beurre en crème, incorporer graduellement la cassonade, l'œuf battu, le son.

À la farine tamisée, ajouter la poudre à pâte et le sel; ajouter au premier mélange en tamisant à nouveau.

Mettre par cuillerées sur 2 tôles légèrement graissées, 10 minutes dans un four chaud à 200 °C (400 °F).

Donne 2 à 2 ½ douzaines de biscuits

Croquants aux « Rice Krispies »

2 blancs d'œufs
250 ml (1 t) de cassonade
500 ml (2 t) de Rice Krispies
125 ml (1/2 t) de noix hachées
250 ml (1 t) de noix de coco râpée
1/2 c. à thé d'essence de vanille

Fouetter les blancs en neige ferme, ajouter la cassonade, le riz, les noix, la noix de coco et la vanille.

Déposer par petites cuillerées sur une tôle recouverte d'un papier d'aluminium (côté mat sur le dessus).

Cuire au four à 180 °C (350 °F), 15 à 20 minutes; enlever immédiatement.

Biscuits aux dattes et à la noix de coco

75 ml (1/3 t) de graisse végétale
125 ml (1/2 t) de sucre
1 œuf
75 ml (1/3 t) de dattes hachées
75 ml (1/3 t) de noix de coco râpée
75 ml (1/3 t) de noix
1/4 c. à thé d'essence de citron
500 ml (2 t) de farine tout usage
2 c. à thé de poudre à pâte
1/2 c. à thé de sel
125 ml (1/2 t) de lait

Battre le gras; ajouter le sucre, l'œuf, bien mêler.

Ajouter les dattes, la noix de coco, les noix.

Bien mélanger. Aromatiser.

À la farine tamisée, ajouter la poudre à pâte et le sel; incorporer au premier mélange, légèrement, en alternant avec le lait.

Déposer par petites cuillerées sur 2 tôles beurrées.

Cuire au four à 180 °C (350 °F), 10 à 15 minutes.

Donne 2 douzaines de biscuits

Biscuits délicieux au chocolat

200 ml (4/5 t) de graisse végétale
100 ml (3/8 t) de cassonade
50 ml (1/4 t) de sucre
2 œufs moyens
500 ml (2 t) de farine tout usage
1/2 c. à thé de bicarbonate de soude
1/4 c. à thé de sel
250 ml (1 t) de noix hachées
75 ml (1/3 t) de brisures de chocolat sucré
1/4 c. à thé d'essence de vanille
75 ml (1/3 t) de lait

Mettre le gras en crème; ajouter le sucre et la cassonade, puis les œufs. Battre.

À la farine tamisée, ajouter le bicarbonate et le sel.

Incorporer au premier mélange ainsi que les noix, le chocolat et l'essence en alternant avec le lait.

Mettre par cuillerées sur 3 tôles légèrement graissées.

Four à 180 °C (350 °F), 10 à 15 minutes.

Donne 3 ½ douzaines de biscuits

Biscuits à la farine d'avoine

175 ml (3/4 t) de graisse végétale
250 ml (1 t) de sucre ou cassonade
3 œufs moyens, blancs et jaunes séparés
75 ml (1/3 t) de lait
375 ml (1 1/2 t) de farine tout usage
1/4 c. à thé de bicarbonate de soude
500 ml (2 t) de farine d'avoine
325 ml (1 1/3 t) de raisins secs hachés
1 c. à thé de cannelle
1/4 c. à thé de sel

Mettre le gras en crème; ajouter le sucre, les jaunes d'œufs battus et le lait.

À la farine tamisée, ajouter le bicarbonate, la farine d'avoine, les raisins, la cannelle et le sel.

Réunir à la première préparation.

Battre les blancs d'œufs et les plier délicatement dans la pâte.

Déposer la préparation par petites cuillerées sur 3 tôles légèrement graissées.

Cuire au four à 190 °C (375 °F), 10 minutes.

Donne 3 ½ douzaines de biscuits

Petits rocs

125 ml (1/2 t) de beurre
125 ml (1/2 t) de cassonade
1 œuf moyen
75 ml (1/3 t) de lait
essence de vanille au goût
375 ml (1 1/2 t) de farine tout usage
2 c. à thé de poudre à pâte
50 ml (1/4 t) de noix hachées
125 ml (1/2 t) de raisins secs ou de dattes hachées

Fouetter le beurre, ajouter la cassonade en continuant de battre.

Mélanger l'œuf, le lait et la vanille.

À la farine tamisée, ajouter la poudre à pâte, les noix et les fruits hachés.

Mêler les deux préparations.

Déposer la pâte par petites cuillerées sur 2 tôles légèrement graissées.

Cuire à 190 °C (375 °F), 8 minutes.

Donne 18 à 20 biscuits

Biscuits au beurre d'arachides

125 ml (1/2 t) de beurre d'arachides
50 ml (1/4 t) de beurre ou graisse végétale
175 ml (3/4 t) de cassonade
1 œuf moyen
300 ml (1 1/4 t) de farine tout usage
1/2 c. à thé de poudre à pâte
1/2 c. à thé de bicarbonate de soude

Mélanger le beurre d'arachides avec le gras.

Ajouter la cassonade et l'œuf.

Bien battre.

À la farine tamisée, ajouter la poudre à pâte et le bicarbonate. Incorporer à la préparation.

Façonner de petites boules de pâte (2 cm de diamètre), les aplatir à l'aide d'une fourchette. Déposer sur 2 tôles légèrement graissées.

Cuire au four à 180 °C (350 °F), 10 minutes.

Donne environ 30 biscuits

Macarons n° 1

2 blancs d'œufs
2 c. à thé de farine tout usage
125 ml (1/2 t) de sucre
250 g (1/2 lb) de noix de coco râpée
un peu de lait au besoin

Fouetter les blancs d'œufs en neige (pics recourbés).

Saupoudrer la farine sur le sucre, les incorporer légèrement dans les blancs d'œufs; ajouter la noix de coco.

Humecter d'un peu de lait si nécessaire.

Déposer par petites boules sur une tôle recouverte d'un papier d'aluminium, côté mat sur le dessus.

Cuire à feu doux, 120 °C (250 °F), jusqu'à ce qu'ils soient dorés.

Donne environ 36 macarons

Macarons n° 2

625 ml (2 1/2 t) de noix de coco râpée
175 ml (3/4 t) de lait condensé sucré
1 c. à thé de vanille

Mélanger la noix de coco au lait condensé. Aromatiser.

Déposer par petites boules sur une tôle recouverte d'un papier d'aluminium, côté mat sur le dessus.

Cuire au four à 180 °C (350 °F), 8 à 10 minutes ou jusqu'à ce qu'ils soient dorés sur le dessus.

Donne environ 25 macarons

Croquants aux flocons de maïs

500 ml (2 t) de flocons de maïs
50 ml (1/4 t) de noix de coco râpée
2 blancs d'œufs
175 ml (3/4 t) de sucre
1/2 c. à thé d'essence de vanille

Mêler la noix de coco aux flocons de maïs.

Fouetter les blancs d'œufs, y incorporer le sucre peu à peu, puis verser sur le premier mélange. Mêler.

Déposer la préparation par petites boules sur une tôle recouverte d'un papier d'aluminium, côté mat sur le dessus. Mettre au four à 120 °C (250 °F), 15 minutes.

⊙ Des cerises coupées ou de très petits cubes de chocolat sucré donnent d'autres variantes.

Macarons au chocolat

1 carré ou 28 g (1 oz) de chocolat amer
175 ml (3/4 t) de lait condensé sucré
325 ml (1 1/3 t) de noix de coco râpée
1/2 c. à thé de poudre à pâte

Fondre le chocolat au bain-marie.

Mélanger le lait condensé et la noix de coco.

Si les macarons ne gardent pas leur forme, ajouter de la noix de coco.

Incorporer la poudre à pâte.

Déposer par petites cuillerées sur une tôle.

Cuire au four à 160 °C (325 °F), 10 à 15 minutes.

Biscuits de fantaisie

250 ml (1 t) de beurre
250 ml (1 t) de sucre
2 œufs battus
1 c. à thé d'essence de vanille
625 ml (2 1/2 t) de farine tout usage
50 ml (1/4 t) de lait

Battre le gras avec le sucre, ajouter les œufs battus, puis la vanille. Bien remuer.

Incorporer la farine tamisée à la première préparation en alternant avec le lait.

Déposer la pâte par petites cuillerées sur 4 tôles.

Garnir de fruits confits (cerises ou autres) avant de mettre au four. Cuire à 200 °C (400 °F), environ 8 minutes. Décoller à la spatule au sortir du four.

Donne environ 70 biscuits

Biscuits moulés à la douille

A
250 ml (1 t) de graisse végétale
1 c. à thé de jus de citron
175 ml (3/4 t) de sucre
1 œuf

Mélanger les ingrédients A.

B
500 ml (2 t) de farine tout usage
1/2 c. à thé de poudre à pâte
1/4 c. à thé de sel

À la farine tamisée, ajouter la poudre à pâte et le sel.

Incorporer le mélange B au mélange A, mais avant de mettre toute la farine, faire l'essai d'un biscuit.

Mouler à la douille de 1 cm de diamètre et déposer sur 4 tôles non graissées.

Cuire au four à 220 °C (425 °F) pendant 10 minutes. Décoller à la spatule au sortir du four.

Donne environ 75 biscuits

Biscuits épicés à la farine d'avoine

125 ml (1/2 t) de graisse végétale
125 ml (1/2 t) de sucre
125 ml (1/2 t) de mélasse
1 œuf
2 c. à thé de cannelle
1 c. à thé de sel
50 ml (1/4 t) de lait
325 ml (1 1/3 t) de farine tout usage
1/2 c. à thé de bicarbonate de soude
125 ml (1/2 t) d'arachides hachées
250 ml (1 t) de raisins secs rincés
325 ml (1 1/3 t) de gruau d'avoine
colorants rouge et vert

Mettre la graisse en crème; ajouter, en battant, le sucre, la mélasse, l'œuf, la cannelle et le sel.

À ce mélange, ajouter raisins, arachides, gruau. Bien mêler.

À la farine tamisée, ajouter le bicarbonate de soude.

Incorporer au premier mélange en alternant avec le lait. Partager la pâte en 3 parties : une blanche, une rouge et une verte.

Déposer la préparation par petites bandes sur les tôles légèrement graissées en alternant les couleurs. Aplatir avec une spatule.

Cuire au four à 180 °C (350 °F), environ 12 minutes.

Couper les biscuits en rectangles après la cuisson.

Biscuits à la noix de coco

250 ml (1 t) de noix de coco râpée
75 ml (1/3 t) de lait
125 ml (1/2 t) de beurre
175 ml (3/4 t) de sucre
2 œufs
500 ml (2 t) de farine tout usage
1 c. à thé de bicarbonate de soude
2 c. à thé de crème de tartre

Faire tremper la noix de coco dans le lait ½ heure.

Battre le gras, ajouter le sucre et les œufs. Bien battre.

Incorporer la noix de coco trempée dans le lait.

À la farine tamisée, ajouter le bicarbonate et la crème de tartre. Ajouter au premier mélange.

Déposer par petites cuillerées sur les tôles.

Badigeonner le dessus des biscuits d'un peu de blanc d'œuf légèrement battu; saupoudrer de noix de coco râpée.

Cuire au four à 180 °C (350 °F), 10 minutes environ.

Biscuits aux arachides

2 c. à soupe de beurre
50 ml (1/4 t) de sucre
1 œuf
250 ml (1 t) de farine tout usage
1 c. à thé de poudre à pâte
1 pincée de sel
2 c. à soupe de lait
1 c. à thé d'essence de citron
125 ml (1/2 t) d'arachides hachées ou de pistaches

Battre le beurre en crème; ajouter le sucre, l'œuf, en battant.

À la farine tamisée, ajouter la poudre à pâte et le sel; incorporer à la première préparation en alternant avec le lait. Lorsque le mélange est terminé, ajouter l'essence et les arachides hachées. Disposer par petites cuillérées sur une tôle.

Badigeonner le dessus de blanc d'œuf légèrement battu, déposer une demi-arachide sur chaque biscuit.

Cuire au four à 190 °C (375 °F), 8 à 10 minutes.

Biscuits ermites

(aux dattes)

250 ml (1 t) de beurre
250 ml (1 t) de sucre
3 œufs
375 ml (1 1/2 t) de dattes hachées
625 ml (2 1/2 t) de farine tout usage
1 c. à thé de cannelle
1/2 c. à thé d'épices mélangées (clou, cannelle, etc.)
1 c. à thé de bicarbonate de soude
50 ml (1/4 t) d'eau
50 ml (1/4 t) de noix hachées

Battre le beurre en crème, ajouter le sucre, les œufs et les dattes hachées. Bien battre.

À la farine tamisée, ajouter les épices, le bicarbonate et les noix hachées en dernier lieu.

Incorporer à la première préparation en alternant avec l'eau.

Déposer par petites cuillerées sur des tôles légèrement graissées.

Cuire au four à 180 °C (350 °F) 10 minutes environ.

Donne environ 60 biscuits

Biscuits au sucre

175 ml (3/4 t) de graisse végétale
250 ml (1 t) de sucre granulé
2 œufs
2 c. à soupe de lait
1 c. à thé de vanille
500 ml (2 t) de farine tout usage
2 c. à thé de poudre à pâte
1/2 c. à thé de sel

Mélanger la graisse avec le sucre; ajouter les œufs, le lait et la vanille. Bien battre jusqu'à ce que le mélange soit léger.

À la farine tamisée, ajouter la poudre à pâte et le sel. Incorporer graduellement les deux mélanges.

Laisser reposer la pâte au froid environ 2 heures avant de la rouler. Saupoudrer légèrement la planche de farine.

Abaisser la pâte à ½ cm d'épaisseur. Découper les biscuits au gré de votre fantaisie. Couvrir le dessus de sucre granulé.

Cuire 8 minutes, au four à 190 °C (375 °F).

⊙ *Variantes.* Au lieu du sucre granulé, mettre des noix hachées ou du raisin sur le dessus; ou encore badigeonner les biscuits de blanc d'œuf avant de saupoudrer de sucre ou de noix.

Remplacer le sucre granulé de la pâte par de la cassonade, ou du sucre d'érable, ou du miel. Ajouter à la pâte de l'anis ou du chocolat fondu; ou des noix hachées ou des épices et même de la noix de coco râpée; ou bien

remplacer la vanille par du zeste et du jus de citron ou d'orange.

Après la cuisson, on peut encore mettre les biscuits deux à deux avec de la gelée, du beurre d'érable, de la marmelade ou une garniture aux raisins ou aux dattes.

Biscuits « Janoises »

175 ml (3/4 t) de beurre
250 ml (1 t) de sucre
5 jaunes d'œufs
250 ml (1 t) de crème 15 %
1 litre (4 t) de farine tout usage
4 c. à thé de poudre à pâte
1/2 c. à thé de sel
1 c. à thé de vanille

Mettre le beurre en crème. Ajouter le sucre, les jaunes d'œufs et la crème. À la farine tamisée, ajouter la poudre à pâte et le sel. Ajouter la farine au premier mélange en 3 fois. Ne pas réfrigérer. Diviser la pâte en 2. Abaisser à 1 cm d'épaisseur. Tailler à l'emporte-pièce et déposer sur des tôles légèrement graissées. Cuire à 190 °C (375 °F).

Au goût, badigeonner les biscuits d'une meringue préparée avec un blanc d'œuf et 1 c. à soupe de sucre à glacer ou couper en deux et garnir de gelée. On peut aussi, au lieu de la meringue, saupoudrer les biscuits de sucre granulé.

Donne environ 100 biscuits

Biscuits à l'ammoniaque

3 œufs
500 ml (2 t) de sucre
250 ml (1 t) de graisse et beurre
500 ml (2 t) de farine tout usage
1/2 c. à thé de sel
2 c. à soupe d'ammoniaque pulvérisée
250 ml (1 t) de lait

Battre les œufs avec le sucre ; incorporer le gras fondu.

À la farine tamisée, ajouter l'ammoniaque et le sel.

Incorporer le mélange de farine à la première préparation en alternant avec le lait. Ajouter de la farine tamisée pour donner une consistance plutôt ferme à la pâte et abaisser.

Fraiser la pâte sur la table farinée. Abaisser à ½ cm d'épaisseur ; tailler avec un emporte-pièce.

Cuire au four à 190 °C (375 °F).

Biscuits au chocolat

125 ml (1/2 t) de beurre
250 ml (1 t) de sucre
2 œufs
2 carrés de chocolat non sucré
625 ml (2 1/2 t) de farine tout usage
1 c. à thé de poudre à pâte
1/4 c. à thé de cannelle
1/2 c. à thé de bicarbonate de soude
sel
50 ml (1/4 t) de lait

Battre le gras avec le sucre ; ajouter les œufs et le chocolat fondu au bain-marie. Bien battre.

À la farine tamisée, ajouter la poudre à pâte, la cannelle, le bicarbonate et le sel. Incorporer graduellement au premier mélange, en alternant avec le lait.

Ne pas réfrigérer.

Abaisser la pâte à ½ cm d'épaisseur. Découper les biscuits à l'emporte-pièce de 5 ½ cm de diamètre.

Cuire au four à 190 °C (375 °F), 8 minutes.

Donne environ 50 biscuits

Biscuits au miel

1 œuf
125 ml ($^1/_2$ t) de miel épais
125 ml ($^1/_2$ t) de sucre
500 ml (2 t) de farine tout usage
$^1/_2$ c. à thé de bicarbonate de soude
$^1/_4$ c. à thé de sel
1 c. à thé de gingembre
1 c. à thé de cannelle

Battre l'œuf, incorporer le sucre et le miel.

À la farine tamisée, ajouter le bicarbonate, le sel, le gingembre et la cannelle.

Refroidir la pâte environ 2 heures.

Abaisser la pâte à ½ cm d'épaisseur et couper à l'emporte-pièce. Déposer sur des tôles légèrement graissées.

Cuire à 190 °C (375 °F), 5 minutes.

Donne environ 40 biscuits

Biscuits à l'orange

1 œuf
250 ml (1 t) de sucre
125 ml ($^1/_2$ t) de beurre
625 ml (2 $^1/_2$ t) de farine tout usage
1 c. à soupe de poudre à pâte
sel
50 ml ($^1/_4$ t) de jus d'orange
2 c. à soupe d'eau froide

Ramollir le gras. Ajouter le sucre, l'œuf et bien battre.

À la farine tamisée, ajouter la poudre à pâte, le sel; incorporer au mélange, en alternant avec le jus d'orange et l'eau.

Abaisser la pâte à ½ cm d'épaisseur; tailler à l'emporte-pièce. Badigeonner le dessus de chaque biscuit d'un peu de blanc d'œuf et saupoudrer du zeste d'orange.

Cuire au four à 180 °C (350 °F), environ 8 minutes.

Donne environ 50 biscuits

Biscuits de Milan

125 ml ($^1/_2$ t) de beurre
250 ml (1 t) de sucre
3 jaunes et 1 œuf entier
550 ml (2 $^1/_4$ t) de farine tout usage
1 c. à thé de poudre à pâte
$^1/_4$ c. à thé de sel
50 ml ($^1/_4$ t) de lait

Ramollir le gras; ajouter le sucre, les œufs et bien battre.

À la farine tamisée, ajouter la poudre à pâte et le sel, incorporer légèrement en alternant avec le lait. Réfrigérer ½ heure avant d'abaisser à ½ cm d'épaisseur. Tailler à l'emporte-pièce sur une surface enfarinée.

Dorer le dessus d'un peu de jaune d'œuf dilué dans de l'eau et saupoudrer de la noix de coco râpée ou des amandes hachées, ou du sucre granulé.

Cuire au four à 200 °C (400 °F), 8 minutes environ.

Donne environ 35 biscuits

Biscuits glacés au chocolat

A

PÂTE

125 ml ($^1/_2$ t) de graisse végétale
250 ml (1 t) de sucre
2 œufs
500 ml (2 t) de farine tout usage
$^1/_2$ c. à thé de bicarbonate de soude
2 c. à thé de poudre à pâte
sel
125 ml ($^1/_2$ t) de cacao
100 ml ($^3/_8$ t) de lait sur ou de lait de beurre
vanille

Battre le gras; ajouter le sucre, les œufs; bien battre.

À la farine tamisée, ajouter la poudre à pâte, le bicarbonate, le sel et le cacao.

Incorporer le mélange de farine à la première préparation en alternant avec le lait et la vanille. Refroidir 2 heures.

Abaisser à 1 cm et tailler à l'emporte-pièce.

Cuire au four à 190 °C (375 °F), 5 minutes.

Tandis que les biscuits sont encore chauds, les badigeonner au pinceau ou à la spatule avec la glace des ingrédients (B).

B

GLACE

125 ml (1/2 t) de sucre à glacer
1 c. à soupe de cacao
1/4 c. à thé de sel, vanille
2 c. à soupe de lait chaud

Mélanger le sucre et le cacao.

Ajouter le lait chaud, le sel et la vanille.

Battre jusqu'à ce que le mélange soit lisse.

Donne environ 70 biscuits

Biscuits secs

125 ml (1/2 t) de beurre
250 ml (1 t) de sucre
2 œufs
1 c. à soupe de lait
1/2 c. à thé d'essence de citron
625 ml (2 1/2 t) de farine tout usage
1/4 c. à thé de muscade
1 pincée de sel
2 c. à thé de poudre à pâte

Mélanger parfaitement le beurre, le sucre, les œufs et le lait; aromatiser.

À la farine tamisée, ajouter la muscade, le sel et la poudre à pâte.

Incorporer le mélange à la première préparation.

Faire une abaisse mince; découper et déposer les biscuits sur des tôles légèrement graissées.

Cuire au four à 200 °C (400 °F), environ 5 minutes.

Donne environ 70 biscuits

Biscuits sablés

250 ml (1 t) de beurre
250 ml (1 t) de sucre
1 œuf
1 c. à soupe d'eau
500 ml (2 t) de farine tout usage
1 c. à thé de poudre à pâte
raisins secs (facultatif)

Battre le beurre en crème. Ajouter le sucre, l'œuf et l'eau. Bien mélanger.

À la farine tamisée, ajouter la poudre à pâte.

Incorporer les deux mélanges.

Abaisser à ½ cm environ. Tailler à l'emporte-pièce; saupoudrer chaque biscuit de sucre et déposer quelques raisins sur le dessus.

Mettre sur une tôle et cuire au four à 190 °C (375 °F), 7 minutes.

Donne environ 40 biscuits

Biscuits à la farine d'avoine et aux dattes

125 ml (1/2 t) de graisse végétale
175 ml (3/4 t) de cassonade
1 œuf battu
1 c. à soupe d'eau chaude
175 ml (3/4 t) de farine tout usage tamisée
1/2 c. à thé de crème de tartre
1/2 c. à thé de bicarbonate de soude
1/2 c. à thé de sel
375 ml (1 1/2 t) de gruau d'avoine
1/2 c. à thé d'essence de vanille

Battre la graisse et la cassonade.

Ajouter l'œuf battu et l'eau chaude.

À la farine tamisée, ajouter la crème de tartre, le bicarbonate, le sel et le gruau.

Incorporer ce deuxième mélange au premier. Aromatiser. Réfrigérer ½ heure.

Faire une abaisse de ½ cm d'épaisseur. Tailler à l'emporte-pièce, pas trop grand; déposer sur une tôle.

Cuire au four à 190 °C (375 °F) 10 minutes.

Après la cuisson, mettre, entre 2 biscuits, une préparation aux dattes ou aux figues (voir recette de « Biscuits aux figues », ci-après).

Donne environ 25 biscuits

Biscuits « Tante Marie »

250 ml (1 t) de beurre
250 ml (1 t) de sucre
2 œufs bien battus
625 ml (2 1/2 t) de farine tout usage
1 c. à thé de bicarbonate de soude
2 c. à thé de crème de tartre
1/2 c. à thé de sel
essence au goût

Battre le gras et le sucre, ajouter les œufs.

Mélanger jusqu'à ce que le mélange soit léger.

À la farine tamisée, ajouter le bicarbonate, la crème de tartre et le sel.

Incorporer à la première préparation. Aromatiser.

Laisser refroidir la pâte au réfrigérateur environ ½ heure.

Faire une abaisse mince, couper à l'emporte-pièce.

Cuire au four à 200 °C (400 °F), environ 5 minutes.

Donne environ 60 biscuits

Biscuits « surprise »

50 ml (1/4 t) de beurre
175 ml (3/4 t) de sucre
1 œuf battu
100 ml (3/8 t) de crème sure
500 ml (2 t) de farine tout usage
2 c. à thé de poudre à pâte
1/4 c. à thé de bicarbonate de soude
1/2 c. à thé de sel
confitures ou gelée

Mettre le beurre en crème, ajouter le sucre, l'œuf battu et la crème.

À la farine tamisée, ajouter la poudre à pâte, le bicarbonate et le sel.

Incorporer délicatement à la première préparation.

Abaisser la pâte mince et la tailler à l'emporte-pièce.

Mettre sur la moitié des biscuits environ 1 c. à thé de gelée ou de confiture épaisse. Placer l'autre moitié sur le dessus et presser le tout. Faire une petite incision sur le dessus.

Cuire au four à 180 °C (350 °F), 8 à 10 minutes.

Donne environ 30 biscuits

Biscuits aux figues

GARNITURE AUX FIGUES

250 g (1/2 lb) de figues sèches
125 ml (1/2 t) d'eau chaude
50 ml (1/4 t) de sucre

Passer les figues au hachoir; les déposer dans une casserole avec le sucre et l'eau chaude. Brasser sur feu moyen, jusqu'à ce que le mélange devienne comme une marmelade et s'étende facilement.

Suivre le même procédé pour une préparation aux dattes.

PÂTE

Biscuits « Janoises » (page 262)

Abaisser la pâte mince, ½ cm d'épaisseur, la tailler en bandes de 7 cm de largeur; déposer des figues au milieu sur la longueur, ramener les bords sur les figues en ménageant un petit espace au centre; couper en tronçons de 5 cm.

Ou – Tailler la pâte en bandes rectangulaires (7 x 5 cm). Déposer des figues sur la moitié, au centre; replier la pâte, presser les bords.

Cuire à 180 °C (350 °F), environ 12 minutes.

Donne environ 50 biscuits

Biscuits à la gelée n° 1

175 ml (3/4 t) de beurre
125 ml (1/2 t) de sucre
1 œuf
50 ml (1/4 t) de lait
125 ml (1/2 t) de mélasse
1 c. à thé de vanille
750 ml (3 t) de farine tout usage
2 c. à thé de bicarbonate de soude
gelée ou confitures

Battre le beurre en crème, ajouter le sucre, l'œuf et le lait en fouettant.

Ajouter la mélasse et la vanille.

À 250 ml (1 t) de farine tamisée, ajouter le bicarbonate.

Incorporer au premier mélange et ajouter délicatement le reste de la farine tamisée. Former une boule. Mettre au réfrigérateur.

Abaisser à ½ cm, tailler avec un petit emporte-pièce (5 cm).

Cuire au four à 180 °C (350 °F), 8 minutes. Lorsque les biscuits sont refroidis, les réunir 2 par 2 avec de la gelée.

Donne environ 50 biscuits

Biscuits à la gelée n° 2

75 ml (1/3 t) de beurre
250 ml (1 t) de sucre
2 œufs
625 ml (2 1/2 t) de farine tout usage
1/2 c. à thé de sel
2 c. à thé de poudre à pâte
1 c. à thé de gingembre
125 ml (1/2 t) de crème 15 %
gelée ou confiture épaisse

Battre le beurre en crème, ajouter le sucre, les œufs. Bien mélanger.

À la farine tamisée, ajouter la poudre à pâte, le sel et le gingembre.

Incorporer à la première préparation en alternant avec la crème.

Abaisser à ½ cm d'épaisseur; tailler avec un petit emporte-pièce. Sur une rondelle, déposer une cuillerée de gelée ou de confitures, recouvrir d'une seconde rondelle en forme de couronne, en pressant bien le tour.

Cuire au four à 180 °C (350 °F), 18 minutes.

Donne environ 50 biscuits

Biscuits à la mélasse

125 ml (1/2 t) de graisse végétale
125 ml (1/2 t) de cassonade
125 ml (1/2 t) de mélasse
1 œuf
1 c. à thé de bicarbonate de soude
625 ml (2 1/2 t) de farine tout usage tamisée
1/4 c. à thé de gingembre
125 ml (1/2 t) de lait sur

Fouetter le gras, ajouter la cassonade, la mélasse, l'œuf et bien battre.

À la farine tamisée, ajouter le bicarbonate et le gingembre.

Ajouter au premier mélange en alternant avec le lait.

Déposer la pâte par cuillerées sur des tôles légèrement graissées. Si on veut abaisser la pâte (à ½ cm d'épaisseur), on doit ajouter 50 ml (¼ t) de farine à la recette et la refroidir au réfrigérateur une heure. Saupoudrer du sucre granulé sur le dessus.

Cuire au four à 180 °C (350 °F), 10 minutes.

Donne environ 70 biscuits

Biscuits « frigidaire »

Les ingrédients doivent être à la température de la pièce.

125 ml (1/2 t) de beurre
50 ml (1/4 t) de sucre
50 ml (1/4 t) de cassonade
1 petit œuf
275 ml (1 1/8 t) de farine tout usage tamisée
1/4 c. à thé de bicarbonate de soude
1/4 c. à thé de sel
1/4 c. à thé d'essence de vanille

Battre le beurre en crème.

Incorporer graduellement le sucre, la cassonade (tamisée si les biscuits sont faits à la douille) et l'œuf. Très bien battre.

À la farine tamisée, ajouter le bicarbonate de soude et le sel.

Ajouter délicatement au mélange de beurre et de sucre.

Aromatiser.

Ajouter, au goût, amandes hachées, raisins secs, chocolat en petits morceaux.

Faire un rouleau avec la pâte. L'envelopper dans un papier à congélation. Congeler.

Sortir la pâte du congélateur 5 minutes avant de trancher les biscuits en rondelles de ½ cm d'épaisseur à l'aide d'un couteau mince et tranchant.

Déposer les biscuits sur une tôle non graissée (garder environ 1 cm d'espace entre les biscuits).

Cuire à 200 °C (400 °F), 8 à 10 minutes.

Au sortir du four, décoller immédiatement les biscuits avec une spatule métallique.

Donne environ 35 biscuits

Biscuits au gingembre

50 ml (1/4 t) de beurre
125 ml (1/2 t) de cassonade
125 ml (1/2 t) de mélasse
2 œufs
750 ml (3 t) de farine tout usage tamisée
2 c. à thé de bicarbonate de soude
1 c. à soupe de gingembre

Battre le beurre en crème.

Ajouter la cassonade, la mélasse et les œufs.

Bien battre jusqu'à ce que le mélange soit léger.

À la farine tamisée, ajouter le bicarbonate de soude et le gingembre.

Incorporer la farine au premier mélange.

Abaisser la pâte à ½ cm. Tailler à l'emporte-pièce.

Cuire au four à 190 °C (375 °F), 8 minutes.

Décoller les biscuits au sortir du four avec une spatule métallique.

Donne environ 40 biscuits

La pâtisserie

LA PÂTE BRISÉE

La pâte brisée porte ce nom parce que, cuite, elle a tendance à se briser facilement. Cela tient à ce que, cette pâte étant manipulée légèrement et rapidement, les ingrédients qui la composent ne sont pas solidement incorporés les uns aux autres.

La pâte brisée exige :

Farine à pâtisserie ou tout usage, de premier choix, tamisée et déposée d'avance au frais.
Eau très froide ou même glacée.
Saindoux ou graisse végétale très ferme.
Sel, indispensable pour relever la saveur.

Formule-type

125 ml (1/2 t) de farine à pâtisserie et 250 ml (1 t) de farine tout usage tamisée
100 ml (3/8 t) d'eau glacée
125 ml (1/2 t) de gras
3/4 c. à thé de sel
(2 abaisses)

Préparer les ingrédients d'avance et les tenir au froid jusqu'à l'heure de la préparation.

Mesurer exactement les ingrédients.

Afin de ne pas changer les proportions des ingrédients, prélever, sur la quantité mesurée, environ 1 c. à soupe de farine dont on se servira au moment de l'abaisse.

Travailler au frais et suivre exactement l'ordre indiqué dans le mode de préparation, afin de respecter l'action des produits les uns sur les autres.

Amalgamer la graisse et la farine dans un bol à mélanger, à l'aide de deux couteaux ou d'un coupe-pâte. La graisse doit avoir à peu près les dimensions d'un petit pois.

Former une fontaine. Ajouter le sel à l'eau, puis verser l'eau salée dans la fontaine. Mélanger à l'aide de deux couteaux et très légèrement. Manipuler le moins possible.

Une pâte bien à point ne s'attache ni au bol ni aux doigts. Trop de liquide donne une pâte dure et lisse à la surface. Trop peu de liquide donne une pâte qui s'émiette.

Laisser reposer la pâte au froid, de 15 minutes à 1 heure, et même davantage, avant de l'abaisser et de la faire cuire.

Abaisse

Avec la farine prélevée sur la quantité mesurée, enfariner la planche et le rouleau à pâte pour empêcher les ingrédients de coller. Couper un morceau de pâte suffisant pour une abaisse. Rouler la pâte en tous sens, mais toujours du centre vers les bords ; soulever le rouleau en arrivant au bord. Éviter de retourner l'abaisse. Si elle colle, la soulever avec une spatule et l'enfariner légèrement.

Tartes à une seule croûte

Placer l'abaisse dans un moule ; la tailler pour qu'il n'en dépasse qu'un demi-pouce. Replier l'excédent sur l'abaisse et denteler entre le pouce et l'index. Piquer le fond de l'abaisse avant de la mettre au four, afin de l'empêcher de gonfler.

Tartes à deux croûtes

Avant d'ajouter la deuxième abaisse, tailler la première de façon à ce qu'elle n'excède pas les bords et en enduire le rebord de lait. Faire dépasser la deuxième abaisse de 1 cm, pratiquer des incisions, et replier l'excédent sous l'abaisse du fond. Denteler.

Pour bien dorer, badigeonner la surface avec l'une des substances suivantes : lait seul ou mêlé à une quantité égale de sucre, œuf battu, ou jaune d'œuf battu et eau en parties égales, soit au moment de mettre au four, soit après 10 minutes de cuisson.

Cuisson

Cuire la pâtisserie, tartes et pâtés, sur une grille placée au bas du four, à 230 °C (450 °F) pendant 10 minutes. Réduire ensuite la température à 180 °C (350 °F). Si la croûte n'est pas assez dorée sur le dessus, la mettre sur la grille supérieure pour les cinq dernières minutes de la cuisson.

Temps approximatif de cuisson

Pâtés et tartes (double abaisse) : 45 à 60 minutes.

Tarte à une seule abaisse : 20 à 30 minutes.

Croûte sans garniture : 15 minutes environ. La croûte est généralement dorée après environ 10 minutes. On la retourne alors et on la place dans l'assiette, en prenant soin de procéder rapidement, afin qu'elle ne refroidisse pas. On termine la cuisson en maintenant la température à 230 °C (450 °F).

Utilisation

a) Tarte à une seule abaisse avec garniture au choix : au citron, à l'orange ; à la crème aromatisée (vanille ou autre essence) ; à la crème pâtissière avec fruits divers ; à la noix de coco râpée, au chocolat, au butterscotch, au caramel, etc. Ces tartes peuvent être meringuées ou décorées de crème fouettée ou de noix hachées, etc.
b) Tarte à deux croûtes : aux fruits frais ou en conserve, aux confitures, à la mélasse, au raisin, etc.
c) Pâtés : à la viande, au poisson, etc.
d) Petits pâtés individuels.
e) Tartelettes.
f) Carrés aux fruits.
g) Pommes en cage et chaussons.
h) Rissoles : à la viande, au poisson, aux fruits, etc.
i) Triangles, étoiles, croissants, etc., pour garnitures.
j) Petits biscuits et pailles au fromage, pour servir avec les potages et les salades.

Pâte brisée

500 ml (2 t) de farine tout usage tamisée
1 c. à thé de sel
1 c. à thé de poudre à pâte
100 ml (3/8 t) d'eau glacée
175 ml (3/4 t) de graisse végétale

À la farine tamisée, ajouter la poudre à pâte et le sel.

Incorporer la graisse dans la farine à l'aide de deux couteaux, jusqu'à ce que la graisse et la farine soient assez mélangées pour former une farine grossière, la graisse brisée de la grosseur d'un pois.

Au centre, creuser une fontaine. Ajouter l'eau, mélanger très légèrement à l'aide de deux couteaux. Travailler la pâte le moins possible.

Lorsque la pâte a acquis la consistance nécessaire, la laisser refroidir ¾ d'heure au réfrigérateur avant de l'abaisser.

Cuire à 230 °C (450 °F), de 18 à 20 minutes.

Donne 2 abaisses

Pâte brisée plus riche

500 ml (2 t) de farine tout usage tamisée
1/2 c. à thé de sel
175 ml (3/4 t) de graisse végétale
1 jaune d'œuf
1 c. à thé de jus de citron
75 à 85 ml (1/3 t) d'eau glacée

À la farine tamisée, ajouter le sel.

Incorporer la graisse à l'aide de deux couteaux, jusqu'à ce que la graisse brisée ait la grosseur d'un pois.

Battre le jaune d'œuf, ajouter le jus de citron et l'eau glacée. Incorporer à la farine et mélanger légèrement, sans trop manipuler la pâte.

Réfrigérer ¾ d'heure avant d'abaisser.

Cuire à 230 °C (450 °F), environ 15 minutes.

Donne 2 abaisses

Pâte brisée fine sucrée
(pour tartelettes)

500 ml (2 t) de farine tout usage tamisée
125 ml (1/2 t) de sucre en poudre tamisé
125 ml (1/2 t) de beurre
125 ml (1/2 t) de graisse végétale
2 œufs moyens
1/2 c. à thé de sel
1 c. à thé de zeste de citron ou d'orange

À la farine tamisée, ajouter le sucre et mélanger. Incorporer la graisse végétale froide et le beurre froid à l'aide de deux couteaux ou d'un coupe-pâte. Battre les œufs avec le sel et le zeste de citron ou d'orange.

Ajouter les œufs très délicatement à la pâte. Ne pas trop travailler la pâte. Laisser refroidir 24 heures au réfrigérateur.

Avant d'utiliser la pâte, la couper en deux et la laisser chambrer, 5 minutes.

Abaisser la pâte à ½ cm environ. Découper avec un emporte-pièce de 5 ½ cm environ et déposer les rondelles dans des moules à muffins non graissés. Épouser les contours du moule sans toutefois étirer la pâte.

Cuire à 200 °C (400 °F), 12 à 15 minutes.

Donne 18 à 20 fonds de tartelettes

Pâte brisée à l'orange

500 ml (2 t) de farine tout usage tamisée
1/2 c. à thé de sel
125 ml (1/2 t) de graisse végétale froide
50 ml (1/4 t) de beurre froid
100 ml (3/8 t) de jus d'orange froid

À la farine tamisée, ajouter le sel.

Incorporer la graisse et le beurre à l'aide de deux couteaux ou d'un coupe-pâte, jusqu'à ce que la pâte ait une consistance farineuse.

Ajouter le jus d'orange et l'incorporer à la pâte avec les deux couteaux sans trop la travailler.

Laisser reposer au réfrigérateur au moins 1 heure.

Abaisser. Cuire au four à 180 °C (350 °F), 16 à 18 minutes.

Donne 2 abaisses

Tarte aux abricots

1 boîte d'abricots de 425 ml (1 3/4 t) environ
125 ml (1/2 t) de sucre
2 c. à soupe de fécule de maïs
2 c. à soupe d'eau froide

Mettre le jus d'abricot et le sucre dans une casserole.

Chauffer à feu moyen pour dissoudre le sucre. Remuer continuellement.

Ajouter la fécule préalablement délayée dans l'eau froide.

Brasser en continuant la cuisson, jusqu'à épaississement.

Ajouter les fruits coupés. Poursuivre la cuisson 1 minute en brassant.

Retirer du feu et refroidir entièrement avant de mettre dans une abaisse cuite.

⊙ Si on emploie une pâte non cuite, garnir et cuire à 220 °C (425 °F), 10 minutes, baisser la température à 180 °C (350 °F) et continuer la cuisson 20 minutes environ.

⊙ Si on emploie des abricots séchés, les faire tremper et cuire au préalable.

Tarte aux pêches

Remplir à moitié une croûte de pâte brisée cuite avec de la crème pâtissière (page 246). Couvrir de tranches de pêches cuites et sucrées. Glacer le dessus avec le sirop suivant : 250 ml (1 t) de sirop de conserve de pêches ou autre, 2 c. à soupe de fécule de maïs délayée dans 2 c. à soupe d'eau froide ; cuire jusqu'à ce que le sirop soit limpide.

⊙ Les abricots ou les poires peuvent remplacer les pêches.

Tarte à l'ananas

125 ml (1/2 t) d'eau
50 ml (1/4 t) de sucre
125 ml (1/2 t) de jus d'ananas
250 ml (1 t) d'ananas
50 ml (1/4 t) de fécule de maïs
50 ml (1/4 t) d'eau froide
une pincée de sel
2 c. à soupe de noix de coco râpée
2 c. à soupe de jus de citron

Amener l'eau, le sucre et le jus d'ananas au point d'ébullition.

Ajouter les ananas coupés en petits morceaux, puis la fécule de maïs délayée dans l'eau froide.

Ajouter le sel. Cuire 20 minutes tout en brassant. Laisser refroidir.

Incorporer la noix de coco râpée et le jus de citron.

Mettre dans une croûte déjà cuite de 22 cm de diamètre.

Tarte au butterscotch

2 c. à soupe de beurre
125 ml (1/2 t) de cassonade
250 ml (1 t) de lait
2 c. à soupe de fécule de maïs
1/4 c. à thé de sel
1 œuf moyen
1/4 c. à thé d'essence de vanille

Mélanger le beurre et la cassonade ; cuire 2 minutes ou jusqu'à ce que le sirop brunisse.

Ajouter 175 ml (¾ t) de lait et chauffer au bain-marie.

Délayer la fécule dans le reste du lait. Saler.

Ajouter la fécule délayée et laisser cuire le tout 15 minutes en remuant délicatement.

Battre l'œuf, le réchauffer avec 1 ou 2 cuillerées de la préparation chaude et l'y introduire. Cuire encore 2 minutes.

Placer cette préparation dans une croûte déjà cuite.

Décorer avec une meringue ou de la crème fouettée.

Tarte au caramel

50 ml (1/4 t) de beurre
175 ml (3/4 t) de sucre
250 ml (1 t) de lait
1/4 c. à thé de sel
2 c. à soupe de fécule de maïs
1 œuf moyen

Mélanger le beurre et 50 ml (¼ t) de sucre; cuire 2 minutes à feu doux.

Ajouter 175 ml (¾ t) de lait et chauffer au bain-marie.

Incorporer le sel à la fécule, délayer avec le reste du lait.

Ajouter le tout au lait chaud; cuire 15 minutes.

Faire caraméliser le reste du sucre.

Battre l'œuf, le réchauffer avec un peu de la préparation chaude. Incorporer à la préparation ainsi que le caramel.

Cuire encore 3 ou 4 minutes. Refroidir avant de verser dans une croûte déjà cuite. Décorer soit d'une meringue, soit de noix de coco râpée ou ajouter une boule de crème glacée sur chaque portion au moment du service.

POUR CARAMÉLISER
Mettre le sucre dans une poêle et chauffer tout en brassant jusqu'à ce que le sucre soit fondu et bruni.

Tarte au chocolat

375 ml (1 1/2 t) de lait
3 c. à soupe de fécule de maïs
1 1/2 carré de chocolat amer en petits morceaux
125 ml (1/2 t) de sucre
1 pincée de sel
2 œufs moyens, blancs et jaunes séparés
1/2 c. à thé d'essence de vanille

Délayer la fécule dans 50 ml (¼ t) de lait froid.

Chauffer dans un bain-marie le reste du lait, le chocolat, le sucre et le sel. Quand le chocolat est bien fondu dans le lait, incorporer la fécule délayée en remuant constamment.

Cuire 8 à 10 minutes. Battre les jaunes d'œufs, les réchauffer avec un peu de la préparation, les y ajouter et cuire 4 à 5 minutes en brassant délicatement. Refroidir, aromatiser, mettre dans une croûte cuite.

Préparer une meringue avec les blancs d'œufs pour la décoration. (Sucrer la meringue au goût.)

Tarte au citron

375 ml (1 1/2 t) d'eau
175 ml (3/4 t) de sucre
50 ml (1/4 t) de fécule de maïs
1 c. à thé de beurre
2 œufs moyens
jus et zeste d'un citron

Chauffer l'eau et le sucre au point d'ébullition.

Ajouter la fécule délayée dans 50 ml (¼ t) d'eau froide; cuire 2 minutes en brassant. Toujours en brassant, et au bain-marie, incorporer le beurre, les jaunes d'œufs battus et réchauffés avec quelques cuillerées de la préparation. Dès que celle-ci nappe entièrement la cuillère, la retirer et ajouter le jus et le zeste de citron. Refroidir.

Mettre dans une croûte cuite.

Décorer le dessus d'une meringue préparée avec les blancs d'œufs et 2 c. à soupe de sucre par blanc d'œuf. Recouvrir entièrement la préparation de meringue. Dorer sous le gril 2 minutes (laisser la porte du four entrouverte).

Tarte à l'orange

La préparation est la même que ci-dessus. Incorporer tout simplement du jus d'orange au lieu du jus de citron.

Tarte chiffon au citron

1 1/3 c. à soupe de gélatine
50 ml (1/4 t) d'eau froide
3 œufs moyens
175 ml (3/4 t) de sucre
zeste et jus de 2 citrons
50 ml (1/4 t) de noix hachées (facultatif)

Faire gonfler la gélatine dans 2 c. à soupe d'eau froide durant 5 minutes.

Combiner les jaunes d'œufs, 125 ml (½ t) de sucre, le zeste et le jus des citrons et 2 c. à soupe d'eau froide; battre le tout légèrement et cuire au bain-marie en remuant constamment jusqu'à ce que le mélange épaississe (10 à 15 minutes); incorporer la gélatine, pour la dissoudre, à la préparation chaude. Refroidir.

Fouetter les blancs d'œufs avec le reste du sucre et les incorporer, en pliant, dans la crème au citron lorsque celle-ci commence à prendre. Verser la préparation dans une croûte cuite de pâte brisée. Laisser prendre. Au moment de servir, décorer de noix hachées ou de crème fouettée sucrée et vanillée.

⊙ On prépare de la même manière des tartes « chiffon » à l'orange, aux fraises, au café, au chocolat.

Tarte à la citrouille

250 ml (1 t) de citrouille
75 ml (1/3 t) de sucre
zeste d'orange ou de citron
1 pincée de gingembre
2 c. à soupe de fécule de maïs
50 ml (1/4 t) de lait
50 ml (1/4 t) de crème

Cuire la citrouille dans très peu d'eau ou à la vapeur; la passer au tamis, ajouter le sucre, le zeste, le gingembre.

Cuire au bain-marie 15 minutes.

Délayer la fécule avec le lait, l'ajouter au mélange de citrouille; dès que ce mélange devient très chaud, laisser cuire 15 minutes.

Remuer de temps en temps. Verser la crème en un mince filet dans le liquide. Brasser et retirer du feu. Laisser refroidir avant de mettre dans une croûte de pâte brisée cuite. On peut décorer d'une meringue sucrée.

Tarte fanchonnette à la citrouille

1 œuf
175 ml (3/4 t) de citrouille cuite en purée
50 ml (1/4 t) de crème 15 %
1/2 c. à thé de cannelle
175 ml (3/4 t) de lait, 1/2 c. à thé de sel
75 ml (1/3 t) de cassonade
1 pincée de gingembre
crème fouettée

Battre l'œuf jusqu'à ce qu'il soit mousseux et épais.

Ajouter la citrouille et tous les autres ingrédients.

Bien mélanger.

Cuire à 135 °C (270 °F) dans une croûte de pâte brisée déjà cuite pendant environ 1 ½ heure ou jusqu'à ce qu'une lame de couteau enfoncée au centre en ressorte sèche. Garnir de crème fouettée avant de servir.

Tarte à la mélasse

250 ml (1 t) de mélasse
50 ml (1/4 t) de cassonade
125 ml (1/2 t) d'eau bouillante
1/4 c. à thé de muscade
6 c. à soupe de fécule de maïs délayée dans 50 ml (1/4 t) d'eau froide
1 c. à soupe de beurre ou de margarine

Faire bouillir la mélasse, la cassonade, la muscade et l'eau bouillante.

Ajouter la fécule délayée; laisser mijoter jusqu'à ce que la préparation nappe la cuillère. (Cuire sans couvercle.)

Incorporer le beurre et laisser refroidir.

Verser dans une croûte de pâte brisée déjà cuite. Laisser tiédir.

Tarte au suif nº 1

250 ml (1 t) de suif
250 ml (1 t) de raisins secs rincés
50 ml (1/4 t) de sucre
3 c. à soupe de vinaigre
3 c. à soupe d'eau

Foncer une assiette à tarte d'une abaisse non cuite (20 cm) de pâte brisée; étendre un rang de suif émietté fin, puis un rang de raisins. Saupoudrer le sucre; arroser avec le mélange de vinaigre et d'eau. Couvrir de pâte; faire quelques incisions.

Cuire au four à 230 °C (450 °F), 10 minutes, et terminer la cuisson à 180 °C (350 °F) jusqu'à ce que le dessus soit doré.

Servir très chaud.

Tarte au suif n° 2

125 ml (1/2 t) de suif
125 ml (1/2 t) de raisins secs rincés
125 ml (1/2 t) de pommes hachées
125 ml (1/2 t) de cassonade

Foncer une assiette à tarte d'une abaisse non cuite (20 cm) de pâte brisée. Mélanger tous les ingrédients; bien mélanger.

Verser le mélange dans l'abaisse. Couvrir de pâte, inciser.

Cuire comme ci-dessus et servir très chaud.

Tarte aux flocons de maïs

A
750 ml (3 t) de flocons de maïs
175 ml (3/4 t) de sucre
1/2 c. à thé de cannelle
50 ml (1/4 t) de beurre

Mêler les ingrédients dans l'ordre donné et façonner une croûte sur une assiette à l'aide d'une spatule ou d'une cuillère.

B
500 ml (2 t) de lait
4 jaunes d'œufs
125 ml (1/2 t) de sucre
1/2 c. à thé de sel
75 ml (1/3 t.) de farine tout usage
1 c. à thé de vanille

Chauffer le lait au bain-marie. Battre les jaunes d'œufs avec le sucre, le sel, au moyen de la cuillère de bois. Ajouter la farine quand le mélange est jaune pâle. Verser le lait chaud, brasser. Remettre au bain-marie. Cuire en remuant constamment jusqu'à ce que la préparation recouvre complètement la cuillère. Retirer et laisser refroidir; aromatiser. Verser sur la première préparation.

C
4 blancs d'œufs
1 pincée de sel
125 ml (1/2 t) de sucre
1/4 c. à thé de vanille

Préparer une meringue. En recouvrir la tarte, et laisser dorer à 180 °C (350 °F).

Tarte chiffon aux fraises

1 c. à soupe de gélatine neutre
2 c. à soupe d'eau froide
125 ml (1/2 t) d'eau bouillante
175 ml (3/4 t) de crème à fouetter 35 %
125 ml (1/2 t) de sucre
1/4 c. à thé d'essence de fraise
500 ml (2 t) de fraises fraîches

Faire tremper la gélatine dans l'eau froide, durant 5 minutes; la dissoudre dans l'eau bouillante. Fouetter la crème, incorporer la gélatine dissoute et refroidie. Continuer de fouetter au froid ou sur la glace jusqu'à ce que la crème commence tout juste à devenir gélatineuse.

Laver et égoutter les fraises parfaitement, les ajouter à la crème, en réserver quelques-unes pour décorer. Y ajouter aussi le sucre et l'essence.

Verser dans une croûte cuite de pâte brisée.

Servir froid.

Tarte aux fruits frais

petits fruits : fraises, framboises, bleuets, canneberges...
sucre (comme pour les confitures page 369)
1 1/2 c. à soupe de fécule de maïs
1 pincée de sel

Mélanger le sucre (la quantité varie selon l'acidité des fruits), la fécule de maïs et le sel. Laver les fruits, si c'est nécessaire, les égoutter et les ajouter au premier mélange.

Badigeonner le fond de la pâte avec du blanc d'œuf légèrement battu. Mettre les fruits; puis couvrir d'une autre abaisse, y faire quelques incisions.

Cuire au four à 230 °C (450 °F), 12 minutes. Abaisser la température du four à 180 °C (350 °F) pour terminer la cuisson durant environ 30 minutes.

Tarte aux œufs

2 œufs moyens et 1 jaune
50 ml (1/4 t) de sucre
150 ml (2/3 t) de lait
1 pincée de muscade
ou quelques gouttes de vanille

Battre les œufs avec le sucre jusqu'à ce qu'ils deviennent mousseux et épais; ajouter le lait, la muscade ou la vanille. Confectionner une bonne pâte brisée; en recouvrir un moule et badigeonner la pâte avec du blanc d'œuf avant d'y mettre la préparation.

Cuire au four à 200 °C (400 °F), 15 minutes; terminer la cuisson à 180 °C (350 °F), environ 40 minutes ou jusqu'à ce qu'une fine lame de couteau insérée au centre en ressorte sèche.

Tarte soufflée à l'orange

4 œufs moyens, jaunes et blancs séparés
250 ml (1 t) de sucre
1/2 citron moyen
1 orange moyenne

Fouetter les blancs d'œufs en neige, ajouter graduellement 125 ml (½ t) de sucre; quand ce dernier est dissous, réserver au froid. Préparer une crème avec les jaunes d'œufs battus, le reste du sucre, le jus et zeste des fruits. Cuire au bain-marie en remuant continuellement jusqu'à ce que la préparation nappe la cuillère. Retirer du feu, incorporer les blancs d'œufs en pliant délicatement. Verser dans une croûte déjà cuite, servir très froid.

Une tarte soufflée au citron se prépare de la même manière.

Tarte aux pommes

4 à 5 pommes moyennes
150 ml (2/3 t) de sucre
1 pincée de cannelle, muscade, sel
1 c. à soupe de beurre
2 c. à soupe de farine tout usage

Préparer les pommes; les couper en rondelles minces. Foncer une assiette d'une abaisse de pâte brisée; badigeonner la pâte avec du blanc d'œuf, y ranger les fruits, les saupoudrer de sucre additionné de farine, de cannelle ou de muscade et de sel bien mêlés ensemble.

Parsemer quelques noisettes de beurre; mouiller de 1 à 1 ½ c. à soupe d'eau froide. Recouvrir d'une deuxième abaisse; faire des incisions.

Cuire au four à 230 °C (450 °F), 10 minutes, puis terminer la cuisson à 180 °C (350 °F), environ ½ heure ou jusqu'à ce que la croûte soit dorée et les pommes cuites.

Tarte aux raisins nº 1

100 ml (3/8 t) de raisins secs rincés
350 ml (1 3/8 t) d'eau
100 ml (3/8 t) de cassonade
2 c. à soupe de fécule de maïs
50 ml (1/4 t) d'eau froide
1/4 c. à thé d'essence d'érable (facultatif)

Mettre les raisins dans une casserole avec l'eau et la cassonade. Faire mijoter quelques minutes.

Ajouter la fécule de maïs diluée dans l'eau froide. Diminuer l'intensité du feu et brasser jusqu'à ce que le mélange épaississe. Retirer du feu et ajouter l'essence.

Refroidir avant de mettre dans une abaisse non cuite. Recouvrir d'une autre abaisse. Cuire au four chaud à 230 °C (450 °F), 10 minutes; terminer la cuisson à 180 °C (350 °F) jusqu'à ce que la croûte soit dorée, environ 20 minutes.

Tarte aux raisins n° 2

250 ml (1 t) de raisins secs rincés
250 ml (1 t) de sucre
1 c. à soupe de beurre fondu
50 ml (1/4 t) de chapelure
jus et zeste d'un citron moyen
1 œuf battu, sel

Mélanger tous les ingrédients dans l'ordre indiqué.

Verser sur une abaisse de pâte, recouvrir d'une autre abaisse. Faire des incisions.

Cuire 10 minutes au four à 230 °C (450 °F); baisser le four à 180 °C (350 °F) pour terminer la cuisson.

Tarte à la rhubarbe

Laver, couper la rhubarbe en tronçons; verser de l'eau bouillante dessus et égoutter dans une passoire. Mettre 500 g (1 lb) de sucre par 500 g (1 lb) de rhubarbe. Placer sur le feu et cuire sans eau. On peut ajouter du zeste d'orange ou de citron. À la fin de la cuisson, incorporer 2 c. à soupe de farine tout usage délayée dans 2 c. à soupe d'eau froide. Verser dans une abaisse, couvrir et cuire comme pour la « Tarte aux raisins ».

Tartelettes au sucre d'érable « de chez nous »

500 ml (2 t) d'eau
375 ml (1 1/2 t) de sucre d'érable
125 ml (1/2 t) de farine tout usage

Confectionner une pâte brisée; abaisser, tailler en rondelles. Déposer chaque rondelle dans des moules profonds à muffins; piquer la pâte pour l'empêcher de gonfler.

Mettre une cuillerée de la préparation suivante : faire bouillir l'eau et le sucre d'érable, ajouter la farine délayée, laisser mijoter 8 à 10 minutes.

Humecter le pourtour de la tartelette, recouvrir d'une seconde rondelle de pâte dans laquelle on a ménagé une petite ouverture au milieu. Cuire à four chaud à 230 °C (450 °F), 8 minutes, diminuer à 180 °C (350 °F) et poursuivre la cuisson jusqu'à ce que les croûtes soient dorées.

Tarte au sucre d'érable

325 ml (1 1/3 t) de sucre d'érable ou de cassonade
1 petit œuf
1 c. à thé de beurre ramolli
50 ml (1/4 t) de lait évaporé
50 ml (1/4 t) de farine tout usage
1/4 c. à thé d'essence au goût (érable, vanille, amande, etc.)

Mêler vigoureusement tous les ingrédients, sauf la farine et l'essence, jusqu'à ce que le mélange devienne mousseux et onctueux.

Ajouter la farine. Mélanger. Aromatiser.

Verser dans une abaisse non cuite ; recouvrir de bandes de pâte entrecroisées.

Cuire à 230 °C (450 °F) les 15 premières minutes, puis baisser la température à 180 °C (350 °F) pour le reste de la cuisson, jusqu'à ce que la croûte soit bien dorée, environ 30 minutes.

Tartelettes au sirop d'érable

250 ml (1 t) de sirop d'érable
125 ml (1/2 t) de farine
eau froide
125 ml (1/2 t) de crème 15 %
amandes (au goût)

Porter le sirop au point d'ébullition. Laisser bouillir légèrement.

Ajouter au sirop bouillant la farine délayée à l'eau froide — assez d'eau pour éviter la formation de grumeaux. Incorporer la crème et continuer la cuisson en brassant jusqu'à ce que le mélange épaississe.

Refroidir et verser dans des croûtes de tartelettes déjà cuites.

Recouvrir d'amandes hachées grossièrement.

Galettes à la cannelle

pâte brisée (retailles)
blanc d'œuf
sucre et cannelle

Abaisser la pâte à ½ cm, tailler en carrés ou en rectangles. Badigeonner le dessus avec du blanc d'œuf et saupoudrer de sucre et de cannelle.

Cuire au four à 220 °C (425 °F) jusqu'à ce que les galettes soient dorées — 12 à 15 minutes.

Dartois aux pommes ou pommes en cages
(Chaussons)

A
Pâte brisée (pages 268 à 271)

Abaisser la pâte brisée en forme de rectangle, tailler en carrés de 10 à 12 cm environ.

B
5 ou 6 pommes pelées
125 ml (1/2 t) de sucre
un peu d'eau froide

Au centre de chaque morceau, déposer une pomme dont on a enlevé le cœur et qu'on entaille à plusieurs endroits, saupoudrer de sucre fin et ajouter quelques gouttes d'eau.

Refermer avec soin les quatre coins de la pâte sur la pomme, humecter le tour de la pâte avant de plier. Bien presser les bords. Déposer sur une tôle graissée et cuire à 200 °C (400 °F). Dorer comme pour les pâtisseries, environ ½ heure.

Servir chaud avec sirop d'érable.

◉ Si les pommes sont dures, les cuire avant dans un sirop léger.

Pâté de Noël (au mince-meat) n° 1

250 ml (1 t) de bœuf haché
250 ml (1 t) de suif haché
3 pommes hachées
375 ml (1 1/2 t) de raisins de Corinthe rincés
375 ml (1 1/2 t) de raisins hachés rincés
1 c. à thé de cannelle
1/2 c. à thé de clou moulu
125 ml (1/2 t) de citron confit haché
375 ml (1 1/2 t) de cassonade
125 ml (1/2 t) de mélasse
250 ml (1 t) de bouillon de bœuf
1 c. à soupe de sel

1 c. à thé de muscade
jus et zeste d'un citron
jus et zeste d'une demi-orange

Amalgamer le tout et cuire jusqu'à ce que les pommes soient tendres.

Mettre cette préparation dans 4 abaisses de pâte brisée.

Recouvrir d'une deuxième abaisse. Pratiquer quelques incisions.

Cuire comme les tartes ordinaires.

Pâté de Noël nº 2

250 ml (1 t) de pommes hachées
125 ml (1/2 t) de raisins Sultana ou de Corinthe
50 ml (1/4 t) de suif haché
1 c. à thé d'épices moulues (cannelle, muscade, etc.)
175 ml (3/4 t) de raisins épépinés rincés
50 ml (1/4 t) d'oranges et de citrons confits
75 ml (1/3 t) de cassonade
jus et zeste d'un citron moyen

Mélanger les ingrédients, les presser dans une jarre de grès ou dans un bol de faïence. Laisser la préparation au frais 2 ou 3 jours avant de l'employer.

Mettre dans une abaisse de pâte brisée non cuite; recouvrir d'une deuxième abaisse. Faire quelques incisions.

Cuire au four à 230 °C (450 °F), 10 minutes. Terminer la cuisson à 180 °C (350 °F) jusqu'à ce que le dessus soit doré.

LA PÂTE FEUILLETÉE

Le feuilletage est une opération qui consiste à traiter une pâte de manière à former des feuillets minces qui n'adhèrent pas entre eux. Pour réussir la pâte feuilletée, il faut employer un corps gras de première qualité et travailler dans un endroit frais. Cette pâte se prête à de nombreuses combinaisons : elle peut figurer au menu, en hors-d'œuvre, en entrée ou entremets, et bien sûr, en dessert.

Ustensiles requis

Deux bols à détremper
Deux fourchettes ou deux couteaux
Une tasse-mesure, un tamis
Une casserole pour faire reposer la pâte au réfrigérateur
Un linge très propre
Un rouleau à pâte
Une planche de bois ou un marbre
Une ou plusieurs tôles à biscuits

Ingrédients

a) Corps gras : beurre et graisse végétale en parties égales ou graisse spéciale pour pâte feuilletée.
b) Farine tout usage.
c) Sel : le sel donne de la saveur à la pâte. Le tamiser avec la farine ou le dissoudre dans le liquide.
d) Eau glacée : la quantité varie selon les farines employées, mais la pâte ne doit coller ni au bol ni aux doigts.

Ingrédients facultatifs

Jaune d'œuf et jus de citron ; leur emploi amène à réduire d'autant la quantité de liquide.

Recette-type

375 ml (1 1/2 t) de farine tout usage tamisée
125 ml (1/2 t) de beurre et 125 ml (1/2 t) de graisse végétale ou 250 ml (1 t) de graisse spéciale
150 ml (2/3 t) d'eau glacée
1/2 c. à thé de sel

Manipulations

Il est important de bien comprendre la manipulation de la pâte feuilletée avant de la travailler. On suggère de faire un modèle avec une feuille de papier rectangulaire avant de procéder.

A) À la farine tamisée, ajouter le sel et tamiser de nouveau. Mettre dans un bol. Prélever 1 c. à soupe de gras, pris sur la quantité requise. Ajouter cette mesure de gras à la farine et le couper finement à l'aide d'un coupe-pâte.
Verser l'eau glacée et couper la pâte jusqu'à l'obtention d'une boule humide. Pétrir cinq minutes. Placer dans un bol, couvrir et laisser reposer au froid une demi-heure.

B) Façonner le reste du gras en un pain carré de 10 cm de côté et de 2 cm d'épaisseur. Déposer au réfrigérateur une demi-heure.

C) Reprendre la pâte et l'abaisser à ¼ cm d'épaisseur en lui donnant la forme d'un rectangle deux fois plus long que large.
Déposer le pain de gras au milieu de la moitié de la pâte; plier la pâte en deux dans le sens de la longueur (1er schéma); presser les bords pour les bien faire adhérer, tourner et plier ensuite une extrémité de la pâte au-dessus et l'autre au-dessous, c'est-à-dire en forme de S : (2e schéma). Laisser reposer au réfrigérateur une demi-heure.

D) À l'aide du rouleau, frapper toute la surface de la pâte, à coups brefs et délicats, pour étendre le gras uniformément.

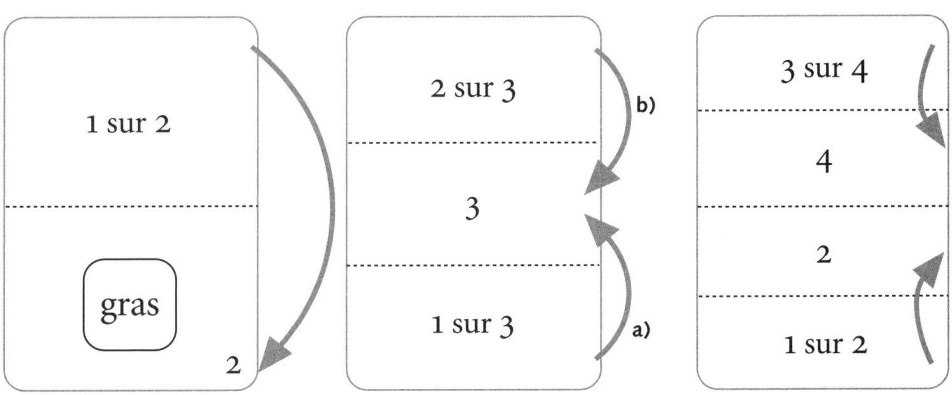

1er schéma (mettre le pli à gauche)

2e schéma (mettre le pli à droite)

3e schéma

E) Rouler à ¼ cm d'épaisseur en donnant la même forme rectangulaire qu'en C; plier en 3, tourner de ¼ de tour, laissant toujours le pli à gauche. Laisser reposer au réfrigérateur ½ heure.

F) Reprendre la pâte et placer le pli à gauche. L'étendre de nouveau en rectangle à ½ cm d'épaisseur. Continuer comme en E (2e schéma), et laisser reposer de nouveau au réfrigérateur pendant au moins 20 minutes. (Il n'y aurait aucun inconvénient, à ce point de la préparation, à laisser reposer au réfrigérateur, même jusqu'au lendemain.)

G) Répéter l'opération F. Après ce tour, plier la pâte en 4 (3e schéma), ramenant au centre les deux extrémités de la pâte en pliant ensuite en deux.
Laisser reposer la pâte au froid environ une heure avant de l'utiliser. On peut lui donner différentes formes, décrites ci-dessous: vol-au-vent, mille-feuilles, barquettes, présidents, cornes d'abondance, rouleaux, dartois à la frangipane, tarte Saint-Honoré. Pour tailler la pâte, utiliser un couteau bien tranchant, sec, afin de ne pas coller les feuillets au bord et de ne pas empêcher la pâte de lever.

Préparation pour la cuisson

Façonner et bien refroidir. Recouvrir une tôle à biscuits de deux épaisseurs de papier kraft, côté mat sur le dessus. Asperger d'eau froide avant d'y déposer les pièces de pâte feuilletée.

Cuisson

Cuire la pâte feuilletée dans un four très chaud: 260 °C (500 °F) (grille au centre du four). Réduire la chaleur à 230 °C (450 °F), puis à 200 °C (400 °F) et enfin à 180 °C (350 °F), la pâte cuisant 5 minutes à chacune de ces températures.

Tourner souvent la tôle; ouvrir et fermer le four le plus délicatement possible, surtout au début. Garder ensuite dans un endroit frais mais sec.

Manières de façonner et de garnir

Vol-au-vent

Abaisser la pâte à une épaisseur de 1 cm; tailler un premier disque de pâte à l'emporte-pièce, le retourner. Couper un autre disque de même diamètre, de 2 cm d'épaisseur, et l'évider au milieu de manière à former une couronne. On se servira du cercle enlevé comme capuchon.

Mouiller le pourtour du premier disque de pâte ; ajuster la couronne et presser pour bien coller les deux parties. Pratiquer de petites incisions sur le fond avec la pointe d'un couteau. Abaisser à 1 cm le morceau de pâte destiné à former le capuchon.

Mille-feuilles
Abaisser la pâte feuilletée à une épaisseur de 1 cm. Découper en rectangles (7 cm × 4 cm) ; piquer la pâte avec une fourchette ; cuire.

Couper les mille-feuilles en deux sur l'épaisseur ; étendre un peu de crème pâtissière sur la partie de dessous. Replacer le dessus et garnir d'une glace brune et blanche.

Chaussons
Couper la pâte en carrés, garnir, mouiller un coin et y appliquer le coin opposé ; ne presser que ce coin. Après la cuisson, saupoudrer de sucre pulvérisé et servir avec de la confiture, si désiré.

Barquettes
Abaisser la pâte à ¼ cm d'épaisseur ; la découper avec un emporte-pièce ovale cannelé et foncer les moules. Piquer le fond pour que la pâte lève également et ne se boursoufle pas à la cuisson. Ajouter une pincée de sucre en poudre. Remplir avec les garnitures indiquées pour les tartelettes, les bouchées, etc. Cuire, puis décorer au goût.

On peut également foncer les barquettes en rognures de feuilletage. Les retailles ou rognures de pâte feuilletée peuvent encore servir pour de petites cornes d'abondance, des pailles ou biscuits au fromage, des tartelettes, etc.

Présidents
Abaisser la pâte feuilletée à ½ cm d'épaisseur ; tailler en rectangles. Avec le dos d'un couteau, marquer le centre de la pâte d'un rectangle étroit ; mettre à cuire. Au moment de garnir, creuser à l'endroit marqué et remplir avec de la confiture. Décorer de meringue et dorer au four.

Cornes d'abondance
Abaisser la pâte de manière à former un grand rectangle, la couper en bandes de 2,5 cm de largeur ; enrouler chacune sur un cornet de fer-blanc ou de papier fort,

après avoir humecté un bord de la bande. La cuisson terminée, laisser refroidir; remplir la cavité de crème pâtissière ou de crème fouettée.

Rouleaux
Procéder comme pour les cornes d'abondance; enrouler la pâte sur un cylindre de métal ou de papier.

Dartois à la frangipane
Abaisser la pâte feuilletée à une épaisseur de ½ cm, lui donnant la forme d'un rectangle de 40 à 50 cm de longueur; la couper en bandes de 10 cm environ. Garnir de frangipane (page 246) le centre d'une bande et en mouiller les bords. Placer une autre bande incisée de 5 cm en 5 cm avec la pointe d'un couteau sur celle qui est garnie de frangipane; presser les bords pour bien coller les deux bandes et cuire au four. Aussitôt après la cuisson, glacer avec un *sirop d'abricot* (mélanger parfaitement 250 ml (1 t) de pulpe d'abricot et 250 ml (1 t) de sucre. Faire bouillir 5 minutes en brassant constamment). Pour servir, couper les bandes aux points d'incision.

Tarte Saint-Honoré
• Découper un disque de pâte feuilletée de 20 cm de diamètre environ. Piquer la pâte à différents endroits, surtout vers le centre.
• Préparer de la pâte à choux (page 293) et, au moyen d'un cornet muni d'une douille de 1 cm de diamètre, former une couronne de choux à 2 cm du bord de la pâte feuilletée. Avec le reste de la pâte, confectionner une dizaine de choux d'égale grosseur; cuire le tout. (Pour cuisson, voir page 293.)
• Apprêter une crème pâtissière (page 246) et en remplir les choux refroidis; les glacer au chocolat (chocolat fondu au bain-marie).
• Préparer une demi-recette de sucre filé (page 366), y tremper les choux et les coller autour de la tarte.
• Remplir le centre de crème pâtissière. Décorer de crème fouettée à l'aide d'un cornet. Décorer avec le reste des choux en formant une pyramide; placer des cerises et des noix ici et là, entre les choux si désiré.

Pâte demi-feuilletée

500 ml (2 t) de farine tout usage tamisée
1/2 c. à thé de sel
100 ml (3/8 t) de beurre froid
100 ml (3/8 t) de graisse végétale froide
50 ml (1/4 t) d'eau glacée

À la farine tamisée, ajouter le sel. Tamiser le tout à nouveau.

Couper à l'aide de 2 couteaux ou d'un coupe-pâte le gras froid dans la farine jusqu'à ce qu'il ait la grosseur d'un pois.

Faire une fontaine et ajouter l'eau glacée. Mélanger avec un couteau jusqu'à ce que toute la pâte soit humide.

Rassembler la pâte et l'étendre en rectangle, à une épaisseur de ½ cm sur une planche légèrement enfarinée.

La pâte étant divisée imaginairement en 3 parties égales sur le sens de la longueur, plier la 1re partie sur la 2e, puis la 3e sur cette double épaisseur.

Placer la pâte sur la planche de façon qu'un côté ouvert soit face à vous. Étendre la pâte tel qu'expliqué dans les deux points précédents, puis refaire ces trois opérations une fois.

Réfrigérer la pâte ¼ d'heure. Prendre soin de l'envelopper dans un papier ciré.

L'étendre à ¾ cm d'épaisseur, en forme de carré, sur une planche légèrement enfarinée.

Découper la pâte avec un couteau ou un emporte-pièce de la forme désirée.

Cuire au centre du four à 230 °C (450 °F), 5 minutes, puis baisser la température du four à 200 °C (400 °F), et cuire environ 15 minutes ou jusqu'à ce qu'elle soit bien dorée.

◉ Rendement approximatif, selon la forme choisie : 16 chaussons confectionnés à partir de carrés de 5 cm de côté. (Faire attention de ne pas sceller les deux épaisseurs de pâte repliée : cela pourrait l'empêcher de lever.)

Crème pâtissière pour mille-feuilles

50 ml (1/4 t) de sucre
1 pincée de sel
2 c. à soupe de farine tout usage
2 jaunes d'œufs
250 ml (1 t) de lait
1/2 c. à thé d'essence de vanille

Mettre le sucre, quelques grains de sel et la farine dans un bain-marie.

Ajouter les jaunes d'œufs et bien mélanger.

Délayer avec le lait — lentement en brassant.

Déposer au-dessus de l'eau bouillante et cuire jusqu'à consistance onctueuse. La préparation nappe alors la cuillère.

Aromatiser.

Préparation aux ananas

(pour garnir les barquettes)

175 ml (3/4 t) de sucre
2 c. à thé de farine tout usage
125 ml (1/2 t) d'eau
250 ml (1 t) d'ananas déchiquetés
2 jaunes d'œufs légèrement battus
1/4 c. à thé de sel
meringue faite avec les blancs d'œufs

Mélanger la farine et le sucre dans un bain-marie.

Verser l'eau peu à peu sans cesser de tourner.

Faire chauffer 5 minutes au-dessus de l'eau bouillante.

Ajouter les ananas, les jaunes d'œufs réchauffés avec la préparation et le sel.

Remplir les barquettes de cette préparation.

Couvrir de meringue et dorer au four.

Pâte à frire n° 1

Formule-type

250 ml (1 t) de farine tout usage tamisée
1/2 c. à thé de sel
1 1/2 c. à thé de poudre à pâte
1 œuf
175 ml (3/4 t) de lait

À la farine tamisée, ajouter le sel et la poudre à pâte. Tamiser de nouveau afin de bien disperser ces derniers ingrédients.

Battre l'œuf, y ajouter graduellement le lait, en alternant avec la farine. Mélanger jusqu'à l'obtention d'une pâte homogène. S'il se forme des grumeaux, fouetter la pâte avec un batteur électrique.

Beignets — Règles générales — Employer une pâte claire (consistance de la formule-type) quand il s'agit de recouvrir des tranches ou des sections d'aliments : fruits, légumes, fromage, poulet ou autres viandes, poisson, huîtres, etc. Pour obtenir une pâte plus épaisse, quand ces mêmes substances sont hachées, diminuer la quantité de liquide. Pour les fritures aux fruits, on peut ajouter à la pâte 1 à 2 c. à soupe de sucre.

Mode de cuisson — Plonger chaque morceau dans la pâte, ou mélanger les aliments hachés. Frire les aliments déjà cuits en grande friture à 190 ° – 200 °C (400 °F) et les aliments crus à 185 ° – 190 °C (375 °F) jusqu'à ce qu'ils soient légèrement brunis. Retirer les beignets de la friture, les égoutter sur un papier absorbant, les servir chauds avec une sauce appropriée.

Pâte à frire n° 2

2 œufs, jaunes et blancs séparés
1/4 c. à thé de sel
1 c. à soupe d'huile d'olive
1 c. à thé de sucre
jus d'un demi-citron
250 ml (1 t) de farine tout usage
125 ml (1/2 t) d'eau froide

Mélanger les jaunes d'œufs et le sel.

Incorporer peu à peu l'huile d'olive, le sucre et le jus de citron. Bien battre.

À ce mélange, ajouter la farine et l'eau.

Battre le tout quelques minutes pour obtenir une pâte lisse. Laisser reposer au réfrigérateur 2 heures et même toute une nuit.

Au moment de s'en servir, faire entrer les blancs d'œufs battus en neige, pics recourbés.

⊙ La pâte doit être assez consistante pour recouvrir entièrement la préparation à frire. Si elle est trop ferme, introduire plus de blancs d'œufs battus en neige.

Beignets aux pommes

Enlever le cœur de 6 à 8 pommes, les peler, les trancher en rondelles ou les couper en quartiers minces ; frotter chaque morceau avec un demi-citron pour éviter que les pommes brunissent. Les plonger dans la pâte de manière à les recouvrir entièrement ; cuire dans la friture chaude jusqu'à l'obtention d'une belle couleur dorée. Servir les beignets aux fruits arrosés de sirop d'érable ou d'une autre sauce sucrée aromatisée au goût.

Beignets aux bananes

Peler, trancher 5 ou 6 bananes ou les couper en tronçons de 3 cm environ; badigeonner de jus de citron pour les empêcher de noircir. Terminer comme il est indiqué à la recette précédente.

Beignets aux ananas

Si les ananas sont crus, les préparer en petites sections ou en tranches, les faire macérer dans du sucre toute une nuit ou au moins durant plusieurs heures; bien les égoutter. Les ananas en conserve seront simplement égouttés. Terminer comme pour les « Beignets aux pommes ».

Beignets aux pêches, abricots ou poires

Couper les fruits en deux, enlever le noyau des pêches et des abricots et le cœur des poires; détailler en petites sections; terminer comme pour les « Beignets aux pommes ».

Beignets de fruits hachés

Utiliser un seul fruit ou plusieurs mélangés; les hacher; calculer 250 ml (1 t) de fruits crus ou 125 à 175 ml (4 à 5 oz) de fruits cuits pour une recette de pâte à frire — dans ce dernier cas, diminuer la quantité de liquide —, déposer la préparation par petites cuillerées dans la friture chaude.

Beignets de fruits farcis

Pruneaux, dattes, etc. Enlever les noyaux des fruits, les farcir de petits morceaux de fruits confits ou d'amandes, bien les refermer; les enduire de pâte épaisse, avoir soin de les recouvrir entièrement. Frire jusqu'à ce qu'ils soient dorés.

Beignets soufflés

Confectionner la pâte des « Choux à la crème » (page 293). Cuire par très petites cuillerées dans la friture chaude.

Beignets sucrés

A
500 ml (2 t) de farine tout usage
1 c. à thé de poudre à pâte
50 ml (1/4 t) de sucre
1/2 c. à thé de bicarbonate de soude
1/4 c. à thé de sel
1/4 c. à thé de muscade

B
175 ml (3/4 t) de lait sur*
1 œuf
50 ml (1/4 t) d'huile*
huile pour friture
sirop d'érable

Tamiser les ingrédients (A); faire une cavité au centre et y ajouter les ingrédients (B). Des fruits : ananas râpés, raisins, dattes hachées, etc., peuvent être ajoutés à la pâte.

Mélanger et battre afin d'obtenir une pâte lisse.

Cuire en grande friture, en laissant tomber la pâte par petites cuillerées.

Égoutter les beignets sur du gros papier kraft ou du papier absorbant.

Les saupoudrer à volonté de sucre à glacer.

Servir avec du sirop d'érable.

* On peut remplacer le lait sur par du lait de beurre et l'huile par de la graisse végétale fondue et tiédie.

Beignes nº 1

125 ml (1/2 t) de beurre ou graisse végétale
500 ml (2 t) de sucre
5 ou 6 œufs, blancs et jaunes séparés
1 625 ml (6 1/2 t) de farine tout usage tamisée
3 c. à soupe de poudre à pâte
250 ml (1 t) de lait
jus de 1 citron

Fouetter le gras; ajouter la moitié du sucre, les jaunes d'œufs et bien battre.

Fouetter les blancs d'œufs et y ajouter le reste du sucre en plusieurs étapes.

Incorporer la première préparation en pliant.

À la farine tamisée, ajouter la poudre à pâte.

Effectuer le mélange en alternant la farine, le lait et le jus de citron. Réfrigérer la pâte 1 heure.

Fraiser la pâte légèrement afin de ne pas la durcir.

Abaisser à 1 cm d'épaisseur. Couper à l'emporte-pièce et cuire en grande friture à 190 °C (375 °F), environ 1 ½ minute de chaque côté.

Saupoudrer de sucre à glacer avant de servir.

Donne environ 60 beignes

Beignes nº 2

50 ml (1/4 t) de beurre
250 ml (1 t) de sucre
3 œufs
125 ml (1/2 t) de crème 15 %
1 litre (4 t) de farine tout usage tamisée
2 c. à soupe de poudre à pâte
1 c. à thé de sel
1/4 c. à thé de muscade
125 ml (1/2 t) de lait
2 c. à thé d'essence de vanille

Battre le beurre en crème; ajouter le sucre, les œufs un à la fois, en continuant de battre entre chaque addition, et la crème.

À la farine tamisée, ajouter la poudre à pâte, le sel et la muscade.

Faire entrer cette préparation dans la première, en alternant avec le mélange lait et vanille.

Mettre la pâte dans du papier ciré et laisser reposer environ 2 heures au réfrigérateur.

Abaisser à 1 cm d'épaisseur. Couper à l'emporte-pièce et cuire en grande friture à 190 °C (375 °F), environ 1 ½ minute de chaque côté.

Donne environ 35 beignes

Croquignoles au lait sur

1 litre (4 t) de farine tout usage tamisée
1/2 c. à thé de crème de tartre
1/2 c. à thé de cannelle ou muscade
1 c. à thé de bicarbonate de soude
1/2 c. à thé de sel
50 ml (1/4 t) de beurre
175 ml (3/4 t) de sucre
3 œufs
125 ml (1/2 t) de lait sur

À la farine tamisée, ajouter la crème de tartre, la cannelle ou la muscade, le bicarbonate de soude et le sel.

Battre le beurre en crème avec le sucre et les œufs, bien battre pour dissoudre le sucre.

Effectuer la détrempe en alternant la farine et le lait.

Laisser reposer 2 heures au réfrigérateur.

Abaisser à 1 cm d'épaisseur.

Cuire en grande friture à 190 °C (375 °F), environ 1 minute de chaque côté.

Donne environ 35 croquignoles

Beignes au miel

50 ml (1/4 t) de beurre
125 ml (1/2 t) de sucre
325 ml (1 1/3 t) de miel liquide
2 œufs
1625 ml (6 1/2 t) de farine tout usage tamisée
1 c. à thé de sel
1 c. à thé de bicarbonate de soude
1 c. à thé de crème de tartre
250 ml (1 t) de lait sur
1 c. à thé d'essence de citron

Battre le beurre en crème, ajouter le sucre, le miel, les œufs; bien mélanger.

À la farine tamisée, ajouter le sel, le bicarbonate et la crème de tartre.

Mélanger en alternant la farine, le lait, l'essence de citron.

Fraiser la pâte afin de ne pas la durcir.

Donner à l'abaisse à peu près 1 cm d'épaisseur.

Couper à l'emporte-pièce et cuire en grande friture à 190 °C (375 °F).

Servir chaud nappé de miel.

Donne environ 60 beignes

Croquignoles n° 1

6 œufs
500 ml (2 t) de sucre
125 ml (1/2 t) de beurre
Un peu de muscade
1 1/2 litre (6 t) de farine
6 c. à thé de poudre à pâte
250 ml (1 t) de lait

Battre les jaunes d'œufs, incorporer peu à peu le sucre, le beurre défait en crème, la muscade, 1 ou 2 c. à soupe de lait pour aider à fondre le sucre. Fouetter les blancs; y ajouter la première préparation. Tamiser la farine et la poudre à pâte 3 ou 4 fois; détremper en alternant la farine et le lait. Fraiser la pâte, la travailler légèrement afin de ne pas la durcir. Faire une abaisse d'à peu près 7 mm d'épaisseur; couper et cuire en grande friture ; éviter de laisser noircir. Les mettre au froid qu'après parfait refroidissement. Saupoudrer de sucre pulvérisé avant de servir.

Croquignoles n° 2

375 ml (1 1/2 t) de sucre
125 ml (1/2 t) de beurre
3 œufs, blancs et jaunes séparés
1 1/4 litre (5 t) ou plus de farine
5 c. à thé de poudre à pâte
1 c. à thé de sel
1 pincée de muscade
250 ml (1 t) de lait

Défaire le beurre avec le sucre; ajouter les jaunes d'œufs battus. Tamiser la farine, la poudre à pâte, la muscade et le sel; opérer la détrempe, alternant la farine et le lait. Incorporer légèrement les blancs fouettés ferme. Former une abaisse pas trop mince; découper et cuire en pleine friture.

Croquignoles n° 3

2 œufs et 2 jaunes
250 ml (1 t) de sucre
50 ml (1/4 t) de crème riche
1 litre (4 t) de farine à pain
6 c. à thé de poudre à pâte
1 c. à thé de sel
1 pincée de muscade
175 ml (3/4 t) de lait

Battre les œufs, ajouter graduellement le sucre, la crème. Tamiser la farine 3 ou 4 fois, la poudre à pâte, le sel et la muscade; opérer la détrempe, alternant la farine et le lait. Couvrir la pâte de papier ciré; la laisser refroidir dans la glacière, 1 heure. Abaisser la pâte par petite quantité et terminer comme les « Croquignoles n° 1 ».

Croquignoles n° 4

6 œufs, jaunes et blancs séparés
375 ml (1 1/2 t) de sucre
250 ml (1 t) de beurre
1/4 c. à thé de bicarbonate de soude
250 ml (1 t) d'eau chaude
1 1/4 à 1 1/2 litre (5 à 6 t) de farine à pain
4 c. à thé de poudre à pâte
1/2 c. à thé de sel

Battre les jaunes d'œufs, ajouter la moitié du sucre. Défaire le beurre en crème avec le reste du sucre; réunir les deux mélanges. Incorporer les blancs d'œufs fouettés ferme, le bicarbonate dilué dans un peu d'eau chaude. Tamiser la farine, la poudre à pâte et le sel. Alterner avec l'eau chaude. Ne pas faire la pâte trop ferme; finir comme des croquignoles ordinaires.

Croquignoles au miel

125 ml (1/2 t) de sucre
3 c. à soupe de beurre
375 ml (1 1/2 t) de miel
2 œufs
1 c. à thé d'essence de citron
250 ml (1 t) de lait sur
1 1/2 litre (6 t) de farine
1 c. à thé de sel
1 c. à thé de bicarbonate de soude
1 c. à thé de crème de tartre

Défaire le beurre en crème, ajouter le sucre et le miel, les œufs bien battus, l'essence de citron. Tamiser la farine, le sel, le bicarbonate, la crème de tartre. Opérer la détrempe, alterner la farine et le lait. Finir comme des croquignoles ordinaires.

Croquignoles économiques nº 1

1 œuf
250 ml (1 t) de sucre
2 c. à soupe de beurre ou graisse fondus
1 litre (4 t) de farine
2 c. à thé de crème de tartre
1/4 c. à thé de sel
250 ml (1 t) de lait sur
1 c. à thé de bicarbonate de soude
1 pincée de muscade râpée

Battre l'œuf avec le sucre, ajouter le beurre ou la graisse fondus. Tamiser la farine, la crème de tartre et le sel. Opérer la détrempe, alterner avec le lait sur dans lequel on aura délayé le bicarbonate; mettre la muscade. Faire une pâte pas trop dure. Terminer comme des croquignoles ordinaires.

Croquignoles économiques nº 2

125 ml (1/2 t) de beurre
250 ml (1 t) de sucre
1 œuf
750 ml à 1 litre (3 à 4 t) de farine
2 c. à thé de poudre à pâte
1 c. à thé de muscade
1 c. à thé de sel
375 ml (1 1/2 t) de lait

Défaire le beurre avec la moitié du sucre; ajouter l'œuf battu dans le reste du sucre. Tamiser la farine, la poudre à pâte, le sel et la muscade; opérer la détrempe, alterner avec le lait. Terminer comme les « Croquignoles nº 1 ».

Choux à la crème

250 ml (1 t) d'eau bouillante
125 ml (1/2 t) de beurre
250 ml (1 t) de farine tout usage tamisée
4 œufs moyens
1/4 c. à thé de sel

REMPLISSAGE

crème fouettée
ou crème pâtissière (doubler la recette de la page 246)

Dans une casserole, faire bouillir l'eau.

Ajouter le beurre.

Dès que le mélange commence à bouillir, ajouter la farine tamisée en une seule fois; remuer sans arrêt environ 2 minutes, c'est-à-dire jusqu'à ce que la pâte s'attache à la cuillère et devienne légèrement transparente. Retirer du feu. Laisser tiédir.

Incorporer les œufs un à un, en battant à la cuillère de bois après chaque addition. Bien mélanger. Saler.

Déposer par cuillerées sur une tôle légèrement graissée, en prenant soin de laisser un espace d'environ 5 cm entre chaque chou.

Cuire au centre du four à 230 °C (450 °F), 20 minutes. Baisser la température à 190 °C (375 °F) et continuer la cuisson environ 20 minutes.

Après la cuisson, déposer les choux sur une grille et les laisser refroidir complètement avant d'effectuer le remplissage. Donne 15 à 18 choux.

Couper soigneusement la partie supérieure, remplir de crème et remettre le capuchon.

Éclairs

Employer la pâte à choux; la déposer à l'aide d'un cornet sur une plaque légèrement graissée, en doigts de 2,5 × 7,5 cm. Cuire comme ci-dessus. Remplir de crème pâtissière et couvrir de glace au chocolat (page 251).

Les pains

La transformation de la farine en pain porte le nom de panification. Elle comprend la préparation de la pâte, le pétrissage, la fermentation et la cuisson.

CHOIX DES INGRÉDIENTS

On utilise, dans la fabrication du pain, six principaux ingrédients : farine, levure, liquide, gras, sucre et sel.

- Une bonne farine à pain est d'un blanc jaunâtre et elle ne durcit pas quand on la comprime dans la main. Moulue de blé dur, elle contient beaucoup de gluten.
- La farine tout usage, moulue de blé tendre, contient un gluten inférieur à celui de la farine à pain. Elle permet de pétrir un pain léger, surtout les petits pains et les brioches.
- La farine de grain entier contient moins de gluten que la farine à pain ; c'est pourquoi on ne l'emploie pas seule, mais mêlée à celle-ci.
- La levure s'utilise sous plusieurs formes : comprimée, sèche ou granulée. La levure comprimée s'achète en gâteaux ; elle ne se conserve pas. La levure sèche se conserve bien, mais elle agit beaucoup plus lentement. La levure granulée ou

levure sèche active, la plus souvent employée, donne un excellent rendement; elle se conserve au sec jusqu'à la date inscrite sur l'enveloppe.

▶ Les liquides les plus couramment utilisés sont l'eau, le lait ou un mélange des deux. Pour activer la levure, le liquide doit être tiède. Les températures extrêmes nuisent au développement de la levure.

▶ Les gras hydrogénés ou graisses végétales sont d'un usage courant.

▶ Le sucre aide la levure à se développer en activant la fermentation; il faut cependant s'en tenir aux proportions indiquées.

▶ Le sel relève la saveur, mais un excès diminuerait l'efficacité de la levure.

On emploie, de plus, dans certains genres de pain, des œufs, des fruits, des liquides autres que le lait et l'eau, qui lui donnent une saveur particulière.

Formule-type

A
8 g ou 1 enveloppe de levure sèche active
125 ml (1/2 t) d'eau tiède
1 c. à thé de sucre

B
50 ml (1/4 t) de saindoux ou graisse végétale
250 ml (1 t) d'eau
2 c. à soupe de sucre
1 1/2 c. à thé de sel
1 œuf
950 ml à 1 litre (3 3/4 à 4 t) de farine tout usage
Rendement: 1 gros pain — moule (12 × 22 × 7 cm)

Préparation de la pâte

Tous les ingrédients et ustensiles nécessaires à la fabrication du pain doivent être tièdes.

A) Mesurer l'eau tiède (38 °C – 100 °F) et la verser dans le fond d'un bol. Tout en brassant, ajouter 1 c. à thé de sucre et saupoudrer la levure. Laisser gonfler 10 minutes sans brasser, puis remuer.

B) Verser le liquide dans une casserole et faire chauffer jusqu'à ce qu'il commence à frémir; ne pas porter au point d'ébullition. Retirer la casserole du feu, puis ajouter le sucre, le sel, le gras. Brasser pour fondre le gras. Laisser tiédir.

Ajouter le mélange d'eau, l'œuf battu et la moitié de la farine tamisée au mélange de levure.

Bien opérer le mélange. Battre vigoureusement jusqu'à ce que la pâte soit lisse.

Ajouter le reste de la farine tamisée, en plusieurs fois, c'est-à-dire jusqu'à ce qu'elle forme une boule irrégulière et se détache du bol en n'y laissant que peu de traces. C'est alors qu'on cesse d'ajouter la farine. Pour être pétrie, la pâte doit être ferme, rugueuse et légèrement collante au toucher.

Pétrissage

Le pétrissage consiste à travailler vigoureusement la pâte pour développer le gluten et lui permettre de s'étirer lorsque la pâte commence à lever. Étendre un peu de farine sur une planche à pâtisserie et y renverser la pâte. Plier la pâte en deux vers soi, en se servant de ses doigts. Comme la pâte absorbe la farine à mesure qu'on la pétrit, on doit la saupoudrer de quelques pincées de farine de sorte qu'elle ne colle plus aux mains ni à la planche. Pousser la pâte loin de soi, en appuyant fortement avec les paumes des mains. Retourner la pâte d'un quart de tour, et répéter ce triple mouvement :

Plier… pousser… tourner…

jusqu'à obtenir une masse arrondie, lisse et tendue qui garde sa forme. Cette opération peut prendre de 8 à 10 minutes.

Fermentation

Laver le bol à mélanger, le rincer à l'eau tiède, le graisser légèrement et y déposer la pâte pétrie à point. Badigeonner la surface de la pâte avec de la graisse végétale ou de l'huile végétale pour empêcher la surface de se dessécher. Recouvrir d'un papier ciré, puis d'une serviette propre et sèche. Mettre à l'abri des courants d'air et des variations trop brusques de température, à 28 °C (80 °F) environ. Pour cela, il est conseillé de placer les contenants dans le four et d'y laisser la lumière allumée, ce qui provoque une douce chaleur constante.

Une autre façon de procéder pour accélérer la fermentation est de placer de l'eau chaude dans un chaudron qu'on recouvre d'une grille et de déposer, sur la grille, le bol contenant la pâte à lever ; maintenir l'élément à température minimum, prenant soin de ne pas laisser le linge près du rond et de laisser assez d'eau dans le chaudron pour qu'il n'y ait pas de danger qu'elle s'évapore au complet.

Dans la première fermentation, laisser la pâte doubler de volume. Elle est fermentée ou levée à point si lorsqu'on y enfonce profondément deux doigts elle en garde l'empreinte. Il faut attendre ce moment pour dégonfler la pâte en y enfonçant fermement le poing. Loin de détruire l'action de la levure, le dégonflement l'active en libérant un peu de gaz et en fractionnant les bulles trop grosses. Le pain aura ainsi une texture plus fine et plus régulière.

Ramener les bords de la pâte vers le centre, la renverser sur une planche et la laisser reposer 10 minutes, elle se façonnera mieux.

Façonner la pâte en pains, petits ou gros. Déposer dans des moules légèrement graissés.

Laisser fermenter une deuxième fois, toujours à la même température et à l'abri des courants d'air. Lorsque les pains paraissent avoir doublé de volume, ou triplé si une texture plus aérée et légère est désirée, ils sont prêts à être cuits.

Pour utiliser la deuxième méthode de fermentation suggérée, le temps requis dans chacune des fermentations est de une heure environ. Si on laisse fermenter à la température de la pièce, ou légèrement plus chaud, le temps de fermentation est de une demi-heure environ pour chacune des fermentations.

Cuisson

Chauffer le four à 200 °C (400 °F). Y déposer les moules au centre et ménager entre eux un espace suffisant pour la circulation de l'air.

Quand les pains ont pris une riche teinte d'un brun doré et qu'ils se détachent du moule, ils sont cuits à point. Les démouler et les laisser refroidir sur une grille à la température de la pièce. Si on désire une croûte plus tendre, on badigeonne le dessus du pain avec un peu de beurre fondu avant de le laisser refroidir.

Temps de cuisson : 30 à 40 minutes.

Manière de dorer les pains, les petits pains et les brioches

Avant la cuisson :

Badigeonner d'un œuf battu avec 1 c. à soupe de lait ou d'eau froide.

Après la cuisson :

- Badigeonner d'un mélange de 2 c. à soupe de lait et 1 c. à thé de beurre fondu; remettre au four 1 minute pour sécher;
- Badigeonner du mélange d'un blanc d'œuf battu dans 2 c. à thé de sucre, 1 c. à soupe d'eau et 1 c. à thé de beurre; faire sécher au four 1 minute;
- Préparer une glace claire avec du sucre à glacer délayé dans un peu de lait ou d'eau.

Caractéristiques d'un pain réussi

Forme régulière, arrondie à la surface, sans bosses ni trous.
Croûte lisse, ¼ cm d'épaisseur environ, jaune doré sur le dessus, jaune pâle en dessous.
Mie homogène, spongieuse, d'un blanc crémeux, non grisâtre.
Saveur d'amande, non de levure.
Odeur appétissante de levure.

Pain au lait

1 c. à thé de sucre
125 ml (1/2 t) d'eau tiède
1 enveloppe de levure sèche
2 c. à thé de sucre
2 c. à thé de sel
2 c. à thé de graisse végétale
500 ml (2 t) de lait chaud
1 1/2 litre (6 t) de farine tout usage

Dissoudre le sucre dans l'eau tiède, puis saupoudrer la levure. Laisser gonfler 10 minutes.

Fondre le sucre, le sel et la graisse dans le lait chaud.

Quand le liquide est tiède, l'ajouter à la levure dissoute ainsi que la moitié de la farine. Bien battre jusqu'à ce qu'on ait une pâte lisse. Ajouter le reste de la farine, 250 ml (1 t) à la fois; pétrir 10 minutes environ.

Couvrir la pâte, la laisser lever au double du volume. Dégonfler.

Façonner en pains, déposer dans les moules à pain légèrement graissés et laisser lever de nouveau au double du volume.

Cuire au four à 200 °C (400 °F), 35 minutes.

Démouler et laisser refroidir.

Donne 2 pains

Pain croûté de ménage

1 c. à thé de sucre
125 ml (1/2 t) d'eau tiède
1 enveloppe de levure sèche
1 litre (4 t) d'eau
1 c. à soupe de gros sel
1 c. à soupe d'huile
2 3/4 litres (11 t) de farine tout usage

Dissoudre le sucre dans l'eau tiède, puis saupoudrer la levure. Laisser gonfler 10 minutes. Brasser.

Chauffer l'eau jusqu'au point d'ébullition (sans faire bouillir).

Ajouter le sel et l'huile végétale.

Laisser tiédir, puis l'ajouter au mélange de levure ainsi qu'à la moitié de la farine.

Battre en pâte lisse.

Ajouter le reste de la farine, 250 ml (1 t) à la fois. Pétrir environ 10 minutes.

(Voir explications pour pétrissage et cuisson page précédente.)

Cuire à 200 °C (400 °F), de 35 à 40 minutes.

⊙ On peut remplacer l'eau par de l'eau de la cuisson des pommes de terre.

Donne 4 pains

Pain de son n° 1

1 c. à thé de sucre
125 ml (1/2 t) d'eau tiède
1 enveloppe de levure sèche
250 ml (1 t) de lait
50 ml (1/4 t) de mélasse à la température de la pièce
2 c. à soupe de graisse végétale
2 c. à thé de sel
375 ml (1 1/2 t) de son de blé
750 ml (3 t) de farine tout usage

Dissoudre le sucre dans l'eau tiède, puis saupoudrer la levure. Laisser gonfler 10 minutes. Brasser.

Pendant ce temps, chauffer le lait jusqu'à ce qu'il commence à frémir, le retirer du feu aussitôt.

Ajouter le gras, la mélasse et le sel. Brasser et laisser tiédir.

Ajouter ce dernier mélange, lorsque tiédi, au mélange de levure, puis tout le son de blé. Battre en pâte lisse.

Ajouter, 250 ml (1 t) à la fois, la farine tout usage. Battre après chaque addition.

Déposer la pâte sur une planche légèrement enfarinée et pétrir 12 minutes environ. (Explications pour pétrissage, fermentation et cuisson au début de la section des pains.)

Cuire à 200 °C (400 °F), de 35 à 40 minutes.

⊙ Si désiré, ajouter 100 ml (3/8 t) de raisins secs à la 2e partie de la fermentation.

Donne 1 pain

Pain de son n° 2

1 enveloppe de levure sèche
1 c. à thé de sucre
125 ml (1/2 t) d'eau tiède
375 ml (1 1/2 t) d'eau bouillante
1 1/2 c. à soupe de mélasse
1 1/2 c. à soupe de sucre
2 c. à soupe de graisse végétale
2 c. à thé de sel
200 ml (4/5 t) de son entier
1 litre (4 t) de farine tout usage

Procéder de la même manière que pour le pain de son n° 1, excepté qu'on remplace le lait par l'eau et qu'on ajoute 2 c. à soupe de sucre en même temps que la mélasse.

Cuire à 200 °C (400 °F), 35 à 40 minutes.

Pain aux raisins

(blanc ou de blé entier)

Aux recettes de pain blanc ou de pain de blé entier, ajouter 250 ml (1 t) de raisins lavés et égouttés par 1 ½ litre (6 t) de farine; bien les disperser dans la pâte, puis procéder comme indiqué dans les recettes de pain.

Pain de blé entier (50 %)

1 enveloppe de levure sèche
125 ml (1/2 t) d'eau tiède
1 c. à thé de sucre
250 ml (1 t) de lait chaud
250 ml (1 t) d'eau bouillante
2 c. à soupe de graisse végétale
2 c. à thé de sel
50 ml (1/4 t) de mélasse à la température de la pièce
750 ml (3 t) de farine de blé entier
625 ml (2 1/2 t) de farine tout usage

Dissoudre le sucre dans l'eau tiède, puis saupoudrer la levure. Laisser gonfler 10 minutes. Brasser.

Pendant ce temps, chauffer l'eau et le lait jusqu'au point d'ébullition (ne pas faire bouillir). Retirer du feu.

Ajouter le gras, la mélasse et le sel. Bien mélanger.

Laisser tiédir.

Ajouter ce dernier mélange tiédi au mélange de levure, ainsi que la farine de blé entier. Battre en pâte lisse.

Ajouter le reste de la farine, 250 ml (1 t) à la fois. Battre après chaque addition.

Pétrir 10 à 12 minutes.

Cuire dans des moules à pain à 200 °C (400 °F), 30 minutes environ.

Donne 2 pains

Pain au chocolat

1 c. à thé de sucre
125 ml (1/2 t) d'eau tiède
1 enveloppe de levure sèche
2 carrés de chocolat mi-sucré fondu au bain-marie
250 ml (1 t) de lait chaud
1/2 c. à thé de sel
3 c. à soupe de sucre
875 ml (3 1/2 t) de farine tout usage

Dissoudre le sucre dans l'eau tiède, puis saupoudrer la levure. Laisser gonfler 10 minutes. Brasser.

Pendant ce temps, ou même avant de procéder à la 1re étape, faire fondre le chocolat au bain-marie.

Ajouter le lait, le sel et le sucre.

Laisser chauffer en brassant de temps en temps jusqu'à l'homogénéité du mélange. Puis tiédir.

Au mélange de levure, ajouter le mélange lait et chocolat ainsi que la moitié de la farine.

Battre en pâte lisse.

Ajouter, 250 ml (1 t) à la fois, le reste de la farine. Battre après chaque addition. Pétrir.

Cuire dans un moule à pain à 200 °C (400 °F), 30 minutes environ.

Donne 1 pain

Pain à l'orange

1 c. à thé de sucre
125 ml (1/2 t) d'eau tiède
1 enveloppe de levure sèche
250 ml (1 t) de jus d'orange à la température de la pièce
2 jaunes d'œufs
3 c. à soupe de sucre
1 c. à thé de sel
zeste d'orange
2 c. à soupe de graisse végétale fondue et tiédie
875 ml (3 1/2 t) de farine tout usage

Dissoudre le sucre dans l'eau tiède, puis saupoudrer la levure. Laisser gonfler 10 minutes. Brasser.

Au jus d'orange tiède, ajouter le sucre, le sel, le zeste d'orange, les jaunes d'œufs battus, puis le gras tiédi.

Bien brasser.

Ajouter ce dernier mélange au mélange de levure ainsi que la moitié de la farine.

Battre en pâte lisse.

Ajouter, 250 ml (1 t) à la fois, le reste de la farine. Battre après chaque addition. Pétrir.

Cuire dans un moule à pain à 200 °C (400 °F), 35 minutes environ.

Donne 1 pain

Pain de céréale au germe de blé

1 c. à thé de sucre
125 ml (1/2 t) d'eau tiède
1 enveloppe de levure sèche
250 ml (1 t) de lait
50 ml (1/4 t) de germe de blé
1 c. à thé de sel
50 ml (1/4 t) de cassonade bien tassée
1 c. à soupe de graisse végétale
500 ml (2 t) de farine tout usage

Dissoudre le sucre dans l'eau tiède, puis saupoudrer la levure. Laisser gonfler 10 minutes. Brasser.

Chauffer le lait au bain-marie. Lorsqu'il est chaud, verser la céréale en pluie tout en brassant ; ajouter le sel ; cuire 10 minutes.

Ajouter la cassonade et le gras, brasser pour les fondre. Retirer du feu et laisser tiédir.

Lorsque ce dernier mélange est tiède, l'ajouter au mélange de levure ainsi que la moitié de la farine. Battre en pâte lisse. Ajouter le reste de la farine en petites quantités à la fois. Bien battre. Pétrir.

Cuire dans un moule à pain à 200 °C (400 °F), 35 minutes.

Donne 1 pain

Galette au beurre nº 1

1 c. à thé de sucre
125 ml (1/2 t) d'eau tiède
1 enveloppe de levure sèche
250 ml (1 t) de lait bouillant
1 1/2 c. à soupe de graisse végétale
125 ml (1/2 t) de sucre
1 1/2 c. à thé de sel
125 ml (1/2 t) d'eau bouillante
1 1/3 litre (6 1/2 t) de farine tout usage

Dissoudre le sucre dans l'eau tiède, puis saupoudrer la levure. Laisser gonfler 10 minutes. Brasser.

Chauffer le lait jusqu'à ce qu'il fume (ne pas laisser bouillir). Ajouter le gras, le sucre et le sel. Brasser.

Ajouter l'eau bouillante pour fondre le gras.

Laisser tiédir le tout.

Ajouter ce dernier mélange au mélange de levure ainsi que la moitié de la farine. Battre en pâte lisse.

Ajouter le reste de la farine par petites quantités en brassant. Pétrir.

Façonner en galettes.

Cuire sur une tôle à biscuits à 200 °C (400 °F), 35 minutes.

À la sortie du four, badigeonner les galettes d'un œuf battu avec 1 c. à thé d'eau froide ou de lait.

Remettre au four pour sécher (1 minute).

Donne 2 galettes

Galette au beurre nº 2

1 c. à thé de sucre
125 ml (1/2 t) d'eau tiède
1 enveloppe de levure sèche
250 ml (1 t) de lait chaud
75 ml (1/3 t) de sucre
75 ml (1/3 t) de beurre
1 c. à thé de sel
1 125 ml (4 1/2 t) de farine tout usage
2 œufs moyens battus

Dissoudre le sucre dans l'eau tiède, puis saupoudrer la levure. Laisser gonfler 10 minutes. Brasser.

Chauffer le lait jusqu'à ce qu'il fume (ne pas le laisser bouillir). Ajouter le sucre, le beurre et le sel. Brasser pour fondre le gras. Laisser tiédir.

Ajouter ce dernier mélange au mélange de levure ainsi que la moitié de la farine et les deux œufs.

Battre en pâte lisse.

Ajouter le reste de la farine en brassant. Pétrir. Former les galettes.

Cuire sur une tôle à biscuits à 200 °C (400 °F), 25 minutes.

Après la cuisson, badigeonner d'un jaune d'œuf battu avec un peu d'eau ou de lait. Remettre au four pour assécher (1 minute).

⊙ On peut varier la pâte en lui ajoutant, au moment de mettre la 2e partie de la farine, des fruits : raisins, cerises, fruits confits, noix, etc.

Variantes de galettes au beurre

Gâteau au café

Suivre la recette précédente, remplacer la moitié du lait par du café fort. La pâte doit être bien battue mais non pétrie, ce qui lui donne une texture plus spongieuse. Façonner et déposer dans un moule carré ou rond.

Cuire à 200 °C (400 °F), 25 minutes environ.

Galette aux pommes

Lorsque les galettes au beurre sont façonnées et prêtes pour la deuxième fermentation, couper des tranches très minces de pommes, les déposer en spirales sur toute la surface; les enfoncer un peu dans la pâte; badigeonner de beurre fondu; saupoudrer de sucre aromatisé de cannelle. Fermenter au double du volume et cuire comme indiqué pour les galettes au beurre.

Galette aux fruits

Sur le dessus de la pâte « Galette au beurre n° 2 », lorsque celle-ci est façonnée et prête pour la 2e fermentation, faire des impressions profondes en forme de pointes de tarte; les remplir avec, au choix : framboises, canneberges cuites, marmelade d'orange, cerises, fruits verts confits hachés.

Fermenter au double du volume et cuire comme indiqué pour la « Galette au beurre n° 2 ».

Croustillant aux noix

Quand la pâte « Galette au beurre n° 2 » est déposée dans le moule, badigeonner le dessus de lait, et saupoudrer le mélange suivant : 1 c. à soupe de sucre, 1 c. à soupe de beurre fondu, 50 ml (½ t) de mie de pain séchée, 1 pincée de cannelle, 1 c. à soupe de noix hachées. Presser pour faire adhérer le mélange sur la pâte avant la 2e fermentation. Fermenter au double du volume. (Voir cuisson de la « Galette au beurre n° 2 ».)

Brioches aux cerises

Préparer une recette de « Galette au beurre n° 2 ». Quand la pâte a doublé de volume, l'abaisser à ½ cm d'épaisseur; couper avec un emporte-pièce de 7 cm de diamètre. Déposer sur une plaque graissée; couvrir, laisser lever environ 15 minutes; faire une profonde dépression au centre avec le pouce à la manière d'un beigne; remplir la cavité de cerises, d'abricots ou d'autres fruits confits; laisser lever de nouveau 15 minutes. Cuire au four chaud à 200 °C (400 °F), environ 15 minutes. Dorer immédiatement avec un des mélanges indiqués pour les petits pains (ci-dessous).

Petits pains au réfrigérateur

1 c. à thé de sucre
125 ml (1/2 t) d'eau tiède
1 enveloppe de levure sèche
250 ml (1 t) d'eau bouillante
1 c. à thé de sel
2 c. à soupe de sucre
50 ml (1/4 t) de graisse végétale
1 œuf
1 litre (4 t) de farine tout usage

Dissoudre le sucre dans l'eau tiède, puis saupoudrer la levure. Laisser gonfler 10 minutes. Brasser.

À l'eau bouillante, ajouter le gras, le sel et le sucre. Brasser pour fondre le gras. Laisser tiédir.

Ajouter ce dernier mélange au mélange de levure ainsi que l'œuf battu et la moitié de la farine. Battre en pâte lisse.

Ajouter le reste de la farine en 2 fois. Puis pétrir 8 à 10 minutes.

Déposer la pâte dans un bol graissé assez grand pour que la pâte ne dépasse pas le rebord lorsqu'elle aura atteint le double de son volume initial. Graisser ou huiler le dessus de la pâte. Recouvrir le bol d'un linge propre humide. Laisser au réfrigérateur jusqu'au lendemain, c'est-à-dire le temps requis à la pâte pour doubler de volume. Dégonfler la pâte. (À cette étape-ci, si on désire garder la pâte au réfrigérateur 1 ou 2 autres journées, la garder dans les mêmes conditions que précédemment.)

Façonner la pâte en petits pains.

Déposer dans des moules à muffins graissés ou sur 2 tôles à biscuits. Laisser fermenter au double du volume dans un endroit assez chaud, à l'abri des courants d'air environ 1 heure.

Cuire à 200 °C (400 °F), 25 minutes.

Donne 1 ½ douzaine de petits pains

Petits pains au réfrigérateur au blé entier

1 c. à thé de sucre
125 ml (1/2 t) d'eau tiède
1 enveloppe de levure sèche
250 ml (1 t) de lait chaud
50 ml (1/4 t) de sucre
50 ml (1/4 t) de beurre
1 c. à thé de sel
500 ml (2 t) de farine de blé entier
500 ml (2 t) de farine tout usage
1 œuf

Procéder comme pour les petits pains au réfrigérateur (ci-haut), mais ne pas laisser bouillir le lait. Le chauffer jusqu'à ce qu'il ne fume plus.

Cuire au four à 200 °C (400 °F), 20 minutes.

Donne 1 ½ douzaine de petits pains

Pâte sucrée au levain

Formule-type

1 c. à thé de sucre
125 ml (1/2 t) d'eau tiède
1 enveloppe de levure sèche
250 ml (1 t) de lait chaud
125 ml (1/2 t) de sucre
1 1/2 à thé de sel
50 ml (1/4 t) de beurre
1 1/4 litre (5 t) de farine tout usage
2 œufs moyens

Dissoudre le sucre dans l'eau tiède, puis saupoudrer la levure. Laisser gonfler 10 minutes.

Brasser.

Chauffer le lait jusqu'à ce qu'il fume (ne pas laisser bouillir). Ajouter le gras, le sucre, le sel et brasser jusqu'à ce que le gras soit fondu. Laisser tiédir.

Ajouter ce dernier mélange tiède au mélange de levure, ainsi que la moitié de la farine et les deux œufs battus.

Battre en pâte lisse. Ajouter le reste de la farine, 250 ml (1 t) à la fois, en battant entre chaque addition.

Pétrir 8 à 10 minutes.

Cuire à 190 °C (375 °F), 25 minutes pour 2 brioches ou tresses ou cordons. Le temps varie selon la dimension des pains.

Glacer à volonté après la cuisson ou avant.

⊙ Cette pâte est généralement employée pour les petits pains du goûter, les petits fourrés aux fruits, les brioches aux raisins ou autres.

Donne 2 miches ou 2 tresses cuites dans 2 tôles à biscuits

Cordon au miel

Employer ½ recette de « Pâte sucrée » ; quand la pâte a doublé de volume, en faire un cordon roulé (2 ½ cm de diamètre). Déposer le rouleau dans un moule à tarte ou une tôle à biscuits graissée, en commençant au bord de l'assiette et en allant vers le centre. Badigeonner le dessus avec le mélange suivant :

2 c. à soupe de beurre défait
1 blanc d'œuf
75 ml (1/3 t) de sucre à glacer
1 c. à soupe de miel chaud

Après avoir badigeonné la pâte, la laisser doubler de volume (environ 1 heure) et la cuire à 190 °C (375 °F), 25 minutes.

À volonté, on peut déposer sur la pâte des noix ou des cerises ou des ananas confits hachés, avant d'y mettre le mélange au miel.

Petits pains pour les goûters

Abaisser la « Pâte sucrée » (page 304), tailler avec un emporte-pièce rond. Déposer les petits pains dans une tôle beurrée, en les plaçant près les uns des autres. Laisser lever et cuire au four à 200 °C (400 °F), 15 minutes environ.

Pain aux fruits

Préparer ½ recette de « Pâte sucrée ». Quand la pâte a doublé de volume, la travailler en mélangeant 125 à 175 ml (½ à ¾ t) de fruits hachés : raisins, cerises et fruits confits. Faire une grosse boule ; laisser reposer 10 minutes. Faire une abaisse de forme ovale à 2 cm d'épaisseur. Badigeonner de beurre fondu et plier en deux, presser ; déposer sur une tôle graissée. Badigeonner légèrement le dessus de beurre fondu et laisser doubler de volume. Cuire à four modéré, 180 °C (350 °F), 30 à 35 minutes. Après le refroidissement, enduire la surface de glace au sucre à glacer et saupoudrer de noix hachées.

Brioches françaises

1 enveloppe de levure sèche
1 c. à thé de sucre
125 ml (1/2 t) d'eau tiède
250 ml (1 t) de lait
425 ml (1 3/4 t) de farine tout usage
1 œuf et 1 jaune
175 ml (3/4 t) de cassonade ou sucre
1 c. à thé de sel
4 c. à soupe de beurre fondu
farine à pain

Dissoudre la levure et 1 c. à thé de sucre dans l'eau tiède, 10 minutes. Chauffer le lait et le laisser tiédir; additionner au lait tiède la levure dissoute et 425 ml (1 ¾ t) de farine.

Battre le tout énergiquement 10 minutes; déposer dans un endroit chaud pour faire lever. Lorsque la préparation est couverte de bulles d'air, incorporer les œufs battus avec le sucre ou la cassonade, le sel, le beurre fondu; amalgamer le tout.

Ajouter de la farine pour obtenir une pâte pas trop ferme; bien la travailler; laisser lever au double du volume.

Fraiser la pâte, lui donner la forme voulue: boulettes, tresses, petites bourses renfermant du raisin, des petits fruits hachés ou confitures épaisses, etc. Laisser lever et cuire au four modérément chaud 190 °C (375 °F). Après refroidissement des brioches, les glacer légèrement de sucre à glace délayé dans un peu d'eau ou de lait.

Brioches au caramel

Abaisser la pâte ci-dessus et former un rectangle; badigeonner de graisse ou de beurre fondu, saupoudrer d'un mélange fait de 4 c. à soupe de sucre et ½ à 1 c. à thé de cannelle. Rouler la pâte. Couper à 2 ½ cm d'épaisseur. Placer ces rondelles dans un moule dont le fond est enduit d'un caramel préparé avec:

4 c. à soupe de beurre défait
175 ml (3/4 t) de cassonade (pressée)
2 c. à soupe de miel ou de sirop de maïs

Laisser lever au double du volume. Cuire au four à 200 °C (400 °F) durant 15 à 20 minutes et abaisser la température à 180 °C (350 °F); 40 minutes de cuisson suffisent.

⊙ La pâte à brioches peut encore être utilisée pour faire un « Gâteau hollandais » en ajoutant des pommes crues tranchées finement et saupoudrées de sucre et de cannelle; ou un « Gâteau suédois », en remplaçant les pommes par des amandes et du raisin; le gâteau suédois est généralement façonné en couronne.

Tresse bohémienne

A

1/2 recette de « Pâte sucrée au levain » (formule-type, page 304)

Quand la pâte a doublé de volume, la faire dégonfler, la partager en 9 parties; rouler chaque partie entre les mains pour obtenir des rouleaux de 2 à 2,5 cm de diamètre; en tresser 4 sans serrer, déposer sur une plaque graissée; tresser 3 autres rouleaux, les placer sur les premiers et tordre les 2 derniers et les déposer sur les précédents; replier les extrémités en dessous de la tresse. Laisser lever au double du volume.

Cuire à four modéré, 180 °C (350 °F), 35 à 40 minutes ou jusqu'à l'obtention d'un beau blond doré.

B

1 c. à soupe de lait
75 ml (1/3 t) ou plus de sucre à glacer
quelques gouttes d'essence de vanille

Après la cuisson, badigeonner avec la glace des ingrédients B et saupoudrer de 50 ml (¼ t) de noix hachées si désiré.

Torsade aux noix

A
1/2 recette de «Pâte sucrée au levain» (page 304)

Dégonfler la pâte après la 1re fermentation; l'abaisser en lui donnant la forme d'un rectangle de 12 cm de largeur et ½ cm d'épaisseur; couper en deux bandes égales sur la longueur.

B
50 ml (1/4 t) de farine tout usage
50 ml (1/4 t) de cassonade
1/4 c. à thé de sel
1/4 c. à thé de cannelle
2 c. à soupe de beurre froid
2 c. à soupe de noix hachées

Étendre le mélange des ingrédients (B) au centre de chaque bande de pâte; réunir les bords de chacune et bien presser; former deux rouleaux unis, les tordre; déposer sur une tôle graissée; laisser le cordon droit et réunir les extrémités pour former un ovale; laisser lever au double du volume. À volonté, avant la cuisson, faire des entailles avec un couteau tranchant ou des ciseaux, sur le dessus de la pâte, à égale distance.

Cuire au four à 180 °C (350 °F), 30 à 35 minutes.

Dorer après la cuisson.

Petits pains fourrés

Abaisser la « Pâte sucrée au levain » un peu plus mince que pour la « Torsade aux noix ». Couper en morceaux de 6 à 7 cm environ; déposer au centre de chaque morceau un peu de la préparation (B) de la recette de la « Torsade aux noix ». On peut utiliser aussi un mélange de cassonade, de beurre et de cannelle, ou une autre préparation aux fruits comme une garniture aux dattes ou autres fruits séchés.

Refermer les bords et les extrémités de chaque petit pain, presser fortement pour faire adhérer; déposer sur une tôle ou dans des moules à doigts de dame; laisser lever au double du volume et terminer comme à l'ordinaire.

Biscuits à la poudre à pâte

(ou Petits pains instantanés)

Formule-type

500 ml (2 t) de farine tout usage
1 c. à soupe de poudre à pâte
1 c. à thé de sel
50 ml (1/4 t) de beurre ou graisse végétale
175 ml (3/4 t) de lait

À la farine tamisée, ajouter la poudre à pâte et le sel. Tamiser à nouveau pour bien disperser ces deux derniers ingrédients.

Introduire, en coupant avec un coupe-pâte ou deux couteaux, le gras froid, obtenir la grosseur d'un pois.

Former un puits (vide au milieu du plat).

Ajouter le lait en une fois. Brasser le mélange sans arrêt, avec une fourchette, jusqu'à ce que la pâte s'attache complètement à la fourchette et soit décollée des bords du plat. À ce moment, elle est prête.

La renverser sur une planche légèrement enfarinée, la pétrir 4 à 5 coups, puis l'abaisser avec un rouleau à pâte à 2 cm d'épaisseur environ.

Découper la pâte avec un emporte-pièce ou la couper en carrés, avec un couteau à fine lame tranchante (l'important est de ne pas écraser la pâte, mais de la trancher).

Déposer sur une plaque à biscuits graissée.

Cuire à 230 °C (450 °F) au centre du four, 15 minutes ou jusqu'à brunissement des biscuits.

⊙ Dans la préparation de cette pâte, l'usage du bicarbonate de soude donne une pâte plus légère que la poudre à pâte, mais il faut l'employer avec du lait sur, naturel ou artificiel, ou du lait de beurre. Pour obtenir du lait sur artificiellement, on ajoute à 250 ml (1 t) de lait doux, 1 c. à soupe de jus de citron ou de vinaigre blanc. Calculer, avec l'emploi du lait sur, ½ c. à thé de bicarbonate de soude par 250 ml (1 t) de lait et retrancher 2 c. à thé de poudre à pâte.

Donne 1 douzaine de biscuits

Biscuits au miel

A
Pâte des «Biscuits à la poudre à pâte», voir recette ci-dessus.
B
Préparation au miel:
2 c. à soupe de beurre
75 ml (1/3 t) de sucre à glacer
1 blanc d'œuf
1 c. à soupe de miel

Préparer un mélange avec les ingrédients (B).

L'étendre sur la pâte abaissée à 1/2 cm d'épaisseur.

Rouler la pâte. Couper des tranches de 2 cm d'épaisseur et déposer chaque bouchée dans des moules à muffins graissés. Badigeonner le dessus avec le reste de la préparation au miel.

Cuire à 230 °C (450 °F), 15 à 20 minutes.

LES MUFFINS

Formule-type

500 ml (2 t) de farine tout usage tamisée
4 c. à soupe de sucre
4 c. à thé de poudre à pâte
1 c. à thé de sel
250 ml (1 t) de lait
1 œuf
4 c. à soupe de beurre fondu tiédi

À la farine tamisée, ajouter le sucre, la poudre à pâte et le sel. Tamiser à nouveau.

Battre ensemble le lait et l'œuf.

Ajouter le beurre fondu et tiédi.

Ménager un puits au centre des ingrédients secs et y verser le liquide. Brasser délicatement pour bien humecter les ingrédients secs. Trop brasser le mélange provoque une formation de tunnels dans la pâte cuite.

Déposer la pâte par cuillerées dans les moules à muffins graissés. Ne remplir qu'aux deux tiers.

Cuire au centre du four à 220 °C (425 °F), environ 15 minutes.

Vérifier si les muffins sont cuits à point en insérant un couteau au centre. Si la lame ressort sèche, les muffins sont cuits.

Démouler. Déposer sur une grille.

Donne 1 douzaine de muffins cuits dans des moules moyens.

Muffins au son

50 ml (1/4 t) d'huile végétale
250 ml (1 t) de lait
1 œuf
50 ml (1/4 t) de mélasse
300 ml (1 1/4 t) de son « All Bran »
325 ml (1 1/3 t) de farine tout usage tamisée
1 pincée de bicarbonate de soude
1 c. à soupe de poudre à pâte
1 c. à thé de sel

Mêler huile, lait, œuf et mélasse.

Ajouter le « All Bran » et laisser hydrater 2 à 3 minutes.

À la farine tamisée, ajouter le bicarbonate de soude, la poudre à pâte et le sel. Tamiser de nouveau pour bien disperser ces derniers ingrédients.

Au mélange de farine, ajouter le mélange « All Bran ».

Brasser juste assez pour humecter les ingrédients secs.

Déposer la pâte par cuillerées dans les moules à muffins graissés.

Ne remplir qu'aux deux tiers.

Cuire à 220 °C (425 °F), 15 minutes environ. Vérifier la cuisson (voir recette précédente).

Démouler.

Déposer sur une grille.

Donne environ 1 douzaine de muffins

Muffins à la farine d'avoine

250 ml (1 t) de lait sur
250 ml (1 t) de farine d'avoine (gruau)
1 œuf battu
50 ml (1/4 t) de graisse végétale tiédie
250 ml (1 t) de cassonade
250 ml (1 t) de farine tout usage tamisée
1 c. à thé de poudre à pâte
1/2 c. à thé de sel
1/2 c. à thé de bicarbonate de soude

Verser le lait sur le gruau et laisser reposer environ ½ heure.

Ajouter l'œuf battu et le gras tiédi. Bien brasser.

Ajouter la cassonade. Mélanger.

À la farine tamisée, ajouter la poudre à pâte, le sel et le bicarbonate de soude. Tamiser à nouveau afin de bien disperser ces derniers ingrédients.

Verser le mélange de gruau sur les ingrédients secs.

Brasser juste assez pour bien humecter les ingrédients secs.

Déposer la pâte par cuillerées dans des moules à muffins graissés. Ne remplir qu'aux deux tiers.

Cuire au centre du four à 220 °C (425 °F), environ 15 minutes.

Démouler. Déposer sur une grille.

Donne 16 muffins moyens

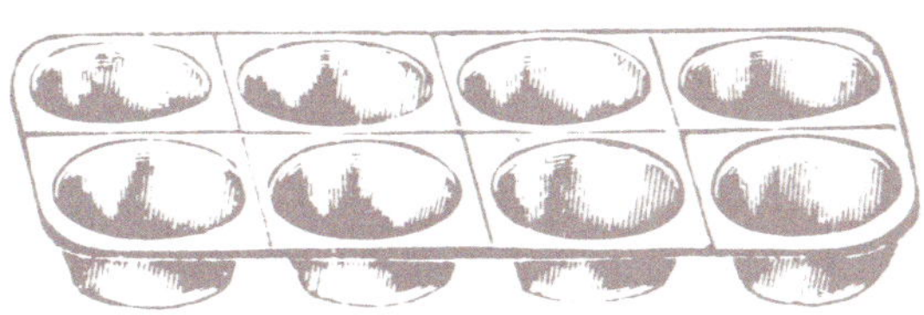

Les crèmes, les sauces sucrées, les poudings, les mousses, les meringues et les soufflés

Crème au riz

250 ml (1 t) de lait chaud
50 ml (1/4 t) de riz cuit
1 pincée de sel
50 ml (1/4 t) de sucre
1 œuf, jaune et blanc séparés
essence au goût
muscade et zeste d'orange

Chauffer le lait au bain-marie, y ajouter le riz et le sel.

Après 10 à 15 minutes de cuisson, verser le sucre; cuire encore 5 minutes.

Ajouter le jaune d'œuf battu; brasser et cuire encore quelques instants; retirer du feu, aromatiser.

Verser la préparation dans un plat et décorer avec une meringue légèrement sucrée, préparée avec le blanc d'œuf. Dorer au four.

4 portions

Crème économique

Formule-type

500 ml (2 t) de lait
75 ml (1/3 t) de sucre
1/4 c. à thé de sel
2 1/2 c. à soupe de fécule de maïs délayée dans 75 ml (1/3 t) d'eau froide
1/2 c. à thé d'essence de vanille

Chauffer le lait au bain-marie, ajouter le sucre, le sel, la fécule préalablement délayée dans l'eau froide.

Brasser continuellement jusqu'à ce que le mélange épaississe; puis couvrir et laisser cuire encore 10 minutes.

Retirer du feu et aromatiser. Verser dans un plat.

Décorer avec de la crème fouettée ou de la noix de coco râpée.

6 portions

Crèmes économiques

	FÉCULENTS	EAU FROIDE POUR DÉLAYER LA FÉCULE	LAIT	SUCRE	CUISSON	REMARQUES PARTICULIÈRES
Crème économique	3 c. à soupe fécule de maïs	3 c. à soupe	500 ml (2 t)	5 c. à soupe	15 à 20 min	Formule-type (voir page 310)
Crème au chocolat	3 c. à soupe fécule de maïs	3 c. à soupe	500 ml (2 t)	5 c. à soupe	15 à 20 min	Dissoudre 3 1/2 c. à soupe de de cacao dans 3 1/2 c. à soupe d'eau bouillante; cuire 2 ou 3 minutes. Ajouter à la crème cuite. Aromatiser à la vanille.
Crème au caramel	3 c. à soupe fécule de maïs	3 c. à soupe	500 ml (2 t)	5 c. à soupe	15 à 20 min	Caraméliser la moitié du sucre et l'incorporer à la crème cuite.
Crème au café	3 c. à soupe fécule de maïs	3 c. à soupe	375 ml (1 1/2 t)	5 c. à soupe	15 à 20 min	Ajouter 125 ml (1/2 t) de café fort en même temps que le lait.
Blanc-manger	5 c. à soupe fécule de maïs	5 c. à soupe	500 ml (2 t)	5 c. à soupe	15 à 20 min	Laisser tiédir et verser dans un moule passé à l'eau froide ou légèrement huilé.
Riz au lait	125 ml (1/2 t) de riz	250 ml (1 t)	250 ml (1 t)		45 min	Cuire à l'eau bouillante, 30 min. Ajouter le lait chaud.
Semoule	125 ml (1/2 t) de semoule	500 ml (2 t)			30 min	Liquide bouillant. Semoule versée en pluie. Utiliser le reste en galettes : mouler, trancher, frire, servir avec sirop.
Gruau à l'eau	125 ml (1/2 t) de gruau	500 ml (2 t)			40 à 60 min	Liquide bouillant. Gruau versé en pluie. Utiliser le reste en galettes : mouler, trancher, frire, servir avec sirop.
Tapioca aux pommes	125 ml (1/2 t) de tapioca	500 ml (2 t)		175 ml (3/4 t) de cassonade	1 1/2 h	Laver, laisser tremper le tapioca 1 h, cuire dans l'eau bouillante 20 minutes. Incorporer les autres ingrédients : sucre, 4 pommes coupées en dés, muscade. Terminer la cuisson, servir avec de la crème.
Tapioca au lait	125 ml (1/2 t) de tapioca	250 ml (1 t)	250 ml (1 t)		1 1/2 h	Chauffer lait et eau. Verser le tapioca précédemment lavé et trempé ; laisser cuire, parfumer.

Dans toutes ces préparations, il entre environ ½ c. à thé de sel et 1 c. à thé d'essence de vanille. Si l'on utilise des céréales à cuisson rapide, suivre les indications spéciales indiquées sur les contenants. Les crèmes indiquées au tableau se préparent de la même manière que la crème économique (page 310).

Crème aux bananes

500 ml (2 t) de lait
1 c. à soupe de fécule de maïs
2 bananes tranchées
75 ml (1/3 t) de noix de coco râpée ou 75 ml (1/3 t) d'amandes pilées
2 jaunes d'œufs
125 ml (1/2 t) de sucre granulé
1/4 c. à thé d'essence de vanille

Chauffer le lait au bain-marie.

Ajouter la fécule délayée à l'eau froide; cuire 5 à 10 minutes en brassant légèrement. Ajouter les bananes tranchées, la noix de coco ou les amandes pilées.

Avant de retirer du feu, incorporer les jaunes d'œufs battus avec le sucre et la vanille. Cuire quelques minutes.

Verser dans un plat creux; couvrir d'une meringue légèrement sucrée si désiré et dorer au four.

8 portions

Pouding « Diplomate »

2 œufs moyens
50 ml (1/4 t) de sucre
125 ml (1/2 t) de mélasse
125 ml (1/2 t) de miettes de biscuits sucrés
50 ml (1/4 t) de lait sur
1/2 c. à thé de bicarbonate de soude

Battre les œufs, incorporer graduellement le sucre, la mélasse, les miettes de biscuits sucrés, le lait et le bicarbonate de soude dissous dans 1 c. à soupe d'eau chaude.

Verser dans un plat beurré; cuire au four au bain-marie (dans une lèchefrite contenant de l'eau) 50 à 60 minutes — four à 180 °C (350 °F).

Servir avec de la crème.

Flan « cossetarde »

750 ml (3 t) de lait
4 œufs moyens
125 ml (1/2 t) de sucre
1/4 c. à thé de sel
1 c. à thé d'essence de vanille ou de la muscade

Chauffer le lait au bain-marie.

Battre légèrement les œufs entiers, ajouter le sucre et le sel. Ajouter graduellement le lait chaud au mélange d'œufs en brassant continuellement.

Aromatiser au goût. Verser dans des moules individuels.

Mettre les moules dans une lèchefrite à moitié pleine d'eau chaude (bain-marie) et cuire à feu doux, 160 °C (325 °F), 50 à 60 minutes ou jusqu'à ce qu'une lame de couteau insérée au centre de la cossetarde en ressorte sèche.

⊙ Une telle cossetarde doit être assez ferme, mais non dure, de texture douce et unie.

⊙ Si nécessaire, on peut substituer deux jaunes d'œufs pour un œuf entier.

Cossetarde au caramel

Caraméliser en chauffant à la poêle ou au four à feu doux 125 ml (½ t) de sucre. Ajouter 1 c. à soupe de ce caramel dans chaque moule avant d'y mettre la cossetarde, incliner le moule pour en couvrir le fond et les parois. Cuire comme ci-haut.

Cossetarde à l'érable

Préparer les cossetardes ordinaires. Quand les moules sont prêts et refroidis, ajouter sur le dessus de la cossetarde 1 cm d'épaisseur de sucre d'érable (cassonade comme substitut). Mettre au four, sous le gril, à 10 cm environ de la source de chaleur, juste assez longtemps pour faire fondre le sucre. Retirer du four. Refroidir et servir froid.

Cossetarde aux pommes ou autres fruits: Mettre les pommes, tranchées, cuites, ou tout autre fruit dans le fond du moule avant d'y verser la préparation de cossetarde.

Gâteau de riz ou autres céréales

2 œufs, blancs et jaunes séparés
50 ml (1/4 t) de sucre
500 ml (2 t) de riz au lait cuit ou autre céréale

Battre les jaunes d'œufs avec le sucre et les incorporer au riz; y faire entrer délicatement les blancs d'œufs fouettés. Verser cette préparation dans un moule beurré; cuire 20 minutes au four — à 180 °C (350 °F).

Démouler, servir avec une sauce aux fruits ou du sirop d'érable.

⊙ C'est une bonne manière d'utiliser les restes de céréales du matin, crème de blé, etc.

Environ 6 portions

Pain doré

3 œufs moyens
625 ml (2 1/2 t) de lait
125 ml (1/2 t) de sucre
8 tranches de pain
3 c. à soupe de beurre

Battre les œufs, ajouter le lait, puis le sucre. Bien battre.

Tremper le pain dans le mélange.

Chauffer le beurre dans une poêle épaisse; y mettre une ou plusieurs tranches de pain, les dorer des deux côtés, ajouter du beurre au besoin.

Servir chaud avec de la confiture ou du sirop si désiré.

Grands-pères
(dans le sirop d'érable)

PÂTE

500 ml (2 t) de farine tout usage
1 c. à soupe de poudre à pâte
1/2 c. à thé de sel
1 c. à soupe de beurre froid
250 ml (1 t) de lait

Tamiser ensemble la farine, la poudre à pâte et le sel.

Couper le beurre dans la farine jusqu'à ce qu'il soit très bien dispersé.

Ajouter le lait et mélanger délicatement.

SIROP D'ÉRABLE

375 ml (1 1/2 t) de sirop
125 ml (1/2 t) d'eau

Faire bouillir le sirop d'érable avec l'eau dans une marmite étroite.

Déposer la pâte par cuillerées dans le sirop bouillant (ne pas trop en mettre en même temps, afin de leur permettre de gonfler sans se toucher).

Baisser l'intensité du feu. Couvrir la marmite et cuire 15 à 20 minutes.

Environ 8 portions

Pommes farcies aux raisins

5 ou 6 pommes
125 ml (1/2 t) de raisins secs
50 ml (1/4 t) de sucre
250 ml (1 t) d'eau bouillante

Laver les pommes, enlever les cœurs et une lisière de pelure sur le dessus des pommes.

Les placer dans un plat allant au four.

Remplir de raisins le cœur de chaque pomme; mettre le sucre dans la lèchefrite et verser l'eau autour.

Cuire à 200 °C (400 °F) jusqu'à ce que les pommes soient tendres ; en ayant soin de les arroser pendant la cuisson.

Servir avec le sirop de la cuisson.

◎ On peut omettre le raisin. On a alors de simples pommes au four.

LES POUDINGS

Pouding au pain à la canadienne

5 à 6 tranches de pain
environ 250 g (1/2 lb) de sucre d'érable ou 250 ml (1 t) de cassonade
750 ml (3 t) de lait
1 œuf battu
un peu de muscade râpée

Beurrer le pain, le partager en morceaux se plaçant facilement dans un plat allant au four. Mettre dans ce plat une rangée de pain puis une rangée de sucre d'érable écrasé (ou de cassonade) ; alterner ainsi jusqu'à ce que le plat soit rempli aux trois quarts.

Chauffer le lait, ajouter l'œuf battu préalablement réchauffé d'un peu de lait chaud.

Verser ce mélange sur le dernier rang de pain.

Aromatiser d'un peu de muscade râpée et cuire au four à 160 °C (325 °F), 30 à 40 minutes.

Servir avec sirop d'érable au goût.

6 à 8 portions

Pouding chômeur (à l'érable)

A

SAUCE
375 ml (1 1/2 t) d'eau
500 ml (2 t) de cassonade
125 ml (1/2 t) de sirop d'érable
1 c. à soupe de farine tout usage

Faire un sirop avec l'eau et la cassonade.

Chauffer juste assez pour fondre la cassonade.

Ajouter le sirop d'érable et épaissir avec la farine ; laisser mijoter quelques minutes.

B

pâte du « Gâteau à la Jeannette » (page 239)

Déposer le sirop dans un plat beurré allant au four. Couvrir avec la pâte, bien étendre celle-ci. Cuire à 180 °C (350 °F), environ 40 minutes.

Environ 8 portions

Pouding au citron

1 c. à thé de beurre
125 ml (1/2 t) de sucre
50 ml (1/4 t) de farine tout usage
3 c. à soupe de jus de citron
zeste de citron (au goût)
2 œufs, blancs et jaunes séparés
250 ml (1 t) de lait

Battre le beurre en crème, y ajouter la moitié du sucre, la farine tamisée, le jus et le zeste de citron.

Ajouter les jaunes d'œufs bien battus avec le lait. Bien mélanger le tout.

Monter les blancs en neige, incorporer l'autre moitié du sucre. Plier cette dernière préparation dans la première.

Verser dans un plat beurré, recouvrir et cuire à la vapeur au four à 180 °C (350 °F) une heure environ. Servir chaud.

4 à 6 portions

Pouding au chocolat

50 ml (1/4 t) de beurre
175 ml (3/4 t) de cassonade
1 œuf battu
550 ml (2 1/4 t) de farine tout usage
4 c. à thé de poudre à pâte
1/4 c. à thé de sel
250 ml (1 t) de lait
2 1/2 carrés de chocolat non sucré

Défaire le beurre en crème.

Incorporer graduellement la cassonade et l'œuf battu. Bien mêler.

Mélanger la farine tamisée avec la poudre à pâte et le sel.

Ajouter graduellement au mélange de beurre avec le lait en alternant.

Fondre le chocolat au bain-marie (on peut remplacer le chocolat par 3 c. à soupe de cacao tamisé avec la farine).

Ajouter le chocolat fondu au premier mélange.

Verser dans un moule beurré, recouvrir et cuire à la vapeur à 180 °C (350 °F) 2 ½ à 3 heures.

Servir avec la « sauce dure » (page 335).

Pouding au riz

125 ml (1/2 t) de riz
250 ml (1 t) d'eau bouillante
375 ml (1 1/2 t) de lait
125 ml (1/2 t) de sucre
1 c. à soupe de beurre
50 ml (1/4 t) de sucre caramélisé
2 œufs, blancs et jaunes séparés

Cuire le riz à l'eau bouillante.

Faire chauffer le lait au bain-marie.

Égoutter le riz, ajouter le lait chaud, le sucre et le beurre.

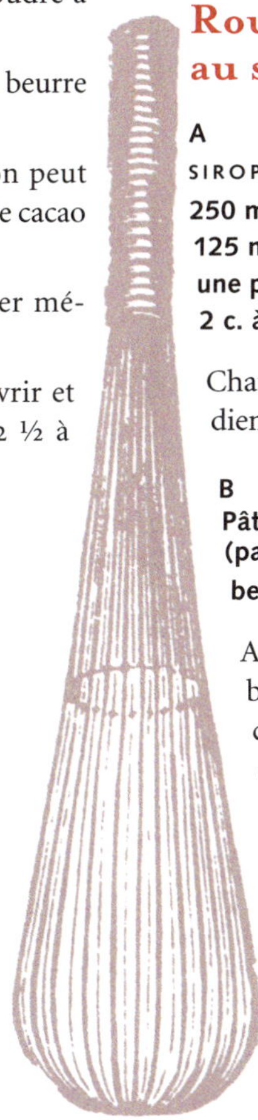

Faire caraméliser le sucre au four ou à la poêle.

L'ajouter au premier mélange et terminer par les jaunes d'œufs battus en brassant continuellement.

Verser dans un plat beurré et faire prendre au four à 160 °C (325 °F), environ 20 minutes.

Disposer sur le pouding une meringue faite avec les blancs d'œufs battus et 2 c. à soupe de sucre. Dorer et servir chaud avec une sauce au caramel (page 336) ou avec du sirop d'érable.

Environ 6 portions

Roulés au sirop d'érable

A

SIROP

250 ml (1 t) de sirop d'érable
125 ml (1/2 t) d'eau
une pincée de sel
2 c. à thé de fécule de maïs

Chauffer au point d'ébullition les ingrédients (A).

B

Pâte de « Biscuits à la poudre à pâte » (page 307)
beurre et cassonade

Abaisser la pâte à 1 cm d'épaisseur; beurrer légèrement; saupoudrer de cassonade et rouler. Couper en tranches de 2 cm d'épaisseur.

Déposer les petits rouleaux de pâte sur le sirop dans un plat beurré et cuire au four à 190 °C (375 °F), 30 à 35 minutes.

Environ 16 petits roulés

Pouding aux dattes

PÂTE

125 ml (1/2 t) de lait
50 ml (1/4 t) de cassonade
250 ml (1 t) de dattes hachées
2 c. à soupe de beurre fondu
1/2 c. à thé de vanille
250 ml (1 t) de farine tout usage
2 c. à soupe de poudre à pâte
1/4 c. à thé de sel

Mêler le lait, la cassonade, les dattes hachées, le beurre fondu.

Ajouter la vanille.

À la farine tamisée, ajouter la poudre à pâte et le sel en dispersant bien. Incorporer délicatement le mélange de farine au premier mélange.

SIROP

250 ml (1 t) d'eau
250 ml (1 t) de cassonade
1 c. à soupe de beurre

Faire un sirop avec les ingrédients ci-haut, amener au point d'ébullition.

Verser la pâte dans un plat à pouding beurré allant au four.

Ajouter le sirop. Cuire à 180 °C (350 °F), 30 minutes environ.

Pouding aux fraises

750 ml (3 t) de fraises
375 ml (1 1/2 t) de sucre
pâte de gâteau à la Jeannette (page 239)

Utiliser des fraises fraîches ou congelées égouttées. Les mettre dans un plat beurré allant au four.

Saupoudrer de sucre (moins si les fruits congelés sont sucrés).

Couvrir entièrement avec la pâte à gâteau.

Cuire comme pour le gâteau environ 35 minutes à 180 °C (350 °F).

⊙ On prépare ainsi le pouding aux framboises, aux bleuets, etc.

Pouding aux fruits n° 1
(Plum Pudding)

500 ml (2 t) de raisins épépinés
250 ml (1 t) de fruits confits
3 pommes à cuire
250 ml (1 t) de dattes
125 ml (1/2 t) de noix hachées
500 ml (2 t) de cassonade
250 ml (1 t) de pain émietté
375 ml (1 1/2 t) de suif haché
1/4 c. à thé de clou moulu
1/2 c. à thé de cannelle
zeste d'un citron
375 ml (1 1/2 t) de farine tout usage tamisée
1 c. à thé de sel
1 c. à thé de poudre à pâte
3 œufs légèrement battus
cognac chauffé (pour flamber)

Faire tremper les raisins dans un peu d'eau chaude. Égoutter.

Ajouter les fruits confits hachés fin, les pommes pelées et hachées fin, les dattes taillées fin et les noix hachées.

Mélanger le tout avec la cassonade, le pain émietté et le suif haché fin. Bien mélanger.

Ajouter ensuite les épices et le zeste de citron.

À la farine tamisée, ajouter le sel et la poudre à pâte en dispersant bien.

Ajouter les œufs légèrement battus.

Beurrer deux moules profonds à fond rond d'une capacité de 1 ½ litre (6 t), les remplir aux trois quarts et

couvrir d'un papier d'aluminium pour remplacer le couvercle.

Cuire à la vapeur environ 4 heures.

Servir chaud après avoir démoulé; saupoudrer de sucre à fruits; flamber si désiré.

Délicieux avec sauce aux fruits chaude (page 335).

◎ Ce pouding est le dessert de Noël par excellence; il peut être préparé 15 jours ou plus à l'avance, bien enveloppé dans un papier ciré épais, gardé dans un endroit frais.

Pouding aux fruits nº 2
(Plum Pudding)

250 ml (1 t) de farine tout usage tamisée
2 c. à thé de poudre à pâte
250 ml (1 t) de mie de pain
125 ml (1/2 t) de beurre
250 ml (1 t) de cassonade
1 c. à thé d'épices
125 ml (1/2 t) de noix hachées
125 ml (1/2 t) de citron confit
250 ml (1 t) de raisins de Corinthe
250 ml (1 t) de lait
3 œufs battus

À la farine tamisée, ajouter la poudre à pâte.

Mêler la mie de pain émiettée fin.

Ajouter le beurre défait en crème, la cassonade, les épices, les noix hachées et le raisin mis à tremper et rincé.

Ajouter les fruits confits hachés. Mélanger.

Incorporer peu à peu le lait et les œufs bien battus.

Verser dans deux moules d'une capacité de 800 ml (3 ¼ t) bien beurrés; couvrir d'un papier ciré épais ou aluminium et cuire à la vapeur environ 3 heures.

Démouler et servir accompagné d'une sauce au citron (page 334) ou aux fruits (page 335).

Pouding aux pommes

250 ml (1 t) d'eau
250 ml (1 t) de sucre
8 pommes à cuire, moyennes
pâte de gâteau à la Jeannette (page 239)

Faire bouillir l'eau et le sucre.

Ajouter les pommes coupées en petits morceaux.

Lorsqu'elles sont cuites, mettre dans un plat creux beurré et couvrir de la pâte préparée.

Cuire au four à 180 °C (350 °F), environ 35 minutes.

◎ On peut aussi utiliser des pêches, des poires, etc.

Pouding au pain

500 ml (2 t) de pain coupé en petits morceaux
500 ml (2 t) de lait
1 œuf
125 ml (1/2 t) de sucre
pincée de muscade
zeste de citron ou d'orange
2 c. à soupe de beurre

Mettre le pain dans un plat beurré allant au four.

Chauffer le lait au bain-marie.

Battre l'œuf avec le sucre.

Verser le lait chaud sur le pain, faire pénétrer puis incorporer l'œuf réchauffé avec un peu de lait chaud.

Saupoudrer la muscade et ajouter le zeste de citron ou d'orange.

Mettre des noisettes de beurre sur le tout et cuire dans le plat beurré ½ heure à 180 °C (350 °F).

◎ On peut ajouter 2 c. à soupe de cacao et en faire un *Pouding au pain au chocolat.*

⊚ On peut aussi ajouter soit du raisin, soit de la noix de coco avant de mettre au four.

⊚ On obtient un *Pouding délicieux* en remplaçant le sucre blanc par du sucre d'érable haché fin.

Pouding à la reine

500 ml (2 t) de lait
500 ml (2 t) de pain
2 œufs, blancs et jaunes séparés
125 ml (1/2 t) de sucre
1/4 c. à thé de sel
1/2 c. à thé d'essence de vanille
2 c. à soupe de beurre fondu
petits plats individuels allant au four
confitures aux fraises
2 c. à soupe de sucre

Chauffer le lait au bain-marie.

Couper le pain en cubes; verser le lait chaud sur le pain. Faire pénétrer.

Battre les jaunes d'œufs avec le sucre et le sel; les ajouter au pain et au lait.

Aromatiser avec la vanille.

Ajouter le beurre à la préparation. Bien mélanger.

Verser dans des petits plats individuels allant au four et bien beurrés; les déposer dans une lèchefrite d'eau bouillante.

Cuire à 180 °C (350 °F), 40 à 50 minutes. En sortant du four, étendre des confitures sur le dessus et recouvrir d'une meringue faite avec les blancs d'œufs sucrés.

Remettre au four juste le temps de dorer la meringue.

Environ 6 portions

Pouding au suif

125 ml (1/2 t) de mélasse
1 c. à thé de bicarbonate de soude
125 ml (1/2 t) de suif haché
1 petit œuf battu
pincée de muscade
325 ml (1 1/3 t) de farine tout usage tamisée
125 ml (1/2 t) de lait
50 ml (1/4 t) de raisins rincés
50 ml (1/4 t) de noix hachées

Mettre le bicarbonate dans la mélasse, brasser.

Ajouter le suif haché, l'œuf battu et quelques grains de muscade au goût.

Ajouter la farine tamisée en alternant avec le lait.

Saupoudrer les raisins de farine et les ajouter à la pâte ainsi que les noix bien hachées.

Verser la préparation dans un moule beurré d'environ 1 litre (4 t) de capacité et recouvrir. Cuire à la vapeur environ 3 heures. Servir chaud.

Servir avec une sauce au caramel (page 336) ou une sauce à l'érable (page 332).

Pouding boule de neige

50 ml (1/4 t) de beurre
125 ml (1/2 t) de sucre
50 ml (1/4 t) de lait
250 ml (1 t) de farine tout usage tamisée
2 c. à thé de poudre à pâte
2 blancs d'œufs

Défaire le beurre en crème. Ajouter graduellement le sucre, le lait, en alternant avec la farine tamisée avec la poudre à pâte.

Battre les blancs en neige, les incorporer à la préparation en liant. Verser dans un moule d'environ 800 ml (3 ¼ t) beurré; cuire à la vapeur environ 40 minutes; servir avec du sucre à la crème ou une sauce aux fruits (page 335).

LES SOUFFLÉS SUCRÉS

Ils s'apprêtent pour la plupart selon la Formule I ou la Formule III des soufflés ordinaires (voir page 46).

Le liquide de la préparation de base sera remplacé en partie par du jus de fruit; pour relever le goût, on utilisera au choix le zeste d'orange ou de citron, la muscade ou la cannelle, ou une essence spéciale.

Les soufflés sucrés sont habituellement servis avec une sauce appropriée : sauce à l'orange, au caramel, à l'érable, au jus de fruit (voir sauces sucrées, à partir de la page 331).

Soufflé au chocolat

4 c. à soupe de beurre
1 pincée de sel
4 c. à soupe de farine
250 ml (1 t) de lait
3 œufs, blancs et jaunes séparés
125 ml (1/2 t) de sucre
2 carrés de chocolat amer
1 c. à thé d'essence de vanille

Avec le beurre, le sel, la farine et le lait, préparer une sauce béchamel n° 4 de façon à avoir 175 ml (¾ t) de sauce.

Battre les jaunes d'œufs avec le sucre jusqu'à ce qu'ils soient jaune pâle.

Les réchauffer d'abord avec un peu de sauce, puis les incorporer à la sauce blanche.

Fondre le chocolat au-dessus du bain-marie, le laisser refroidir un peu et l'ajouter à la sauce.

Aromatiser.

Battre les blancs d'œufs en pics recourbés, puis les ajouter au mélange délicatement.

Verser dans des moules individuels dont le fond seulement a été beurré. Placer dans une lèchefrite d'eau bouillante et cuire au four à 180 °C (350 °F) durant 1 heure.

Servir chaud, à la sortie du four, avec la sauce « dure » (page 335).

Soufflé au café

Faire comme pour la recette précédente, mais substituer 175 ml (¾ t) de café fort et 75 ml (⅓ t) de crème légère aux 250 ml (1 t) de lait pour faire la sauce ; omettre le chocolat.

Soufflé aux fruits

Recette du soufflé au chocolat. Substituer du jus de fruit au lait dans la préparation de la sauce. Remplacer le chocolat par 125 ml (½ t) de fruits cuits coupés en petits morceaux et bien égouttés.

Baba au rhum

A
1 enveloppe de levure sèche
125 ml (1/2 t) d'eau tiède
1 c. à thé de sucre

Dissoudre 1 c. à thé de sucre dans l'eau tiède.

Saupoudrer la levure ; laisser gonfler 10 minutes, puis brasser.

B
4 c. à soupe de lait
2 c. à soupe de beurre
4 c. à soupe de sucre
2 œufs battus
250 ml (1 t) de farine tout usage tamisée

Pendant ce temps, chauffer le lait jusqu'à ce qu'il fume (ne pas faire bouillir).

Ajouter le beurre et le sucre, mélanger et laisser tiédir.

Au mélange de levure, ajouter le lait tiédi et les œufs battus.

Ajouter la farine tamisée. Bien battre.

Verser dans des moules individuels ou des moules à muffins beurrés.

Laisser lever au double du volume.

Cuire à 180 °C (350 °F), environ 30 minutes.

C

SAUCE
175 ml (3/4 t) d'eau
50 ml (1/4 t) de sucre
2 c. à soupe de rhum brun

Ajouter le sucre à l'eau, laisser bouillir quelques minutes.

Ajouter le rhum dans le sirop bouillant et en arroser aussitôt les gâteaux qui sortent du four afin que le liquide pénètre complètement. (Laisser pénétrer le sirop avant de démouler.)

⊙ Si on ne sert pas immédiatement, réfrigérer le tout dans un récipient bien fermé. Au moment de servir, renverser le récipient pour distribuer la sauce également.

Savarin au rhum

Avant de servir le baba, le couper en deux dans le sens de l'épaisseur et remplir l'intérieur de crème fouettée ou de crème glacée à la vanille.

LES MERINGUES SÈCHES

(Ces meringues sont habituellement utilisées comme base dans un dessert aux fruits ou à la crème glacée ou comme petits bonbons en coquilles.)

Calculer la quantité de blancs d'œufs désirée, les fouetter jusqu'à ce qu'ils soient fermes; ajouter 50 ml (¼ t) de sucre à fruits par blanc d'œuf moyen. Quand la meringue est préparée à l'avance, on peut employer du sucre à glacer. Lorsque les blancs sont montés en neige, ajouter peu à peu le sucre. Fouetter. Conserver les meringues bien enveloppées dans du papier d'aluminium, au sec. Si elles reprennent de l'humidité, les refaire sécher au four à 70 °C (150 °F).

Meringue nº 1

3 blancs d'œufs moyens
175 ml (3/4 t) de sucre à fruits
1/2 c. à thé d'essence de citron
1 c. à soupe de vinaigre

Fouetter les blancs d'œufs avec un batteur électrique.

Ajouter le sucre graduellement, puis l'essence mêlée au vinaigre, peu à la fois.

Battre assez vigoureusement pour garder la même consistance.

Déposer à l'aide d'un cornet muni d'une douille sur 2 ou 3 tôles recouvertes d'un papier kraft. Donner la forme d'un œuf, d'une coquille, etc., faire sécher au four à 70 °C (150 °F), une heure ou plus, jusqu'à ce que les coquilles soient fermes et se décollent facilement.

Plus la meringue est légère, plus la température du four doit être basse.

Meringue nº 2

4 blancs d'œufs moyens
1 1/2 c. à thé de crème de tartre
1 pincée de sel
250 ml (1 t) de sucre à fruits

Battre les blancs en neige ferme sans qu'ils se dessèchent.

Ajouter sel et crème de tartre.

Incorporer le sucre peu à peu, 1 à 2 c. à soupe à la fois.

Terminer comme la meringue nº 1.

Meringues à la crème

Quand les meringues sont refroidies, les retourner, creuser la base, les sécher de nouveau au four; remplir la cavité de crème fouettée sucrée, aromatisée; réunir deux meringues.

Pour servir les meringues en couronne, les placer sur une assiette et déposer de la crème fouettée en dôme au centre.

Meringues à la crème glacée

Procéder comme pour les meringues à la crème, en remplaçant celle-ci par de la crème glacée.

Meringues tendres

(pour décorer gâteaux et tartes)

250 ml (1 t) de sucre
75 ml (1/3 t) de sirop de maïs
125 ml (1/2 t) d'eau
3 blancs d'œufs
colorant au choix
essence au goût

Faire bouillir le sucre, le sirop de maïs et l'eau à 115 °C (250 °F) ou jusqu'à l'obtention d'une boule molle dans l'eau froide.

Battre les blancs d'œufs en neige. Y verser le sirop bouillant en continuant de fouetter continuellement afin que le mélange épaississe.

Colorer, parfumer au goût et en garnir un gâteau ou une tarte.

Meringue italienne

250 ml (1 t) de sucre
125 ml (1/2 t) d'eau
3 œufs, blancs et jaunes séparés
jus d'un citron

Faire bouillir le sucre et l'eau jusqu'à 115 °C (250 °F) ou jusqu'à l'obtention d'une boule molle dans l'eau froide.

Fouetter les blancs en neige, puis les jaunes jusqu'à ce qu'ils soient jaune pâle ; les réunir.

Incorporer les œufs dans le sirop en battant vigoureusement et continuellement.

Ajouter le jus d'un citron également très lentement.

Brasser la préparation au bain-marie 2 ou 3 minutes pour cuire les œufs ; refroidir avant de servir.

Pouding à la neige

2 c. à soupe de gélatine neutre
500 ml (2 t) d'eau froide
jus de 2 citrons et 1 orange
3 blancs d'œufs
125 ml (1/2 t) de sucre

Faire gonfler la gélatine dans l'eau froide 10 minutes, la dissoudre au bain-marie, ne pas faire bouillir.

Ajouter le jus ; laisser refroidir.

Battre avec un batteur à œufs, jusqu'à la consistance d'une mousse.

Ajouter les blancs d'œufs montés en neige auxquels on a incorporé le sucre en petites quantités à la fois, effectuer le mélange très légèrement.

Verser dans un moule rincé à l'eau froide ou très légèrement huilé.

Laisser prendre au froid. Démouler et décorer de fruits et de crème fouettée.

Servir avec une sauce aux jaunes d'œufs (page 335).

Environ 8 portions

Balles de neige

Procéder comme pour le pouding à la neige, ci-dessus. Quand le mélange est assez solide pour garder sa forme, en prendre de petites cuillerées et les rouler dans de la noix de coco râpée ; déposer ces balles sur une assiette à dessert et servir avec de la crème sucrée et aromatisée.

Mousse à l'orange

1 c. à soupe de gélatine neutre
75 ml (1/3 t) d'eau froide
125 ml (1/2 t) de sucre
250 ml (1 t) de jus d'orange frais

Faire gonfler la gélatine dans l'eau froide.

Après 5 minutes, la dissoudre au bain-marie.

Ajouter le sucre dans le jus de fruits.

Mélanger la gélatine dissoute au jus et laisser refroidir jusqu'à la consistance du blanc d'œuf. Fouetter jusqu'à ce que le mélange devienne mousseux et léger.

Verser dans un moule rincé à l'eau froide ou légèrement huilé. Laisser prendre au froid, démouler et décorer de quartiers ou de tranches d'orange et de crème fouettée.

Environ 6 portions

Mousse à l'érable

2 c. à soupe de gélatine neutre
125 ml (1/2 t) d'eau froide
250 ml (1 t) d'eau bouillante
375 ml (1 1/2 t) de sirop d'érable
2 blancs d'œufs battus
125 ml (1/2 t) de noix de Grenoble hachées

Faire gonfler la gélatine dans l'eau froide 5 minutes.

La dissoudre dans l'eau bouillante.

La verser dans un bol avec le sirop d'érable et laisser refroidir jusqu'à la consistance du blanc d'œuf; fouetter jusqu'à ce que le mélange mousse.

Ajouter les blancs d'œufs battus (pics recourbés) et les noix hachées préalablement émondées.

Verser dans un moule rincé à l'eau froide ou très légèrement huilé. Laisser prendre au froid.

Environ 8 portions

Mousse à l'ananas

500 ml (2 t) d'ananas en conserve bien égouttés
175 ml (3/4 t) de sirop d'ananas
100 ml (3/8 t) de sucre
1 c. à soupe de gélatine neutre
75 ml (1/3 t) d'eau froide
1 c. à soupe de jus de citron
250 ml (1 t) de crème à fouetter 35 %

Trancher les ananas en petites lanières.

Faire bouillir le sirop d'ananas avec le sucre, 5 à 8 minutes.

Faire gonfler la gélatine dans l'eau froide 5 minutes, dissoudre à la vapeur.

Retirer le sirop du feu, y ajouter le jus de citron et la gélatine dissoute; laisser refroidir jusqu'à la consistance du blanc d'œuf. Battre jusqu'à la consistance d'une mousse.

Incorporer la crème fouettée au premier mélange; verser dans un moule rincé à l'eau froide ou très légèrement huilé, laisser prendre au froid et démouler. On peut servir cette mousse dans des coupes; décorer avec quelques petits morceaux d'ananas sur chacune.

Environ 8 portions

Mousse au sucre d'érable

175 ml (3/4 t) de sucre d'érable
125 ml (1/2 t) d'eau
1 œuf, blanc et jaune séparés
3 c. à soupe de gélatine neutre
175 ml (3/4 t) d'eau froide
250 ml (1 t) de crème à fouetter
noix hachées au goût

Faire une tire molle avec le sucre d'érable et l'eau.

Retirer du feu.

Monter le blanc en neige, y incorporer la tire en fouettant continuellement.

Faire gonfler la gélatine dans l'eau froide, 5 minutes, puis dissoudre à la vapeur.

Battre la crème, y ajouter délicatement le jaune d'œuf bien battu et la gélatine dissoute à la vapeur.

Réunir les deux mélanges, fouetter quelques minutes.

Verser dans un moule rincé à l'eau froide ou très légèrement huilé, ou servir dans des coupes.

Réfrigérer, saupoudrer de noix hachées.

Environ 6 portions

Mousse aux fruits

1 c. à soupe de gélatine neutre
75 ml (1/3 t) d'eau froide
2 bananes ou tout autre fruit
1 c. à soupe de jus de citron
jus de 1 orange
175 ml (3/4 t) de sucre
250 ml (1 t) de crème fouettée

Gonfler la gélatine à l'eau froide, 5 minutes; puis dissoudre à la vapeur.

Peler les bananes, les réduire en purée, leur incorporer le jus de citron et d'orange, le sucre et la gélatine.

Placer le bol contenant la préparation sur de la glace concassée. Agiter constamment jusqu'à ce qu'elle commence à prendre.

Ajouter délicatement la crème fouettée; verser dans un moule rincé à l'eau froide ou très légèrement huilé. Laisser prendre au froid.

Démouler et garnir au goût.

Environ 8 portions

Charlotte russe nº 1

(aux framboises)

A
Pâte des doigts de dame, voir gâteau éponge (page 215).

Cuire la pâte dans des moules à doigts de dame. À défaut de ces moules, déposer la pâte sur une plaque, à l'aide d'un cornet à patisserie, et découper également après la cuisson.

B
100 ml (3/8 t) de gelée de framboises
250 ml (1 t) d'eau bouillante

Dissoudre la gelée dans de l'eau bouillante; remuer jusqu'à ce qu'elle devienne limpide.

Verser dans un moule rincé à l'eau froide ou très légèrement huilé. Placer les doigts de dame autour du moule, ayant soin de ne pas laisser d'espace. Faire prendre au froid.

C
2 c. à soupe de gélatine neutre
125 ml (1/2 t) d'eau froide
500 ml (2 t) de crème à fouetter
50 ml (1/4 t) de sucre
essence de vanille

Faire gonfler la gélatine dans l'eau froide, 5 minutes.

Fouetter la crème; lorsqu'elle est ferme, ajouter le sucre peu à peu avec une spatule.

Dissoudre la gélatine à la vapeur et la verser graduellement, continuant de plier le mélange avec la spatule.

Aromatiser.

Remplir le moule préparé en B. Laisser prendre au froid.

Environ 6 portions

Charlotte russe nº 2

500 ml (2 t) de lait
4 jaunes d'œufs
250 ml (1 t) de sucre
2 c. à soupe de gélatine neutre
125 ml (1/2 t) d'eau froide
250 ml (1 t) de crème à fouetter
1 c. à thé d'essence de vanille
doigts de dame

Chauffer le lait au bain-marie.

Battre les jaunes d'œufs avec le sucre.

Réchauffer les jaunes battus d'un peu de lait chaud, puis les ajouter graduellement en brassant continuellement.

Cuire jusqu'à ce que la préparation épaisisse et nappe la cuillère.

Gonfler la gélatine à l'eau froide, 5 minutes.

La mélanger à la préparation chaude, retirer du feu et remuer pour dissoudre la gélatine.

Laisser prendre partiellement.

Fouetter la crème et l'incorporer avec la vanille au moment où le mélange commence à épaissir.

Rincer un moule à l'eau froide, le foncer et le tapisser de doigts de dame.

Verser la préparation jusqu'à hauteur des doigts de dame. Laisser prendre au froid.

6 à 8 portions

Charlotte russe au chocolat

1 1/2 carré de chocolat non sucré
500 ml (2 t) de crème 15 %
2 œufs, blancs et jaunes séparés
175 ml (3/4 t) de sucre
2 c. à soupe de gélatine neutre
50 ml (1/4 t) d'eau froide
essence de vanille

Faire fondre le chocolat au bain-marie.

Ajouter la crème et cuire en remuant jusqu'à ce que le tout devienne onctueux.

Battre les jaunes d'œufs avec le sucre jusqu'à ce qu'ils soient mousseux. Les réchauffer avec un peu de la préparation chaude, puis les ajouter graduellement en brassant continuellement. Cuire jusqu'à ce que la préparation nappe la cuillère (5 à 8 minutes).

Faire gonfler la gélatine à l'eau froide, 5 minutes.

Retirer la préparation du feu et y ajouter la gélatine; fouetter vigoureusement.

Monter les blancs en neige (pics recourbés); les incorporer à la préparation avec la vanille.

Rincer un moule à l'eau froide ou le huiler très légèrement, le garnir de doigts de dame et y verser le mélange. Laisser prendre.

Environ 6 portions

Charlotte à l'orange

1 c. à soupe de gélatine neutre
75 ml (1/3 t) d'eau froide
75 ml (1/3 t) d'eau bouillante
125 ml (1/2 t) de sucre
125 ml (1/2 t) de jus d'orange
1 1/2 c. à soupe de jus de citron
1 blanc d'œuf
250 ml (1 t) de crème à fouetter

Gonfler la gélatine dans l'eau froide, 5 minutes.

Ajouter l'eau bouillante pour dissoudre la gélatine, le sucre, le jus d'orange et de citron; refroidir jusqu'à ce que le mélange soit partiellement pris.

Fouetter jusqu'à la consistance d'une mousse.

Fouetter le blanc d'œuf en neige (pics recourbés).

Fouetter la crème; les incorporer tous deux dans la préparation. Verser dans un moule rincé à l'eau froide ou très légèrement huilé, tapissé de doigts de dame.

Laisser prendre; démouler et décorer de sections d'orange et de crème fouettée.

Environ 6 portions

Charlotte au café

2 c. à soupe de gélatine neutre
500 ml (2 t) de café fort clarifié
175 ml (3/4 t) de sucre
1/2 c. à thé d'essence de vanille
2 blancs d'œufs
1 pincée de sel
500 ml (2 t) de crème à fouetter

Faire gonfler la gélatine dans 125 ml (½ t) de café froid, 5 minutes. Chauffer le reste du café, y ajouter la gélatine gonflée et le sucre; dissoudre en brassant et refroidir jusqu'à la consistance du blanc d'œuf.

Battre ensuite jusqu'à consistance mousseuse. Aromatiser.

Battre les blancs d'œufs en neige avec le sel (pics recourbés).

Fouetter la crème. Incorporer les blancs d'œufs et les ¾ de la crème dans la première préparation. Verser immédiatement dans un moule rincé à l'eau froide ou très légèrement huilé tapissé de doigts de dame.

Décorer la charlotte avec le reste de la crème fouettée. Laisser prendre au froid. Démouler.

Environ 10 portions

Charlotte aux framboises

500 ml (2 t) de framboises mûres
125 ml (1/2 t) de sucre à glacer
2 c. à soupe de gélatine neutre
125 ml (1/2 t) d'eau froide
jus de 1/2 citron
375 ml (1 1/2 t) de crème à fouetter
doigts de dame

Réduire les framboises en purée, les saupoudrer de sucre et laisser reposer une heure.

Cuire au bain-marie 10 à 15 minutes; passer au tamis.

Faire gonfler la gélatine à l'eau froide, 5 minutes; l'ajouter dans les framboises chaudes, en dehors du feu, ainsi que le jus de citron; laisser refroidir partiellement.

Fouetter la crème, l'incorporer au mélange et sucrer au goût.

Verser dans un moule rincé à l'eau froide ou légèrement huilé, garni de doigts de dame. Laisser prendre au froid 2 à 3 heures; démouler.

Environ 6 portions

Chaud-froid verdunois

A
125 ml (1/2 t) de sucre
125 ml (1/2 t) d'eau
2 carrés de chocolat sucré
4 jaunes d'œufs

Cuire au bain-marie le sucre, l'eau et le chocolat jusqu'à épaississement; retirer du feu.

Battre les jaunes d'œufs, les réchauffer d'un peu de la préparation chaude, puis les ajouter lentement en remuant continuellement. Laisser refroidir.

B
250 ml (1 t) de beurre non salé
200 ml (4/5 t) de sucre à fruits
1 c. à thé d'essence de vanille
4 blancs d'œufs
doigts de dame
crème fouettée

Battre le beurre en crème, ajouter le sucre à fruits et la vanille.

Incorporer la première préparation (A) et les blancs d'œufs montés en neige (pics recourbés).

Foncer et tapisser de doigts de dame un moule à gâteau rond à fond mobile recouvert de papier ciré; remplir au tiers; remettre des doigts de dame, de la crème au chocolat, continuer jusqu'à ce que le moule soit plein et finir par de la crème. Laisser au froid une nuit.

Démouler et garnir au choix avec de la crème fouettée.

8 à 10 portions

Île flottante

A
4 blancs d'œufs
125 ml (1/2 t) de sucre à glacer ou de sucre à fruits
1 c. à thé d'essence de vanille

Fouetter les blancs d'œufs, ajouter peu à peu le sucre et l'essence ; verser la préparation dans un moule caramélisé.

Couvrir le moule, le placer dans une marmite contenant de l'eau bouillante ; cuire 20 minutes dans un four modéré, 180 °C (350 °F).

Lorsque l'île flottante est cuite, la laisser refroidir dans la marmite avant de la déposer sur un plat.

La servir avec une crème préparée avec les ingrédients de B.

B
500 ml (2 t) de lait
4 jaunes d'œufs
125 ml (1/2 t) de sucre
pincée de sel
essence de vanille au goût

Chauffer le lait au bain-marie.

Battre les jaunes d'œufs avec le sucre et le sel.

Réchauffer les jaunes d'œufs d'un peu de la préparation chaude, puis l'ajouter lentement en brassant continuellement. Cuire jusqu'à ce que la crème nappe la cuillère. Ajouter l'essence au goût.

⊙ Servir la crème aux œufs autour de l'île flottante.

Environ 4 portions

Bombes marocaines

A
500 ml (2 t) de lait
175 ml (3/4 t) de riz pour cuisson ordinaire
125 ml (1/2 t) de sucre
2 c. à soupe de beurre
1 œuf battu
1 c. à thé d'essence de vanille

Chauffer le lait au bain-marie.

Ajouter le riz et laisser cuire 10 minutes.

Ajouter le sucre, le beurre, l'œuf battu et réchauffé d'un peu de la préparation chaude, puis la vanille.

Cuire jusqu'à ce que le riz soit parfait.

Beurrer de petits moules et les remplir de riz en pressant. Lorsqu'il est refroidi, démouler.

B
4 carrés de chocolat sucré
2 c. à soupe de lait
1 c. à soupe de beurre
crème fouettée

Dissoudre le chocolat au bain-marie avec le lait ; ajouter le beurre ; battre soigneusement et verser sur les boules de riz pour les recouvrir. Décorer de crème fouettée à volonté.

⊙ On peut aussi servir avec une sauce au chocolat (page 332) au lieu de la préparation B.

Neige au citron

50 ml (1/4 t) de fécule de maïs
125 ml (1/2 t) de sucre
1/2 c. à thé de sel
500 ml (2 t) d'eau bouillante
1 citron
2 blancs d'œufs

Mélanger la fécule, le sel et le sucre.

Verser graduellement l'eau bouillante.

Cuire au bain-marie jusqu'à ce que le mélange soit épaissi et transparent. Retirer du feu.

Ajouter le zeste et le jus du citron.

Fouetter les blancs d'œufs (pics recourbés) et les incorporer au mélange en pliant.

Servir avec une sauce aux jaunes d'œufs (page 335).

Environ 4 portions

Neige aux œufs

6 œufs, blancs et jaunes séparés
375 ml (1 1/2 t) de sucre
eau bouillante
750 ml (3 t) de lait
1 pincée de sel
2 c. à thé de fécule de maïs
1 c. à thé d'essence de vanille
gelée de pommes

Monter les blancs en neige très ferme, ajouter la moitié du sucre, 1 c. à thé à la fois; continuer de fouetter les blancs pour qu'ils restent très consistants.

Mettre l'eau bouillante dans une poêle, y déposer les blancs par cuillerées de manière à garnir toute la surface de la poêle. Cuire sans bouillir jusqu'à ce que les blancs soient fermes.

Chauffer le lait au bain-marie; incorporer le reste du sucre, le sel et la fécule de maïs délayée dans 2 c. à thé d'eau froide. Laisser chauffer 8 à 10 minutes.

Battre les jaunes d'œufs, les réchauffer d'un peu de la préparation chaude, puis les ajouter en brassant continuellement; lorsque la crème nappe la cuillère de bois, retirer du feu.

Aromatiser au goût. Laisser refroidir.

Verser la crème aux jaunes d'œufs dans un plat de service, y déposer les blancs de manière à ce qu'ils surnagent.

Décorer avec de la gelée à volonté.

10 à 12 portions

Crème renversée au caramel

125 ml (1/2 t) de sucre
50 ml (1/4 t) d'eau
3 œufs + 2 jaunes
50 ml (1/4 t) de sucre
1 pincée de sel
500 ml (2 t) de lait

Caraméliser le sucre.

Verser l'eau pour dissoudre le caramel.

Battre les œufs avec le reste du sucre et le sel; y ajouter le caramel et le lait.

Enduire des moules individuels de beurre et de sucre en poudre, y déposer la préparation et cuire au bain-marie, au four à 180 °C (350 °F) jusqu'à ce que la lame fine d'un couteau insérée au centre en ressorte sèche.

Après la cuisson, faire refroidir et démouler.

Crème bavaroise

300 ml (1 1/4 t) de lait
2 jaunes d'œufs
2 c. à soupe de sucre
1/2 c. à thé de sel
1 c. à soupe de gélatine neutre
75 ml (1/3 t) d'eau froide
2 blancs d'œufs
250 ml (1 t) de crème à fouetter
3 c. à soupe de sucre à glacer
1/2 c. à thé d'essence de vanille

Chauffer le lait au bain-marie; l'incorporer très délicatement aux jaunes d'œufs légèrement battus avec le sucre et le sel.

Cuire au bain-marie en remuant constamment jusqu'à ce que la crème nappe la cuillère.

Laisser gonfler la gélatine à l'eau froide, 5 minutes; l'ajouter à la préparation; remuer pour dissoudre la gélatine.

Monter les blancs d'œufs en neige (pics recourbés), incorporer la préparation chaude;

placer le bol dans un plat de glace ou d'eau froide, remuer.

Fouetter la crème; incorporer, en pliant, le sucre à glacer.

Dès que la première préparation commence à épaissir, incorporer la crème fouettée puis la vanille.

Verser la préparation dans un moule rincé à l'eau froide ou très légèrement huilé, ou bien former une charlotte en tapissant le moule de doigts de dame. Démouler, garnir avec quelques fruits frais.

Environ 4 portions

Crème à l'orange

1 litre d'eau bouillante
375 ml (1 1/2 t) de sucre
1/4 c. à thé de sel
75 ml (1/3 t) de fécule de maïs
2 c. à soupe de beurre
2 jaunes d'œufs battus
1 c. à thé d'essence de citron
2 ou 4 oranges juteuses

À l'eau bouillante, ajouter le sucre, le sel, la fécule de maïs délayée dans 75 ml (1/3 t) d'eau froide, ayant soin de verser doucement tout en brassant continuellement jusqu'à ce que le mélange épaississe; couvrir et cuire 10 à 15 minutes au bain-marie.

À la fin de la cuisson, ajouter le beurre, les jaunes d'œufs, après les avoir réchauffés d'abord avec quelques cuillerées de la préparation. Aromatiser.

Séparer et couper des tranches d'oranges, les déposer dans des coupes ou un plateau et verser dessus la préparation refroidie.

8 à 10 portions

Riz à l'impératrice

125 ml (1/2 t) de riz
1 litre (4 t) d'eau bouillante
1 c. à thé de sel
1 c. à soupe de gélatine neutre
75 ml (1/3 t) d'eau froide
250 ml (1 t) de sucre
zeste d'orange ou essence au goût
125 ml (1/2 t) de crème à fouetter
2 blancs d'œufs

Cuire le riz à l'eau bouillante salée.

Après la cuisson, l'égoutter parfaitement, le sécher au four.

Gonfler la gélatine à l'eau froide, 5 minutes; la dissoudre à la vapeur, l'ajouter au riz ainsi que le sucre, le zeste ou l'essence, la crème fouettée et les blancs d'œufs montés en neige.

Verser dans un moule rincé à l'eau froide; laisser prendre au froid.

Démouler et décorer de fruits.

4 à 6 portions

Crème éponge au chocolat

1 c. à soupe de gélatine neutre
75 ml (1/3 t) d'eau froide
75 ml (1/3 t) d'eau bouillante
2 carrés de chocolat non sucré ou 4 1/2 c. à soupe de cacao
3 œufs, blancs et jaunes séparés
1 pincée de sel
125 ml (1/2 t) de sucre
1 c. à thé d'essence de vanille
crème fouettée au goût

Faire gonfler la gélatine à l'eau froide, 5 minutes; la dissoudre à l'eau bouillante; ajouter le chocolat fondu au bain-marie ou le cacao mêlé à 1 c. à soupe de beurre. Laisser prendre légèrement, puis battre pour rendre le tout mousseux.

Battre les jaunes d'œufs jusqu'à ce qu'ils soient légers; les incorporer aux blancs montés en neige avec le sel.

Ajouter aux œufs, le sucre, la gélatine dissoute et préalablement battue. Amalgamer le tout, aromatiser et verser dans un moule rincé à l'eau froide ou très légèrement huilé.

Laisser prendre au froid. Servir avec de la crème fouettée.

Environ 4 portions

Crème de tapioca aux pêches

4 ou 5 pêches
sucre au goût
1 litre (4 t) de lait
125 ml (1/2 t) de tapioca instantané
175 ml (3/4 t) de sucre
1/4 c. à thé de sel
1 c. à soupe de beurre
1 c. à thé d'essence de vanille
crème fouettée

Mettre les pêches coupées en morceaux dans un plat, les sucrer au goût.

Chauffer le lait au bain-marie, ajouter le tapioca en pluie, le sucre, le sel et le beurre; cuire 15 minutes en brassant souvent.

Retirer du feu.

Ajouter la vanille; remuer.

Réserver quelques morceaux de pêches pour décorer.

Verser la préparation sur le reste des pêches; laisser refroidir; servir dans des coupes.

Décorer avec de la crème fouettée et des sections de pêches.

⊙ Si les conserves de pêches sont employées au lieu de fruits frais, le sirop des fruits peut remplacer le lait.

⊙ On peut utiliser d'autres fruits ou un mélange de fruits à la place des pêches.

8 à 10 portions

Souper du dimanche soir

ÉDITION 1943

On accorde généralement à la bonne le congé du dimanche soir; cependant, le repas, ce soir-là, offre d'intéressantes possibilités. Salades froides, poisson, poulet en galantine, avec biscuits et fromage, noix et fruits constituent un menu qui peut fort bien se préparer à l'avance. Si les invités du thé prolongent leur visite, on a là un repas que l'on peut servir agréablement. On donne à la table tout le charme qui convient en y mettant la nappe ou le chemin de table le plus beau, avec quatre bougeoirs et une pièce de centre à effet. Les assiettes et les ustensiles nécessaires sont placés sur la table ou sur le buffet, à côté, et l'hôtesse exerce alors un peu l'office de bonne.

Bagatelle

Restes de gâteau
confitures
500 ml (2 t) de lait
2 c. à soupe de fécule de maïs
2 c. à soupe d'eau froide
1 ou 2 jaunes d'œufs
75 ml (1/3 t) de sucre
essence de vanille
1 ou 2 blancs d'œufs

Déposer dans un plat un rang de gâteau en morceaux, un rang de confitures, alterner ainsi jusqu'à ce que le plat soit rempli aux trois quarts.

Chauffer le lait, ajouter en brassant la fécule délayée à l'eau froide ; cuire 8 à 10 minutes.

Incorporer les jaunes d'œufs battus avec le sucre après les avoir réchauffés d'un peu de la préparation chaude. Aromatiser au goût.

Verser sur les gâteaux ; laisser refroidir.

Décorer au goût avec de la meringue.

LES SAUCES SUCRÉES

Les sauces sucrées pour les poudings et les crèmes se divisent en sauces froides et en sauces chaudes. Les sauces froides sont à base de beurre auquel on incorpore du sucre blanc ou de la cassonade. Les sauces chaudes sont à base d'eau chaude ou de jus de fruit épaissi avec des œufs, de la fécule de maïs, de la farine, de l'arrow-root ou du tapioca instantané.

Sauce à la crème fouettée

Fouetter 125 ml (½ t) de crème et la parfumer en incorporant très lentement l'un ou l'autre des ingrédients suivants :

3 c. à soupe de sirop d'érable
3 c. à soupe de sirop de maïs
2 c. à soupe de mélasse
2 c. à soupe de miel liquide
50 ml (1/4 t) de confitures

Sauce au beurre

175 ml (3/4 t) de cassonade
125 ml (1/2 t) d'eau
3 c. à soupe de beurre
1 c. à soupe de jus de citron

Cuire la cassonade et l'eau durant 5 minutes.

Ajouter le beurre et le jus de citron. Bien mélanger.

Sauce à la cassonade

175 ml (3/4 t) de cassonade
250 ml (1 t) d'eau bouillante
1 c. à thé de beurre
muscade au goût
2 c. à thé de jus de citron
2 c. à thé de fécule de maïs
2 c. à thé d'essence de citron

Mettre la cassonade, l'eau, le beurre, la muscade, le jus de citron dans une casserole et faire bouillir.

Délayer la fécule dans 2 ½ c. à soupe d'eau froide.

L'incorporer en remuant.

Laisser mijoter 5 à 8 minutes.

Retirer du feu et aromatiser.

Sauce à l'arrow-root

1 c. à soupe d'arrow-root
250 ml (1 t) d'eau bouillante
125 ml (1/2 t) de gelée ou confitures
1 c. à soupe de jus de citron
1 pincée de sel

Délayer l'arrow-root dans 1 c. à soupe d'eau froide ; l'ajouter à l'eau bouillante, brasser et cuire à feu doux 10 minutes.

Fouetter la gelée, verser le jus de citron, mettre le sel et mélanger à la première préparation.

Laisser mijoter 3 ou 4 minutes.

La gelée ou les confitures peuvent être omises et remplacées par 125 ml (½ t) de sucre et 3 c. à soupe de jus de citron au lieu de 1 c. à soupe.

Sauce à la vanille

500 ml (2 t) d'eau
2 c. à soupe de fécule de maïs
1/2 c. à thé de sel
50 ml (1/4 t) de beurre
1 œuf
250 ml (1 t) de sucre
1 c. à thé d'essence de vanille

Faire bouillir l'eau, ajouter la fécule délayée dans 2 c. à soupe d'eau froide, le sel et faire cuire à feu doux 8 à 10 minutes en brassant constamment.

Défaire le beurre en crème, le sucre, l'œuf battu, l'essence et joindre ce mélange à la première préparation en brassant continuellement.

Sauce à la crème au beurre

75 ml (1/3 t) de beurre
125 ml (1/2 t) de cassonade
75 ml (1/3 t) de crème 15 %
1 c. à thé d'essence de vanille

Défaire le beurre en crème, ajouter graduellement la cassonade.

Incorporer la crème tiède, goutte à goutte, battre jusqu'à ce que le mélange soit onctueux et aromatiser.

Sauce à l'érable

250 ml (1 t) de sirop d'érable
1 c. à soupe de beurre
125 ml (1/2 t) d'eau froide
2 c. à soupe de farine

Mélanger le sirop d'érable et le beurre, amener au point d'ébullition ; lier avec la farine délayée dans 2 c. à soupe d'eau froide en brassant jusqu'à épaississement. Au besoin, ajouter peu à peu le reste de l'eau pour obtenir la consistance nécessaire. Laisser cuire 8 à 10 minutes.

Sauce caramélisée

2 c. à soupe de beurre
2 c. à soupe de farine
150 ml (2/3 t) de sucre
250 ml (1 t) d'eau bouillante
zeste d'orange ou muscade
1/2 c. à thé d'essence de vanille

Fondre le beurre ; lorsqu'il est d'une belle couleur blonde, incorporer la farine, le sucre, roussir un peu sur un feu doux, verser l'eau bouillante. Brasser légèrement jusqu'à ce que la sauce commence à bouillir.

Laisser mijoter quelques minutes, parfumer d'essence et de zeste ou de muscade après avoir retiré du feu.

Continuer la cuisson à petit feu quelques instants.

Sauce au chocolat

250 ml (1 t) de lait
1 carré de chocolat non sucré
1 c. à soupe de farine
125 ml (1/2 t) de sucre
1 pincée de sel
lait pour délayer
1 c. à soupe de beurre
1 c. à thé d'essence de vanille

Chauffer le lait au bain-marie.

Ajouter le chocolat; lorsqu'il est fondu, fouetter le mélange avec un batteur électrique pour le rendre léger.

Mêler la farine, le sucre, le sel, délayer avec un peu de lait et incorporer ce mélange au premier.

Remettre au feu au bain-marie et cuire jusqu'à ce que la sauce épaississe, en brassant continuellement.

Ajouter le beurre, la vanille et servir chaud sur un pouding ou comme glace à gâteau.

Sauce au chocolat

(pour crème glacée)

2 carrés de chocolat non sucré
250 ml (1 t) de sirop de maïs
1/2 c. à thé d'essence de vanille
1 c. à soupe de beurre

Fondre le chocolat au bain-marie.

Mélanger le sirop en brassant pendant 3 minutes, réchauffer seulement; aromatiser.

Ajouter le beurre au moment de retirer la préparation du feu.

Sauce à l'orange

250 ml (1 t) d'eau chaude
75 ml (1/3 t) de sucre
1 pincée de sel
1 c. à soupe de fécule de maïs
1 c. à soupe de beurre
jus et zeste d'une orange

Faire bouillir l'eau, le sucre et le sel.

Ajouter la fécule délayée dans 1 c. à soupe d'eau froide; cuire à feu doux 8 à 10 minutes en brassant.

Au moment de retirer du feu, incorporer le beurre, le jus et le zeste d'une orange.

Sauce au citron

250 ml (1 t) d'eau chaude
100 ml (3/8 t) de sucre
1 pincée de sel
2 c. à thé de fécule de maïs
1 c. à soupe de beurre
muscade
1 c. à soupe de jus de citron

Faire bouillir l'eau, le sucre et le sel.

Ajouter la fécule délayée dans 2 c. à thé d'eau froide.

Cuire à feu doux en brassant, 8 à 10 minutes.

Au moment de servir, incorporer le beurre, la muscade et le jus de citron.

Sauce à la noix de coco

250 ml (1 t) de lait
3 c. à soupe de sucre
1 c. à soupe de fécule de maïs
75 ml (1/3 t) de noix de coco râpée
1 blanc d'œuf
1 pincée de sel
1/4 c. à thé d'essence de vanille

Faire chauffer le lait au bain-marie, incorporer, en remuant continuellement, le sucre mélangé à la fécule et la noix de coco râpée; cuire 10 à 15 minutes en brassant continuellement.

Fouetter le blanc d'œuf avec le sel; plier la sauce dans le blanc fouetté; ajouter la vanille.

Servir chaud ou froid.

Sauce au jus de fruit

75 ml (1/3 t) de sucre
1 1/2 c. à soupe de fécule de maïs
250 ml (1 t) de jus de fruits
2 c. à soupe de jus de citron

Mélanger le sucre et la fécule.

Chauffer le jus de fruit, ajouter le mélange sucre-fécule en brassant continuellement et cuire jusqu'à ce que la préparation épaississe.

Ajouter le jus de citron.

⊙ On peut employer pour cette sauce le sirop des fruits en conserve. Dans ce cas, diminuer la quantité de sucre.

Sauce au sucre à la crème

375 ml (1 1/2 t) de cassonade
175 ml (3/4 t) de sirop de maïs
50 ml (1/4 t) de beurre
175 ml (3/4 t) de crème 15 %

Mettre dans une casserole la cassonade, le sirop de maïs, le beurre et la moitié de la crème; faire bouillir jusqu'à l'obtention d'une boule molle dans l'eau froide (115 °C).

Retirer; ajouter le reste de la crème goutte à goutte en remuant continuellement.

Sauce aux fruits

250 ml (1 t) de jus de fruits
2 c. à thé de fécule de maïs
50 ml (1/4 t) de fruits hachés: ananas, pêches, poires, pommes, abricots

Chauffer le jus de fruits, incorporer la fécule délayée dans un peu d'eau froide (2 c. à thé) en brassant. Laisser mijoter 8 à 10 minutes.

Retirer, ajouter les fruits cuits et hachés.

Sauce claire aux jaunes d'œufs

500 ml (2 t) de lait
125 ml (1/2 t) de sucre
1 c. à soupe de fécule de maïs
2 jaunes d'œufs
zeste d'orange, essence de vanille

Faire chauffer le lait, incorporer le sucre, la fécule délayée; cuire 8 à 10 minutes. Ajouter les jaunes d'œufs battus avec 1 c. à soupe de lait ou d'eau, en ayant soin de les réchauffer d'une cuillerée de la préparation avant de lier la sauce.

Cuire sans laisser bouillir. Retirer du feu dès que la sauce nappe la cuillère. Aromatiser.

⊙ Cette préparation se réussit mieux au bain-marie.

Sauce épaisse aux jaunes d'œufs

250 ml (1 t) de lait
75 ml (1/3 t) de sucre
1 c. à thé de fécule de maïs
2 jaunes d'œufs
essence de vanille

Faire chauffer le lait et le sucre, ajouter la fécule délayée dans 1 c. à thé d'eau froide.

Lier avec les jaunes d'œufs battus, après les avoir réchauffés avec un peu de la préparation. Laisser mijoter sans bouillir. Retirer la préparation quand la crème nappe la cuillère. Aromatiser au goût.

⊙ Cette préparation se réussit mieux au bain-marie — en remuant continuellement.

Sauce « dure »

(« Hard Sauce »)

75 ml (1/3 t) de beurre
250 ml (1 t) de sucre à glacer
1 c. à thé de vanille ou citron

Défaire le beurre en crème, y incorporer graduellement le sucre, battre jusqu'à ce que le mélange soit onctueux et léger.

Ajouter l'essence et mettre au frais. Servir avec poudings chauds (surtout au chocolat).

Sauce mousseuse

1 œuf, blanc et jaune séparés
250 ml (1 t) de sucre à glacer
1 pincée de sel
1 c. à thé de fécule de maïs
125 ml (1/2 t) de lait chaud
1/2 c. à thé d'essence de vanille
1 c. à soupe de jus de citron

Battre le jaune d'œuf jusqu'à ce qu'il épaississe; ajouter 175 ml (¾ t) de sucre en continuant de fouetter.

Mélanger le reste du sucre, la fécule et le sel; verser le lait chaud sur ces ingrédients; cuire en brassant au bain-marie 8 à 10 minutes, en remuant pour épaissir. Ajouter le jaune d'œuf battu; brasser 2 ou 3 minutes. Retirer du feu, incorporer le blanc d'œuf fouetté en neige, l'essence et le jus de citron.

Sauce au caramel

175 ml (3/4 t) de cassonade (bien tassée)
250 ml (1 t) de sirop de maïs
50 ml (1/4 t) de beurre
250 ml (1 t) de crème 15 %

Mélanger la cassonade, le sirop et le beurre; cuire en brassant jusqu'à ce que le sucre soit fondu; ajouter la crème et amener vivement au point d'ébullition; retirer du feu. Servir avec les poudings ou la crème glacée.

Pour l'obtention d'une sauce plus épaisse, laisser cuire le mélange jusqu'à 112 °C. Cette sauce peut être conservée plusieurs jours, dans un bocal bien fermé, au réfrigérateur.

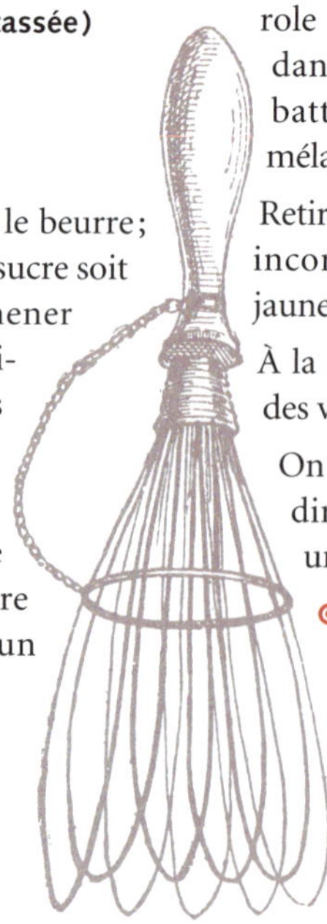

Crème « sabayon »

125 ml (1/2 t) de sucre
50 ml (1/4 t) d'eau
2 blancs d'œufs
6 jaunes d'œufs
3 c. à soupe de sherry
eau chaude

Dans une petite casserole, faire fondre le sucre dans l'eau à feu doux, en remuant continuellement. Quand le sucre est fondu, augmenter le feu et faire bouillir le sirop jusqu'à 115 °C au thermomètre à bonbons. Retirer la casserole du feu.

Dans un plat moyen, battre les blancs d'œufs avec un fouet ou un batteur mécanique jusqu'à ce qu'ils forment des pics recourbés. Verser le sirop chaud en continuant de battre jusqu'à ce que le mélange soit bien homogène. Mettre de côté.

Mélanger dans un plat les jaunes d'œufs et le sherry. Placer le plat dans une casserole d'eau à peine frémissante. Battre pendant 5 à 7 minutes avec un fouet ou un batteur mécanique jusqu'à ce que le mélange soit très épais et de couleur pâle.

Retirer le plat de la casserole d'eau chaude et incorporer délicatement le mélange des jaunes au mélange des blancs.

À la cuillère, verser la crème obtenue dans des verres à vin.

On peut servir immédiatement ou refroidir dans les verres recouverts au moins une heure avant de servir.

- On peut ajouter du kirsch pour aromatiser avant de verser dans les verres.
- Le sabayon peut servir de sauce d'accompagnement pour les poudings.

La conservation des aliments

ÉDITION 1954

GARDE-MANGER

Une cuisinière avertie conserve les produits alimentaires dans un garde-manger à l'abri des poussières, des mouches et des variations atmosphériques ; tout ce qui, bien que d'usage courant, ne doit pas être exposé au voisinage trop chaud des fourneaux y a sa place marquée. Une bonne température importe à la conservation des aliments autant que la propreté absolue. Donc, tenir la porte constamment fermée et munir les fenêtres de volets pour atténuer la lumière solaire.

Une cuisinière qui dispose d'une installation aussi pratique coupe court à cette mauvaise habitude d'étaler sur les tables et le buffet de la cuisine les restes des repas. Exposés ainsi à la chaleur et à la poussière ou encore enfermés dans les placards, ces aliments s'altèrent beaucoup plus rapidement et dégagent, dans le milieu familial, des miasmes d'odeur désagréable. Dans les maisons plus modestes, si on n'a pas l'espace voulu pour une installation du genre, le garde-manger portatif est le moyen le plus simple et le plus pratique de mettre les aliments à l'abri.

La glacière domestique est un autre moyen pratique de conserver les aliments. Aujourd'hui, ces armoires se vendent à des prix très abordables.

RÉFRIGÉRATEUR ÉLECTRIQUE

L'industrie fabrique de nos jours des glacières électriques de ménage. Les maisons spécialisées fournissent aux acheteurs les renseignements sur le maniement et l'entretien de ces appareils. Ces meubles sont très pratiques, à la ville surtout, où la glacière devient une nécessité. Les modèles sont tellement nombreux que le marché semble vouloir les adapter aux conditions de fortune des divers milieux. La conservation de la glace et des aliments demande que la porte ne reste ouverte que le temps de déposer ou de retirer les aliments. Il faut éviter d'y mettre les mets chauds, attendre plutôt qu'ils soient refroidis.

Le congélateur domestique se généralise de plus en plus ; il ne remplace pas le réfrigérateur ; il sert à congeler les aliments : viandes, poissons, légumes, fruits et autres mets préparés, et à les maintenir dans cet état de congélation pendant une longue période (voire plusieurs mois). Comme pour le réfrigérateur, le commerce en présente plusieurs modèles de capacités différentes.

Il est une source d'économie permettant de garder le surplus des produits du jardin ou du verger ; et par l'achat des comestibles en plus grande quantité, en leur saison, par conséquent à prix moins élevé.

Les desserts glacés

Il existe essentiellement deux variétés de glace : 1. les crèmes glacées proprement dites qui, après avoir été fouettées dans la sorbetière, sont ensuite pressées pour en terminer la congélation ; 2. les glaces légères, qui sont moulées et glacées directement, sans passer par la sorbetière. Dans cette catégorie se trouvent les glaces les plus fines, celles qui n'exigent pas, pour leur apprêt, un matériel spécial. Ce sont les parfaits, les mousses, les bombes et les sorbets.

Les parfaits se préparent en versant un sirop épais sur des blancs ou des jaunes d'œufs battus auxquels on incorpore une crème fouettée aromatisée.

Les mousses sont des crèmes fouettées sucrées et aromatisées, rendues plus consistantes par l'addition de gélatine.

Les bombes doivent leur nom au moule en forme de bombe qui sert à leur confection. Ce moule est d'abord doublé d'une variété de glace ou de sorbet et le centre est ensuite rempli d'une autre espèce de crème congelée. Les bombes se moulent dans des formes coniques unies, arrondies au sommet ou encore dans des moules « melon ».

Les sorbets sont des glaces très légères, à peine congelées. Les sorbets aux fruits constituent, pour l'estomac, le rafraîchissement par excellence. Ils se préparent avec des jus et des sirops légers de fruits. Les sorbets se congèlent dans la sorbetière comme les glaces. On peut leur incorporer, en mélangeant doucement, une meringue ou de la crème fouettée bien ferme. Au moment du service, à l'aide d'une cuillère, on dresse la préparation en pointe dans des verres à sorbet ou dans des coupes.

Crème glacée

Formule-type

2 œufs
175 ml (3/4 t) de sucre
1 litre (4 t) de crème 35 %
essence au goût

▶ Bien battre les œufs, avec le sucre; les incorporer à la crème et congeler à la sorbetière.

▶ Pour les compositions de glaces diverses : à la vanille, à la menthe, à l'érable, au café, au caramel, les proportions de liquide, d'œufs et de sucre, ainsi que la façon d'opérer restent les mêmes. Ces crèmes ne diffèrent entre elles que par le parfum qui les caractérise.

▶ On peut aussi préparer la crème glacée avec moitié crème et moitié lait, ou encore au lait lié avec de la fécule ou avec de la crème 15 %.

Congélation — L'opération première de la congélation consiste dans le sanglage. Sangler une crème, c'est entourer la préparation de glace concassée et pilée à laquelle on additionne du gros sel. La dissolution du sel sur la glace détermine un abaissement du point de congélation, et, en conséquence, la congélation rapide de la préparation qui y est plongée.

a) Ajuster toutes les parties de la sorbetière et s'assurer qu'elle fonctionne bien. Ébouillanter le bidon, puis le refroidir avant d'y verser le mélange. Le remplir aux trois quarts de la préparation à congeler et couvrir.
b) Mesurer la glace et le sel dans les proportions de 3 parties de glace pour 1 partie de gros sel, sans mêler. Remplir, au quart ou au tiers, le récipient en bois avec de la glace concassée et ajouter le sel. Placer le bidon et bien ajuster la manivelle. Ajouter de la glace et du sel alternativement, toujours dans les mêmes proportions, en tassant le mélange réfrigérant; fermer complètement la sorbetière; attendre 2 ou 3 minutes avant de commencer à tourner.

c) Commencer à tourner la manivelle, lentement au début; après 5 à 10 minutes, augmenter la vitesse. La crème est prise lorsqu'il n'est plus possible de tourner. Retirer la manivelle; essuyer le bidon avant de l'ouvrir, afin d'éviter le contact de l'eau et du sel avec la préparation.

d) Verser la crème dans des moules préalablement rincés à l'eau froide. Frapper chaque moule plein sur un linge plié pour tasser la préparation et chasser l'air dont la présence occasionnerait la formation de trous à l'intérieur. Laisser reposer au congélateur au moins 1 heure avant de servir, davantage si possible.

Crème glacée à la vanille n° 1

2 œufs
175 ml (3/4 t) de sucre
1 litre (4 t) de crème 35 %
1 c. à soupe de vanille

Bien battre les œufs avec le sucre.

Les incorporer à la crème.

Aromatiser. Congeler. (Voir formule-type)

Crème glacée à la vanille n° 2

500 ml (2 t) de lait
2 c. à soupe de fécule de maïs
3 jaunes d'œufs
250 ml (1 t) de sucre
1 1/2 c. à thé d'essence de vanille
500 ml (2 t) de crème 35 %

Faire chauffer le lait au bain-marie, ajouter la fécule délayée dans 2 c. à soupe d'eau froide et laisser cuire 10 minutes.

Battre les jaunes d'œufs avec le sucre, les réchauffer d'un peu de la préparation chaude, puis les incorporer à la première préparation en continuant de remuer; cuire 2 ou 3 minutes.

Aromatiser et refroidir; verser la crème et congeler. (Voir formule-type)

Crème glacée à la gélatine

1 c. à soupe de gélatine
75 ml (1/3 t) d'eau froide
500 ml (2 t) de lait
250 ml (1 t) de sucre
1 pincée de sel
500 ml (2 t) de crème 35 %
1 c. à soupe d'essence de vanille

Faire gonfler la gélatine dans l'eau froide, 5 minutes.

Chauffer le lait au bain-marie; quand il est bouillant, y dissoudre la gélatine.

Ajouter le sucre et la pincée de sel, remuer pour fondre le sucre.

Retirer du feu. Verser la crème en un mince filet en brassant continuellement. Ajouter la vanille.

Laisser refroidir et congeler. (Voir formule-type)

Crème glacée au chocolat

Fondre 2 à 4 carrés de chocolat non sucré au bain-marie; verser graduellement 50 ml (¼ t) d'eau chaude; ajouter ce mélange à la « crème glacée à la vanille ».

Crème glacée à l'érable

Remplacer le sucre de la « crème glacée à la vanille » par du sucre d'érable haché ou du sirop d'érable au goût. On peut aussi ajouter des noix de Grenoble hachées avant la congélation.

Crème glacée au café

Substituer 250 ml (1 t) de café fort clarifié à 250 ml (1 t) de lait de la recette de « crème glacée à la vanille » ; augmenter le sucre au goût.

Crème glacée au caramel

Caraméliser la moitié du sucre de la recette de la « crème glacée à la vanille », ajouter des noix hachées avant la congélation.

Crème glacée aux fruits

Les fruits désirés, ananas, bananes, fraises, abricots, cerises ou pêches, sont ajoutés quand la crème est congelée en mousse. Continuer ensuite la congélation.

Crème glacée à la menthe

Remplacer la vanille par 3 ou 4 gouttes de menthe ; colorer avec un colorant vert pâle.

Crème glacée « Alaska »

Gâteau éponge (page 215)
crème glacée au goût
6 blancs d'œufs
250 ml (1 t) de sucre à glacer

1° Confectionner un gâteau éponge ; le cuire dans un moule rectangulaire (15 x 20 cm environ). Le gâteau devra avoir environ 2 cm d'épaisseur après la cuisson.

2° Préparer une recette de crème glacée au goût. Quand la crème est congelée, lui donner la forme d'une brique en la plaçant dans un moule rincé à l'eau froide. Recouvrir d'une double épaisseur de papier ciré et du couvercle. Laisser prendre ¾ d'heure à 1 heure au congélateur.

3° Fouetter les blancs d'œufs en neige très ferme ; incorporer le sucre 50 ml (¼ t) à la fois ; battre énergiquement au froid ; aromatiser. Placer un papier ciré sur une planchette un peu plus grande que le gâteau ; le déposer dessus. Démouler la crème glacée sur le gâteau ; celui-ci devra dépasser d'au moins 2 cm tout autour. Recouvrir entièrement de meringue la préparation glacée et le gâteau ; dorer vivement au four très chaud (260 °C – 500 °F). Servir immédiatement.

Variante

Creuser un gâteau éponge, laissant une épaisseur de 2 cm environ au fond et autour du gâteau. Remplir la cavité de crème glacée ; recouvrir de meringue et dorer au four très chaud (260 °C – 500 °F).

Meringue italienne congelée

125 ml (1/2 t) de sucre
50 ml (1/4 t) d'eau
3 blancs d'œufs
1/4 c. à thé de gélatine neutre
175 ml (3/4 t) de crème fouettée
1/2 c. à thé d'essence de vanille

Faire cuire le sucre et l'eau jusqu'à l'obtention d'une boule molle (112 ° – 115 °C).

Verser lentement en un mince filet sur les blancs fouettés en neige ferme en continuant de battre. Placer le plat dans de l'eau glacée jusqu'à ce que le mélange soit refroidi.

Faire gonfler la gélatine dans 1 c. à soupe d'eau froide ; la dissoudre à la vapeur ; l'ajouter à la préparation refroidie ainsi que la crème fouettée et l'essence.

Congeler.

Pouding glacé

500 ml (2 t) de lait
3 œufs, blancs et jaunes séparés
100 ml (3/8 t) de sucre
2 c. à soupe de fécule de maïs
250 ml (1 t) de crème 35 %

Faire chauffer le lait au bain-marie; battre les jaunes d'œufs avec du sucre, un peu de lait et la fécule de maïs; les incorporer au lait chaud en brassant; chauffer quelques minutes; refroidir.

Fouetter la crème. Battre les blancs avec le reste du sucre; les ajouter à la préparation, mélanger parfaitement.

Verser dans un moule et faire congeler dans la glace ou au congélateur. Démouler et servir avec une sauce.

Parfait blanc des anges

125 ml (1/2 t) d'eau
175 ml (3/4 t) de sucre
3 blancs d'œufs
1 1/2 c. à thé d'essence de vanille
500 ml (2 t) de crème fouettée

Mettre l'eau et le sucre dans une casserole, agiter jusqu'à ce que le sucre soit fondu; faire bouillir sans remuer jusqu'à l'obtention d'une boule molle dans l'eau froide (112 °C).

Fouetter les blancs en neige; y verser en mince filet le sirop bouillant en fouettant constamment; aromatiser et refroidir.

Ajouter la crème fouettée à la préparation refroidie (s'il reste du lait sous la crème, ne pas le mélanger).

Placer la préparation dans un moule et congeler 4 heures.

Démouler et servir avec une sauce au jus de fruits (page 334).

⊙ Le parfait blanc peut être modifié en parfait aux amandes, aux cerises, aux fraises, en ajoutant les fruits et les noix avant de congeler.

Parfait au café

175 ml (3/4 t) de lait
125 ml (1/2 t) de café fort clarifié
250 ml (1 t) de sucre
3 jaunes d'œufs
1/2 c. à thé de sel
750 ml (3 t) de crème 35 %

Faire chauffer le lait et le café au bain-marie; ajouter la moitié du sucre, les œufs battus avec le reste du sucre, le sel.

Incorporer 125 ml (½ t) de crème. Mélanger et laisser refroidir.

Fouetter le reste de la crème et l'incorporer à la préparation.

Verser dans un moule. Faire congeler 4 heures.

Sorbet au citron

625 ml (2 1/2 t) de sucre
1 litre (4 t) d'eau
zeste de 2 citrons
jus de 4 citrons
1 blanc d'œuf
2 c. à soupe de sucre à glacer

Faire bouillir le sucre et l'eau 10 minutes.

Ajouter le zeste et remettre à bouillir de nouveau 5 minutes. Laisser refroidir.

Incorporer le jus de citron; passer le tout au tamis fin ou à travers une mousseline.

Congeler comme pour la crème glacée.

Quand le mélange est presque gelé, ajouter une meringue préparée avec le blanc d'œuf et le sucre à glacer.

Laisser reposer 2 ou 3 heures au congélateur.

Sorbet à l'orange

1 c. à soupe de gélatine neutre
75 ml (1/3 t) d'eau froide
500 ml (2 t) de sucre
1 litre (4 t) d'eau
500 ml (2 t) de jus d'orange
1 blanc d'œuf
2 c. à soupe de sucre à glacer

Faire gonfler la gélatine dans l'eau froide, 5 minutes.

Faire bouillir le sucre et l'eau 10 minutes, y incorporer la gélatine et brasser pour dissoudre.

Laisser refroidir.

Après refroidissement, ajouter le jus d'orange; passer au tamis et congeler.

Quand le mélange est presque gelé, faire entrer délicatement la meringue préparée avec le blanc d'œuf et le sucre à glacer.

Laisser au congélateur 2 ou 3 heures.

Sorbet à l'ananas

2 ananas
625 ml (2 1/2 t) de sucre
1 litre (4 t) d'eau
jus de 2 citrons
1 blanc d'œuf
2 c. à soupe de sucre à glacer

Râper l'ananas ou le réduire en purée.

Faire bouillir le sucre et l'eau 10 minutes.

Retirer du feu, incorporer l'ananas et le jus de citron. Passer à travers une mousseline, presser afin d'en extraire le jus.

Laisser refroidir et congeler.

Quand le mélange est presque gelé, faire entrer délicatement une meringue préparée avec le blanc d'œuf et le sucre à glacer.

Laisser au congélateur comme pour le sorbet à l'orange.

Mousse glacée au chocolat

2 c. à thé de gélatine neutre
50 ml (1/4 t) d'eau froide
2 carrés de chocolat non sucré
125 ml (1/2 t) de sucre à glacer
250 ml (1 t) de lait
175 ml (3/4 t) de sucre granulé
1 c. à thé d'essence de vanille
500 ml (2 t) de crème fouettée

Faire gonfler la gélatine à l'eau froide pendant 5 minutes.

Fondre le chocolat au bain-marie; ajouter le sucre à glacer et le lait graduellement; brasser sur le feu jusqu'à épaississement. Incorporer la gélatine gonflée, le sucre et la vanille.

Refroidir le mélange jusqu'à ce qu'il soit épais, en battant légèrement.

Incorporer la crème fouettée en pliant avec la spatule.

Placer dans un moule ou des moules individuels.

Congeler 4 heures pour les gros moules et 2 heures environ pour les petits.

Mousse glacée aux fruits nº 1

2 c. à thé de gélatine neutre
50 ml (1/4 t) d'eau froide
50 ml (1/4 t) d'eau bouillante
250 ml (1 t) de marmelade de fruits
250 ml (1 t) de sucre environ
500 ml (2 t) de crème 35 %

Gonfler la gélatine à l'eau froide pendant 5 minutes; la dissoudre à l'eau bouillante; l'ajouter à la marmelade de fruits et sucrer. (La quantité de sucre est variable selon que les fruits employés sont frais ou en conserve.)

Fouetter la crème; l'incorporer légèrement quand le premier mélange est entièrement refroidi.

Mouler et congeler.

Mousse glacée aux fruits nº 2

3 c. à soupe de gélatine neutre
125 ml (1/2 t) d'eau froide
500 ml (2 t) de sucre
1 litre (4 t) d'eau
jus de 2 oranges et 1 citron
3 bananes
125 ml (1/2 t) d'ananas en conserve
12 grosses fraises
125 ml (1/2 t) de gelée ferme (cerise ou lime)
crème fouettée au goût

Gonfler la gélatine dans l'eau 5 minutes.

Faire bouillir le sucre et l'eau 10 minutes.

Ajouter la gélatine gonflée, passer au tamis.

Incorporer le jus d'orange et de citron, les bananes et les ananas divisés en morceaux, les fraises séparées en deux et la gelée coupée en petits cubes.

Après avoir fait refroidir la préparation, la congeler.

Quand le mélange a une bonne consistance, le fouetter puis laisser reposer dans la glace ou le congélateur 30 à 40 minutes. Cette mousse doit être très ferme.

Garnir de crème fouettée.

Bombe glacée

Refroidir un moule (en deux parties) — forme melon, rond ou brique. Le remplir avec deux préparations différentes : tout autour, dresser une bordure glacée d'environ 2 cm et remplir le centre d'une autre glace.

Suggestions

BORDURE	CENTRE
Crème glacée à la vanille	Mousse glacée au chocolat
Crème glacée aux fraises	Parfait des anges
Sorbet à l'orange	Crème glacée à la vanille
Crème glacée au caramel	Crème glacée à la vanille
Sorbet au citron	Parfait jaune
Crème glacée à la vanille	Mousse glacée aux fruits
Crème glacée à la vanille	Crème glacée à la menthe
Crème glacée à la vanille	Crème glacée à l'érable
Crème glacée au chocolat	Sorbet à l'ananas
Pouding glacé	Crème glacée aux fruits

Maltesers
Maltesers
TREBOR
TREBOR
TREBOR
COFFEE CRUNCH
TREBOR
EMPIRE FRUITS

Les bonbons

Dans la confection des bonbons, on fait généralement usage de crème de tartre, de vinaigre, de jus de citron, etc. Toute solution acide intervertit la saccharose en sucre simple, fructose et glucose, ce qui produit un bonbon sans granulation, à texture crémeuse.

CUISSON DU SUCRE

Mettre dans une casserole la quantité de sucre nécessaire ; ajouter, si désiré, une cuillerée de glucose par 500 g (1 lb) de sucre ; mouiller pour assurer la dissolution du sucre ; n'en laisser aucun grain autour de la casserole ; se servir pour cette opération d'une petite spatule enroulée d'un coton à fromage ou d'un pinceau trempé dans l'eau tiède. Déposer la casserole couverte sur le feu ; laisser bouillir 3 ou 4 minutes. Découvrir et faire bouillir vivement sans remuer ; écumer soigneusement. Dès que l'ébullition se manifeste sous forme de bouillons serrés, c'est l'indice que l'évaporation de l'eau est terminée et que le sucre entre dans sa période réelle de cuisson. À partir de ce moment, détacher des parois de la casserole le sucre qui s'y attache et qui pourrait faire cristalliser la masse.

Vérification de la cuisson du sucre

De l'état de sirop jusqu'à celui de *caramel*, le sucre passe par des phases distinctes plus ou moins denses. Les stages de cuisson sont évalués dans l'eau froide :

112 – 114 °C	Boule molle qui ne conserve pas sa forme à la température de la pièce
116 – 120 °C	Boule plus ferme
121 – 130 °C	Boule dure qui garde sa forme à la température de la pièce
132 – 143 °C	Petit cassé (petits fils cassants)
149 – 154 °C	Grand cassé (longs fils cassants)

Vers 160 °C, le sucre fond sans addition d'eau et forme un caramel foncé, si on élève la température jusqu' à 170 °C. (Ce type de caramel est parfois recommandé comme fond de cossetarde ou de pouding.)

Le sucre doit être retiré du feu dès que le degré de cuisson désiré est atteint; quelques secondes de cuisson de plus l'amènent au caramel blond d'abord, brun ensuite. Les minutes comptent dans la cuisson du sucre. Ne pas oublier d'éloigner la casserole du feu, pour vérifier les fils et les boules que forme le sirop. Si c'est un ustensile d'aluminium, tremper la casserole dans l'eau froide pour arrêter immédiatement la cuisson.

THERMOMÈTRE ET TEMPÉRATURE

L'emploi du thermomètre n'est pas indispensable; il donne cependant des résultats plus précis.

Manière de s'en servir

Avant d'utiliser le thermomètre, il faut le vérifier, c'est-à-dire le calibrer; à cette fin, le placer dans un récipient d'eau froide et laisser monter la température. Il doit marquer 100 °C (200 °F) à forte ébullition; s'il n'atteint que 98 °C ou 99 °C, il faudra en conséquence diminuer de 1 ou de 2 le nombre de degrés requis pour la cuisson.

Il est préférable de placer le thermomètre dans le sirop avant l'ébullition pour éviter une forte chaleur trop subite.

Aussitôt la préparation terminée, enlever le thermomètre et le plonger avec précaution dans l'eau chaude; le laisser refroidir lentement avant de le laver. Un changement brusque de température risque de casser le thermomètre.

Lorsqu'on n'a pas de thermomètre, on évalue la cuisson du sucre en laissant tomber un peu du mélange dans un verre d'eau froide (voir précédemment).

Une journée humide n'est pas favorable à la confection des bonbons ; il faut, en ce cas, prolonger un peu la cuisson du sucre.

Il n'est jamais pratique de faire de trop grandes quantités de sucreries à la fois ; la qualité en est toujours quelque peu affectée et la manipulation beaucoup plus difficile.

Lorsque les bonbons contiennent du beurre, de la crème ou de la mélasse, il faut avoir soin de remuer la préparation pendant la cuisson afin d'éviter que le sirop n'adhère au fond de la casserole ; au contraire, il ne faut pas l'agiter si la préparation ne renferme qu'un mélange d'eau et de sucre.

Fondant non cuit

1 blanc d'œuf
2 c. à soupe de crème 35 %
sucre à glacer
essence au goût

Mêler le blanc d'œuf et la crème fouettée.

Bien battre.

Incorporer peu à peu du sucre à glacer en quantité suffisante pour former une masse assez ferme pour être moulée.

Aromatiser au goût. Former en utilisant des moules ou à la main.

Fondant blanc

500 ml (2 t) de sucre
250 ml (1 t) d'eau
1 pincée de crème de tartre

Mélanger sucre, eau et crème de tartre dans une casserole à fond épais. Mettre sur feu doux et brasser pour dissoudre le sucre. Cuire jusqu'à l'ébullition. Baisser le feu. Couvrir 1 ou 2 minutes.

Découvrir la casserole et continuer à faire bouillir sans brasser jusqu'à 113 °C (boule molle dans l'eau froide).

Nettoyer à 2 ou 3 reprises la paroi de la casserole avec un pinceau trempé dans l'eau chaude afin de dissoudre les cristaux formés pendant la cuisson.

Retirer du feu, verser dans un grand plat peu profond ou étaler sur du marbre humecté d'eau froide. Laisser refroidir jusqu'à 40 °C ou à la température de la pièce, environ ¾ d'heure.

Dès que la préparation a atteint ce degré ou est tiède, commencer à la travailler avec une spatule ou une cuillère de bois jusqu'à la consistance d'une pâte blanche et crémeuse. Pétrir quelques minutes.

Envelopper la masse de fondant dans un linge humide, puis la conserver au frais dans un vase clos — pas au réfrigérateur. Laisser reposer au moins deux jours avant de l'utiliser.

⊙ Pour *glacer les gâteaux*, fondre au bain-marie au-dessus de l'eau chaude, non bouillante. Ajouter 2 c. à thé d'eau chaude ou de crème ou 1 c. à thé de beurre. Colorer au goût. Brasser jusqu'à la consistance de sirop. Verser sur les petits gâteaux qu'on place sur une grille au-dessus d'un plateau. Laisser sécher le fondant avant de le manipuler.

⊙ Pour les *centres de chocolat*, ajouter au fondant un peu de sucre à glacer pour le rendre plus ferme et plus facile à manipuler.

Fondant à l'érable

500 ml (2 t) de sucre d'érable
500 ml (2 t) de sucre blanc
500 ml (2 t) d'eau

Procéder comme pour le fondant blanc.

Cuire à 115 °C et supprimer la crème de tartre.

Fondant brun

875 ml (3 1/2 t) de cassonade
125 ml (1/2 t) de sirop de maïs
325 ml (1 1/3 t) d'eau

Le procédé est le même que pour le fondant blanc : cuire la cassonade, le sirop de maïs et l'eau à 114 °C.

Fondant au beurre

1 1/4 litre (5 t) de sucre
250 ml (1 t) d'eau
1 pincée de crème de tartre
125 ml (1/2 t) de beurre

Cuire le sucre, l'eau et la crème de tartre comme pour le fondant blanc ; cuire à 120 °C (250 °F).

Retirer du feu, ajouter le beurre. Laisser tiédir avant de travailler (voir fondant blanc).

Verser sur une plaque de marbre humectée d'eau froide ; faire entrer le beurre en travaillant avec une spatule.

Chocolats
(Bonbons)

1. Employer du chocolat sucré ou mi-amer, ou du chocolat au lait ou moitié l'un, moitié l'autre.

2. Pour les centres, utiliser des fondants variés, caramels, nougats, boules de noix de coco, fruits confits, amandes, etc.

3. Il est préférable de choisir une journée fraîche et sèche ; température de la pièce entre 15 et 18 °C.

4. Râper le chocolat ou le briser en petits morceaux ; fondre dans un bain-marie parfaitement sec ; l'eau ne doit pas bouillir (dans la partie inférieure du bain-marie), la garder à environ 80 °C. Il ne doit pas y avoir de vapeur qui passe sur le chocolat pendant qu'il fond ; remuer continuellement le chocolat en un mouvement circulaire jusqu'à ce qu'il ait atteint la température de 54 °C ; changer alors l'eau chaude du bain-marie pour de l'eau froide et continuer de brasser jusqu'à ce que le chocolat soit à 28 °C ; c'est la meilleure température pour plonger les centres.

5. Avant de plonger les centres, battre un peu le chocolat jusqu'à ce qu'il soit assez consistant pour les recouvrir sans couler. Opérer rapidement : plonger un centre à la fois, le retirer avec une cuillère à saucer ou une fourchette ; déposer le bonbon sur un papier ciré. Remuer un peu le chocolat et recommencer.

6. Si le chocolat devient trop ferme, ajouter de l'eau chaude dans la partie inférieure du bain-marie afin de maintenir le chocolat à la température voulue. Laisser refroidir les bonbons dans un endroit frais mais pas nécessairement réfrigéré.

7. Conserver les bonbons à l'abri de l'air et au frais dès qu'ils sont durs. Ils devraient garder leur belle apparence; s'ils sont grisâtres, c'est que la température n'était pas à point ou que le refroidissement du bonbon a été trop lent.

Sucre à la noix de coco

125 ml (1/2 t) de lait
1 c. à soupe de beurre
500 ml (2 t) de sucre
175 ml (3/4 t) de noix de coco râpée
1/2 c. à thé d'essence de vanille

Mettre le lait, le beurre et le sucre dans une casserole, amener lentement à ébullition et cuire jusqu'à ce que quelques gouttes du mélange versées dans l'eau froide s'y condensent (114 °C).

Retirer, ajouter la noix de coco et la vanille; battre quelques instants encore et verser dans un plat beurré (20 x 20 cm). Couper par carrés dès que la préparation est refroidie.

Sucre à la vanille

500 ml (2 t) de sucre
250 ml (1 t) de crème 15 %
1 pincée de crème de tartre
1/2 c. à thé d'essence de vanille

Mettre le sucre et la crème dans une casserole; agiter pour dissoudre le sucre en partie.

Ajouter la crème de tartre et laisser bouillir jusqu'à 115 °C ou jusqu'à l'obtention d'une boule molle dans l'eau froide. Remuer souvent pour empêcher de prendre au fond.

Aromatiser.

Verser sur une plaque de marbre humectée d'eau glacée. Travailler le bonbon comme le fondant blanc; couvrir d'un linge humide et laisser reposer 20 à 30 minutes. Ensuite, travailler à la main jusqu'à ce qu'il devienne crémeux; placer dans une lèchefrite recouverte d'un papier ciré. Couper en carrés quand le sucre est durci.

⊙ Pour varier, séparer le mélange en 5 parties, colorer et aromatiser différemment, superposer les couleurs comme suit: mauve, vert, jaune, orange, rouge, pour un bonbon arc-en-ciel.

Pastilles de menthe

Préparer une recette de « fondant blanc » (page 349) ou utiliser du fondant déjà fait.

Mettre le fondant dans la partie supérieure d'un bain-marie, faire fondre et ajouter 2 ou 3 gouttes de menthe. Battre un peu, retirer du bain-marie. Quand le fondant a la consistance voulue, le prendre par petites cuillerées et le déposer sur un papier ciré. Opérer rapidement.

Si le fondant durcit trop, remettre au bain-marie. Si on veut des pastilles très égales et uniformes, se servir d'un moule de caoutchouc spécial.

On peut colorer les pastilles au goût.

Bonbons « minute »

250 ml (1 t) de cassonade
2 c. à soupe de mélasse
2 c. à soupe d'eau
2 c. à soupe de vinaigre

Mettre tous les ingrédients dans une casserole. Laisser mijoter le mélange. Brasser de temps en temps. La cuisson est à point quand le mélange casse dans l'eau froide (135 °C).

Verser par cuillerées sur un papier ciré.

Sucre à la crème

500 ml (2 t) de sucre d'érable
500 ml (2 t) de sucre blanc
500 ml (2 t) de crème 15 %
essence au goût
noix hachées au goût

Faire bouillir les sucres et la crème. Remuer au début pour faire fondre le sucre. Cuire à feu doux jusqu'à l'obtention d'une boule molle dans l'eau froide (112 °C).

Retirer du feu, laisser le thermomètre dans le mélange et faire refroidir sans remuer jusqu'à 44 °C ou jusqu'à ce que le mélange soit tiède. Enlever le thermomètre.

Ajouter l'essence et battre jusqu'à ce que le sucre prenne consistance et perde son lustre.

Se hâter d'ajouter les noix et verser dans un moule bien beurré (environ 30 cm × 20 cm).

Tracer les carrés avant que le sucre ne soit complètement refroidi.

⊙ Si on met du lait à la place de la crème, ajouter 2 c. à soupe de beurre aussitôt après avoir retiré du feu.

⊙ Sucre à la crème liquide : arrêter la cuisson plus tôt.

Sucre à la crème économique

375 ml (1 1/2 t) de cassonade
375 ml (1 1/2 t) de sucre blanc
250 ml (1 t) de lait évaporé

Amener rapidement la cassonade, le sucre et le lait évaporé à ébullition. Laisser cuire jusqu'à la consistance d'une boule molle dans l'eau froide (112 °C).

Retirer du feu.

Laisser tiédir le mélange et brasser jusqu'à ce que le mélange épaississe et perde son lustre.

Verser dans un moule beurré (20 cm x 20 cm).

Couper en carrés avant que le sucre ne soit tout à fait froid.

Fudge

500 ml (2 t) de sucre blanc
175 ml (3/4 t) de lait
2 c. à soupe de sirop de maïs
2 carrés de chocolat amer
1/2 c. à thé de sel
2 c. à soupe de beurre
1 c. à thé d'essence de vanille
125 ml (1/2 t) de noix hachées (facultatif)

Mélanger le sucre, le lait, le sirop de maïs, le chocolat et le sel dans une casserole assez grande et à fond épais. Remuer doucement à feu doux jusqu'à ce que le sucre soit fondu.

Couvrir et laisser bouillir 1 ou 2 minutes. Découvrir. Laisser bouillir jusqu'à 114 °C (boule molle dans l'eau froide). Retirer du feu dès que la température désirée est atteinte.

Ajouter le beurre au mélange chaud, éviter de brasser tant que le sucre n'est pas refroidi (44 °C) ou tiède au toucher.

Enlever le thermomètre, ajouter la vanille et battre jusqu'à ce que le mélange épaississe et perde son lustre.

Ajouter rapidement les noix, si désiré, et verser dans un moule beurré (20 cm × 20 cm). Couper en carrés après refroidissement. Se conserve au frais dans un vase clos.

⊙ On peut ajouter un carré de chocolat si on aime le fudge plus fort en chocolat.

⊙ Si on remplace le lait par de la crème, on omettra le beurre ou on le réduira de moitié selon la richesse en gras de la crème utilisée.

Sucre à l'érable avec guimauve

500 ml (2 t) de sirop d'érable
175 ml (3/4 t) de lait et crème
2 c. à soupe de beurre
petits morceaux de guimauve

Faire bouillir le sirop d'érable, le lait et la crème jusqu'à 114 °C (boule molle dans l'eau froide.)

Retirer du feu. Ajouter le beurre. Mélanger.

Laisser refroidir jusqu'à 44 °C ou jusqu'à ce qu'il soit tiède au toucher.

Battre jusqu'à ce que le mélange épaississe et perde son lustre.

Verser dans une lèchefrite beurrée contenant des petits morceaux de guimauve.

Bonbons perfection

750 ml (3 t) de sucre
500 ml (2 t) de crème 15 %
2 c. à soupe de beurre
1 pincée de crème de tartre
125 ml (1/2 t) de noix hachées
1 c. à thé d'essence d'orange

Faire fondre à feu doux 250 ml (1 t) de sucre sans eau. Remuer; dès qu'il épaissit et brunit, ajouter 250 ml (1 t) de crème et laisser bouillir quelques instants.

Incorporer le reste du sucre et le reste de la crème et la crème de tartre, en remuant continuellement.

Faire bouillir de nouveau jusqu'à 115 °C (consistance de la boule molle dans l'eau froide). Retirer du feu.

Ajouter le beurre. Refroidir jusqu'à 44 °C ou jusqu'à ce qu'il soit tiède au toucher. Battre jusqu'à ce que le mélange épaississe et perde son lustre.

Ajouter les noix et l'essence.

Verser dans un moule beurré (d'environ 30 cm × 20 cm) et couper en morceaux lorsque le tout est presque complètement refroidi.

Bonbons mexicains

500 ml (2 t) de cassonade
125 ml (1/2 t) de lait
2 c. à soupe de beurre
250 ml (1 t) de noix
essence d'érable

Faire cuire la cassonade et le lait jusqu'à l'obtention d'une boule molle dans l'eau froide, 115 °C.

Retirer du feu, ajouter le beurre et laisser refroidir. Quand le mélange est tiède, remuer pour obtenir un mélange crémeux.

Ajouter les noix, l'essence et déposer la préparation par petites cuillerées sur un papier ciré.

⊙ Ce bonbon est délicieux, préparé avec du sucre d'érable au lieu de la cassonade, ou moitié l'un, moitié l'autre. Dans ce cas, omettre l'essence d'érable. On peut aussi incorporer de la noix de coco râpée.

Bonbons au caramel

A

SIROP CARAMÉLISÉ
125 ml (1/2 t) de sucre
125 ml (1/2 t) d'eau tiède

Pour obtenir un sirop caramélisé, mettre dans une poêle le sucre, le fondre sur feu doux sans eau et le faire cuire jusqu'à ce qu'il devienne brun foncé, presque noir.

Verser lentement dessus l'eau tiède et laisser bouillir jusqu'à l'obtention d'un sirop épais.

Garder dans un pot et utiliser au besoin.

B
500 ml (2 t) de sucre
2 c. à soupe de sirop de maïs
2 c. à soupe de sirop caramélisé
175 ml (3/4 t) de crème 15 %
125 ml (1/2 t) de noix

Faire bouillir le sucre, le sirop de maïs, le sirop caramélisé et la crème jusqu'à 115 °C (boule molle dans l'eau froide). Retirer la casserole du feu, laisser refroidir jusqu'à 44 °C ou jusqu'à ce que le mélange soit tiède au toucher.

Remuer ensuite comme le sucre à la crème, finir en travaillant le bonbon à la main pour le rendre onctueux.

Incorporer des noix dans la moitié de la préparation; déposer dans un moule beurré quand le sucre est refroidi. Façonner l'autre moitié en petites boules, aplatir légèrement, décorer d'une demi-noix de Grenoble.

Fudge à la crème sure

2 carrés de chocolat amer
500 ml (2 t) de sucre
175 ml (3/4 t) de crème sure
1 c. à thé d'essence de vanille
1 pincée de sel

Faire fondre le chocolat au bain-marie.

Ajouter peu à peu le sucre et la crème en brassant continuellement, pour dissoudre le sucre.

Laisser bouillir sans brasser jusqu'à 115 °C (boule molle dans l'eau froide).

Déposer la préparation sur une plaque de marbre ou dans un plat. Laisser refroidir jusqu'à 44 °C ou jusqu'à ce que le mélange soit tiède au toucher.

Incorporer la vanille et le sel et travailler comme le fondant blanc (page 349).

Quand le mélange est crémeux, verser dans un moule beurré et couper en carrés quand il est refroidi.

⊙ Cette préparation peut servir pour glacer les gâteaux; dans ce cas, arrêter la cuisson à 110 °C.

Bonbons au miel

500 ml (2 t) de miel
1 c. à thé de sirop de maïs
250 ml (1 t) de sucre blanc
2 c. à thé de vinaigre
1/2 c. à thé d'essence de citron
1 c. à thé de bicarbonate de soude
2 c. à soupe de beurre

Faire bouillir le miel, le sirop de maïs, le sucre et le vinaigre jusqu'à 124 °C ou jusqu'à l'obtention d'une boule dure dans l'eau froide.

Refroidir jusqu'à 44 °C ou jusqu'à ce que le mélange soit tiède au toucher; incorporer l'essence et le bicarbonate de soude tamisé; incorporer le beurre; bien mélanger et battre jusqu'à consistance crémeuse. Verser dans un plat beurré.

Couper en carrés quand il est presque refroidi.

Fudge « divinity »

575 ml (2 1/3 t) de sucre
125 ml (1/2 t) de sirop de maïs
125 ml (1/2 t) d'eau
2 blancs d'œufs
1/4 c. à thé de sel
1/2 c. à thé d'essence de vanille
175 ml (3/4 t) de noix hachées

Mettre le sucre, le sirop de maïs et l'eau dans une casserole à fond épais. Cuire à feu doux en remuant sans arrêt jusqu'à ce que le sucre soit dissous.

Couvrir et laisser bouillir 1 à 3 minutes. Découvrir et laisser bouillir sans brasser jusqu'à 130 °C (boule dure dans l'eau froide). Retirer du feu.

Ajouter le sel aux blancs d'œufs, battre jusqu'à formation de pics.

Verser aussitôt le sirop en un mince filet, et en remuant continuellement, sur les blancs d'œufs jusqu'à ce que le mélange épaississe et perde son lustre.

Ajouter rapidement la vanille et les noix.

Verser dans un plat beurré, ou déposer par cuillerées sur un papier ciré.

Conserver au frais en vase clos.

⊚ On peut ajouter des fruits confits avec les noix au goût.

Sucre candi

250 g ($^1/_2$ lb) d'amandes
750 ml (3 t) de sucre
175 ml ($^3/_4$ t) d'eau
2 c. à soupe de vinaigre
1 c. à thé d'essence de citron

Émonder et hacher les amandes.

Faire cuire le sucre, l'eau et le vinaigre jusqu'à 145 °C (longs fils cassants dans l'eau froide).

Refroidir un peu.

Ajouter les amandes et l'essence.

Verser dans un moule beurré; couper en carrés dès que la préparation garde la marque du couteau.

Nougat blanc au miel

500 ml (2 t) de sucre
75 ml ($^1/_3$ t) de miel
$^1/_4$ c. à thé de crème de tartre
125 ml ($^1/_2$ t) d'eau
1 blanc d'œuf
175 ml ($^3/_4$ t) de noix hachées

Faire chauffer lentement le sucre, le miel, la crème de tartre et l'eau dans une casserole à fond épais.

Remuer au début pour fondre le sucre puis cesser de brasser et laisser bouillir jusqu'à l'obtention d'une boule ferme dans l'eau froide (124 °C).

Fouetter le blanc d'œuf. Verser dessus en un mince filet le sirop bouillant en continuant de fouetter sans arrêt.

Ajouter les noix et verser dans un plat beurré.

Le lendemain, couper en carrés.

⊚ On peut aussi mettre des cerises avec les noix.

Nougat français ou nougatine

1 litre (4 t) de sucre
250 ml (1 t) de sirop de maïs
400 ml (1 $^2/_3$ t) d'eau
2 blancs d'œufs
fondant blanc (page 349) de la grosseur d'un œuf

Faire cuire le sucre, le sirop de maïs et l'eau comme pour le fondant. Cuire jusqu'à 125 °C.

Fouetter les blancs d'œufs, pics recourbés, verser dessus le sirop en un mince filet et en fouettant sans arrêt.

Quand le mélange commence à épaissir, ajouter petit à petit le fondant blanc.

Aussitôt que le nougat est en sucre, cesser d'ajouter du fondant.

Placer le nougat sur la plaque de marbre; pétrir pour le rendre lisse.

⊚ On peut incorporer des fruits et des noix à volonté; ou former des rouleaux de 2 1/2 cm de diamètre et les enrober de caramel et de noix — les couvrir de papier d'aluminium et les trancher quand le bonbon a refroidi.

Délices turques

2 c. à soupe de gélatine neutre
250 ml (1 t) d'eau
500 ml (2 t) de sucre
1/2 c. à thé de crème de tartre
jus d'un citron
jus et zeste d'une orange
sucre à fruits

Faire gonfler la gélatine dans 125 ml (½ t) d'eau froide, 5 minutes.

Mettre à bouillir le sucre, la crème de tartre et le reste de l'eau jusqu'à l'obtention d'un sirop clair.

Incorporer la gélatine et faire bouillir lentement, 20 minutes. Retirer du feu.

Ajouter les jus de fruits et le zeste d'orange.

Verser la préparation à environ 2 cm d'épaisseur dans un moule rincé à l'eau froide; laisser prendre. Couper en carrés et rouler dans du sucre à fruits.

⊙ Ajouter de la couleur au goût.

Carrés à la gelée

50 ml (1/4 t) de gélatine neutre
250 ml (1 t) d'eau froide
375 ml (1 1/2 t) d'eau bouillante
1 litre (4 t) de sucre
sucre à fruits

Faire gonfler la gélatine dans l'eau froide 8 à 10 minutes. Dissoudre dans l'eau bouillante.

Ajouter le sucre, brasser pour le fondre et laisser bouillir lentement 15 minutes.

Séparer la préparation en 4 parties :

1re partie : Aromatiser à la menthe (essence); colorer en vert; verser dans un moule rincé à l'eau froide; faire prendre au froid.

2e partie : Ajouter du thé des bois (essence) et de la couleur rouge; verser sur la partie verte et faire prendre.

3e partie : Mettre de l'essence d'orange et de la couleur jaune; verser sur la partie rouge; faire prendre comme les autres parties.

4e partie : Mettre de l'essence de cannelle et colorer en rose; verser sur la partie jaune; faire prendre aussi. Couper en cubes et rouler dans le sucre à fruits.

Guimauve

2 c. à soupe de gélatine neutre
250 ml (1 t) d'eau
500 ml (2 t) de sucre
1 c. à thé d'essence de vanille

Faire gonfler la gélatine dans 125 ml (½ t) d'eau froide, 5 minutes.

Préparer le sirop avec le sucre et 125 ml (½ t) d'eau.

Laisser bouillir 1 ou 2 minutes et ne pas remuer après que l'eau a commencé à bouillir.

Verser le sirop chaud lentement sur la gélatine gonflée, fouettant continuellement durant 10 minutes.

Ajouter l'essence et continuer à fouetter jusqu'à la consistance voulue.

Verser immédiatement dans un moule beurré et saupoudré d'un mélange de quantités égales de sucre à glacer et de fécule de maïs; en saupoudrer également la guimauve.

Couper quand le bonbon est raffermi.

Céréales au chocolat

4 carrés de chocolat sucré
250 ml (1 t) de céréales
1/2 c. à thé d'essence de vanille

Faire fondre le chocolat au bain-marie (l'eau dans la partie inférieure ne doit pas bouillir); remuer pour fondre le chocolat.

Ajouter les céréales — flocons de maïs ou « Rice Krispies » — écrasées.

Aromatiser et bien mélanger.

Déposer par petites cuillerées sur un papier ciré. Refroidir.

Barres au chocolat

1. Fondre du chocolat sucré ou mi-amer au bain-marie (eau chaude mais non bouillante).

2. En verser à peu près ½ cm d'épaisseur dans une lèchefrite recouverte de papier ciré.

3. Couvrir avec de très petits morceaux de guimauve, des noix hachées et des fruits confits hachés au goût.

4. Verser le reste du chocolat pour recouvrir complètement.

5. Laisser prendre au frais et couper en barres ou en carrés.

Arachides croquantes

500 ml (2 t) de sucre
250 ml (1 t) de sirop de maïs
125 ml (1/2 t) d'eau
1 c. à thé de sel
2 c. à soupe de beurre
500 ml (2 t) d'arachides
2 c. à thé d'essence de vanille
1 1/2 c. à thé de bicarbonate de soude

Mélanger dans une casserole à fond épais le sucre, le sirop de maïs, l'eau et le sel. Remuer juste assez pour laisser fondre le sucre. Couvrir et faire bouillir 3 à 4 minutes; découvrir et laisser bouillir sans brasser jusqu'à 122 °C (boule dure dans l'eau froide).

Ajouter le beurre et les arachides hachées, laisser bouillir lentement jusqu'à 150 °C; remuer de temps en temps.

Retirer du feu et ajouter rapidement l'essence et le bicarbonate de soude.

Verser dans un moule recouvert d'un papier ciré.

Refroidir.

Casser en morceaux. (Conserver en vase clos.)

Tire à la mélasse

500 ml (2 t) de cassonade
500 ml (2 t) de mélasse
125 ml (1/2 t) d'eau
2 c. à soupe de vinaigre
1 c. à soupe de beurre
1/2 c. à thé de bicarbonate de soude

Faire bouillir la cassonade, la mélasse, l'eau et le vinaigre jusqu'à 125 °C (boule dure dans l'eau froide).

Retirer du feu et ajouter le bicarbonate de soude passé au tamis et le beurre; bien mélanger.

Dès que la tire est assez refroidie pour être maniée, l'étirer vivement et aussi longtemps que possible ou jusqu'à ce qu'elle perde son lustre. (Pour l'empêcher de coller aux doigts, on peut s'enduire les mains d'une légère couche de beurre.)

Couper en petits bouts avec des ciseaux; rouler dans du sucre à fruits si désiré.

Si l'on désire conserver la tire plus longtemps, envelopper chaque morceau dans du papier ciré.

Tire blanche

750 ml (3 t) de sucre blanc
2 c. à soupe de vinaigre
1/4 c. à thé de crème de tartre
250 ml (1 t) d'eau

Mettre le sucre, le vinaigre, la crème de tartre et l'eau dans une casserole à fond épais sur le feu.

Brasser pour dissoudre le sucre.

Amener lentement au point d'ébullition et laisser ensuite bouillir jusqu'à ce qu'il se forme une boule dure dans l'eau froide, 125 °C.

Retirer du feu.

Verser dans un plat beurré et laisser refroidir sans laisser durcir, étirer et mettre au froid (voir Tire à la mélasse).

Tire au miel

250 ml (1 t) de miel
250 ml (1 t) de sirop de maïs
500 ml (2 t) de cassonade
125 ml (1/2 t) d'eau
1 c. à soupe de vinaigre
1 c. à thé de bicarbonate de soude
noix ou noix de coco râpée

Faire bouillir le miel, le sirop de maïs, la cassonade, l'eau et le vinaigre.

Laisser cuire jusqu'à 125 °C (boule dure dans l'eau froide).

Retirer du feu et ajouter le bicarbonate de soude; bien mélanger.

Verser dans un plat beurré. Étirer comme pour la tire à la mélasse, ou bien laisser prendre et casser ensuite.

On peut recouvrir la préparation de noix ou de noix de coco râpée.

Tire « Sainte-Catherine »

250 ml (1 t) de sucre blanc
250 ml (1 t) de cassonade
250 ml (1 t) de mélasse
125 ml (1/2 t) de sirop de maïs
125 ml (1/2 t) d'eau
1 c. à soupe de vinaigre
1 c. à thé de bicarbonate de soude
1 c. à soupe de beurre

Mettre dans une casserole à fond épais et à parois beurrées le sucre, la cassonade, la mélasse, le sirop de maïs, l'eau et le vinaigre.

Faire cuire jusqu'à 125 °C (boule dure dans l'eau froide).

Retirer du feu.

Ajouter le bicarbonate de soude bien tamisé et le beurre et travailler le mélange.

Verser dans une lèchefrite beurrée et procéder comme pour la tire à la mélasse.

Tire « Margarita »

250 ml (1 t) de mélasse
750 ml (3 t) de sucre blanc
300 ml (1 1/4 t) d'eau bouillante
3 c. à soupe de vinaigre
1/2 c. à thé de crème de tartre
1/2 c. à thé de bicarbonate de soude
vanille
50 ml (1/4 t) de beurre

Faire cuire la mélasse, le sucre, l'eau et le vinaigre dans une casserole.

Quand le mélange bout, ajouter la crème de tartre et laisser cuire jusqu'à 125 °C (boule dure dans l'eau froide).

Retirer du feu et incorporer le bicarbonate de soude passé au tamis.

Aromatiser et ajouter le beurre; brasser pour bien mélanger.

Verser dans un plat beurré, étirer, couper et envelopper dans du papier ciré (voir « Tire à la mélasse », page précédente).

Tire blonde

500 ml (2 t) de cassonade
125 ml (1/2 t) de sirop de maïs
500 ml (2 t) de sucre blanc
150 ml (2/3 t) d'eau
1 c. à soupe de vinaigre
125 ml (1/2 t) de crème 15 %
2 c. à soupe de beurre

Faire cuire la cassonade, le sirop de maïs, le sucre blanc, l'eau et le vinaigre dans une casserole jusqu'à ce que le mélange commence à bouillir.

Ajouter la crème en un mince filet et en remuant constamment.

Continuer la cuisson jusqu'à l'obtention d'une boule dure dans l'eau froide, 125 °C.

Retirer du feu, verser dans une lèchefrite beurrée; refroidir et étirer ou casser (voir « Tire à la mélasse »).

Bonbons clairs

1 litre (4 t) de sucre blanc
1/2 c. à thé de crème de tartre
375 ml (1 1/2 t) d'eau
essences et colorants au choix

1. Mélanger le sucre et l'eau dans une casserole, remuer pour dissoudre le sucre.

2. Ajouter la crème de tartre et cuire rapidement, casserole découverte, sans brasser.

3. Prendre soin d'enlever les cristaux de sucre sur les parois de la casserole, d'abord avant de mettre la casserole sur le feu, ensuite de temps en temps, au moins jusqu'à ce que la température ait atteint 116 °C.

4. Cuire jusqu'à 158 °C. Mettre le colorant vers 125 °C; si on désire aromatiser le bonbon, ajouter quelques gouttes d'essence au goût quand il a atteint 144 °C.

5. Bien surveiller la cuisson à partir de 136 °C; baisser, car le sirop a tendance à caraméliser facilement.

6. Retirer du feu aussitôt la cuisson terminée; verser dans des moules huilés ou sur une plaque de marbre également huilée ou sur un papier ciré; démouler après refroidissement. La préparation versée sur le marbre doit être marquée au couteau ou au découpoir dès qu'elle garde l'empreinte du doigt, et cassée en morceaux quand elle est froide.

⊙ Il se vend, dans les magasins spécialisés, des moules en caoutchouc (ou autre matière) à bonbons.

Bonbons acidulés « Surettes »

1 litre (4 t) de sucre
350 ml (1 1/3 t) d'eau
2 c. à soupe de vinaigre
1 c. à soupe d'acide tartrique

Dissoudre le sucre dans l'eau et le vinaigre. Faire bouillir graduellement sans brasser; laisser cuire jusqu'à 123 °C (boule dure dans l'eau froide), verser dans un plat beurré; saupoudrer dessus l'acide tartrique (se vend en pharmacie).

Étirer un peu à la manière de la tire à la mélasse et couper en morceaux alors que la préparation est encore chaude.

Bouchées à la menthe

500 ml (2 t) de sucre
200 ml (2/3 t) d'eau bouillante
1/4 c. à thé de crème de tartre
1 c. à thé de vinaigre
quelques gouttes d'essence de menthe

Mettre le sucre, l'eau, la crème de tartre et le vinaigre dans une casserole; agiter pour fondre le sucre.

Amener lentement au point d'ébullition et laisser bouillir sans remuer jusqu'à 143 °C ou jusqu'à ce que le sucre devienne cassant dans l'eau froide.

Refroidir, étirer et aromatiser en travaillant le mélange.

Couper en petits morceaux et rouler dans du sucre à glacer.

Quand les bouchées sont bien sèches, les mettre dans un bocal et laisser quelques jours dans un endroit chaud.

⊙ On peut aussi colorer au goût.

Tire éponge

750 ml (3 t) de sucre
75 ml (1/3 t) de sirop de maïs
1 c. à soupe de gélatine neutre
75 ml (1/3 t) d'eau froide
4 c. à soupe de bicarbonate de soude

Mettre dans une grande casserole le sucre et le sirop de maïs.

Faire cuire jusqu'à ce qu'on obtienne de longs fils cassants dans l'eau froide (152 °C). Retirer du feu.

Incorporer la gélatine préalablement gonflée à l'eau froide, environ 5 minutes.

Ajouter le bicarbonate de soude tamisé — bien mélanger et agiter rapidement.

Verser sur une plaque de marbre ou dans un plat beurré.

Couper avec une petite scie ou avec un couteau dentelé quand la tire est assez ferme.

Bâtonnets de riz croustillant

125 ml (1/2 t) de sirop de maïs
1 c. à soupe de beurre
1/2 c. à thé de vinaigre
750 ml (3 t) de « Rice Krispies »

Faire cuire le sirop jusqu'à 116 °C; remuer de temps à autre pour éviter qu'il ne brûle.

Retirer du feu, ajouter le beurre et le vinaigre.

Verser le sirop sur le riz, brasser pour bien mêler.

Déposer la préparation dans une lèchefrite beurrée (1 cm à 2 cm d'épaisseur).

Couper en bâtonnets après refroidissement.

Caramels à la crème

250 ml (1 t) de sucre
250 ml (1 t) de sirop de maïs
50 ml (1/4 t) de beurre
250 ml (1 t) de crème 10 % ou 15 %
1 pincée de sel
1/2 c. à thé d'essence de vanille

Mélanger le sucre et le sirop de maïs dans une casserole.

Amener graduellement à ébullition. Bouillir jusqu'à 120 °C (250 °F).

Ajouter le beurre et la crème en un mince filet, en remuant continuellement et en maintenant l'ébullition.

Réduire la chaleur. Faire cuire à nouveau jusqu'à 120 °C (250 °F) (boule ferme dans l'eau froide). Retirer du feu.

Rapidement, incorporer le sel et la vanille.

Verser dans un moule beurré (ne pas racler les bords ni le fond de la casserole).

Tailler en morceaux le mélange encore tiède.

Laisser refroidir au réfrigérateur.

Envelopper chaque caramel refroidi dans du papier ciré pour l'entreposage.

Caramels au lait évaporé

500 ml (2 t) de sucre blanc
325 ml (1 1/3 t) de sirop de maïs
250 ml (1 t) de lait évaporé
1 pincée de sel
essence de vanille au goût
1 c. à soupe de beurre

Mettre au feu le sucre, le sirop de maïs et la moitié du lait évaporé.

Faire bouillir, verser le reste du lait évaporé.

Laisser cuire jusqu'à l'obtention d'une boule dure dans l'eau froide, environ 122 °C. Remuer presque constamment pendant la cuisson.

Retirer du feu, ajouter le sel, l'essence et le beurre.

Verser dans un plat beurré, terminer comme pour la recette précédente.

Caramels au chocolat nº 1

Procéder comme il est dit pour les caramels à la crème, mais omettre le beurre et ajouter 2 carrés de chocolat amer au début avec les autres ingrédients. Arrêter la cuisson à 120 °C (250 °F) et augmenter la quantité de vanille à 2 c. à thé.

Caramels au chocolat nº 2

250 ml (1 t) de mélasse
125 ml (1/2 t) de lait
125 ml (1/2 t) de sucre
1 c. à soupe de beurre
2 carrés de chocolat amer

Faire bouillir tous les ingrédients en agitant continuellement, jusqu'à ce que le mélange forme une boule dure dans l'eau froide (122 °C).

Verser dans une lèchefrite beurrée; laisser refroidir et couper en petits carrés.

Envelopper dans du papier ciré.

Caramels au miel

500 ml (2 t) de sucre
125 ml (1/2 t) de crème 15 %
50 ml (1/4 t) de miel
50 ml (1/4 t) de beurre
noix

Amalgamer tous les ingrédients et remuer jusqu'à ce que le sucre soit dissous.

Cuire en agitant jusqu'à l'obtention d'une boule dure dans l'eau froide (122 °C).

Verser dans un moule beurré et couper en carrés.

Ajouter des noix à volonté.

Boulettes de riz soufflé au caramel

1 1/4 litre (5 t) de riz soufflé
500 ml (2 t) de sucre
125 ml (1/2 t) de mélasse
125 ml (1/2 t) de crème 15 %
175 ml (3/4 t) de sirop de maïs
1 pincée de sel
1 c. à soupe de vinaigre

Beurrer un grand plat, y déposer le riz soufflé.

Faire cuire les autres ingrédients jusqu'à l'obtention d'une boule ferme, mais pas dure, dans l'eau froide (120 °C – 250 °F).

Verser sur le riz assez de sirop pour que les grains adhèrent les uns aux autres. Façonner des boulettes dès que le mélange est assez refroidi.

On peut, si on le préfère, verser tout le sirop sur le riz dans une lèchefrite beurrée et couper après refroidissement.

Butterscotch n° 1

250 ml (1 t) de beurre
250 ml (1 t) de sucre
50 ml (1/4 t) d'eau
1 c. à soupe de sirop de maïs

Dans une casserole, défaire le beurre en crème à l'aide d'une cuillère de bois.

Ajouter le sucre graduellement. Placer la casserole sur feu doux.

Ajouter l'eau et le sirop de maïs. Cuire lentement à feu moyen jusqu'à 149 °C (grand cassé ou longs fils dans l'eau froide). Brasser de temps en temps pour éviter de laisser brûler le mélange.

Retirer du feu.

Verser rapidement sur une grande surface froide bien beurrée.

Tailler ou concasser.

Butterscotch n° 2

500 ml (2 t) de sucre
75 ml (1/3 t) de sirop de maïs
125 ml (1/2 t) d'eau
75 ml (1/3 t) de beurre
1 pincée de sel

Faire cuire le sucre, le sirop de maïs et l'eau à 132 °C.

Incorporer le beurre et continuer la cuisson jusqu'à 158 °C en remuant doucement sans arrêt.

Retirer du feu, ajouter le sel.

Laisser tomber en pastilles sur une plaque de marbre ou un plat beurré ou verser dans un moule beurré et couper en carrés avant que le mélange ne durcisse.

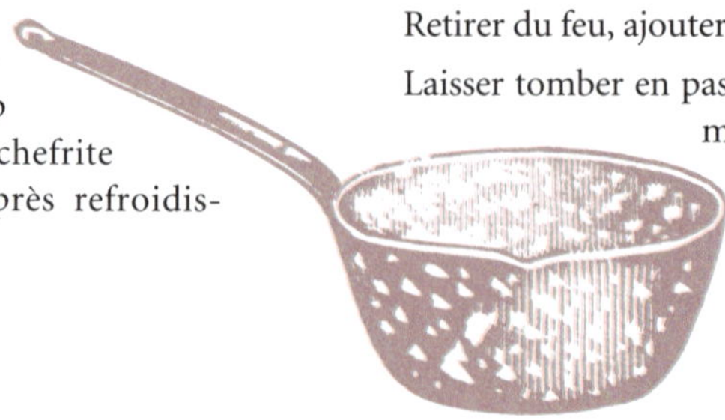

Butterscotch à l'érable

250 ml (1 t) de sucre blanc
175 ml (3/4 t) de sirop d'érable
75 ml (1/3 t) de beurre

Procéder comme pour le butterscotch nº 1.

Verser dans un plat beurré; marquer en carrés.

Casser quand le tout est froid.

Pralines aux amandes

1 litre (4 t) de cassonade
1 c. à soupe de sirop de maïs
350 ml (1 3/8 t) d'eau
1 c. à thé d'essence de vanille
125 ml (1/2 t) d'amandes hachées

Mettre la cassonade, le sirop de maïs et l'eau dans une casserole à fond épais; remuer pour faire fondre le sucre.

Laisser bouillir à feu vif jusqu'à ce que le mélange forme une boule dure dans l'eau froide (122 °C).

Ajouter la vanille; verser dans une lèchefrite beurrée dans laquelle on a déposé les amandes hachées.

Bâtons à la vanille

500 ml (2 t) de sucre blanc
175 ml (3/4 t) d'eau
50 ml (1/4 t) de vinaigre
1/2 c. à thé de crème de tartre
1 c. à soupe de glycérine
1/2 c. à thé de bicarbonate de soude
essence de citron ou de vanille
colorants artificiels

Faire bouillir le sucre, l'eau, le vinaigre, la crème de tartre et la glycérine jusqu'à ce que le mélange soit cassant dans l'eau froide (144 °C).

Retirer du feu et ajouter le bicarbonate de soude tamisé.

Diviser le sirop en laissant une partie blanche et l'aromatiser au citron ou à la vanille.

Ajouter de la couleur rouge dans l'autre partie et l'aromatiser au goût.

Verser dans un plat beurré. Étirer après refroidissement.

Rouler en petits bâtons sur une planche saupoudrée de sucre à glacer et d'amidon à volonté — les deux couleurs s'entrelaçant ensemble. Couper à 10 cm de longueur.

Avoir soin de garder une partie du bonbon à la chaleur pendant qu'on manipule l'autre.

Bâtons forts

500 ml (2 t) de sucre
500 ml (2 t) de cassonade
125 ml (1/2 t) de mélasse
250 ml (1 t) d'eau
1 pincée de crème de tartre
essence de menthe

Mélanger le sucre, la cassonade, la mélasse, l'eau et la crème de tartre; remuer pour faire fondre le sucre.

Cuire à feu doux jusqu'à 132 °C (boule dure dans l'eau froide).

Beurrer deux plats, y verser la tire.

Ajouter la menthe aussitôt que le mélange commence à refroidir.

Mettre une partie en réserve; étirer la plus grande partie jusqu'à l'obtention d'une belle couleur pâle; ajouter la partie réservée, l'étirer en la contournant sur la partie pâle.

Couper en bâtons de la longueur désirée.

La cuisson du sucre

ÉDITION 1936

La caractéristique du sucre, d'après le Dr Pascault, est de se digérer, s'assimiler et se transformer en énergie rapidement, sans effort. Il convient donc à tous, mais ne doit tenir une place importante dans l'alimentation que s'il est utilisé par le travail musculaire; sinon, il irrite les voies digestives et engendre des produits acides qui donnent l'impression de fatigue, tant qu'ils n'ont pas été éliminés.

Le sucre convient, en outre, comme aliment d'épargne, dans les maladies aiguës et leur convalescence, chez les débilités, les vieillards, et dans la plupart des cas où s'impose une alimentation légère.

L'enfant se passionne volontiers pour le sucre; il y perd ses dents qui se carient, son estomac et son intestin qui s'atrophient à ne rien faire; peut-être même y contracte-t-il le germe de l'arthritisme qui le frappera plus tard. Sur ce point, nous partageons l'opinion de Pagès qui redoute autant le « sucrisme » pour l'enfant que l'alcoolisme pour l'adulte. Donc, à cet âge, il convient de mesurer le sucre avec parcimonie.

À cause du sucre industriel, des colorants et des parfums chimiques qu'ils renferment, les bonbons achetés (au sucre, au chocolat, à la liqueur, etc.) ne sont pas à conseiller. Les sucreries de confection domestique doivent avoir la préférence; d'ailleurs, elles l'emportent de beaucoup, en finesse et en pureté, sur les premiers.

PROPRIÉTÉS DU SUCRE

Dans la confiserie, le sucre coloré ou non prédomine. À l'état de pureté, le sucre est solide, sans odeur, incolore et légèrement transparent. Si l'on frotte deux morceaux l'un contre l'autre dans l'obscurité, il se manifeste une lueur phosphorescente très sensible.

Le sucre granulé est facilement cristallisable; pour obvier à cet inconvénient, on peut lui substituer une faible proportion de glucose ou de sirop de blé d'Inde; cette quantité peut être le 1/8 de celle du sucre.

Dans la confection des bonbons, on fait généralement usage de crème de tartre, de vinaigre, de jus de citron, etc. Toute solution acide invertit le saccharose en sucre simple: fructose et glucose, ce qui produit un bonbon sans granulation, à texture crémeuse.

Sucre filé

500 ml (2 t) de sucre
175 ml (3/4 t) d'eau
1/4 c. à thé de crème de tartre
1/4 c. à thé de paraffine
colorant

Mettre dans une casserole à fond épais le sucre, l'eau et la crème de tartre; brasser pour fondre le sucre.

Avoir soin pendant toute la cuisson de laver la paroi du chaudron avec un pinceau trempé dans l'eau chaude afin de dissoudre les cristaux qui se sont formés pendant la cuisson.

Ajouter la couleur et la paraffine si désiré vers la mi-cuisson.

Cuire jusqu'à 155 °C, ou jusqu'à ce que le sirop forme de très longs fils dans l'eau froide.

Placer immédiatement la casserole dans l'eau froide pour arrêter l'ébullition; la remettre ensuite au-dessus de l'eau chaude.

Pendant la cuisson du sucre, préparer deux bâtons de bois propres; les placer parallèlement sur des dossiers de chaises à 1 mètre de distance l'une de l'autre.

Quand le sucre est à point, plonger le fileur de bois ou de broche dans le sucre, puis l'agiter en allant vivement d'une barre à l'autre.

Si le sucre devient trop froid, le remettre sur le feu et continuer comme précédemment.

De temps en temps, enlever délicatement le sucre sur les baguettes et le façonner en nid ou dôme dans une assiette froide.

⊙ Se servir du sucre filé comme garniture pour les bombes, les gâteaux ou la crème glacée.

Dattes farcies

700 g (1 1/2 lb) de dattes
sucre à la crème (page 352)
ou fondant blanc (page 349)

Dénoyauter les dattes.

Remplir la cavité de sucre à la crème ou de fondant très ferme.

Rouler les dattes dans du sucre à fruits.

On peut ajouter des noix au sucre ou au fondant, si désiré.

Petits macarons

3 blancs d'œufs
175 ml (3/4 t) de sucre
essence au goût

Fouetter les blancs en neige ferme (pics droits).

Incorporer peu à peu le sucre; battre jusqu'à ce que le mélange soit ferme et lisse.

Ajouter l'essence au goût.

Recouvrir une plaque à biscuits de papier beurré, y déposer les macarons au moyen d'un cornet à patisserie; faire sécher à four très doux comme une meringue, 1 heure ou plus.

Si les macarons s'attachent au papier, avoir soin de l'humecter pour les enlever facilement; les unir deux à deux avec de la gelée de pomme juste au moment de servir.

Macarons aux noix

1 blanc d'œuf
125 ml (1/2 t) de cassonade
175 ml (3/4 t) de noix hachées
1/4 c. à thé d'essence de vanille

Fouetter le blanc en neige ferme (pics droits).

Ajouter la cassonade peu à peu, puis les noix et la vanille.

Déposer sur une plaque à biscuits recouverte d'un papier beurré en donnant la forme voulue.

Cuire au four à 120 °C (250 °F) pour les faire durcir et dorer.

Macarons à la noix de coco

3 blancs d'œufs
250 ml (1 t) de sucre
1 c. à soupe de fécule de maïs
essence de vanille
175 ml (3/4 t) de noix de coco râpée

Fouetter les blancs ferme (pics droits).

Ajouter peu à peu le sucre; cuire au bain-marie jusqu'à ce que la pâte soit blanche et claire; y mélanger la fécule de maïs.

Retirer du feu, incorporer l'essence.

Ajouter la noix de coco râpée.

Déposer les macarons sur une plaque beurrée, au moyen d'un cornet à patisserie.

Laisser reposer 20 à 30 minutes avant de faire sécher au four très lent comme pour une meringue.

Amandes salées

Émonder 500 g d'amandes (voir technique pages 233-234); les sécher à four très doux, puis les faire blondir dans le beurre ou l'huile d'olive, en les faisant sauter légèrement dans la poêle.

Lorsqu'elles sont bien dorées, les saupoudrer de sel fin et les laisser égoutter une heure.

Les remettre de nouveau à four très doux pour 3 heures.

Les conserver dans des boîtes hermétiquement fermées.

⊙ On sale de cette manière diverses espèces de noix.

Pâte d'amande

Écaler, émonder, assécher et passer 500 ml (2 t) d'amandes au hachoir en employant le couteau le plus fin.

Piler au mortier puis incorporer 1 blanc d'œuf battu et 250 ml (1 t) de sucre à glacer.

En remuant toujours, ajouter 2 c. à thé de jus de citron.

Colorer la préparation et l'aromatiser au goût.

⊙ Utiliser cette pâte d'amande pour façonner de petits fruits, pommettes, fraises, etc., les colorer, les ornementer de feuilles vertes.

Les confitures, les gelées, les marmelades et les marinades

Les confitures

On désigne sous le nom de confitures des fruits confits dans un sirop épais. Les fruits en conserve, préparés avec un sirop clair, sont moins riches que les confitures et ils gardent mieux leur saveur naturelle.

Proportions des ingrédients

On emploie, généralement, une égale quantité de sucre et de fruits ou encore 375 g (¾ lb) de sucre pour 500 g (1 lb) de fruits, quand les fruits sont très sucrés.

CONFITURES DE PETITS FRUITS

Fraises, framboises, groseilles, etc.

La veille, déposer dans un plat un rang de fruits, un rang de sucre, et alterner ainsi jusqu'à ce que les quantités soient épuisées; terminer par du sucre. Le lendemain, égoutter; faire bouillir le jus jusqu'à ce qu'il soit épais, y mettre les fruits. Cuire bien lentement, environ 15 minutes, en ayant soin d'écumer pendant la cuisson. Laisser refroidir graduellement dans le sirop et éviter ainsi que les confitures remontent à la surface. Mettre dans des bocaux stérilisés. Mettre le couvercle sans le serrer.

Après le complet refroidissement, couvrir de paraffine ou d'un papier enduit de blanc d'œuf ou de vinaigre. Fermer les bocaux hermétiquement et conserver dans un endroit sec.

CONFITURES DE POMMES (pêches, ananas, poires, etc.)

Peser les fruits après les avoir bien préparés; employer la quantité de sucre déjà indiquée. Faire bouillir le sucre avec une très petite quantité d'eau (125 ml (½ t) d'eau par 500 g de sucre), jusqu'à l'obtention de fils dans l'eau froide; y déposer les fruits. Pour conserver la forme des fruits, laisser bouillir lentement; éviter de remuer, cuire jusqu'à ce que les fruits soient transparents.

Refroidir dans le sirop et terminer tel qu'indiqué précédemment pour les confitures de petits fruits.

Confitures de citrouille

2 litres (8 t) de cubes de citrouille
250 ml (1 t) d'eau
1 1/2 litre (6 t) de sucre
5 ou 6 pommes à cuire

Couper la citrouille en gros quartiers. Enlever la pelure et l'intérieur fibreux. (Bien gratter l'intérieur avec une cuillère.) Couper, à nouveau, la citrouille en cubes.

Préparer les pommes, les couper en morceaux et les ajouter à la citrouille.

Faire cuire à feu doux la citrouille à laquelle on a ajouté l'eau et les pommes. Cuire jusqu'à transparence des fruits.

Ajouter le sucre. Mélanger avec précaution. Cuire encore ½ heure.

Laisser refroidir et conserver, dans un endroit frais, dans des pots stérilisés et bien scellés.

Servent de garnitures à tartes, ou se servent telles quelles dans des coupes à dessert et accompagnées de petits biscuits.

Confitures de prunes

Choisir des prunes mûres mais fermes. Si l'on veut des confitures de choix, retirer la pelure; pour cela, mettre les prunes dans l'eau bouillante jusqu'à ce que la pelure se fendille; refroidir et peler. Préparer un sirop très épais, avec une quantité de sucre égale à celle des prunes, moins le poids des pelures enlevées. Cuire les fruits jusqu'à ce qu'ils soient transparents, éviter une ébullition trop forte. Il est préférable de retirer la casserole plutôt que de brasser les confitures. On conseille de faire des confitures en petites quantités; elles ont un plus bel aspect.

Confitures de canneberges

1 1/4 litre de canneberges
500 ml (2 t) de sucre
250 ml (1 t) d'eau

Faire un sirop avec le sucre et l'eau, y ajouter les canneberges; cuire à feu vif. Remuer continuellement pendant la cuisson; laisser mijoter ¼ d'heure.

⊙ Ces confitures se servent souvent avec la dinde rôtie.

Confitures aux dattes
(ou aux figues)

1 1/2 kg (3 lbs) de dattes ou de figues
375 ml (1 1/2 t) d'eau bouillante
125 ml (1/2 t) de sucre

Hacher les dattes, les ajouter à l'eau et au sucre et cuire jusqu'à ce que les dattes soient défaites et bien tendres. Cette préparation peut être employée pour des carrés ou des biscuits aux dattes, des tartes, etc.

Les gelées

GELÉES DE FRUITS

Les gelées sont le résultat d'une juste cuisson de jus de fruits et de sucre.

Pour bien réussir, il faut :

1. Une bonne proportion de pectine et d'acide dans les fruits.
2. Une proportion adéquate d'eau pour cuire les fruits et en extraire la pectine et l'acide nécessaires pour donner une bonne gelée.
3. Une quantité suffisante de sucre ajoutée au jus extrait des fruits.
4. Un degré de cuisson exact (105 °C) pour produire la gelée.

Les fruits principalement recommandés pour réussir de bonnes gelées sont : les pommettes, les gadelles, les groseilles, les canneberges, le cassis, les prunes, le raisin.

Si on le désire, on peut combiner aux fruits nommés précédemment d'autres fruits ne contenant pas suffisamment d'acide ou de pectine, ou ni l'un ni l'autre. Pour être certain de l'acidité des fruits, on recommande d'ajouter 1 c. à soupe de jus de citron frais par 500 ml (2 t) de jus de fruits extrait.

Il est important que les fruits choisis soient mûrs, mais fermes.

Éviter de cuire une trop grande quantité de gelée à la fois, c'est-à-dire pas plus de 2 litres de jus par cuisson.

Pour confectionner une gelée avec de la pectine commerciale, en bouteille ou en cristaux, on doit suivre les indications accompagnant ces produits.

Étapes de la confection de la gelée

1. Laver les fruits, les assécher. Enlever les parties gâtées des fruits, s'il y a lieu. Ne pas enlever le cœur ni la pelure des fruits.

2. Sectionner les fruits et les déposer dans une casserole appropriée.

3. Ajouter la quantité d'eau recommandée dans le tableau pour gelée de fruits (page 375), et cuire selon les spécifications données. Dans chacun des cas, on doit cuire jusqu'à ce que les fruits se défassent. Les écraser avec une cuillère de bois pendant la cuisson. Le mélange « eau et fruits » doit ressembler à une compote.

4. Pendant la cuisson, préparer le nécessaire pour égoutter les fruits :
    - un coton à fromage (mousseline) plié en plusieurs épaisseurs, afin de ne pas laisser passer la pulpe des fruits ;
    - un plat pour recueillir le jus ;
    - de la ficelle solide pour attacher le coton à fromage ;
    - un emplacement pour laisser égoutter le jus. On peut suspendre les fruits à une poignée de porte d'armoire, à un clou, ou de façon telle que le coton à fromage — rempli de fruits — ne puisse tremper dans le jus et soit solidement suspendu.

5. Verser les fruits dans le coton à fromage humide ; ne pas les presser afin de ne pas nuire à la limpidité du jus égoutté.

6. Laisser égoutter plusieurs heures, ou toute la nuit.

7. Mesurer soigneusement le jus, puis calculer la quantité de sucre nécessaire, selon les proportions données dans le tableau suivant. Comme précédemment mentionné, on recommande d'ajouter 1 c. à soupe de jus de citron frais (passé au tamis) par 500 ml (2 t) de jus de fruits, en vue de s'assurer de l'acidité du jus.

8. Verser le jus dans une casserole. Amener au point d'ébullition.

9. Ajouter le sucre et le jus de citron, mélanger, puis laisser bouillir modérément, à découvert, jusqu'à ce que la température atteigne 105 °C.

Pendant la cuisson, écumer souvent à l'aide d'une cuillère en acier inoxydable passée à l'eau froide.

Note : Si l'on n'a pas de thermomètre, vérifier le degré de cuisson en versant environ 2 c. à soupe de jus dans un verre, le réfrigérer quelques minutes (le temps de le refroidir), puis vérifier si la gelée est prise. Si elle ne l'est pas, continuer la cuisson et refaire le test autant de fois que nécessaire. La gelée ainsi vérifiée doit avoir la consistance idéale.

10. Retirer du feu.

11. Écumer une dernière fois.

12. Verser aussitôt dans des pots (préalablement stérilisés à l'eau bouillante environ 20 minutes, ou au four à 120 °C (250 °F) environ 15 minutes). Remplir jusqu'à 1 cm du bord. Recouvrir d'un papier ou sceller à demi et laisser refroidir environ ½ heure. Recouvrir d'une mince couche de paraffine. Laisser prendre et couvrir à nouveau avec de la paraffine. Bien faire adhérer les bords. Bien sceller.

13. Conserver dans un endroit frais et sec.

14. La gelée doit avoir une belle couleur limpide et doit garder sa forme lorsqu'on la démoule (n'étant ni dure, ni molle) et doit avoir le bon goût du fruit qui entre dans sa composition.

Gelée à la menthe

1 1/4 litre (5 t) de jus de pommes (pâle, c'est-à-dire obtenu à partir de pommes ayant une pelure non colorée)

750 ml (3 t) de sucre

125 ml (1/2 t) de feuilles de menthe

50 ml (1/4 t) d'eau, colorant vert (au goût)

Laver la menthe, la hacher finement ; ajouter 2 c. à soupe de sucre et l'eau ; laisser macérer toute la nuit. Le lendemain, amener au point d'ébullition et couler. Procéder, tel qu'indiqué à la formule générale pour la cuisson de la gelée. Ajouter le jus de menthe (environ 2 c. à soupe) et le colorant quelques instants avant la fin de la cuisson.

Tableau pour gelée de fruits

FRUITS	PROPORTIONS POUR MÉLANGES	JUS	SUCRE	REMARQUES PARTICULIÈRES
Canneberges (atocas)		250 ml (1 t)	175 ml (3/4 t)	Laver les fruits, les mettre à l'eau froide [250 ml (1 t) d'eau pour 1 litre (4 t) de fruits]. Cuire jusqu'à ce que la peau éclate, puis les écraser en compote.
Gadelles		250 ml (1 t)	175 à 250 ml (3/4 t à 1 t)	Laver les fruits, les écraser avec un pilon, ajouter 175 ml (3/4 t) d'eau pour chaque litre de fruits. Faire bouillir 8 à 10 minutes. Brasser constamment.
Groseilles		250 ml (1 t)	250 ml (1 t)	Mêmes remarques que pour les gadelles.
Pommes et pommettes		250 ml (1 t)	175 à 250 ml (3/4 t à 1 t)	Laver, couper, ne pas enlever la pelure et les cœurs. Eau froide à l'égalité des fruits. Cuire en compote.
Pommes **Ananas**	1/2 1/2	250 ml (1 t)	175 ml (3/4 t)	Cuire les deux fruits ensemble.
Pommes **Canneberges**	1/2 1/2	250 ml (1 t)	175 ml (3/4 t)	Cuire les fruits séparément.
Pommes **Bleuets**	1/2 1/2	250 ml (1 t)	175 ml (3/4 t)	Cuire les fruits séparément.
Pommes **Cerises**	1/2 1/2	250 ml (1 t)	175 ml (3/4 t)	Cuire les fruits séparément. Ne pas enlever la pelure et les cœurs.
Pommes **Mûres**	3/4 1/4	250 ml (1 t)	175 ml (3/4 t)	Cuire les fruits séparément. Écraser les mûres ; les cuire avec très peu d'eau.
Pommes **Pêches**	1/2 1/2	250 ml (1 t)	175 ml (3/4 t)	Cuire les fruits séparément.
Pommes **Rhubarbe**	1/2 1/2	250 ml (1 t)	175 ml (3/4 t)	Cuire les fruits ensemble.
Raisins		250 ml (1 t)	175 à 250 ml (3/4 t à 1 t)	Séparer les raisins, les laver, les mettre dans une casserole. Les écraser, ajouter 125 ml (1/2 t) d'eau pour 2 litres (8 t) de raisins. Bouillir lentement. Brasser constamment.

Les marmelades

Marmelade d'orange

6 oranges, 1 citron, eau, sucre blanc

Laver les fruits, bien les essuyer. Trancher très mince les oranges et enlever les pépins. Peler le citron. Trancher son écorce en fines lanières et conserver son jus.

Mesurer les oranges tranchées avec les écorces du citron et calculer 1 ½ litre (6 t) d'eau fraîche pour 1 litre (4 t) de fruits. Faire tremper toute la nuit (ou 12 heures environ).

Le lendemain, mettre à bouillir l'eau et les fruits. Cuire jusqu'à tendreté des fruits (environ 1 heure).

Calculer la quantité de sucre requise pour la cuisson qui suit, c'est-à-dire 175 ml (¾ t) de sucre par 250 ml (1 t) d'eau et de fruits mélangés.

Ajouter le sucre au premier mélange, ainsi que le jus du citron et les pépins enveloppés dans le coton à fromage. Mélanger pour dissoudre le sucre.

Laisser mijoter à découvert, jusqu'à environ 105 °C. Pour déterminer si le temps de cuisson est suffisant, on peut aussi procéder comme pour la gelée de fruits : déposer un peu (environ 2 c. à soupe) du mélange dans un petit plat et le réfrigérer. Lorsqu'il est refroidi, s'il a la consistance désirée, la cuisson est terminée. Sinon, continuer la cuisson en répétant le test.

Note : Une marmelade faite à la maison n'est pas aussi gélatineuse que celle du commerce. Pour obtenir une marmelade gélatineuse, on peut ajouter de la pectine liquide ou en cristaux. Suivre les instructions sur les contenants de ces produits.

Verser dans des bocaux stérilisés. Paraffiner. Conserver au frais et au sec.

Marmelade de courges et d'ananas

1 litre (4 t) de courges hachées
500 ml (2 t) d'eau froide
250 ml (1 t) d'ananas râpé
1 orange
zeste de 2 citrons et de 3 oranges
825 ml (3 1/3 t) de sucre
250 ml (1 t) de jus d'ananas

Faire cuire les courges, le zeste de citron et d'orange, l'ananas (s'il est cru) dans l'eau, jusqu'à ce que le tout soit tendre (environ 30 à 40 minutes). Ajouter le sucre, l'orange hachée, le jus d'ananas et 125 ml (½ t) d'eau au besoin; cuire de nouveau jusqu'à ce que le mélange soit épais et transparent, ajouter le jus de citron et cuire 5 minutes.

⊙ On peut préparer une marmelade semblable avec des carottes au lieu de la courge.

Marmelade aux trois fruits

1 pamplemousse
6 oranges
3 citrons
eau
sucre blanc

Laver les fruits, bien les essuyer.

Trancher très mince les oranges. Peler le pamplemousse et les citrons; trancher leur écorce en fines lanières. (Ne conserver que le jus des citrons ainsi que tous les pépins. Envelopper ces derniers dans un coton à fromage.) Mesurer les fruits (oranges et écorces).

Calculer la quantité d'eau à ajouter pour les cuire (1 ½ litre (6 t) d'eau fraîche par litre de fruits). Faire tremper 12 heures environ, ou toute la nuit.

Le lendemain, mettre à bouillir l'eau et les fruits. Cuire jusqu'à ce que toutes les écorces soient tendres (environ 2 heures).

Pour le reste de la cuisson, se référer à la marmelade d'orange.

Marmelade de rhubarbe

2 1/2 kg (5 lbs) de rhubarbe
3 kg (6 lbs) de sucre
500 ml (2 t) d'eau
125 g (1/4 lb) d'amandes
2 citrons

Laver et couper la rhubarbe en petits tronçons. Ajouter les citrons hachés menu, l'eau et le sucre. Faire bouillir jusqu'à épaississement. En retirant la casserole du feu, incorporer les amandes hachées. On peut remplacer la moitié des amandes par du raisin, l'ajouter 10 à 15 minutes avant la fin de la cuisson.

Marmelade de rhubarbe et d'ananas

3 kg (6 lbs) de rhubarbe
2 kg (4 lbs) de sucre
1 ananas
2 citrons

Laver et couper la rhubarbe en cubes. Peler l'ananas et le couper en petits morceaux, ainsi que les citrons. Trancher ces derniers en très fines lanières. Ajouter le sucre et laisser reposer toute une nuit. Cuire à feu doux jusqu'à la consistance d'une gelée.

Marmelade de rhubarbe et d'oranges

2 1/2 kg (5 lbs) de rhubarbe
2 1/2 kg (5 lbs) de sucre
6 oranges
2 citrons

Même procédé que pour la précédente.

Marmelade de rhubarbe et de groseilles

Choisir de la rhubarbe tendre, la peser, la laver, la couper en petits tronçons. Peser une égale quantité de groseilles ou seulement la moitié; enlever les tiges, les laver, les incorporer à la rhubarbe. Verser de l'eau froide à l'égalité des fruits. Amener lentement au point d'ébullition et cuire jusqu'à ce que les fruits soient tendres. Mesurer le mélange et ajouter les trois quarts ou une égale quantité de sucre. Cuire de nouveau 20 minutes environ. Veiller à ce que la préparation n'attache pas au fond et ne brûle. Retirer et verser dans des bocaux stérilisés.

Marmelade de citrouille

2 kg (4 lbs) de citrouille
2 oranges, 2 citrons
1 1/2 kg (3 lbs) de sucre
1 pamplemousse

Couper le zeste d'orange, de citron et la moitié du zeste de pamplemousse en fines lanières. Hacher les fruits très fin; ajouter le sucre et laisser macérer une nuit. Cuire 2 heures ou jusqu'à ce que les fruits soient transparents.

Marmelade de pommes et oranges

8 grosses pommes
6 oranges
3 citrons
sucre et eau

Laver les fruits, peler et enlever les cœurs des pommes; peler les oranges et les citrons; passer l'écorce au hachoir ou les couper en très fines lanières; enlever toute la membrane blanche des oranges et des citrons. Couper les fruits en très petits morceaux; les faire cuire lentement avec 2 litres d'eau froide pendant ½ heure. Ajouter 250 ml (1 t) de sucre par 250 ml (1 t) de fruits et de jus; cuire de nouveau en remuant constamment, jusqu'à ce que la préparation soit épaissie. Mettre dans des pots stérilisés et chauds.

Marmelade d'ananas et d'oranges

500 ml (2 t) d'ananas râpé
500 ml (2 t) de sucre
3 oranges, 1 citron
1 1/4 litre (5 t) d'eau froide

Laver les oranges et le citron; extraire le jus de citron et le réserver pour la fin. Hacher les oranges pelées en très petits morceaux; couper le zeste d'orange et de citron en fines lanières; le tremper à l'eau froide plusieurs heures ou une nuit avec l'ananas s'il est cru. Le lendemain, mettre à cuire lentement les fruits et l'eau environ 1 ½ à 2 heures; remuer constamment. Ajouter le sucre et continuer de cuire 1 heure de plus. La cuisson lente donne à la marmelade une riche couleur ambre. Quelques instants avant la fin de la cuisson, ajouter le jus de citron. Mettre en pots chauds stérilisés.

Marmelade de prunes n° 1

500 ml (2 t) de prunes hachées
50 ml (1/4 t) d'amandes hachées
325 ml (1 1/3 t) de sucre
250 ml (1 t) de raisins
1 orange
jus de citron

Ébouillanter les prunes, si elles sont dures, enlever les noyaux. Hacher finement les prunes; les mettre sur le feu avec le raisin (ou moitié figues ou dattes), le zeste d'orange taillé en fines lanières et laissé à tremper plusieurs heures dans 250 ml (1 t) d'eau froide. Cuire en remuant pour empêcher de prendre au fond. Après 10 minutes, ajouter le sucre et l'orange coupée très mince. Continuer la cuisson en brassant constamment jusqu'à la consistance d'une marmelade. Quelques minutes avant la fin de la cuisson, incorporer les amandes et le jus de citron.

Marmelade de prunes nº 2

1 1/4 kg (2 1/2 lbs) de prunes
2 oranges
1/2 kg (1 lb) de raisins secs
1 1/4 litre (5 t) de sucre

Hacher les prunes et les oranges en petits morceaux. Mettre les fruits et le sucre dans une casserole, amener lentement au point d'ébullition et faire cuire jusqu'à la consistance d'une gelée.

Marmelade de tomates jaunes

1 kg (2 lbs) de tomates jaunes
zeste de citron
1 kg (2 lbs) de sucre blanc

Blanchir les tomates (qu'on aura cueillies avant parfaite maturité). Les peler, puis les mettre dans une marmite (1 rang de tomates et 1 rang de sucre), ainsi que le zeste coupé en fines lanières. Laisser mijoter 3 heures. Passer au tamis.

Marmelade surprise

(aux carottes)

1 kg (2 lbs) de carottes
1 kg (2 lbs) de sucre
jus de 4 citrons
3 oranges

Éplucher les carottes, les râper. Placer dans un bain-marie avec le jus de citron et cuire jusqu'à ce que les carottes soient tendres. Ajouter le zeste d'orange taillé en fines lanières, les oranges coupées en petits morceaux et le sucre. Cuire jusqu'à la consistance d'une gelée.

Écorces de fruits confites

écorces d'oranges, de pamplemousses ou de citrons ou des trois fruits combinés
sucre blanc cristallisé
eau

Laver les fruits; bien les essuyer.

Les peler; couper les écorces en lanières de ¼ à ½ cm d'épaisseur.

Les déposer dans une casserole. Mettre de l'eau fraîche à égalité.

Faire cuire à ébullition 5 minutes, puis jeter l'eau. Couvrir à nouveau les écorces d'eau fraîche et laisser bouillir encore 5 minutes; jeter l'eau et répéter l'opération. Conserver l'eau de la dernière cuisson.

Mesurer la quantité d'écorce pour déterminer la quantité de sucre et d'eau de cuisson à employer. Pour 250 ml (1 t) d'écorces, ajouter 250 ml (1 t) d'eau de cuisson et 500 ml (2 t) de sucre.

Dans une casserole, dissoudre le sucre dans l'eau de cuisson, puis ajouter les écorces.

Faire cuire à feu très doux, à demi couvert, jusqu'à ce que le sirop devienne très concentré; les écorces sont alors gélatineuses (de 1 heure à 1 ½ heure).

Déposer les écorces sur du papier ciré, une à côté de l'autre, et laisser refroidir.

Mettre du sucre blanc cristallisé dans un plat, ainsi que les écorces. Bien mêler pour que les écorces soient complètement enrobées de sucre.

Conserver dans un endroit sec, à l'ombre; soit dans une boîte tapissée de papier kraft et bien fermée ou dans des pots hermétiquement fermés.

⊙ Rendement approximatif: avec les écorces de 1 pamplemousse, on obtient 250 ml (1 t) d'écorces confites.

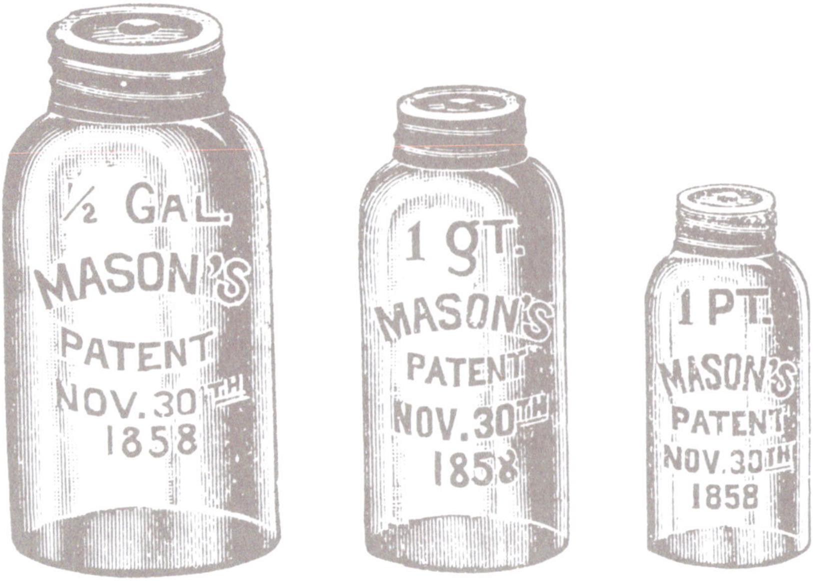

Les marinades

Les marinades sont surtout des préparations de légumes et de fruits, dans lesquelles il entre du vinaigre, du sel, des épices et divers condiments.

Bien qu'elles soient tolérées dans le régime alimentaire, il ne faut pas oublier toutefois que leur usage excessif n'est guère recommandable, vu leur rôle d'excitant de l'appétit.

Betteraves au vinaigre

Laver les betteraves, les déposer dans une marmite, verser de l'eau à égalité et les cuire avec leur pelure et un bout de leur tige. Laisser mijoter environ 20 minutes ou plus, selon leur taille. Après la cuisson, les peler, les couper — si elles sont trop grosses —, les mettre dans des pots préalablement stérilisés. Verser dessus un mélange moitié vinaigre, moitié eau dans lequel on a fait dissoudre 50 ml (¼ t) de sucre par litre de liquide. (Le liquide doit recouvrir les betteraves.) Remplir les bocaux à ¼ cm du bord, les fermer à demi. Laisser refroidir environ ½ heure. Paraffiner, puis sceller hermétiquement. Conserver dans un endroit frais, sec et à l'ombre.

Ketchup non cuit

9 litres (36 t) de tomates rouges (environ 30 moyennes)
6 gros oignons blancs
500 ml (2 t) de céleri haché
4 poivrons rouges
4 poivrons verts

125 ml (1/2 t) de sel
1 litre (4 t) de sucre blanc
1 litre (4 t) de vinaigre blanc
50 g (1/8 lb) de graines de moutarde
2 c. à soupe de cannelle moulue

Blanchir les tomates, les peler, les couper en cubes. Hacher les autres légumes, les ajouter aux tomates et au mélange de vinaigre, sucre, sel, graines de moutarde et cannelle moulue. Verser dans des bocaux stérilisés à ½ cm du bord. Paraffiner, sceller.

Ketchup sucré aux tomates rouges et aux fruits n° 1

30 grosses tomates rouges
6 pêches, 6 poires
3 pommes à cuire
6 gros oignons hachés
1 poivron rouge haché
1 litre (4 t) de sucre blanc
2 c. à soupe de sel
1 1/4 litre (5 t) de vinaigre blanc
125 ml (1/2 t) d'épices mélangées (à ketchup)

Blanchir les tomates, les pêches et les poires. Les peler.

Couper les tomates, les pêches, les poires et les pommes pelées en cubes. Les déposer, avec les oignons et le poivron hachés, dans une casserole.

Dissoudre le sucre et le sel dans le vinaigre. Verser le tout sur le mélange précédent.

Déposer les épices à ketchup dans un coton à fromage. Le fermer avec de la ficelle ou du fil. Le déposer dans la marmite.

Cuire le tout à feu doux. Laisser mijoter à découvert, en brassant délicatement de temps en temps, 2 heures ou plus. Cuire jusqu'à ce que le ketchup soit assez épais.

Verser, à ½ cm du bord, dans des pots préalablement stérilisés. Fermer à demi. Laisser refroidir environ ½ heure, paraffiner, puis sceller hermétiquement. Conserver dans un endroit frais, sec et à l'ombre.

Ketchup sucré aux tomates rouges et aux fruits n° 2

8 tomates rouges
4 pêches, 4 pommes
4 oignons moyens hachés
250 ml (1 t) de sucre blanc
1 c. à thé de sel
250 ml (1 t) de vinaigre blanc
1 c. à soupe d'épices mélangées (à ketchup)

Blanchir les tomates et les pêches. Les peler.

Couper les tomates, les pêches et les pommes pelées en cubes. Les déposer, avec les oignons, dans un chaudron approprié.

Pour le reste, procéder comme pour le ketchup sucré n° 1. Cuire 1 heure à feu doux, puis retirer le sac d'épices, et continuer la cuisson une autre heure.

Tomates vertes marinées

30 tomates vertes moyennes
250 ml (1 t) de gros sel
1 c. à soupe de moutarde sèche
1 c. à soupe de clous de girofle
1 c. à soupe de grains de poivre
1 douzaine de gros oignons
250 ml (1 t) de cassonade
1/2 c. à soupe de poivre moulu
1 c. à soupe de cannelle
un peu de poivre de cayenne
vinaigre blanc

Trancher les tomates et les oignons la veille, laisser dégorger dans le sel toute une nuit. Le lendemain, égoutter, placer dans une marmite avec tous les ingrédients ci-dessus (déposer les épices non moulues dans une mousseline). Verser du vinaigre à l'égalité. Faire bouillir

¾ à 1 heure. Verser dans des pots stérilisés, à ½ cm du bord. Paraffiner, puis fermer hermétiquement.

Oignons blancs au vinaigre

Laver des petits oignons, les couvrir d'eau tiède; quand ils sont entièrement refroidis, les peler; les laisser tremper dans de l'eau salée 24 heures, égoutter, mettre dans des bocaux et couvrir de vinaigre chauffé avec un peu de sucre. Laisser bouillir 5 à 10 minutes. Retirer et fermer hermétiquement sans délai.

Concombres mûrs marinés

1 litre (4 t) de concombres mûrs hachés
1 poivron de grosseur moyenne
250 ml (1 t) de sucre
2 c. à soupe de sel
2 c. à soupe d'épices mélangées (à ketchup)
250 ml (1 t) de petits oignons blancs
625 ml (2 1/2 t) de vinaigre blanc

Peler les concombres; enlever les graines; les couper en cubes ainsi que les oignons et le poivron; ajouter très peu d'eau; cuire jusqu'à ce que les concombres soient tendres. Faire chauffer le vinaigre avec le sucre et les épices déposées dans un coton à fromage bien fermé; les incorporer au premier mélange et cuire jusqu'à ce que le tout épaississe. Verser dans des bocaux stérilisés, à ½ cm du bord. Paraffiner; bien sceller.

Fruits épicés

50 ml (1/4 t) d'épices mélangées (à ketchup)
625 ml (2 1/2 t) de vinaigre
1 1/4 litre (5 t) de sucre
2 kg (4 lbs) de fruits (poires, pêches, pommes aigres, groseilles, gadelles)

Mettre les épices dans une mousseline et les faire bouillir dans le vinaigre et le sucre 10 minutes, ajouter les fruits pelés et coupés en cubes, continuer l'ébullition jusqu'à ce qu'ils soient tendres. Verser dans des bocaux stérilisés, à ½ cm du bord. Paraffiner, puis fermer hermétiquement.

Cornichons au vinaigre

2 litres (4 t) de cornichons fraîchement cueillis
125 ml (1/2 t) de gros sel
125 ml (1/2 t) de vinaigre
2 petits choux-fleurs
1 douzaine d'oignons blancs
poivre en grains
quelques clous de girofle
2 ou 3 petits piments (au goût)
125 ml (1/2 t) de sucre

Bien essuyer les cornichons avec un linge pour en enlever les aspérités. Les couper au besoin. Laisser dégorger quelques heures ou une nuit dans le sel; les égoutter à fond et les déposer dans un autre plat; couvrir de vinaigre; faire tremper 6 à 8 jours. Verser alors les cornichons et le vinaigre dans une marmite; les chauffer sans les cuire, les cornichons verdiront un peu; égoutter de nouveau. Mettre cornichons, choux-fleurs et petits oignons blancs dans des pots à marinades, ajouter du poivre en grains, clous de girofle, piments; remplir d'un mélange de vinaigre et de sucre (125 ml (½ t) de sucre par 1 litre (4 t) de vinaigre).

Choux-fleurs marinés

5 ou 6 choux-fleurs moyens
1 litre (4 t) de vinaigre blanc
eau bouillante
sel
1/4 c. à thé d'épices mélangées (à ketchup)
125 ml (1/2 t) de sucre
2 c. à thé de moutarde de Dijon
2 c. à thé de clous de girofle
2 ou 3 petits piments (au goût)

Séparer les choux-fleurs en bouquets, les laver, les blanchir 5 minutes, plonger rapidement dans l'eau froide; faire bouillir le vinaigre avec les épices et les piments 5 minutes (excepté le sucre et la moutarde). Passer le vinaigre au tamis, mettre le sucre et la moutarde, amener au point d'ébullition, verser sur les choux-fleurs. Placer dans des bocaux stérilisés, à ½ cm du bord. Paraffiner, puis sceller hermétiquement.

Marinade aux poivrons et céleri

3 poivrons rouges doux
3 poivrons verts
3 oignons moyens
1 c. à thé de sel
1 petit pied de céleri
500 ml (2 t) de vinaigre blanc
250 ml (1 t) de sucre
1/2 c. à thé de curcuma
1 c. à soupe d'épices mélangées (à ketchup) (dans une mousseline)

Couper les légumes en fines lanières. Cuire tous les ingrédients, à feu doux, environ 1 heure ou jusqu'à ce que les légumes soient tendres, et la préparation assez consistante. Mettre dans des bocaux stérilisés, à ½ cm du bord. Paraffiner, puis sceller hermétiquement.

Marinade aux poivrons et tomates

Suivre la recette précédente; remplacer le céleri par 3 ou 4 tomates rouges ou vertes, et retrancher 125 ml (½ t) de vinaigre.

Ketchup aux tomates rouges

15 tomates rouges moyennes (environ)
2 oignons moyens
2 poivrons verts ou rouges hachés
1 c. à soupe de gros sel
125 ml (1/2 t) de sucre
700 ml (2 4/5 t) de vinaigre blanc
1 c. à thé de cannelle
1 1/2 c. à thé de graines de moutarde
1 c. à thé d'épices mélangées (à ketchup)

Peler et couper les tomates en cubes après les avoir blanchies. Hacher les légumes et les cuire à feu doux avec le sel et le sucre jusqu'à ce que le mélange commence à épaissir; incorporer le vinaigre, les graines de moutarde et les épices (dans un coton à fromage). Laisser mijoter jusqu'à la consistance d'une sauce épaisse. Remuer délicatement de temps en temps. Déposer dans des pots stérilisés, à ½ cm du bord. Paraffiner, puis fermer hermétiquement.

Tomates et céleri épicés

1 poivron rouge
6 pieds de céleri
15 tomates rouges
2 c. à soupe de sel
700 ml (2 4/5 t) de vinaigre blanc
375 ml (1 1/2 t) de sucre
1 c. à thé de clous de girofle
1 c. à thé d'épices mélangées (à ketchup)
1 c. à thé de moutarde sèche

Séparer les pieds de céleri; hacher les branches. Hacher le poivron. Blanchir les tomates, les peler, les couper en petits morceaux (enlever les graines). Mélanger ces ingrédients; ajouter le mélange de vinaigre, de sucre, de moutarde sèche, puis les épices et les clous de girofle dans un coton à fromage. Laisser mijoter 1 ½ heure. Remplir les bocaux stérilisés, à ½ cm du bord. Paraffiner, puis fermer hermétiquement.

Chou blanc et céleri marinés

18 branches de céleri
1 chou blanc
6 gros poivrons rouges
6 poivrons verts
125 ml (1/2 t) d'huile d'olive
1/2 c. à thé de gingembre
vinaigre
3 gros oignons
115 g (1/4 lb) de moutarde
125 ml (1/2 t) de sucre
12 petits oignons blancs
175 ml (3/4 t) de sel

Couper le céleri en petits morceaux, le chou et les poivrons rouges en lanières, ébouillanter les poivrons verts dans le vinaigre. Mettre tous ces ingrédients dans un grand plat, ajouter les oignons tranchés; bien mélanger et placer dans une jarre de grès en entremêlant du sel.

Déposer une assiette avec une pesée; laisser reposer trois jours; égoutter. Faire un mélange avec la moutarde, l'huile d'olive, le sucre et le gingembre. Amalgamer tous ces ingrédients aux légumes, les couvrir de vinaigre chaud. Conserver cette marinade dans un endroit frais pendant une semaine, ajouter du vinaigre au besoin.

Rhubarbe marinée

2 litres (8 t) de rhubarbe
2 oignons moyens
500 ml (2 t) de vinaigre
1 c. à thé de cannelle
750 ml (3 t) de sucre granulé
1 c. à thé de clou
1 c. à thé de sel

Laver la rhubarbe, la couper; hacher les oignons; y ajouter les autres ingrédients et cuire 1 ½ heure. Mettre dans les bocaux pendant que la préparation est chaude.

Marinade aux légumes

12 tomates rouges ou vertes
4 pommes aigres
1 chou-fleur
3 oignons
1 pied de céleri
500 ml (2 t) de vinaigre
250 ml (1 t) de sucre ou de cassonade
1 c. à soupe d'épices mélangées
2 c. à soupe de sel

Préparer les légumes et les pommes, hacher le tout finement. Déposer ces ingrédients dans une casserole avec le sucre, le vinaigre et les condiments. Laisser bouillir 1 ½ à 2 heures. Mettre en pots stérilisés. Quand on emploie les tomates vertes, les trancher la veille et les saupoudrer de sel. Le lendemain, les égoutter soigneusement et procéder de la manière expliquée ci-dessus en omettant le sel.

Marinade aux canneberges
(sans cuisson)

1 litre (4 t) de canneberges
2 oranges
1 citron
2 pommes
750 ml (3 t) de sucre

Couper les oranges, le citron et les pommes en quartiers, ne pas peler les fruits. Les passer au hachoir ainsi que les canneberges. Ajouter le sucre et mélanger parfaitement. Laisser reposer quelques heures.

Marinade aux fruits

15 tomates rouges
3 pommes
3 pêches
125 ml (1/2 t) de raisins épépinés
1 pied de céleri
3 oignons
3 poires
500 ml (2 t) de sucre
500 ml (2 t) de vinaigre
1/2 c. à thé de poivre
1 c. à soupe de sel
1 c. à soupe d'épices mêlées non moulues

Hacher finement les légumes et les fruits; ajouter le sucre, le vinaigre et les épices (déposées dans une mousseline); laisser cuire lentement 1 ½ à 2 heures. Mettre dans des pots stérilisés. Fermer hermétiquement.

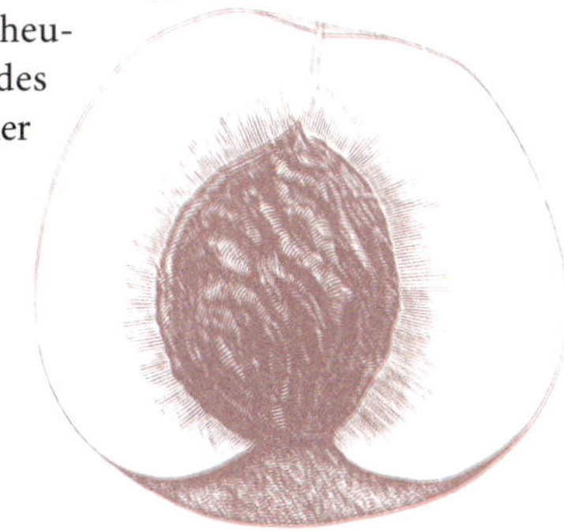

La mise en conserve et la congélation

La mise en conserve consiste à placer les fruits, les légumes, etc., dans des bocaux stérilisés que l'on soumet à l'action plus ou moins prolongée de la vapeur pour détruire tous les germes, cause d'altération.

Choix des produits. Si l'on désire des conserves de première qualité, le choix des produits est de la plus grande importance. Le degré de maturité, la couleur et la grosseur du produit sont des conditions nécessaires, indispensables même au succès de la mise en conserve. On ne saurait trop insister sur l'importance de la fraîcheur des aliments destinés aux conserves. Ainsi, les fruits et légumes, en vieillissant, perdent une partie de leur eau, de leurs principes aromatiques, deviennent durs, exigent une plus longue stérilisation et ne donnent que des conserves de qualité inférieure. Les petits pois, les haricots et le maïs, particulièrement, doivent être mis en conserve dans les six heures qui suivent la cueillette.

Matériel

Stérilisateurs. Il existe actuellement dans le commerce différents genres d'appareils stérilisateurs destinés à préparer d'une façon pratique et économique les conserves alimentaires. Quand on ne possède pas d'autoclave, on peut utiliser n'importe quelle grande casserole, du moment qu'elle possède un couvercle s'ajustant bien et un panier de broche ou un double fond perforé, de métal ou de bois, pour préserver les bocaux du contact avec le fond du récipient et laisser circuler l'eau.

Bocaux. Pour le simple usage de la famille, il est préférable d'employer des bocaux de verre, de préférence aux boîtes métalliques, parce que les bocaux peuvent servir indéfiniment si l'on n'a pas la maladresse de les casser. Dans un bocal de verre, le produit peut rester quelques jours après qu'il a été ouvert, sans qu'il y ait danger d'intoxication. Les boîtes métalliques sont plutôt d'un usage industriel et commercial.

Il est très important de toujours faire l'essai des bocaux avant de procéder à la mise en conserve ; pour cela, remplir le bocal à moitié d'eau, ajuster le caoutchouc et le couvercle, retourner le bocal en tous sens pour vérifier s'il coule. Quand le bocal ferme hermétiquement, le stériliser 8 à 10 minutes.

Rondelles de caoutchouc (ou bandes élastiques de bonne qualité). Il faut renouveler les rondelles de caoutchouc chaque fois qu'on utilise de nouveau les bocaux. S'assurer de leur qualité en les pliant en deux et en pressant fortement le pli ; les retourner ensuite pour faire le pli à l'inverse au même endroit. Un bon anneau de caoutchouc ne présente pas l'empreinte du pli.

Panier de broche pour le blanchiment du produit. À défaut de panier, se servir d'un sac de coton à fromage.

Couteau à peler et autres, *cuillères, pincettes* servant à retirer les bocaux du stérilisateur. Autant que possible, se servir d'ustensiles non métalliques (le métal pourrait être attaqué par les acides des fruits, de plus il peut donner une mauvaise couleur et un goût désagréable aux conserves).

Différentes opérations

Une fois le produit à conserver bien choisi, il faut procéder aux opérations suivantes :

Préparation du produit. Laver, brosser le produit et, si c'est nécessaire, le débarrasser des parties flétries et malsaines.

Blanchiment. Plonger les légumes ou les fruits (tel qu'indiqué aux tableaux, pages 390 à 393) dans de l'eau bouillante afin d'enlever la pelure plus facilement et de diminuer l'âcreté et l'acidité. Le temps du blanchiment varie selon la nature du produit et sa taille.

Refroidissement. Aussitôt retiré de l'eau bouillante, plonger promptement le produit dans un bassin d'eau froide ; renouveler l'eau jusqu'à ce que les produits soient entièrement refroidis, ce qui a pour effet d'affermir la pulpe du fruit ou du légume et de lui permettre de conserver sa couleur.

Remplissage. Quand le refroidissement est complètement terminé, presser les produits le plus possible dans les bocaux stérilisés. Il est conseillé de placer une cuillère ou un couteau entre les fruits et le bocal pour faire sortir l'air qui pourrait être une cause de fermentation. Remplir ensuite le bocal d'eau bouillante, y ajouter 5 ml de sel par litre (1 c. à thé pour 4 tasses), pour les conserves de légumes ; pour les conserves de fruits, combler le bocal de sirop chaud, comme indiqué aux pages 392-393.

Fermeture. Quand le bocal est rempli, mettre une rondelle de caoutchouc, le couvercle, puis fermer à demi, c'est-à-dire n'ajuster que la broche qui maintient le couvercle, la seconde restant levée pour le temps de la stérilisation. (La fermeture hermétique ne doit avoir lieu qu'après parfaite stérilisation.) Placer alors les bocaux dans le récipient qui doit contenir de l'eau de même température que ces derniers pour éviter qu'ils ne se brisent, et en quantité suffisante pour les couvrir entièrement si le récipient possède un panier de broche, sinon remplir aux trois quarts.

Stérilisation. Le temps de la stérilisation dépend du produit. Commencer à calculer le nombre de minutes allouées pour le procédé de stérilisation dès que l'eau commence à bouillir fortement.

Refroidissement après la stérilisation. Au sortir du stérilisateur, fermer les bocaux hermétiquement, puis les déposer sur une table en les plaçant sur le côté ou le couvercle en bas, pour s'assurer que la fermeture est bien hermétique.

Si l'on s'aperçoit du contraire, ouvrir le bocal, y mettre une deuxième rondelle de caoutchouc, le fermer et le stériliser de nouveau quelques minutes, surtout si le produit est trop refroidi.

Toutes ces opérations doivent être effectuées promptement et sans interruption.

Tableau pour les conserves de légumes[1]

VARIÉTÉS	BLANCHIMENT MINUTES	STÉRILISATION HEURES	REMARQUES PARTICULIÈRES
Asperges	10 à 15	1 1/2	
Betteraves	5	1 1/2	Les éplucher après blanchiment. Omettre le sel pour conserver la couleur.
Carottes **Panais** **Salsifis**	5	1 1/2	Les éplucher après blanchiment.
Céleri	2	1 1/2	
Choux de Bruxelles **Choux**	8 à 10	1 1/2	Les blanchir à la vapeur.
Choux-fleurs **Chou brocoli**	5 5	1 à 1 1/2 1 1/2	Tremper 1 heure au moins dans l'eau salée avant de les blanchir.
Épinards	15	2	Les blanchir dans très peu d'eau ou à la vapeur.
Haricots	5 à 10	2	
Maïs	10	3	Ne pas trop remplir les bocaux, le maïs prend du volume en cuisant.
Navets	5 à 10	1 1/2	
Pois à la vapeur **à l'eau**	10 à 15 5	3 3	Ne pas trop remplir les bocaux, le volume des pois augmente à la cuisson.
Tomates	1 1/2 à 2	1/2	1 ► Les peler après le blanchiment ; 2 ► Mettre du sucre au lieu du sel, ou moitié sucre et sel ; 3 ► Ne jamais mettre d'eau. Remplir les bocaux avec le jus de tomate.

1. Le temps de la stérilisation est calculé pour des bocaux d'une capacité d'un litre.

Remarque. On doit refroidir les bocaux assez rapidement en les espaçant sur une table ; un refroidissement lent peut être une cause d'aigreur pour les conserves, de même qu'un séjour trop prolongé des légumes dans l'eau froide après le blanchiment. Durant le refroidissement, il faut éviter les courants d'air. Conserver les bocaux dans un endroit sombre, sec et aéré.

Tableau pour les conserves de viande

PRODUITS	CUISSON HEURES	STÉRILISATION HEURES	REMARQUES PARTICULIÈRES
Agneau	3/4	1 1/2	Après la cuisson, laisser réduire le bouillon de moitié, le dégraisser.
Bœuf	1/2	3	Couper la viande en morceaux de 250 g. Laisser réduire le bouillon, le dégraisser.
Bouillon		3/4	Stériliser ce qui reste du bouillon après le remplissage des bocaux.
Foie		3	Faire des tranches de 1 cm d'épaisseur ; parer et tremper à l'eau froide 45 minutes. Ébouillanter 5 minutes ou faire saisir dans de la graisse ou de l'huile.
Langue	1/2 à 3/4	3	Faire bouillir jusqu'à ce que la peau s'enlève facilement, parer. Mettre 2 c. à thé de sel par litre.
Lapin	3/4	1 1/2	Voir « agneau ».
Porc	1	4	Parties maigres de préférence. Bouillir ou rôtir.
Ris de veau		3	Laver et tremper à l'eau froide 2 heures en changeant l'eau quelques fois. Égoutter, faire bouillir 5 minutes dans de l'eau bouillante salée : 2 c. à thé de sel par bocal d'un litre. Remplir avec de l'eau bouillante.
Volaille	1 1/2	2 à 3	Bouillir jusqu'à ce que la viande se détache des os ; enlever ces derniers. Presser le plus possible dans les bocaux. Réduire le bouillon ; 1 c. à thé de sel par litre.

Volaille et viandes de boucherie

Toutes les différentes espèces de viande peuvent être mises en conserve, après avoir subi un mode de cuisson : ébullition, rôtissage ou étuvée. Cuire la viande à demi. Désosser et séparer en morceaux proportionnés au contenant. Presser les morceaux dans le bocal. Remplir de bouillon dégraissé et réduit. Stériliser en suivant les indications du tableau ci-dessus. On peut aussi conserver de la langue de bœuf, des cretons, de la saucisse, des crépinettes, du bouillon pour les potages et les soupes, de la viande de porc ou de veau hachée pour les croquettes, les timbales, les petits pâtés, etc.

Les assaisonnements sont ajoutés pendant la cuisson ou avant la mise en bocaux pour la stérilisation.

Conserves de fruits

Pour plus de précision, nous diviserons les fruits en trois catégories :

1. les fruits doux ou sucrés ;
2. les fruits légèrement acides ;
3. les fruits acides.

Densité du sirop correspondant à cette division :

Sirop n° 1 — 250 ml (1 t) de sucre pour 500 ml (2 t) d'eau
Sirop n° 2 — 250 ml (1 t) de sucre pour 250 ml (1 t) d'eau
Sirop n° 3 — 500 ml (2 t) de sucre pour 250 ml (1 t) d'eau

La quantité de sucre à employer dépend des préférences de chacun. Une trop grande quantité enlèverait le goût naturel du fruit.

Toujours faire bouillir le sucre et l'eau au moins 5 minutes ; puis couler le sirop, surtout s'il n'est pas limpide.

D'une manière approximative, calculer 500 ml (2 t) de sirop par bocal d'un litre pour les gros fruits et 250 ml (1 t) pour les petits fruits.

Laver les fruits, les blanchir et les refroidir si le tableau l'indique ; les placer dans des bocaux stérilisés, verser le sirop bouillant (densité mentionnée au tableau). Procéder d'après les indications données au commencement du chapitre. Pour la conservation des fruits sans sucre, la durée de la stérilisation doit être prolongée de 5 minutes environ.

Tableau pour les conserves de fruits

PRODUITS	BLANCHIMENT MINUTES	DENSITÉ DU SIROP	STÉRILISATION MINUTES	REMARQUES PARTICULIÈRES
Ananas	3 à 5	N° 2	30	Peler, enlever les yeux, trancher, extraire la partie dure du centre.
Bleuets		N° 1	Sans sucre 30 Avec sirop 16	Sans sucre ni eau, les laver dans une passoire, à l'eau fraîche. Égoutter, stériliser.
Cerises		N° 2	20	Fruits bien mûrs, mais fermes. Enlever les noyaux, au choix. Laver dans une passoire. Presser dans les bocaux.
Fraises		N° 3	15	Laver les fruits ; placer dans des bocaux avec égale quantité de sirop. Fermer hermétiquement ; mettre au froid.
Framboises		N° 2	16	
Gadelles et groseilles	1	N° 3	16	
Mûres		N° 2	16	
Pêches	1 ou 2	N° 2	16	Blanchir, refroidir et peler. Couper en deux, enlever les noyaux.
Poires	1	N° 1	20 à 30	Peler, couper en deux, enlever les cœurs. Mettre dans de l'eau froide légèrement salée, blanchir, etc.
Pommes	1 à 2	N° 1 ou N° 2	20 à 22	Comme les poires. Densité du sirop suivant l'acidité.
Prunes	1	N° 2	20	Fruits sains et fermes. Peler après blanchiment. Sans blanchiment : piquer la pelure pour l'empêcher de se fendiller.
Rhubarbe		N° 2	20	Laver, couper en morceaux de 2 cm. Mettre la rhubarbe coupée dans des bocaux stérilisés. Faire couler de l'eau froide pour chasser l'air. Remplir le bocal d'eau froide. Fermer hermétiquement. Sucrer et cuire avant de servir.

Comme certains fruits sont sujets à monter à la surface du sirop après la stérilisation, on peut y remédier en faisant les conserves de la manière suivante, tout en se conformant pour chaque espèce de fruits à la densité du sirop indiquée au tableau et au temps exigé pour le blanchiment.

Préparer un sirop ; lorsqu'il bout, y incorporer les fruits traités de la manière indiquée ; avoir soin de mettre juste la quantité suffisante pour recouvrir le fond de la casserole. Cuire lentement, 8 à 10 minutes pour les petits fruits et, pour les autres fruits, jusqu'à ce qu'ils soient tendres ; retirer et laisser refroidir dans le sirop. Avant de mettre en bocaux, remettre sur le feu et faire reprendre un bouillon. Placer les fruits dans les bocaux chauds, éviter de les abîmer ; remplir avec le reste du sirop et stériliser quelques minutes ; fermer les bocaux hermétiquement.

Congélation des fruits

Les fruits se congèlent de trois manières :

1. *à sec* — sans sucre ni sirop comme les bleuets, les framboises, les mûres, les groseilles, la rhubarbe, etc.
2. *au sucre sec* — une fois les fruits préparés, placer en alternant un rang de fruits, un rang de sucre ; cette méthode convient aux fruits juteux ou qui se servent en tranches.
3. *au sirop* — mettre les fruits préparés dans les récipients ; remplir sans écraser les fruits, ajouter assez de sirop pour couvrir les fruits en laissant l'espace nécessaire à la dilatation ; cette méthode convient aux fruits dont on veut préserver la couleur telles les pêches, les poires, les cerises. Le sirop doit avoir été préparé d'avance, afin qu'il soit complètement refroidi quand on l'ajoute aux fruits. La densité du sirop varie avec l'acidité des fruits.

Densité du sirop pour la congélation des fruits

	SUCRE	EAU	QUANTITÉ OBTENUE
Sirop léger	250 ml (1 t)	500 ml (2 t)	Environ 725 ml (2 3/4 t)
Sirop moyen	250 ml (1 t)	375 ml (1 1/2 t)	Environ 500 ml (2 t)
Sirop épais	250 ml (1 t)	250 ml (1 t)	Environ 375 ml (1 1/2 t)
Sirop très épais	250 ml (1 t)	175 ml (3/4 t)	Environ 300 ml (1 1/4 t)

Mélanger le sucre et l'eau avant de les porter au point d'ébullition; laisser mijoter 2 à 3 minutes.

Utiliser environ 250 ml (1 t) de sirop par contenant de 500 ml (2 t).

Utilisation pour les différents fruits

Sirop léger:	pommes framboises raisins poires abricots	**Sirop moyen**:	bleuets
Sirop épais:	cerises ananas prunes pêches	**Sirop très épais**:	rhubarbe canneberges

Il est préférable pour les fruits très juteux d'employer du sucre (sec) au lieu de sirop dans les proportions de 250 ml (1 t) de sucre pour 1,25 litre (5 t) de fruits, le saupoudrer entre les rangées de fruits.

L'acide ascorbique ou le jus de citron peuvent être utilisés pour garder la couleur des fruits. S'en servir avant d'ajouter le sirop.

Congélation des légumes

Les légumes congelés cuisent deux fois plus vite que les légumes frais.

Il n'est pas avantageux de congeler des légumes qui se conservent facilement dans un endroit frais : pommes de terre, carottes, betteraves, navets, etc.

Les légumes feuillus et les légumes qui contiennent beaucoup d'eau comme le concombre, les radis, le céleri, le chou, perdent leur texture croquante, il est donc préférable de ne pas les congeler.

Les légumes doivent être blanchis et partiellement cuits.

Congélation de la viande

Pour congeler les viandes, il est préférable de les désosser. Les os serviront à la préparation d'un bouillon qui peut être congelé lorsqu'il est bien refroidi.

Ne pas oublier d'emballer hermétiquement en veillant à retirer tout l'air à l'intérieur du paquet.

Enlever le surplus de gras qui peut donner une saveur rance à la viande.

Chaque paquet doit contenir la quantité convenant à un repas.

Tableau pour la congélation des légumes

LÉGUMES	PRÉPARATION	BLANCHIMENT	CUISSON[1]
Asperges	Couper les tiges en longueurs uniformes	Moyennes : 3 min refroidir 6 min Grosses : 4 min refroidir 8 min	3 à 5 min
Champignons	Trancher les plus gros	4 à 5 min Ajouter 1 c. à thé de sel par 4 l (16 t) d'eau refroidir 10 min	4 à 5 min Sauter ensuite dans le beurre
Choux de Bruxelles[2]	Choisir des choux de grosseur égale	3 min refroidir 6 min	4 à 6 min
Choux-fleurs[2]	Rompre en fleurettes de 2 à 3 cm de diamètre	3 min refroidir 6 min	3 à 5 min
Épinards		2 min refroidir 4 min	3 à 4 min
Haricots	Équeuter	3 min refroidir 6 min	Haricots verts 5 à 7 min Haricots jaunes 4 à 6 min
Maïs (en grains) (en épis)	Blanchir et refroidir avant d'égrener Couper en tronçons égaux. Pour emballer, envelopper chaque épi séparément dans du cellophane. Placer ensuite le nombre d'épis voulu dans chaque sac ou paquet	3 min refroidir 6 min Gros : 11 min refroidir 22 min Moyen : 9 min refroidir 18 min Petit : 7 min refroidir 14 min	4 à 5 min 10 à 15 min
Pois	Écosser	2 min refroidir 4 min	3 à 5 min

1. Cuisson des légumes congelés : à l'eau bouillante salée (1 c. à thé de sel par 250 ml (1 t) d'eau). Couvrir puis amener au point d'ébullition. Laisser mijoter le temps requis.
2. Ces légumes doivent auparavant tremper une demi-heure dans une solution d'eau froide salée — 1 c. à soupe de sel pour 1,25 litre (5 t) d'eau.

Autres

On peut aussi congeler le poisson — très frais —, les gâteaux, les tartes, les pains et les muffins.

Un plat cuisiné (par ex. un ragoût) peut être préparé à l'avance puis congelé.

Décongélation

Le meilleur endroit pour faire dégeler les aliments est le réfrigérateur où le dégel est lent et où l'humidité est réabsorbée par les denrées. Dégeler les produits dans leur emballage et ne prendre que la quantité nécessaire à la consommation immédiate.

Index

FARCES

GELÉES

LÉGUMES

MARINADES

MARMELADES

Table des matières

LES POISSONS, LES CRUSTACÉS ET LES COQUILLAGES • 153

LES SAUCES ET LES FARCES • 181

LES DESSERTS • 213

LES BONBONS • 347

LES CONFITURES, LES GELÉES, LES MARMELADES ET LES MARINADES • 369

LA MISE EN CONSERVE ET LA CONGÉLATION • 387

TABLEAUX

ENCARTS

Crédits photographiques

Archives des Sœurs de la Congrégation de Notre-Dame (Montréal)
Pages 2, 6-7, 8, 10, 14, 24, 41, 58, 101, 109, 120, 149, 177, 193.

Archives nationales du Québec
Centre de Montréal
Pages 52, 78, 165, 235 : Fonds Conrad Poirier.
Pages 147, 160-161, 198-199, 365 : Fonds Joseph Mercure.
Centre de Québec
Pages 70-71, 83, 85, 107, 115, 145, 223, 281, 368, 383, 386, 398-399 : Fonds Omer Beaudoin.
Page 29 : Fonds E.-L. Désilets.
Page 397 : Fonds Benoît Brouillette.

Musée des beaux-arts de Montréal
(Photos : Musée des beaux-arts de Montréal)
Page 25 : Soupière, 1870-1886 (Don de F. Cleveland Morgan).
Page 59 : Plat à confiture, 1850-1870 (Legs Grace B. Norris).
Page 104 : Assiette, 1800 (Legs F. Cleveland Morgan).
Page 175 : Pichet, vers 1820 (Achat).
Page 179 : Théière, 1845-1851 (Achat, legs Horsley et Annie Townsend et dons des amis du Musée).
Page 366 : Plat à céleri, 1785-1810 (Don d'Isabel Macdonald).

Musée McCord d'histoire canadienne
(Archives photographiques Notman)
Page 305 : Four à pain, Murray Bay, Québec, 1898 (N° 3293).
Page 333 : Cuisine de la résidence de C. B. Thorn, Montréal, Québec, 1934 (N° 25411).

Corbis / Magmaphoto.com
Couverture et pages 20, 21, 34-35, 77, 125, 131, 141, 169, 173, 201, 274, 279, 321, 343, 346 : © Bettmann / Corbis / Magmaphoto.com.
Pages 95, 135, 180, 212, 249, 257, 261, 387 : © H. Armstrong Roberts / Corbis / Magmaphoto.com.
Pages 116, 152, 357, 371 : © Hulton-Deutsch Collection / Corbis / Magmaphoto.com.
Page 42 : © Minnesota Historical Society / Corbis / Magmaphoto.com.
Page 51 : © Horace Bristol / Corbis / Magmaphoto.com.
Page 163 : © Josef Scaylea / Corbis / Magmaphoto.com.
Page 174 : © Condé Nast Archive / Corbis / Magmaphoto.com.
Page 292 : © Christie's Images / Corbis / Magmaphoto.com.
Page 301 : © Corbis / Magmaphoto.com.

ACHEVÉ D'IMPRIMER
SUR LES PRESSES DE L'IMPRIMERIE TRANSCONTINENTAL
AU MOIS D'OCTOBRE 2008
QUÉBEC (CANADA)